よみがえる

天成《あめな》る道

神道の体系と教義

加部《かべ》節男《せつお》著

大人の道 [illegible]

[illegible] 著

神坐日向（みわにますひむかい）神社［大神神社境内摂社］式内社
【御祭神】櫛御方命　他二柱
第六代大物主クシミカタマ神・イミ名ワニヒコはホツマツタへ前半部分の作者である

大直禰子神社（若宮社）［大神神社境内摂社］
【御祭神】大直禰子命　他二社
オオタタネコ神はホツマツタへ後半部分の作者である

日吉神社　滋賀県高島市安曇川町西万木七八三の一
式内社　近江國高嶋郡　與呂伎神社
【祭神】瓊瓊杵尊
平成四年、井保孝夫氏により神輿蔵からホツマツタヘ原本が発見される

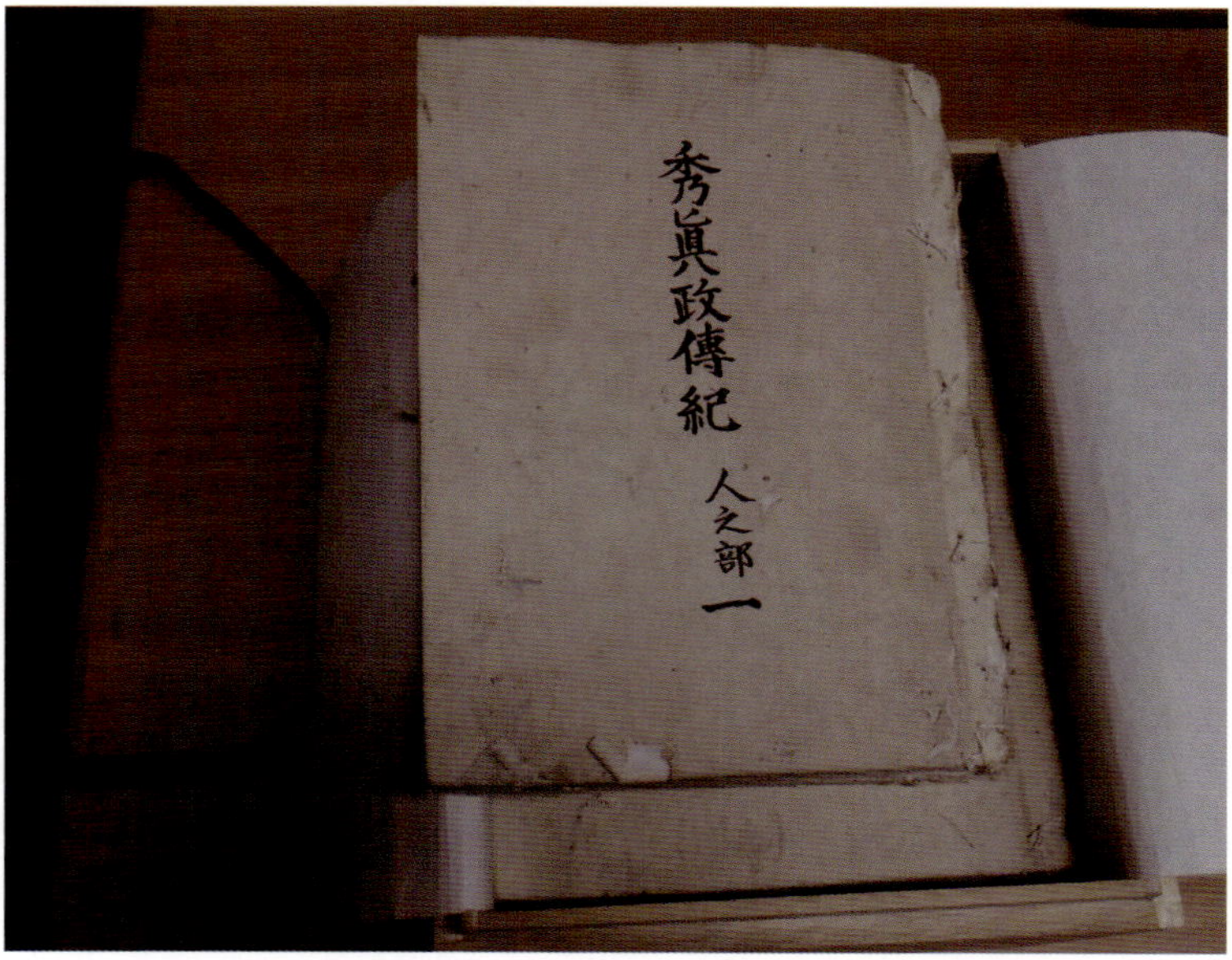

日吉神社の神輿蔵より発見された和《わ》仁《に》估《こ》安聰《やすとし》本の表紙

はじめに

ヲシテ文書を読めば解るが、読んでいない読者にとっては本書の内容は驚くべきことだと思う。天成る道と神の道（神道）の体系と教義、そしてこれに関連する数々の事実。「天成る道」はこのコトバさえ今に伝わらず、神道の体系や教義は日の本の国には無いと言われているものだが、それが実は存在する。また唯一神・天の御祖神の存在、宇宙創造、モトアケ、ヲシテ（文字）の発明、アワの歌、天皇と天皇の先祖、我が国の創建、トの教ゑ、憲法の存在、タカマ、カミ（神、現代に伝わらない意味あり）、マツリ（政治）等々の極めて重要な事柄。ヲシテとは我が国で発明した文字のことで、ヲシテ文書はそれによって記された文のこと。これらは、今までほとんど知られていない事実である。

なぜこれらが伝わらなかったのか。一つはホツマツタヘの漢訳を日本書紀や古事記などが忠実に載せなかったためである。だから今に伝わらなかった。もし、紀記がホツマツタヘを一字一句そのまま伝えていれば、本書に載ることはヤマト人《びと》（日本人のこと）全員が既に理解しているだろう。この本を敢えて出版する必要はない。

紀記が書かれた時代に、全国に山のようにあったヲシテ文書を表舞台から消し去ってしまった。これは偉大なるヤマト文明を自ら捨ててしまったと言える。そのため今日に伝わらなかった。

しかし、それを免れたヲシテ文書は大切に守られ、研究され、ヲシテ文書の内の「ホツマツタヘ」を世に広めようと試みられた。そして、その一部を昭和四十一年に松本善之助氏が発見して以来、ヲシテ文書が現代に蘇ることになり、現在日の本各地で親しまれ、研究されている。

世界で唯一の偉大なる文明を自らが捨て去り、また千何百年の時を越えて現代に蘇るという話は聞いたことがない。人類の歴史の中で日の本だけであろう。この渦中に我々はいることになる。今多くのヲシテ文献愛好家、研究者が行っている作業は、かつて捨ててしまったヲシテ文明を蘇らせ、我が国を元の姿に戻すための作業と言える。現在はそれに取りかかり始めた段階である。

ヲシテ文明を捨て去ったといっても、その遺風はあらゆるところにそよいでいる。我が国は世界の経済大国であり、先進国の仲間入りをしている。が、その本体が蘇り、それを元に国造りが成されるならば、あらゆる分野で今より何倍も、時代を重なれば何十倍も良くなるはずである。自ずとヤマトの国は世界の国々の中で、あらゆる分野で今より遙かに飛び抜けた存在になり、世界にさらに貢献できる。

ホツマツタヘは、自然と調和しつつ、日の本がいつまでも平和で、国民が豊かで生活のしやすい状態が続くようにと記され遺された文書である。これを実現することにより、今より桁違いに世界平和に貢献できるようになる。

本書はヲシテ文書の数多くある内容の内、天成る道と神の道（神道）の体系と教義を中心に取り上げている。天成る道がこのように捉えられ、解説されたのは本書が初である。それは天成る道があまりに雄大で、モトアケやこれに関わる記事やコトバがヲシテ文書のあちこちにちりばめられていて捉えるのが困難なためである。ただ天成る道が理解されないと、ヲシテ文書に数多く載る記事の深い内容に到達しづらい。

天成る道と神の道（神道）の体系と教義は我が国のあらゆることと関連する。本書を読むことによって、我々や日の本の国とはいかなることなのか、我が国の真の伝統とはいかなることなのかの概要は分かると思う。全ては知ることから始まる。また、ヲシテ文書愛好家や研究者にとっても、本書には数多くの新説や新概念が掲載されているので必見である。

アスス二七三五年（平成三〇年）ヲウヱ　ホツミ月

加部《かべ》　節男

目次

補説

第一編　ホツマツタヘ

第一章　ホツマツタヘとは

ホツマツタヘは時代の節目節目に記されている。前半部分は第一三代カンヤマトイワワレヒコ天君《あまきみ》（神武天皇）（注一）の右の臣《とみ》クシミカタマ神により、今から二六八四年前（平成三〇年現在）に、また後半部分は第二二代ミマキイリヒコ天君（崇神天皇）の重臣で、クシミカタマの子孫であるオオタタネコ神により、今から一八九二年前に書かれた。

同じくヤマトタケ（注二）の遺言により、朝廷においては「カグミハタ」が編まれ、イセ神宮の神臣《かんをみ》オオカシマ神より「ミカサ文」（一部現存）が著され、この三書が第二四代ヲシロワケの天君（景行天皇）に献上された。その時に、天君よりこの三書を三種《みくさ》の神宝《かん》（三種の神器のこと）が揃ったと、例えられ、称えられた。

　三クサノリ
具《そな》ふ宝と　ミコトノリ　（ミカサフミ自序より）

ホツマツタヘは、過去から現在未来に亘り、我が国最高の文書である。内容の一つ一つが重要。そのためミカサ文の著者オオカシマにより

　世に顕《あらわ》せる
その文《ふみ》は　ホツマツタヘに
勝《まさ》る無《な》し

と称えられている。またホツマツタヘは

　代々の掟と
なる文は　ホツマツタヘと
思ふ故
　（ホツマ上奏より）

とあるように、いついかなる時にも、よって立つ所の掟として著された。そのためホツマツタヘは我が国永遠の憲法の憲法と考えられる。

さらにホツマツタヘは神の書とも言える。というのは、著者のクシミカタマ神は第一三代カンヤマトイワワレヒコ天君の右の臣として大功績を立てた神の位であり、オオタタネコ神は第二二代ミマキイリヒコ（崇神天皇）の世よりオオミワノ神として活躍。また実際、二柱とも奈良県の三輪神社に神として祭られている。そしてホツマツタヘはこの二神によって記され、登場する神が神のことを語り、その神々が活躍するというような気の遠くなるような神の文なのである。

その後、燃えさかる火の粉をかいくぐり、滋賀県高島郡安曇川《あどがわ》町の地にて代々大切に守られ、江戸時代安永年間クシミカタマ七十八代の子孫和仁估安聡《わにこやすとし》氏まで永く伝えられた。惜しむらく、直系はここで絶えてしまったが、写本の一部は日吉神社（安曇川町西万木）に奉納され、他は一族に残された。江戸時代寛政～安政年間の人で、伝え聞いた四国伊予宇和島出身の小笠原通当《みちまさ》氏がそれを借り写本し、郷里に持ち帰り一族の甥小笠原長弘《ながひろ》氏と長弘氏の甥の小笠原長武《ながたけ》氏らが

研究。小笠原長武氏は明治時代にその写本を天皇家に献上。それは今も東京都千代田区北の丸公園の国立公文書館、内閣文庫に所蔵され、申請をすればだれでも閲覧できる。ホツマツタヘ完本は国立の図書館で国書として存在していた（旧番　内務省図書　第一〇〇三二、現番　内閣文庫　和二二九三五　日本政府図書印、図書局文庫印）ことになる。

また、小笠原長弘氏の写本は古書店に出回り、その断簡を昭和四一年八月、松本善之助《よしのすけ》氏が神田古書店で発見。それ以来、氏は残りの探索を続け、四国宇和島にて小笠原長弘本の完本を発見。そして遂に、氏の努力により、平成四年に和仁估容聴氏直筆の完本が、滋賀県高島郡安曇川《あどがわ》町西万木《ゆるぎ》の日吉神社の神庫より、安聰氏の一族であり氏子の井保孝夫《いほたかお》氏によって発見された。

この容聴氏の直筆のホツマツタヘ完本の写真版は、松本善之助氏監修により平成五年九月、日の本（注三）全国に出版。ここに至るまでの感動の実話、全貌は松本善之助氏の著書に詳しく記されている。筆者は今は亡き松本先生の晩年近くに他の人たちと共に数年間、直接師事した。

ホツマツタヘは編年体の歴史書で全てヤマトコトバで記《しる》され、文体は我が国伝統の五七調（注四）で奉呈文《ほうていぶん》と四〇アヤから成っている。アヤとは章のこと。五七を一行とし、約九七六〇行、約一一七、〇〇〇字。登場する神・人は系図上で約四五〇〇人、総登場数約六四〇〇人。初代クニトコタチ（国常立）天神《あまかみ》以前から第二四代ヤマトヲシロワケ（景行天皇）天君に至るまで。

その中にありとあらゆることが記される。例えば宇宙創造、天文、文字の発明、タカマ、モトアケ、天成る道、天皇、皇室、三クサのカン宝（三種の神器）、神の道、トの教ゑ、憲法、法律、年中行事、政治、経済、立法、行政、司法、教育、軍事、外交をはじめ、国土開発、農業土木、建築、造船や農業、植林、漁業、商業、養蚕、織物、鉱業、たたら製鉄、または宗教、神道の体系と教義、科学、哲学、歴史、数学、医療、健康法、食事法、さらには男女関係、夫婦、家庭、出産など。あらゆる分野に渡っていて、それらが全て我が国初出で最古というとてつもない文である。ヤマト古代文明は歴然と存在していた。中でもアマテラシマスヲヲン神（注五）の教ゑと戒めが大きな柱になっている。そしてこのホツマツタヘによって今挙げた我が国のあらゆる分野の再検討、再構築が迫られるのである。

このようにホツマツタヘは非常に多面的である。あらゆる分野のことを織り込みながら、ホツマツタヘは「花咲く御代」のごとく、自然と調和しながら国や国民がいつまでも平和で豊かで居安《ゐやす》くなるためにと記された文とも言える。

（注一）　天君《あまきみ》は天皇のこと。他にも呼び名としてカミ・キミ・アメノカミ・アマカミ・アマツカミ・アマツキミ・スベラギ・アマスベラギ・アメノスベラギミ・ミウヱ・ミカド・

ヒシリノキミなどがある。

（注二）　ヤマトタケルは間違い。ヤマトの大いなる勇者の意味。ヤマトタケは称え名。他にコウス御子。イミ名はハナヒコ。イミ名とは生まれたときに付ける名のこと。双子《ふたご》の弟。ヤマトタケルとルが付くと悪者になってしまう。猛々《たけだけ》しくて自制の利かない者や強く気が触れた者という意味。「タケル」「シギタケル」「イツモタケル」「タケルドモ」「タケルノヤカラ」等全て悪者として登場する。

（注三）　我が国の正式名称は「ヤマト」「ヤマトノクニ」又は「ヒノモト（日の本）」「ヒノモトノクニ」である。「ヒノモト」の漢訳は「日の本」を使用。「ヤマト」の「ヤマ」は「大」で良いかもしれないが、「ト」の漢訳「和」は疑問なので本書では「ヤマト」を使用。

（注四）　ヤマトコトバでは「五根《ゐね》七道《ななみち》」という。

（注五）　イセ神宮内宮の御祭神。外宮のトヨケの大神とともに男神である。我が国のありとあらゆる神々がヲヲン神と慕い敬う我が国最高神。ただなぜ最高神なのかはホツマに記される膨大な教ゑを見ないと解らない。そしてホツマ通りにアマテル神は今も全国に祭られている。ヲヲン神といえばアマテル神を言う。イセ神宮は今から二〇二一年前（平成三〇年現在）に創建。ホツマツタヘに出てくる神社としては新しいが、イセ神宮存在の意味や、なぜイセ神宮が我が国神社の総社なのか、なぜアマテル神は内宮、トヨケ神は外宮に祭られているのかなどはホツマツタヘに記されている。

第二章　ホツマツタヘ真書の証明　各項前文

ホツマツタヘは本物である。そして読むにつれて証拠と思える事柄が次々出てくる。どこでも土を掘れば出てくるという感じだろうか。ホツマツタヘを証明すると思われるものは多くの分野にわたっていて数が多い。今これを読んでいる読者もホツマツタヘを読み進めていけば、何十となく気づき発見していくと思う。ここではその中から主なものをいくつかを挙げる。

　しかし各項目が初めての読者にとっては長過ぎるかもしれないと思い、ここでは主に各項の前文を掲げ、全文は巻末に載せた。最初に読んでも後で読んでもらってもよいと思う。

一、読んだ時の感じが紀記（注）と全く違う

その文章は何とも言われない懐かしさを伴い、うまい清水を飲むように我々の胸にすっと入ってくる。ホツマツタヘには心のふるさとと言うべき温かさがある。そしてすべてヤマトコトバにより、五根《ゐね》七道《ななみち》（五七調のこと）で記されていて格調が高い。ただし全てヲシテ（文字のこと）て記されているので慣れる必要があるが、これは誰でも出来る。

日本書紀、古事記のゴツゴツとしたまるで砂を噛んでいるような読み味とは次元が全く違う。これだけでもホツマツタ

へは本物であると実感できる。するとそれを記しているヲシテも本物であるということになる。

（注）古事記より日本書紀のほうがホツマの漢訳部分が多いので、本書では日本書紀と古事記のことを紀記とする。

二、ホツマツタヘは古事記、日本書紀の原典である

ホツマツタヘと日本書紀と古事記の同じ箇所を比較すること、これを二書比較または三書比較という。これによりホツマツタヘが紀記の原書であるということが誰でも解る。大きめの用紙に三段にして比較すると見やすい。全てでなくてもある纏まった部分でも十分解ると思う。

三、今にも伝わる年中行事

ヲシテ文書には、初日の祝い（元旦）より始まり大晦日《おおみそか》の「鬼やらひ（節分の豆まき）」「麦の年越え」まで、多くの年中行事、神事などが記されている。これらが今の行事、神事などの源になっている。これらは紀記や先代旧事本紀（以下、旧事紀）などには載らないが、ヲシテ文書通りに今に伝わり残っているということがヲシテ文書は本物であるという証明となる。

四、日の本全国に伝わる地名

日の本中、北は津軽から南は鹿児島までホツマツタヘに載る数多くの国の名や地名などが、その通りに現在もその場所に実在する。これらがホツマツタヘが真書であることを証明している。

五、神社建築そのものとホツマにまつわる神社が日の本中に存在する

神社建築には大変長い歴史がある。その構造はかなり複雑で色々な建築様式が今に伝わる。ただその起源はよく解っていない。しかし、ヲシテ文書には家造りや社建築は初代クニトコタチより始まると、その起源が記されている。そしてヲシテ文書に記されている通りに全国何万の神社が今に伝わり現実に存在する。

そしてヤマト中全国、北は津軽一宮・岩木山神社から南は大隅《おおすみ》一宮・鹿児島神宮までホツマ通りの多くの神社名、祭神名や地名、由緒などが今に伝えられている。

六、毎日使っているヤマトコトバとその発音

今我々が何気なく毎日使用しているヤマトのコトのハとその発音が、ホツマツタヘやヲシテ文書が真書であるという証明になる。ヤマトコトバがなぜ存在するのかは未だ解明されていない。しかしその起源をヲシテ文書から読み解くことが出来る。そしてその通りにヲシテ時代から今日までヤマトコトバを使用し、発音している。

七、どんな辞書にもない数多くの古代語の存在

ホツマツタヘにはどんな古語辞典にも載っていない数多くの古代語が記されている。同じく今に伝えられていない数詞も数え切れないほどある。全てのヤマトコトバがヲシテ文書を証するのであるが、更にこれらもヲシテ文書が本物であるという証しである。次に実例としてその一部を載せる。多いと思うかもしれないが、これは全てではなくその内の一部である。

八、多くの意味の違いがあるコトバと語源の解るコトバの存在

　今に伝わっているが、意味の違うコトバが多く存在する。例えば「アメ（天）」、「ミチ（道）」、「カミ（神）」、「マツリ（祭り）」、「ミヤビ（雅）」、「イミナ（諱）」、「ホツマ（秀真）」「サシヱ（挿絵）」など。現代に伝わるより豊かで多くの意味を持つ。これは時代が変わり、コトバの意味も次第に変わってきたと考えるのが自然であろう。こういうこともホツマの真書を証するものの一つと思うので取り上げた。

　また今、解らなくなっているが、ホツマツタヘを読んで初めて語源の解るコトバが多数存在する。例えば「アヒモノ（四十物）」、「ハラカラ（同胞）」、「フヂの山（富士山）」、「ミヤコドリ（都鳥）」、「タツ（竜）」、「シタタミ（細螺）」など。これらのコトバもなぜそうなのか、原書に述べられている。他にも「アツタ」、「アサマ」、「イサカワ・イサ宮・イサナギ・イサナミ」、「イセ」、「イセノミチ」、「オオクニ柱」、「カモ」、「カモヰ」、「キミ」、「ヒノモト」、「ヒムカ」、「ヒムカフ国」、「ヒト」「ナコソ」、「タラチネ」、「ツルギ」、「シキヰ」、「シトミ」、「スズカ・スズカノミチ」、「ヤマト」等々。これもホツマ真書を示すことと思う。

九、我が国独自の数の体系の存在

　実は我が国には神代《かみよ》より世界最高に合理的な独自の数の体系が存在していた。「世界最高」というのは、世界何百の言語と比較したということではなく、これ以上合理的な数え方は考えらないという意味で使用している。

　数詞もあった。例えば三はミであるが、ヲシテの一部を跳ねて数詞を表す。ヲシテは卌。これらはホツマツタヘの中で何百カ所も使われ、組み合わされ、数詞がないとホツマツタヘは成り立たない程。後世には伝わっていない数詞の体系を縦横無尽に駆使し、五七調に整えて他の記事とも関連格させ、調高く文を織りなす。これだけでもホツマツタヘが真書であることを証明していると思える。

　数字の数え方は一（ひ）、二（ふ）、三（み）、四（よ）、五（ゐ）、六（む）、七（な）、八（や）、九（こ）、一〇（そ）、百（も・もも）、千（ち）、万（よ・よろ）である。基本はほとんど一音。そのため、その組み合わせは最も短く合理的となる。

一〇、すべてヲシテ（我が国の固有文字）で記されている

　文字＝漢字であるならば、『古語拾遺』（こごしゅうい）に斎部広成《いんべのひろなり》が述べるごとく、「上古の代に　未だ文字有らざる」は正しい。しかし漢字ではないヲシテは存在した。ヲシテとは我が国が発明した文字のことである。ホツマツタヘは全てヲシテで記されている。これが漢字や平仮名で書かれていたら嘘っぽいが、全てヲシテで、全てヤマトコトバで書かれていることがホツマツタへの真書を証明する。

またヲシテ文書は、ほとんど全て伝統のヰネナナミチ（五音七道。五七調のこと）で記されている。その後、五七調は紀記の中の歌、万葉集、歌集、物語の中のワカの歌、五七調の散文から現代の俳句、ワカの歌、童謡、歌謡曲にまで影響を与えている。ヲシテ時代に記されたヲシテ文書の通りに今に伝統を伝えているのである。

第二編　天成る道

第一章　天成る道とは

天成る道

　ホツマツタヘにはアメナルミチ（天成る道）というコトバ（注一）が時々登場する。このアメナルミチこそが古代の神々の根源となる思想なのである。イニシヘの神々は常にこの天成る道を意識して生活し、マツリなどを行っていたと思われる。しかし天成る道の内容は具体的に現代にほとんど伝わらなかった。従ってこれから述べることはヲシテ文書と共に今の世に蘇る思想と言える。天成る道は日の本の源であり、礎である。従ってアメナルミチが解らないとヲシテ文書の深い理解は得られない。

　天成る道がいかなる思想であるかを知る前に、主に天成る道というコトバの構成要素「天」、「成る」、「道」を見ていこう。「成る」の意味はほぼ伝わったが、「天」や「道」の意味が後世に良く伝わらなかった。

「天」とは

　広辞苑に天は「①てん。大空。天空。②天つ神、創造主の住む所。高天原（たかまのはら）。」とある。広辞苑の②の意味は紀記からのものであろう。その内の創造主はキリスト教からと思われる。これは単純に地上に対しての空というほどのことで、ヲシテ文書のタカマとは大いに違う（「補説タカマとは」参照）。紀記の高天原は単純に空のことであり、②高天原（たかまのはら）は①の大空と同じと思われる。

　しかし、神代《かみよ》では、天は更に奥深く、かつ体系的に捉えられていた。ヲシテ文書の中のアメ（天）を調べると、次のように色々な意味に分かれている。

一、宇宙全体
二、ア（天のこと）のタカマ
三、モトアケ（次章のタカマ・モトアケ図参照）
四、ハ（地上のこと）のタカマ、朝廷のこと
五、アマテラシマスヲヲンカミ（天照大御神）自身のこと
六、アマキミ（天君・天皇のこと）のこと

　現代では空は一つであるが、神代では空を三層に捉えていた。一つは宇宙全てのことで一に当たる。その中にタカマがある。タカマの中には星、太陽、月、地球などが含まれる。地球は丸いことは分かっていた。タカマは現代の自然というコトバに近い。二に当たる。さらにタカマの中にはモトアケが含まれる。タカマ・モトアケについては次章以降で説明していく。モトアケは宇宙の変化や再生を司る所であり、神聖な場所である。三に当たる。以上が三層である。そのタカマ・モトアケを地上でお祀りし、そこから地上の創造、変化を司る場所が四のハ（地上）のタカマである。

　人社会にあって多くのものに影響を与える主な力はマツリ（政治、祭り）である。その中心はアマカミ（天神・天皇）

であり、朝廷である。アマテル神はハのタカマを理想的に司られた。そのためアマテル神自身がタカマ、アメと言われた。五にあ当たる。朝廷の中心は天君なので天君は天と呼ばれる。六に当たる。

「成る」とは

アメナルミチのナルについては、辞書に載る「なる」が神代《かみよ》からの「ナリ」をほぼそのまま伝えていると思う。『広辞苑』の「なる」には「生る・成る・為る」の漢字を当て、これらの意味は「無かったものが新たに形ができてあらわれる。動植物などが生ずる。うまれでる。」「これからかれにかわる。以前と違った状態・内容にかわる。ある状態に到る。」「行為の結果完成する。できあがる。しあがる。」などとある。

ナルはナとルからなり、ルは活用語尾である。ナのヲシテ⊕は丸に十字の形であり、光が充満している状態、力が満ちている状態で、その結果完成した状態などを表していると考えられるから、これらの意味と合う。

話がそれるが、ナのヲシテに濁点を付けると、ナ（無）、ナシ（無し）などのように、ナの反対の意味となり、何もない状態を表す。しかしナの濁点は発音のしようがないので、ナのヲシテのみでこの意味を持たせることになる。何も無いのであるから、丸のみで十字を取ってしまって、ナ（無）の意味の変形ヲシテを造ったらどうであろうか。するとそれが数字の〇と同じになり、意味も合う。もしかしたら数字ゼロの起源とヲシテのナ（無）とは関連があるのかもしれない。

「道」とは

ミチ（道）については我々ヤマト人（日本人のこと）（注二）はなぜか思い入れがあると思う。ミチの一つの意味、道路のミチは勿論ホツマツタへにある。これから取り上げるのは人の道などのミチのことである。これについて広辞苑に「一、ヒトが考えたり行ったりする事柄の条理。一、道理をわきまえること。分別。一、手法。手段。」などとある。これには人が中心であり、天との関係はあまり含まれない。

ところが小学館の『日本大百科全書』の道の記事をみると、「中国思想では、人生論あるいは政治論での規範・模範としての意味と、宇宙論あるいは生成論での存在根拠、存在の法則としての意味との、両者を含む概念である。」（三）とあり、また、「日本思想史における道は基本的には通路の意である。究極のありようへ至るためにたどるべき具体的階梯(かいてい)をいう。」（二）とある。

ヲシテ文書には街路以外の数多くのミチ（道）が載る。例えば今問題にしている天成る道を始め、日月の道、行き来の道、ホツマの道、御柱の道、イセの道、君臣《きみとみ》の道など（この項の最後に一覧有り）。そこで比較するためにヲシテ文書のミチを（一）として、中国の影響を受けない日本思想史における道を（二）、中国思想の道を（三）とする。

すると（三）は（一）によく似ている。本来（一）を継ぐべき（二）が（一）をまともに継いでいるとは思えない。これはどういうことであろうか。それはホツマツタヘをそっくり伝えるべき紀記が、ミチについても伝えなかったためである。

そして（三）は次のように考えられる。大陸にクニトコタチ・カノミコト・トヨクンヌシ・ウケステメなどによりヲシテを中心とするトコヨ文明が伝えられた。これはホツマツタヘに記されている。伝えられたヲシテや変形ヲシテは漢字の源になる（巻末の補説「ヲシテ、変形ヲシテと漢字の起源」参照）。ヲシテによるトコヨ文明の内、ミチも大陸に伝わり独自の発展を遂げた。古代中国の道とヲシテ文書のミチの内容が似ているのはこのためである。大陸より輸入された陰陽五行説、干支、年中行事などもヲシテ文書に記されているのと似るが、同じことが言える。シナ国に我が国に似ているミチ、陰陽五行説、干支、年中行事などが存在することがヲシテ文書真書の証明である。これらがシナ国で独自に発展し、その後に我が国に逆輸入されたと考えるのが妥当であろう。

次にミチそのものの意味を見ていこう。

一、ミ・チ（道）

ミチ（道）は「ミ」と「チ」から成るコトバである。そして「みち」は漢字一字で道と表せる。これはこれで画期的なことである。字数が五割半減している。ただどんなコトバでも漢字にするとヤマトコトバとしての想像力はそこで停止してしまう。これが最大の欠点。ヲシテ文書の教ゑにより初めて道はミとチに分けて考えられ、ミチの本質に迫れる。この項ではミチだけについて述べるが、全てのヤマトコトバについて言えることである。ヲシテ文書が現代に蘇ることはヤマトコトバの意味と仕組みが現代に蘇ることでもある。

ヲシテ文書に載る多くの「ミ」は丁寧・尊敬・美称を表すコトバとして、他のコトバに付いて用いられている。例えばミコ（御子）、ミカガミ（御鏡）、ミキ（御酒）、ミコトノリ（詔）、ミヲヤ（御親）など。「御」・「美」である。単独では「ミ」は「身」、「実」、「見・る」などの意味がある。

「チ」とは「小さいが霊的に大きな力を秘めた尊いもの」という意味がある。小さいが大きな力を秘めているので、単独では「血」、「鉤《ち》（つりばり）」などのコトバがある。血によって、命は保たれて長らえ、生活し、激しい行動も行え、人に魂も宿る。小さな鉤で大きな魚を何匹でも釣れる。月刊「ほつま」一〇五号（昭和五七年一〇月一日）で、チを「霊」に当てている。

また「ホツマヂ」、「ヤマトヂ」、「ホツマヂ」、「コシヂ」、「キソヂ」などのように「チ」のみで道の意味もある。他のコトバに付いて「〜チ」、またミが付いて「ミチ」となる。

二、ミ・チの組み合わせ

以上から、「ミ・チ」のミはチ（道）にかかる丁寧・尊敬・美称で、ミチは道のことだとも考えられる。

他にも「ミ」と「チ」の意味の組み合わせでいろいろ考えられる。血がなくなれば命が尽きるのは神代の人々も解っている。

「御・血」は血を尊んだもので血そのもの。ミチ（道、～道）は尊いものである。

「御・霊」は血の霊力、尊さを表す。ミチは細く小さいかもしれないが、どこまでも続き大きな力を発揮する。

「見・血」は見える血、見える血管。人を国で例えれば、国という体の血、血管で、道そのものである。

「身・血」も身体の血液や血管そのもの。人を国に例えれば、国そのものを支えるものであり、国になくてはならない道（血管）でもある。

「身・霊」は体の中にある体液で大変尊いもの。血・血液やエネルギーを産みだす霊力などが考えられる。よく考えてみれば、現代でも食べ物が体内に取り込まれ力や命の源になるその過程は、大変不思議で神秘的な現象である。辞書によると血液とは、「血球（赤血球・白血球・血小板）および血漿から成る。酸素・二酸化炭素・栄養分・ホルモン・ビタミンなどの運搬、免疫作用、白血球による食菌作用その他重要な生理的機能をもつ。」とあるが、太古から既に血の重要性は解っていた。この大切で不思議な体液の働きをチと表したもので、この考えを発展していけば現代の血液の理解に辿り着く。

また天地の天と地の間には目には見えないがミチがあり、今挙げた「御・血」、「御・霊」、「見・血」、「身・血」、「身・霊」などが存在すると思われる。というのは、ホツマによれば、日の本の国はカの鳥のように生きた生命体（注三）に例えられているからである。この後に掲げる様々なヲシテ文書の中のミチ（一）はその生命体のミチのようでもある。天皇が常に国民を気に掛ける伝統はいつの世も変わらず、これはカの鳥の君と臣と民の間には、目には見えないがミチがあると考えられるのである。

またミカサフミナメコトノアヤやトシウチニナスコトノアヤなどに四季について記されているが、四季についてミチというコトバは使われていない。ミチは人が踏み行う、人に関わることのようだ。

三、天成る道と他の道の関係

ホツマツタヘ二アヤの第四代アマカミ・ウビチニとスビチニよりイモ（妻）ヲセ（夫）ノミチが始まる。これによりアメナルミチが備はるとある。このことから、同じように（一）などのいろいろなミチが起こり、アメナルミチが備わっていくと捉えられる。

あらゆる分野には進歩発展があるということ。そのため（一）の全てのミチはアメナルミチに連なる道と考えられる。アザムクミチ、ヨカラヌミチなどを除き、数々のミチは人々の大変尊い日々の行いなのである。

四、いろいろな道

参考までにヲシテ文書の~ミチを次に掲げる。(一)に当たる。ミチのみで「ミチ衰ひて　ワイタメな」や「東のキミと　ミチ受けて」などのように、大切な意味を含む箇所も多くある。ここでは~ミチというコトバのみを挙げた。アワの歌のアカハナマタラサヤワ順。これらほとんどのコトバがどんな古語辞典にも載っていないだろう。

ア行　アカゴノミチ、アノミチ、アメナルミチ、アメノミチ、オヨベバコロスミチ、イモセノミチ、イモヲセノミチ、イセノミチ、ウタノミチ、ウマルルミチ。

カ行　カミノミチ、カトリノミチ、カシマノミチ、キヌヲルミチ、キミトミノミチ、クニ　ウムミチ、クニノミチ、コカヒノミチ、コオサヅクミチ、ココストノミチ、コスヱサカエルミチ、コヱノミチ。

ハ行　ハノミチ、ハタノミチ、　ヒツキノミチ、ヒトナルミチ、ヒトミチ、ヒトミチ(一道)、フタカミノミチ、ホツマノミチ。

ナ行　ナガラフミチ、ニノミチ、ネコヱノミチ。

マ行　マトミチ、ミケノミチ、ミクサノミチ、ミハシラノミチ、ミソギノミチ、ミヲヤノ　ミチ、モノイフミチ。

タ行　タチヌヒノミチ、ツチカフミチ、トコヨノミチ、トノミチ。

サ行　サガオカゾエルミチ、サキリノミチ、スズカノミチ。

ヤ行　ヤマノミチノク、ヤマトコトバノミチ、ヤメルオイヤスミチ、ヤヤシルミチ、ヰネ　ナナミチ、ユキキノミチ、ヨツギノウタノミチ、ヨツギミチ、ヨロノミチ、ヨヨノミチ。

ワ行　ワカノミチ、ワガミノミチ、ヲサムルミチ、ヲサトイトケノミチ。

他にアザムクミチ、ヨカラヌミチなど。これは戒めでもある。

アメナルミチ(天成る道)とは

アメノミヲヤ神は宇宙を創造し、その後第二章の図に示すようにモトアケの元ミクラにいて、モトアケと共に、日、月、星、地球などや宇宙全ての生成・変化・再生などに関わる。それは終わりがあるというものではなく、永遠の行い、働きである。

神代《かみよ》の神々は、宇宙を宇宙そのものの創造とその後の進化と二段階に考えていた。初めは天の御祖神が宇宙そのものを創造する。ただ宇宙は創造されたその状態で静止しているわけではない。ほとんど循環や生成、変化や生物などの再生などをし続ける。天に成った日、月、星は常に動き循環している。地球もプレートの移動による地盤の変動や火山活動、氷河や海や山川の浸食などにより変化している。八モト神(トホカミヱヒタメのこと)による四季も常に変化し循環する。アメノミヲヤ神はその中心にいて、創造した日・月・星・地球やモトアケの神々に関わり、これらあらゆることを行い続ける。アメがナって行く。この場合のアメは「二、ア（天のこと）のタカマ」と考えられる。現代の自然に近い。

地上においても、天からナった人々は人社会を造り、自然と関わり変化、進歩、発展して行く。これは主に「四、ハ（地上のこと）のタカマ」を中心に踏み行われる。これに関わる全てのミチをアメがナるミチ、アメナルミチと言う。

天にある多次元で極めて複雑ではあるが整然としたアのタカマ・モトアケのように、それを天の下であるハのタカマにおいて、キミが中心になり臣達と共に生る・成る・為るごとく実現させようと努める。アのタカマ・モトアケの中心は御祖神であるのと同じようにハのタカマの中心は天君（天皇）である。天神、天君、天皇などと天が付くのはこれによる。またハのタカマはアのタカマよりナったので、アのタカマに含まれ強く関連する。

アメナルミチは他の多くのミチと似ているが、アメナルミチは、その大元や基本的なことを言うと思う。例えばヲシテの発明はアメがナったものであろうし、その後の人によるコトバや文の進化はミチになっていく。ヤマトコトバノミチ、ヰネナナミチ、ワカノミチなどが備わっていく。人社会の構造もアメによりキミ・トミ・タミとナり、更に進化してミチとなっていく。ミハシラノミチ、キミトミノミチなど。

また初代クニトコタチによりムロヤが造られ、ミヤトノ（宮殿）、ヤシロ（社）がなり、全国に広まり現代に続いている。そして第四代ウビチニ神とスビチニ神により、一夫一婦制がナり、臣達も国民もこれを倣う。雛祭りはこれを称え祭ったもので、現代日の本中で行われている文化である。このようにハのタカマより文化が生まれ、臣達や国民に伝わり全国に広まっていく。多くのミチも一つ一つが各方面の文化のことも言える。するとアメナルミチは今日の文化、文明のことでもあり、それを行うことでもある。

アメナルミチの範囲と進化

アメナルミチの範囲は大変広い。アメナルミチとはヲシテ文書全てとも言える。ヲシテ文書はありとあらゆることが記されている。第一編「ホツマツタへとは」で述べた「宇宙創造、天文、文字の発明、タカマ・モトアケ、天なる道、天皇、皇室、三クサのカン宝（三種の神器）、神の道、トの教ゑ、憲法、法律、年中行事、政治、経済、立法、行政、司法、教育、軍事、外交をはじめ、国土開発、農業土木、建築、造船や農業、植林、漁業、商業、養蚕、織物、鉱業、たたら製鉄、または宗教、神道の体系と教義、科学、哲学、歴史、数学、医療、健康法、食事法、さらには男女関係、夫婦、家庭、出産」など。

ホツマツタへには多くの詔や教ゑが記されていて、これはトの教ゑに基づく。そしてトの教ゑはアメナルミチに則る。トの教ゑに関係する教ゑ、詔や神々の登場する箇所やコトバなどは何百カ所に上り、ほとんど全てが詔、教ゑのアヤもある。これらも多少の差はあれ、アメナルミチに連なることと思う。

そしてアメナルミチの中の多くのミチは、天より成った人や社会と共に、変化し進歩発展していく。例えばウビチニ・スビチニの時代に成った一后制はアマテル神の時代に十二后制になる。マツリのトの教ゑがトホコになり、三クサのカン宝になっていく。またキミ・トミ・タミ制も更に発展して複雑な制度になっていく。しかし、それはアメナルミチやトの教ゑに則って進歩発展していく。

前項で取り上げたようにアメ・ナル・ミチのアメとミチには現代に伝わらない意味が含まれる。アメナルミチというコトバ自体も現代に伝わっていない。そのためアメナルミチはヲシテ文書の発見によって、千何百年の時を経て現代に蘇るということになるわけである。

（注一）コトハ・コトバ　漢字が輸入されて、「コトハ」を「言葉」という漢字に当てはめたようだが、残念ながらこの漢字はほとんど当たっていない（第三編〈ヲシテ〉参照）。こういう意味がよく解らずに漢訳されたヤマトコトバは他にも多い。

また濁点については、ヲシテ文書の中では次のように使われていると思う。

一、反対の意味を表す

二、そのコトバを強調する

三、言いやすさ。語呂合わせ。

この中で三の使用例が圧倒的に多い。コトハよりコトバのほうが言いやすく強調も利いている（第三編〈ヲシテ〉参照）。そのため本書ではコトハ、コトバを使用している。

因みに、この「コト」に関連することについて。タマシヰのタマはミタマ、コリタマ、コタマ、フナタマ、イキタマ、オオクニタマなどのように、具体的な神、人、物に宿り、使用されている。片やコト（事）は範囲が非常に広い。従ってコトタマのように、コトとタマは繋がらず馴染まないと思う。またコトは言とは違う。従って言魂（ことたま）という使い方は、二重に的はずれである。そして「コトタマ」というコトバはヲシテ文書には無い。

また四八ヲシテは一つ一つとしても全体も神として捉えられている。従って、四八ヲシテの組み合わせからなるコトバも本来は大変尊いものである。ただそれを使用する人によって良くも悪くもなるのである。従って如何なる人物がコトバを使用しているのか、注意深い見極めが必要になる。

（注二）ヤマト人　ヲシテ文書によれば、我が国の正式名はヒノモトノクニ・ヒノモト又はヤマトノクニ・ヤマトである。ヒノモトやヤマトに使われているトのヲシテが極めて重要なのである。また国民（こくみん）に対するヤマトコトバはクニタミである。ただ国民（くにたみ）だけではどの国の国民か解りづらい。そこで本書では、日本人に対するヤマトコトバを使用している。日本人（にほんじん）に対するヤマトトコトバは、日の本人（ひのもとびと）、ヤマト人（やまとびと）で良いと思う。ただ音数では、日本人が五音、日の本人が六音、ヤマト人が五音。ヤマト人は日本人と同じく五音。また日本人は「ん」音が二つ入り語調が強い。同じく「ヤマト」も語調が大変力強いコトバである。ヒト（人）にもトが入る。そのため本書では日本人のかわりにヤマト人を使用。（注三）後で取り上げるが、日の本の国はカの鳥、都鳥に例えられ説明されている。

第二章　神々の体系「タカマ、モトアケ図」　我が国の世界観・宇宙観

アメナルミチの中心となるのがタカマとモトアケである。アメナルミチはアのタカマとハのタカマが一体となり踏み行われていく。ここでは「タカマ、モトアケ図」を中心に取り上げる。

神々の体系、タカマとモトアケ

神道には教義がないと言われているようだ。教義もないので神道の体系もないと思われている。しかし、ヲシテ文書の中では、これから述べるように、神々は極めて体系的に記されているし、教義も第三編にあるように、ヲシテ文書が全て教義であり、数え切れないほど多く存在する。

ただこれらが日本書紀、古事記にほとんど載せられなかった。例え載せられてもまともに載らないものも多い。そのためせっかく我々の先祖が、このヤマト列島と共に、何万年、何十万年という年数をかけて創り上げてきた神々の体系や教義は、後世に断片的にしか伝わらなかった。

例えば日本書紀、古事記には、神道の体系・教義の中心となる我が国のカミガミやモトアケに関連する「アメノミヲヤカミ」、「サコクシロ」、「アウワ」、「トホカミヱヒタメの八モトカミ」、「アモトカミ」、「アナミの八カミ」、「アイフヘモヲスシカミ」、「アミヤシナウ」、「キツヲサネ」、「五クラ六ワタ」、「三十二カミ」、「行き来の道」など、ホツマツタヘに対応する漢訳は見あたらない。「モトアケ」自体がそもそも載っていない。「アメのミナカヌシ」、「アメトコタチ」、「ウマシアシカイヒコチカミ」、「クニトコタチ」などは紀または記に出るが、重要な内容はほとんど伴っていない。「タカマ」についてもほとんど同じである。

ヲシテ文書の教義についてはトの教えがその中心であり、先程述べたようにヲシテ文書全てが教義と言っていい位に満ち溢れていて、これについては第三編で述べる。ここでは主に尊き神々の体系であるモトアケ、タカマ、タマノヲなどを取り上げる。

ヲシテ文書には他にも「イノチ」、「ココロ」、「ココロバ」、

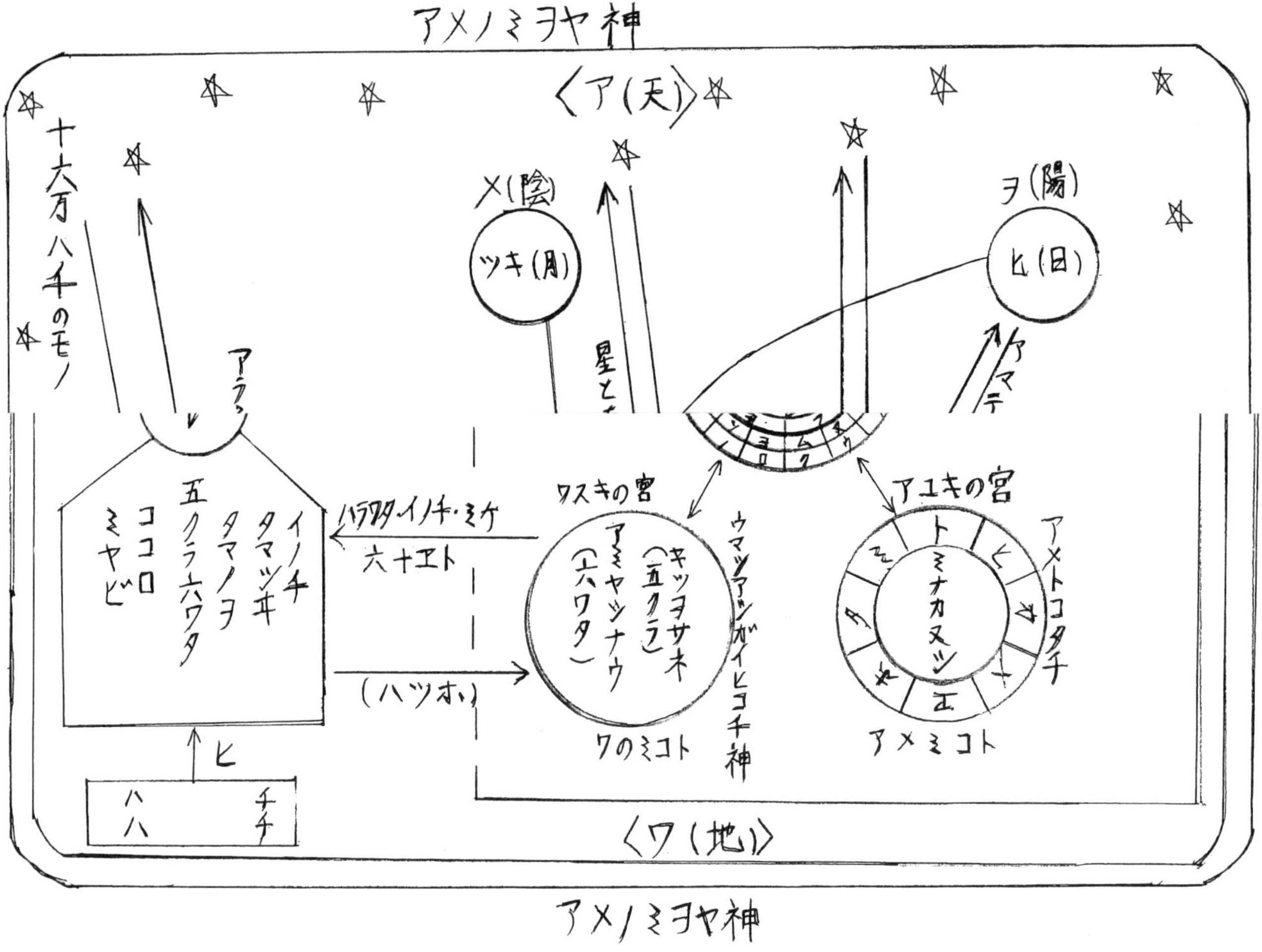

図一　タカマ、モトアケ二年（平成二六年）八月作成　加部節男

「ミヤビ」、「ナカコ」、「ホシ（星）」、「タマシヰ」、「タマノヲ」など重要なコトバが数多くちりばめられ編まれ、それらが繋がっている。これらのコトバを一つ一つ取り出し、その意味を検討して、我が国の先祖が創り上げた神々の体系をたどってみようと試みた。その中で、分かり易いようにと少しずつ図にしていき、次第にまとまったのが次の体系図である。中心のモトアケ図はヲシテ文書の一つ、フトマニとともに伝わるフトマニ図を写したもの（折り込みの一図参照）。

この図には、ヲシテ文書に載るアメミヲヤ、タカマ、モトアケ図、タマシヰ、行き来の道、アユキ・ワスキの宮などの関係が描かれている。

モトアケ図はアウワと四十八のヲシテで書かれる。ヲシテはミナカヌシが発明したと考えられ、数千年以上の試行錯誤の上に今から一万年前頃に創られたのではないかと推定する。モトアケ図はヲシテによるのでミナカヌシ以降に創られたものである。

モトアケ図はミナカヌシ以降であるが、その源である世界観・宇宙観はそれまでに培われてきたものであろう。我々の先祖がヤマト列島と共に何万年、何十万年と生活し培ってきた自然観、宇宙観の上に成り立っていると考えられる。

モトアケの真ん中にはミナカヌシがアウワとして位する。ヲシテにより文化文明が発達しヨロ物（万物）、神々を生んでゆく。宇宙創造はアメノミヲヤ神であるから、天のミナカヌシは天の御祖神とも重なるのである。

モトアケにはトヨケにより、「（クニトコタチは）天に行き見るモトアケの守り定め　二世結びの　モヨロホギ　行きて　タマノヲ成すを聞く」（ホツマ一三アヤより）と述べられているように、タマシヰ、タマノヲの行き来がある。

またクニトコタチと子のトシノリタマメカミにより、ヱトと五クラ（キツヲサネ）と六ワタ（アミヤシナウ）の組み合わせからなる六〇ヱトが成された（付録参照）。従って、キツヲサネとアミヤシナウからなるウマシアシカイヒコチカミのワスキの宮は、クニトコタチ、トシノリタマメカミ以降に祀られたと思われる。この図に関わるコトバの解説は長くなるので巻末に載せた。

トホカミヱヒタメによる季節

季節は天成る道とは直接は関係ないように思えるかも知れない。しかし、季節の中で人は生活し、あらゆる道を踏み行う。季節は天成る道の土台である。季節はモトアケのトホカミヱヒタメが司り、その詳細はミカサ文のナメコトノアヤとトシウチニナスコトノアヤに記されている。詳しくは原本に載るが、ここではトホカミヱヒタメがどのように季節に関わっているのか、その概要を図にしてみた。

図二　モトアケの中　アモト神と季節

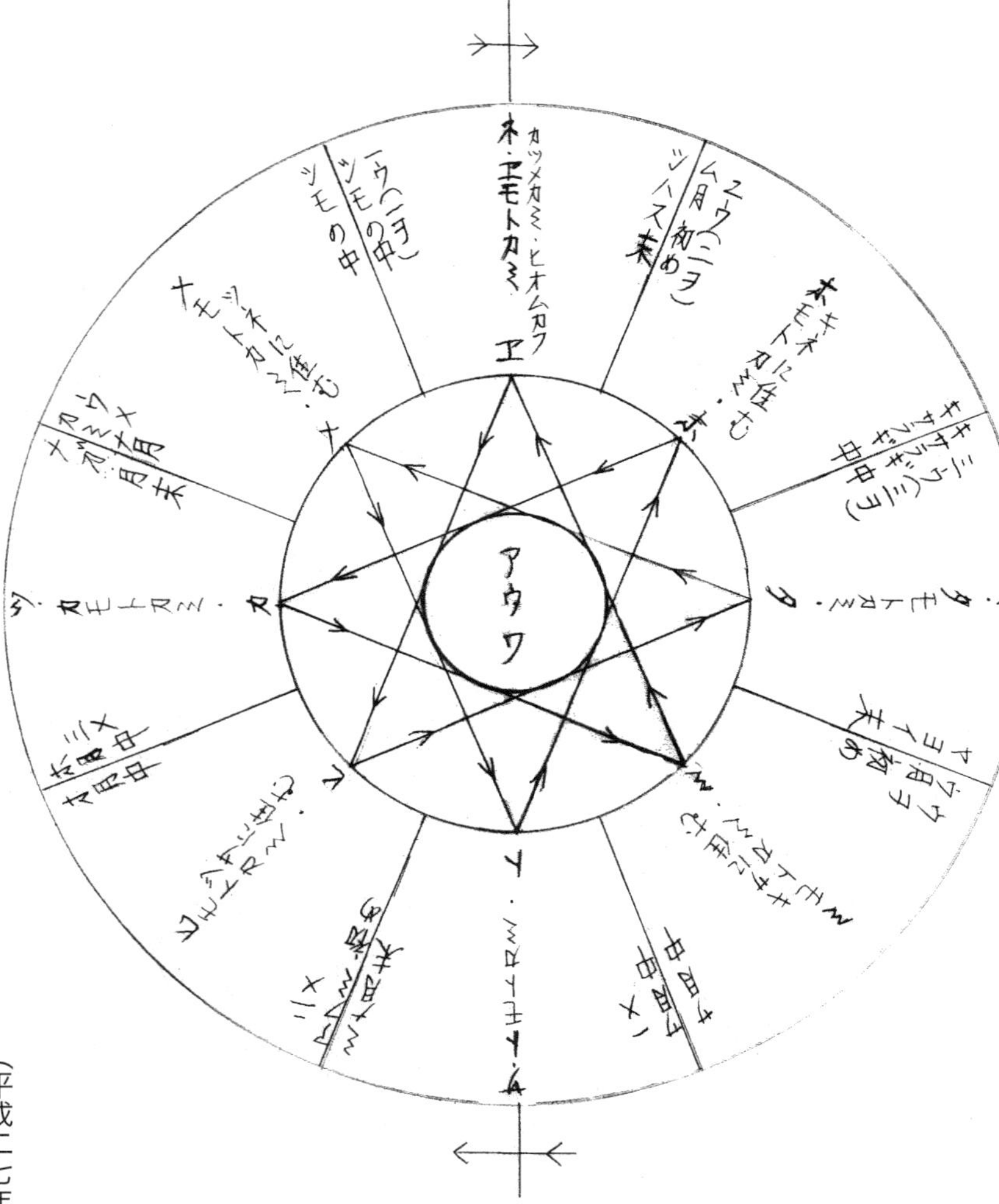

（平成二七年ミナ月二十日）

次は右の図の中から一覧にしたものである。時計回り。付録にヲシテ文書の月名を載せる。

ヱ・ヱモト神　シモ月中〜シハス末　ヒ・ウ（一ヲ）　ネ
ホ・ホモト神　ム月初め〜キサラギ中フ・ウ（二ヲ）　キネ
に住む
タ・タモト神　キサラギ中〜ヤヨイ末　ミ・ウ（三ヲ）キ
ミ・ミモト神　ウ月初め〜サ月中　ウ・ヲ　キサ
に住む
ト・トモト神　サ月中〜ミナ月末　ヒ・メ（一のメ）サ
ヒ・ヒモト神　アフミ初め〜ホ月中　フ・メ（二のメ）ツサ
に住む
カ・カモト神　ホ月中〜ナガ月末　ミ・メ（三のメ）ツ
メ・メモト神　カミナ月〜シモ月中　ウ・メ　ツネ
に住む

光の強弱とそれに伴う暖気ウ又はヲと寒気メにより季節が変わっていく。その中で図の矢印のように作用を及ぼしながら季節が変わっていくと考えられているのが大きな特徴である。矢印を繋げるとヱヒタメトホカミになる。ヱモト神を見るとヒモト神がタモト神に影響を与えつつ引っ張っているように思える。ミモト神からも影響を受ける。これによって時計回り、右回りに季節は動き、季節は永遠に繋がっていく。

その中心にアウワ・アメノミヲヤ神がいる。そのため、季節を司るのはトホカミヱヒタメ（注）であるが、移り変わる力の源はアメノミヲヤ神であると考えられる。

複雑になるので図の中に書き込まなかったが、例えばヱモトカミの初めはヒウで、これに対するトモトカミはヒメなので、これを線で結び合わせるとゼロになる。これはホとヒ、タとカ、ミとメも同じ。これはトホカミヱヒタメの中心ミヲヤカミ・アウワは何も無く穏やかなようであるが、実は巨大な力の均衡の上に成り立っているものと思われる。

またヱタトカを線で結ぶと四角になり、ホミヒメの四角とアウワの中心によりのヲシテになっている。アマテル神の称え名はアマテラシマスヲヲン神であり、ヲヲン神と言えばアマテル神である。ヲヲンはヲを二つ繋げてンによってさらに強調したコトバである。モトアケの元ミクラ・アモトがアマテル神の称え名になっている。ホツマ四アヤに

八トヨ旗　八隅に立てて
君となる

とあり、この図通りの構図になっている。「君」はヲヲン神・アマテル神のこと。

またアモトの中に丸、三角、四角などがあるため、ここからヲシテの五元素を書き出すことができる。第三編の〈アワの歌〉第四図「アモト・ヲシテ図」参照。

またアモトは何千万とも何億とも数知れないタマシヰの行き来するところでもある。モトアケやタカマが神聖なのはこの理由にもよる。

アモトはこのように複雑であるが、整然としている。同じくタカマ・モトアケの内部は極めて複雑であるが、整然と佇む。そのためにタカマ・モトアケには戦争はなく、戦争とは無縁である。戦争がないのが当たり前の世界がタカマ・モトアケによる宇宙なのである。

初代天神クニトコタチの世から何代も、トコヨ国では皆がノリを守り戦争はなかった。勿論武器さえもなかった。後に天なる道を犯す者達に対抗するために武装するようになるが、これは天なる道を守るためで、専守防衛は我が国の古来からの伝統である。

（注）ヱヒタメトホカミは後にトホカミヱヒタメとなる。

ア（天）とハ（地）のタカマ

ホツマツタヘを読んでいて、いきなりモトアケの神が登場すると思われる箇所がある。例えば、ホツマツタヘ一二アヤ「かの稚児を　天に送れば　神の前　ヱダ揃はねば　去らんとす　アメノミヲヤは　これを誉め」や、一四アヤ「我が心招けトホカミ　ヱヒタメの　国は道延ぶ　ウツワもの」、四〇アヤのアツタノリ「サコクシロ　神の八テより　道受けて　生まれ楽しむ　カエサにも」など。イニシヘの神々にとっては尊い天地やタカマ、モトアケは常に身近な存在なので、当然の如くヲシテ文書の中でそれらの神々が登場すると考えられる。

このようにイニシヘの神々はこの世界観が頭に入っていて、それに則りタカマにてマツリが行われていた。タカマは、巻末の補説「タカマとは」で解説しているが、ヲシテ文書の中で大きく次のように使い分けられていると思う。

（一）　天の御祖神の生んだアメの八〇〇万トメチの内の一〇〇万トメチまで。ア（天）のタカマ。

（二）地上の祭りを行う所。アマカミの主催する政府。九星を祭るユキの宮（これをアメトコタチという）とスキ殿（ウマシアシガイヒコチ神を祭る）を合わせ祭る。ハ（地）のタカマ。スガの所も含む。

（三）アマテル神のこと、アマテル神はタカマノハラのカンツカサである。

そのため図のア（天）のタカマとハ（地）のタカマの構造は基本的には同じである。ハのタカマのアユキ・ワスキの宮は、主に国民《くにたみ》のマツリのためにモトアケより進化したものであろう。

地上のタカマを解りやすく言うと、天上の日、月、星、モトアケなどが地上にて凝縮した所であると思う。天のサコクシロから下った天神はハ（地）のタカマにてマツリなどを行い、また元の天に帰る。またア（天）とハ（地）のタカマの共通性からして、ア（天）のタカマ、モトアケ、サコクシロやそこに住まう神々などがそっくりハ（地）と繋がるような所と考えられる。そのためハのタカマも極めて神聖な所なのである。

実際には天の神々に代わって地上に住む天君を中心に、他の神々がタカマにてマツリを行うということになる。そのため地上のタカマに出入りするのは神と同じ位の人でなければならない。翻って今の世で言えば政府や国会がタカマに当たるが、残念ながら今の政治家は全員伝統のタカマに出入りする資格はない。出入りできないどころか近づくことさえできない。これはタカマの意味が解れば理解してもらえることと思う。

ましてそこで、個人や党利・党略のための巧妙な駆け引きや贈収賄などは言わずもがなである。地方議会もタカマの一部である。クニトコタチ神やアマテル神の世のように、タカマで神々がホツマのマツリを当たり前に行えるようにすることが必要なのである。

雄大なる宇宙観、循環の思想、神饌の意味

普通、神道の神々と言えば、神社で祭られている神々や、掛け軸などに描かれているアマテル神、カシマ神、カトリ神などしかあまり馴染みがない。それに比べヲシテ時代の宇宙観のなんと雄大で高度な思想であろうか。ヲシテ時代はヲシテが発明されてから使用されなくなるまでの期間で、今から約一万年前から約一五〇〇年前位の間。今の我々現代人でも、天成る道についてある期間学習しないと理解できないと思う。

一つ一つが驚きであるが、中でも目を引くのがタカマと循環の思想であろう。天神は神上がりをするとサコクシロに帰り、輝く星（アマテル神は日）となって我が国を見守りたまう。そしてサコクシロから、オオナメヱ時に天より下り、代々の天神と共に世を治めると考えられる。我々国民の魂も日、月、星、アモト神、父母から授かり、亡くなると心素直な人の魂はアモト神に帰り、また生まれる。

そしてタカマのワの殿のウマシアシカイヒコチ神は遙か昔から我々国民の食料、五臓六腑、命を守ってくれてきた大変尊く身近な神である。古来より神社に米、酒や山海の産物を捧げるのも、イニシへより国民の食料のために力を尽くしてくれたウマシアシカイヒコチ神をはじめ、タカマの神々に感謝するためであったと考えられる。

豊かなる精神生活

今述べたように、我々は父母により生まれるわけだが、いかに多くの力を戴き生まれ、生き永らえているかが解る。現代一般的には、父母から命を授かり死んだら文字通りそれでお終い、うまくいけば天国にでも行けるかな、位にしか考えていないと思う。これに比べ、イニシへの神々やこれを伝える人々の心は遙かに豊かであったと思われる。

この循環の思想によれば、いまあるココロ、タマシヰは主に先祖のそれを受け継いだものであるから、昔の人やものを敬う。本人も将来、子孫などに生まれ変わるかもしれないので、現在と未来を大切にする。また、我々は父母をはじめ、日、月、星など宇宙の全てに関わっているので、自然や他の人々も大切にする。そして今いることを大いに感謝し、大いに楽しむべきであろう。

ある意味、極めて合理的であると言える。物質的、科学的には今の世と比べようがないかもしれないが、これを理解しているイニシへの人々は現代人よりはるかに豊かな精神生活を送っていたと考えられる。

民間に伝わるタマシヰの行き来、シムの望祝《もちほ》ぎ（お盆）

国民の魂の行き来に関わるお祭りがシムのモチホギ（親族《しむ》の望《もち》祝ぎ・盆）として神代から今に伝わる。人が生まれ、枯れる時にタマシヰ、タマノヲは、モトアケや星と地上の間を行き来をするが、一年に一度だけフミ月（七月）のモチの日（一五日）に、胞衣《ゑな》とへその緒の関係のように、モトアケにいる先祖である父（ヲ）と母（メ）のタマが子孫の地に下り、家族と共に再会する。

各家庭の子孫は、天と地の形に似て、体にも大変良い蓮の葉とレンコンを入れたご飯を作り、天の御祖神《みをやかみ》と先祖に感謝し、帰ってきた生きタマ（注）に供え食事をし、共に過ごす。生きタマのメ（陰・女・母親）とヲ（陽・男・父親）が、生前の結婚式のように、その家で再会する。そして生きタマは子孫の人々に生きる力を与え、またつつがなく天に帰る。そのために地上では皆で天を仰ぎ、体全体で踊って歌って大いに祝い感謝をする。

生き魂に　望《もち》は御祖《みをや》と
メヲ会へば　胞衣《ゑな》の蓮食《はすけ》の
イお受くる　仰ぎ踊りて
（ミカサ文ナメコトノアヤより）

生き眼魂《めたま》　親族《しむ》の望祝《もち》ぎ
胞衣がノリ　送る蓮飯
アイ受くる　仰ぎ踊れば
（年内に為すことのアヤより）

ア（アメミヲヤ・タカマ・モトアケ）・イ（意）を受けること。これが毎年、日の本中で行われる盆踊りなのであった。盆踊りの起源はよく解っていなかったが、おそらく今説明しているヲシテ時代の思想によると思う。

徳島県（阿波《あわ》の国・天地の国）の阿波踊りの起源についてはいまだ定説はなく、先祖の霊を慰めるための精霊踊りが阿波踊りの起源とみられているようだ。その踊りは独特で、手は常に上（天・ア）にあり、足は地面（地・ワ）をしっかり踏み、あまり飛んだり跳ねたりはしない。それは蓮の花や葉と土中のレンコンのようであり、ア（天）とワ（地）の形に似ている。「阿波踊り」は「アワ（天地）踊り」であろう。古代の「フミ月のシムのモチホギ」の踊りの形を今に伝えていると思う。

また全国多くの人が経験あるように、私も子供時代、田舎にいたときに八月十三日の夕方、確か大麦だったと思うが、麦藁を倒れないように組んで燃やし、天に登る煙を迎え火として、先祖の霊を迎えた。夜には盆踊りに出かけ、十六日の夕方になると送り火を焚き、先祖の霊を見送る。大麦の麦藁は中が空洞で、良く燃え尽き始末に良く、煙も良く出る。

当たり前のようにやっていた行事の源がこれほど古いと、ヲシテ文書によって初めて知ることができた。また全国数多くあるように、私の村も何千年何万年も前からそこに住み続けているようなので（石器や土器が出土、古墳あり）、古くから行われていた可能性がある。

盆踊りの起源ははっきり解っていない。ヲシテ文書にしかその起源は載らない。ただヲシテ時代の年中行事もヲシテ時代以前の風習に影響されていると考えられる。すると何万年、何十万年以上も前から続く我が国の思想が年中行事になったとも考えられる。「シムのモチ祝《ほ》ぎ」は魂に関わることとなのでこの可能性が高い。毎年日の本中、各地域で盛大に行われるこの行事も、人類がヤマト列島と共に育んできたものではなかろうか。なにげなく、そして当然のごとく行われる盆踊りには深い意味があり、底知れぬ古さがあるのである。そしてヲシテ文書に記されている通りに、毎年各地で開催されている。

（注）「イキタマ」「イキメタマ」を、既にタカマにあり、お盆の時期だけ子孫の家に「生きタマ」「生きメタマ」として下る先祖の霊と解釈。

天成る道の進化・発展　トの教《をし》ゑ

モトアケ・タカマと天成る道の関係は前項の「アメナルミチ（天成る道）とは」でも述べた。その中で天成る道も進化・発展することに触れたが、もう少し掘り下げる。アメナルミチのホツマツタへの初見は、ホツマツタへ二アヤより

天より三つの
ワザお（注）分け　キミトミタミの
三下《くだ》りの　神は百二十《もふそ》の
御子ありて　天成る道は
メもあらず　三つ代治まる

である。この「天より」の「天」はアのタカマであり、モトアケである。モトアケが三層を成しているので、それと同じようにキミ、トミ、タミが分かれた、ということと思う。そのため「三下り」とある。トヨクンヌまでの三代まではこの体制で治まったが、「メもあらず」とあり特定のヒメの位がなかった。

次の四代ウビチニ、スビチニの代に初めて特定のヒメが定まり、天成る道が備わる。天成る道も時代に合わせて変化し進化する。さらにアマテル神の世には最終的に后が一三人とさらに進化していく。人や自然は変化するので、天成る道はその時代の最良の形に変化、進化していく。しかし、むやみということではなく、天成る道やトの教ゑに則り、天神やタカマの神々の神計りによって進められていく。

宇宙は永遠に続く。同じように途切れることなく君が代を継いでいくというのは天成る道の大きな柱である。そして、モトアケが三層によって永遠に続いていくように、モトアケより成った人々の社会も、キミ、トミ、タミの三下りを元に進化しながら永遠に続いていく。そのため先に「ミチ」の項で述べた数多くのミチも、天成る道が進化発展したミチで、天成る道に関わることであると思われる。

第七代天の神イサナギより、第五代タカミムスビ・タマキネの協力の下、タカマやモトアケは人の社会に積極的に取り入れられていった。こうして天成る道が成っていく。地のタカマもそうであるが、八マサ神も同じ考え、政策であろう。モトアケには、ミヲヤカミのそばにトホカミヱヒタメの八元神がいて、重要な働きを司り守る。二神も八マサ神にはトホカミヱヒタメのような絶大な働きを地上において実際に期待したのであろう。また、キミと左のトミ、右のトミの三位や三クサのカン宝などもモトアケの三クラの数と同じである。四クサ、五クサではなく三クサである。これらも天が成った形と思う。

タカマ、モトアケは、内部は巨大な力が働き極めて複雑であるが、均衡を保ち整然と佇む。ヒトのタマシヰ、タマノヲは父母とアメミヲヤ、タカマ、モトアケより下される。その何百万、何千万という人々が造りだすキミ・トミ・タミより成る人社会も、タカマ・モトアケに則り整然と行われなければならない。これが天成る道である。

そしてそれを記した文が天成る文であり、この教えがトの教《をし》ゑであろう。天成る道とトの教ゑは大いに関連する。またトの教ゑも元は変わらないが、社会の発展により次第に広く大きくなっていくのはホツマツタへに記されている。その道の奥は

　　ヒトのナカコに
相求め　一つに致す
トの教《をし》ゑ　（ホツマ二三アヤより）

であり、この元の教ゑは天神が代々受け継ぐ。

そしてクニトコタチの世の「ノリを守れば　ホコいらず」の「ノリ」により、トの教ゑは早くから二層に分かれていたと考えられる。アマカミが代々直接受け継ぐ教ゑと民への教ゑ（ノリ）の二つである。さらに全国の国造りと人口増加により、クニトコタチの早い時期から臣の役割も必要になり、臣へのノリ、教ゑも加わったと推定される。つまり三層に分かれていく。

五代タカミムスビと第七代天の神イサナギの世には、トの教ゑとホコにより国造りが進められ、さらに深化していく。ホツマツタへ二三アヤには「細々篤き　トの教ゑ」とある。

また伝統は変わらないが、時代に合わせてさらに進化・発展しているのは、第一二代ミヲヤ天神の世に「百《もも》のヲシテ」、「国をしらする　百の文」（ホツマ二七アヤ）により知るこ

とが出来る。大量にあるのはあらゆる分野の教ゑが記されているからであろう。

　このように天成る道もトの教ゑも、その伝統、柱は変わらないが、天が成る時代に合わせ進化、発展していく。そしてその中心はモトアケの元ミクラの天神（天皇）である。
（注）お　現代で使用されている助詞の「を」は実は誤りである。「お」が正しい。助詞のことをヤマトコトバでは「テニオハ」（ホツマ上奏、本庄家ヲシテ文書）と言い「ヲ」にはなっていない。またヲのヲシテの方がオに比べ重みがある。これはヲシテを比べると解りやすいと思う。オのヲシテは⊡、ヲは⊙。

モトアケとフトマニ

　宇宙も含めて地球上の全ての変化は主にタカマ、モトアケによってなされると考えられていた。アウワが中心であるが、アウワを取り巻くトホカミヱヒタメの八モト神、アイフエモヲスシのアナミ神、三十二神、十六万八千のモノなどの力を得てなされる。

　ヒトの造るキミ、トミ、タミを中心とした社会もモトアケの中の神々の力を受けて変化、発展すると考えられる。その力がどのように為されるのか、為されたのかをモトアケによるフトマニ図で占うのが、モトアケの三音よりなるフトマニの百二十八の歌である。モトアケ図とフトマニ図が同じなのはこのためである。


　古代社会は現代社会に比べて、交通・通信・情報機関やそれを支える科学技術が桁違いに違う。そのためフトマニを頼った。現代社会はこれらが格段に進歩し、いながらにしてその時の世界中の情報を映像や音声で得る技術がある。映像技術やスーパーコンピューターなどにより、気象予報や未来の予想も行える。

　つまり、神代では現代のこれら技術に伴う情報をフトマニによって求めようとしたと考えられる。人々が増え国々が増えていくと、どうしてもその末端に天成る道が届きづらくなる。ヲシテ時代はこれが大問題であった。これをいかに克服するか。キギスや後に目付に関わる役人もいたが、神はより良いマツリを執るために、フトマニを頼り、ありとあらゆる情報を得ようとした。気象なども前もって知りたいのは現代も同じ。ただ現代の気象技術は遙かに進歩している。

　ウツホ・カゼ・ホ・ミヅ・ハニの五元素の考えを押し進めると周期表の水素・水銀・鉄などの元素となるように、フトマニの考えの発展形が現代の交通・通信・情報・映像技術やこれに関連する科学技術であるとも言える。

　科学技術や情報産業の発展により、現代でのフトマニの役割の範囲は極めて小さくなった。ただ、今の時代、得られる情報を正しく活かしているだろうか。また健康や地震、気象、未来予想などは完璧というのはなかなか難しい。その足りない部分は神頼みにならざるを得ない。

タカマ・モトアケ図の実際

このタカマ・モトアケ図（一図のこと）は二次元の平面に解りやすく書いたものである。しかし実体ははるかに複雑と思われる。例えばヒトからアメに上る矢印一つを見てもこんなに単純ではない。タマシヰは留まるものもあるし、斜めに上ったり、ジグザグ、螺旋だったり、一端下に行ってから上るものも在るかもしれない。数を見ても、留まったり行き来するタマノヲなど何千万、何億と想像される。

そして時間も関わる。現実は三次元空間で、時間が加わって四次元になるが、見えないタマシヰに関わることはさらに多次元な世界であるかもしれない。同じものはなく、人によって全て違う。しかもモトアケは万物に関わっている。そのためモトアケ全体は整然としているが、内部は極めて複雑であろうと考えられる。これらが整然と収まるためには、モトアケは高次元、異次元の世界ではなかろうか。そのためこの図は、無限にあるものの一部を解りやすく平面図に表したものと考えてもらえばいいと思う。

タカマ・モトアケ図の神々

巻末参照。当初、巻末の「タカマ・モトアケ図の神々」はこの章に載せようとした。しかし、初めての読者には長く難解かと思い、このような配置にした。それを読んでから先に進んでも、飛ばしてこの先に進んで、後で見てもらってもどちらでも良いと思う。アメノミヲヤ神やアモト神など現代に伝わらない神々や、現代に伝わっていてもタマシヰやタマノヲなどのように内容の違うコトバもある。

第三章　タカマにおける神によるマツリ（政治）

マツリは天成る道の大きな柱の一つである。特に政治のマツリは自然と人社会を巻きこみ、大変大きな影響力を与える。そして現代、その大切な政治に満足している人はいないだろう。そもそも我が国の伝統のマツリ（政治）とはいかなることであろうか。

マツリの意味の内、政治は天成る道の主要な柱であり、いつの時代にも重要であるが、マツリが政治という意味からして現代に伝えられなかった。「まつりごと」が政治の意味として伝えられたが、その内容も良く伝わらない。

解りやすいように結論から先に述べるが、我が国伝統のマツリ（政治）とは、タカマにおいて神々により行われるべきものである。そして自浄能力があって当たり前。それはマツリが行われるべきタカマ・モトアケは常に神聖で尊く、清浄な所であるためである。

タカマは既に述べたように、我々のタマシヰも行き来する真に神聖なところである。現状はその目の前で個人、関係者、党の利権争いに明け暮れるという事態に陥っている。現代政治はここからしてまったく間違っている。つまり現代政治は我が国の伝統のマツリが伝わっていないことを証明している。これは紀記や旧事紀などにタカマ、モトアケ、マツリについてまともに漢訳されていないためでもある。

それでは我が国伝統のマツリ（政治）とはいかなるものであろうか。これからこのマツリについて述べていくが、まずマツリ（政治）そのものを取り上げる。次にマツリは神が神計りするものであるが、そもそも神とはいかなることであるか。次にタカマにおける神によるマツリとマツリの自浄能力について述べる。タカマにおける神によるマツリは自浄能力が当然備わり、自浄能力がないマツリは伝統のマツリではない。そしてマツリは天なる道に則り行われる。最後に天なる道と民主主義の関係について述べる。

第一節　マツリ（政治）とは

ヲシテ文書にはいろいろなところに「マツリ、マツル」というコトバが出てくる。今でも「お祭り」などとして盛んに使われ、「まつりごと」などのコトバも伝わる。マツリとはどういうことであろうか。

マツリの意味

ヲシテ文書に載るマツリの意味は大体次のように使い分けられていると思う。

一、亡《な》き神、亡き人などを祭る。崇める。
二、天地、神などを敬い祭る。
三、政治を行う。政策を議論し吟味をする、またその議論。神計りをする。
四、あつくもてなす。優遇する。
五、補助動詞として。・・・申し上げる。差し上げる。
六、「たてまつる」（タツにマツルが付いたコトバであろう）として。

大体というのは、一、二、三の意味が重なるものなどがあるためである。これは意味が分かれているといっても、元は「マツル」一つであるため。六の「たてまつる」は補助動詞とも思えるので五に含まれるとみてよいだろう。

これらの内、辞書の意味として今に伝わっていないのが、三、政治を行う、である。辞書に載らないということはホツマツタへの「マツリ」というコトバが紀記に漢訳されなかったからだと予想できるが、その通りである。

ホツマツタヘにはマツリ（政治）の意味に該当する個所が四〇以上あるが、それらがほとんどそのまま「まつり」というコトバに漢訳されて載っていない。一カ所だけ、日本書紀の崇神天皇七年に、ホツマツタへの「マツリ届かぬ」に対する漢訳として「善政(よきまつりごと)無くして」とあるが、「まつりごと」になっている。記にはない。「まつりごと」を政治というのは紀の他にもある。しかし「マツリ」だけで政治という意味はなくなり、「まつりごと」が政治の意味になっていく。ただ「まつりごと」は名詞なので、動詞として使用するために「まつりごつ」という奇妙なコトバを作りだし、使用するに到る。紀記はホツマツタヘを政治的に怪変しているので、このことと関係あるのかどうか不思議な現象である。

またホツマツタヘにもマツリコトが載るが、このマツリコトに対応する紀記の漢訳部分はない。

そのためにヲシテ時代伝統のマツリ（政治）自体とこれにまつわる内容、背景などが今の世にほとんど伝わらなかった。ホツマツタヘは「世々の掟となる文」であり、マツリはその柱の一つであるが、それがほとんど伝わらなかったのだ。我が国伝統の真のマツリ（政治）とはどのようなもので、いかにしたらよいのか、なぜ乱れるのか、などのマツリの核心が伝わらなかった。

マ・ツ・リの意味について

「マツリ」の一字一字についてみると、「マ」は「マコト（真）」、「アマ（天）」、「ホツマ」、「ヤマト」、「タカマ」、「マ（間）」などの「マ」と関係があると考えられる。特に天成る道とマツリの関係から「タカマ」とは強い繋がりがあろうと思われる。そのために一、二の意味が含まれる。

「ツ」はいろいろある「ツ」の中でも「ツヅク（続く）」、「ツグ（継ぐ）」、「ツくす（尽くす）」、「ツグ（告ぐ）」、「ツク（付く）」、「ツタフ（伝ふ）」、「ツム（積む）」などの「ツ」が考えられる。

「リ」は「マツル」の連用形止めの名詞形の活用語尾である。ラ行の活用語尾は活発な動作を表しているという印象を受ける。

マツリとは

そうすると「三、政治を行う」のマツリとは、真（まこと）をし続けることであり、天のタカマの整然とした状態・法則を、盛んに地上に伝え・続け・尽くすことである。

「一、亡き神、亡き人などを祭る。崇める。」、「二、天地、神などを敬い祭る。」は天にいる神にマ（真心、真事）を告（ツ）げ、伝（ツ・た）え、心を尽（ツ）くし、それを続（ツ・づ）けることであろうか。

忘れられた伝統のマツリ

紀記はタカマ、モトアケはもとより、その神々や天成る道、トの教ゑ、イセの道なども伝えなかった。マツリはこれら多くのことに関わる。従って紀記以降は伝統のマツリが忘れられ現代に到る。これは冒頭で述べた。

現代では、政治家や政党の金、利権まみれの新聞記事が日常茶飯事である。戦前は、これに加え、軍事力による世界進出の政治であった。これはホツマの教ゑに逆らうことである。

評価される明治維新であるが、実は偉大なる西郷隆盛によれば「方今（いま）の事物の有様なれば、倒幕の師（いくさ）は畢竟（ひっきょう・結局）無益の労にして、今日に至ては却て徳川家に対して申訳けなしとて、常に慙羞（ざんしゅう）の意を表したりと云う」状態であった。江戸幕府の政治もひどいが、明治政府はさらにひどくなってしまったということである。

それ以前の保元・平治・承久の乱や、応仁の乱から始まる戦国時代、徳川時代は武力による政治であろう。武力による政治を行ってはならない、というアマテル神のマツリの教えが忘れられてしまったことを表していると思える。

マツリは神聖なタカマで行われる

マツリはタカマにおいて行われ、神々の議論、神計りが行われる。ホツマ四アヤに「モロ神の　神計りなす　タカマにて」とあり、またホツマ七、八、九、一〇、一六アヤやミカサ文・タカマナルアヤなどにも、タカマにてマツリ、カミハカリが行われている。マツリは神聖なタカマにて行われるものである。マツリは数多くの国民のイノチ、タマシヰに関わる行いでもあるのである。

これが全く伝わらなかった。そのためタカマであるべき国会で、個人・関係者や党の利権争いが平然と行われる。多くのタカマを無視した行いが行われ、中には国会内の大臣室で、違法行為である議員の口利きや、その報酬を受け取るという者さえいる。

マツリは神々によって行われる

これは「モロ神の　タカマにマツリ　はかる後　ツハモノヌシ」（ホツマ三アヤ）や「モロ神の　神計りなす　タカマにて　オオモノヌシが」（ホツマ四アヤ）や「モロ神の　タカマに計り　御行きとぞ　願えば神の　御行き成る」（ホツマ八アヤ）などによっても明らかである。

マツリは神々によって、タカマやタカマに準ずるところで行われる。また、タカマは神聖なところであるので、神や神に準ずる者しか、出入りさえできない。残念ながら現代、政治を行っている国会議員の中で、神や神に準ずる議員は一人もいない。従って国会が伝統のタカマであるならば、今の議員は出入りさえできないということになる。神についてはこの後第二節で取り上げる。

我が国伝統のマツリの具体的な内容

それでは我が国本来のマツリ（政治）の実際とはいかなるものであろうか。ホツマツタへの内容の多くがマツリに関わるが、その中から一部を取り上げる。

一、君臣の道によるマツリ

マツリ（政治）は天君（天皇）を中心に行われるが、国民や国々が増えるに従い、臣達や国神達に任せざるを得ない。実際に政治を行い実行に移すのは臣達や国神である。そのため臣達は極めて重要な役割を担う。臣はクニサツチやトヨクンヌ以降と記されている。

八方《やも》の世継ぎは
トヨクンヌ　天より三つの
技お分け　君・臣・民の
三下りの

（ホツマ二アヤより）

クニトコタチの
八下り子　何クニサツチ
八方主と　成りてトホカミ
ヱヒタメの　国に産む子は
三下りの　君・臣・民ぞ
（ホツマ一八アヤより）

ただクニトコタチの早い段階から臣の役割は求められていたと思われる。それはトコヨ国が創建されたためで、トコヨ国全てをクニトコタチ一人で行うのは難しいだろう。その後トミも増えて各分野のトミの中心となるヲミ（重臣）の位が成る。ただヲミもトミなので、同じに記されることもある。国神は君に成り代わって、中央と連携してその国を治めるので、臣の位に準ずると考えられる。臣が国神を兼ねることもあった。

　キミとトミは心一つにマツリを執る。これはキミは代々の教ゑであるトの教ゑによるマツリを執るが、トミも同じようにトの教《をし》ゑによるマツリを行わなければならないということである。キミとトミは位が違うが、心は同じにしてマツリを執る。そして各分野の中心になる諸トミや国神全てがトの教ゑによるマツリを行っていく。これを日の本中で永遠に行い続ける。これが基本である。

世の　キミトミの道
トの教《をし》ゑ　逆り悖《もと》らば
綻《ほころ》ばす
（ホツマ三アヤより）

キミトミと　心一つに
司れ
（ホツマ一九アヤより）

キミとヲミ　心一つに
カの鳥の
（ホツマ二四アヤより）

そして、キミとヲミが心一つにしてマツリを執ることがいかに大切なのかは、ヲミがミクサノカン宝を受けることによっても知ることができる。ヲミは我々庶民には解らないほどの極めて重大な責任を背負いマツリを行うことになる。

この故に　三クサお分けて
授くイは　永く一つに
なる由お　アヤに記して
ヲ手つから　文お御孫に
授けます　セオリツ姫は
御鏡お　持ちてカスガに
授けます　ハヤアキツ姫《め》は
御剣お　持ちてコモリに
授けます　三度敬ひ
皆受くるかな
（ホツマ二四アヤより）

現代、ミクサノカン宝（三種の神器）の一つを受け取り政治を行える国会議員は一人もいなくなってしまった。

　マツリの中心タカマには、この世とは思えないほどの強大な権力と富と名誉や利権などが集中する。そしてトの教ゑや政策を一歩誤れば、とたんに日の本中の民が影響を受ける。

そのため、トミはトの教ゑを弁え守らなければならない。そしてトの教ゑによるマツリを実行するために自らを律し、果たすべき義務と責任を伴う。その一部を次に掲げる。

一、君臣の道の遵守
一、日の本の建国以来の平和国家を守り続ける
一、国民の豊かさと居安《ゐやす》さの実現
一、国民を我が物にせざるべし
一、国民の労りを知るべし
一、国民の命の尊重
一、基本的人権の尊重
一、民の教導
一、武力による他国の支配の禁止
一、従って専守防衛の遵守
一、国政での贈収賄の禁止
一、自浄能力と自浄能力の保持

これはホツマツタへの中に記されていることを取りだしたもので、その一部である。これらはトミの義務であるとともにマツリの大切な目標であり、トの教ゑの主要な柱であると思う。勿論キミの行いでもある。

これを実行に移すヲミ、トミ、国神などは神でなければならない。そしてマツリによる政策は天成る道に則り行われていく。

天成る道に則り、トの教ゑにより、神々が神の道を踏み行う。神々がタカマにてマツリを行う。この神々は天君とトミや国神のことである。ヲミやトミ達や国神が自らの義務を守り、責任を果たし、キミと共にマツリの目標に立ち向かっていくことが極めて重要である。これを誤ると国は乱れ、民は大変苦しみ、多くの国民の尊い命が失われることにも繋がる。タカマやモトアケが乱れると国は大いに乱れてしまう。次に、今挙げた中から幾つか取り上げる。

一、国民《くにたみ》を我が物にせざるべし

　兄弟《ゑと》しかと聞け
国民お　我が物にせな　（ホツマ二四アヤより）

は第九代天神・ホシホミミによる二御子（アスカヲ君・テルヒコとハラヲ君・キヨヒト）への詔である。そして君臣の道により国政を司る臣達の守るべき義務であると思う。しかし、これに限らず他の多くのこういう神代《かみよ》からの我が国の憲法や法律というべき大切な詔や教ゑは紀記や旧事紀には全くと言っていい程載っていない。

例え天神であっても、臣や国神なども同じく、民のことを良く考えもせずに、我が儘にむやみに使役したり、高い初穂（税金）にしたり、生活に不都合な掟（法律）などを作って国民を苦しめたり、略奪してはいけないということであろう。

これに関連するが、国民一人一人の命を尊び、財産や生活を守るのが我が国の伝統である。ホツマ一七に「アオヒトクサの　ことごとく　天の御祖の　守らぬは無し」とある。こ

れらは天成る道の内であり、トの教ゑの一つである思う。
ヲシテ時代以降の各時代、戦国時代や武力による武家政権や明治政府、その後の政府はどうであったろうか。第九代ホシホミミ天神の「国民（くにたみ）を　我が物にせな」の教えは守られてきただろうか。国民の一人一人の命や財産、生活などは大切にされて守られてきただろうか。国民生活を無視した強制徴用、高税などや国民の経済活動を無視した政府や官僚主体の法律などは禁止である。

「国民（くにたみ）を　我が物にせな」や「アオヒトクサの　ことごとく　天の御祖の　守らぬは無し」をマツリの根本思想に据えてマツリ（政治）を行わなければならない。しかし、ヲシテ時代の伝統のマツリが忘れられて以来、いかに国民を我が物にすることが、政治の基本方針になってしまったといえるのではなかろうか。

一、君、臣や国神は国民《くにたみ》の労りを知らねばならない

次は、アマテル神の御孫で後に第一〇代ワケイカツチ天君となるキヨヒト・ニニキネ御子の新治《にはり》の宮での教ゑである。

これ神の　御子に教ゑて
「労りお　知らねば神は
摂り居ぬ（摂り居ぬ、鳥犬）ぞ　ホツマおナメて
トリヰなりける」　（ホツマ二一アヤより）

この歌の意味は次のようであると思う。国民の労りを知らなければならない。もしそうでなく、国民への労りのない強制労働や初穂などの取り立てといった搾取は、マツリを摂る神と言えども、そこに居てもマツリを摂っていることにはならず、状況を知らせる鳥は居ないことと同じぐらい怠慢で、猛禽や飢えた犬が獲物に襲いかかるのと同じであり、神でも何でもない。そして国を全く治めるための最良の心構えと法をよくよく体験して身と心にしみ込ませ、体現してこそのトリヰ（摂り居）なのである。この歌は国民の搾取の禁止と良きマツリの法を歌っている戒めであると思う。

イニシヘは第一次産業主体なので、気象の変動や自然災害などの影響をまともに受けた。エヤミ（病疫）もある。村々、各家々、一人一人、状態の良いときも悪いときもある。それらを知ろうとせずに、労りのない使役、初穂、掟などは決してしてはいけない。御孫はそれを内外に知らせるためにトリヰ（鳥居・摂り居）の機能を、建物や人員を増強して充実させる。そして神の御子たちの教育にも力を入れている。この時代は今から約三千年前頃と推定される。

一揆にはいろいろあるようだが、後の江戸時代の悪政や過重な年貢に対しての百姓一揆などは、領主・代官による労りを知らない悪政に対して、やむにやまれず集団で反抗した運動であり、正当である。もともと江戸幕府自体が伝統に違う武力政権である。そして農民に過重な労働や税金を武力で強いた幕府はもちろん領主・代官もまた為政者でもなんでもなくもはや単なる鳥、犬と同じということになる。ここにはニ

ニキネ御子の教えが守られていない。

そして江戸時代以降、大東亜戦争まではどうであったろうか。国民を労る政治は為されただろうか。また今の世はどうだろう。国民の一人一人を良く知り、労りのある政治が行われているだろうか。

一、マツリには、まいない（賄）を掴んではいけない

公の贈収賄の禁止

「マイナイ（賄）掴む　マメならず　ついにオロチになめられて」（ホツマ・八アヤより）や「例えばクセド　マイナヒて　境増さんを　～　君召す恐れ　糾されて　枯るる悲しさ」（ホツマ・一七アヤより）などにあるように、神代《かみよ》から公でマイナヒ（賄）を掴むことは禁じられている。神聖なタカマの神計りによるマツリは、個人・仲間・関係機関の利益・利権などとは関係なく行われるのが当然である。公の贈収賄は神代より禁止なのである。しかし、民間は違う。今でも公と民間との違いは混同されることが多いので注意が必要。

公と民間の違い

民間の企業などは厳しい競争に常にさらされていることが多く、法律の範囲内で経済活動をしているが、時には法律ギリギリのところでせめぎ合いを行うこともある。そのためにそれを公平に裁き取り締まる公（おおやけ）が必要なのである。民間は各々個人や企業、団体の利益のために頑張る。それを仕切る公が民間と同じように自分の利益に走ったのではうまく収まるはずがない。

例えば交差点の信号は赤、青、黄と変えて、車、人、バイクなどの行き来を最も効率よく制御している。この信号自身が、収賄により他を待たせて、あの車とその車だけを優先して通すというようなことを一日中していたら、交差点は大混乱に陥り、全体の交通量は遥かに少なくなり、事故も起きる。

公に携わる政権の政治家や官僚には想像を絶する金、利権、名誉などが集中する。しかしその者たちが金と利権のため、マツリそっちのけで、民間と同じように自分たちの利益優先の商売をしてはいけないのだ。天成る道に則り、国民のため国のためにマツリを行う。これは当たり前の話であるが、この当たり前のことができていない。

もし商売をしたければ民間人になって大いにやればよい。事業を興し利益を得るというのは、それはそれで大変なことである。民間では法律内で儲ければ儲けるほど褒められ、取り上げられ、尊敬される。

しかし、タカマはそういうところではない。民間と公の役割は違う。そのため公の官職の贈収賄は神代より禁止なのである。

守られていないヲシテ時代の伝統　僅かに残る遺風

しかし贈収賄に関する事件は後を絶たない。あの手この手で、現代は極めて高度で悪質な仕組みになっている。これはその原資である我々国民の税金が莫大であるためである。例

えば政治資金規正法はザル法であると言われている。政治資金規正法は、政治家を善人であるとして、性善説に基づき成り立っているそうだ。これに関わる事件は日常茶飯事なので具体例を挙げなくていいだろう。

また、いわゆる悪質な天下りはやりたい放題であると聞く。これも極めて巧妙な仕組みになっているようだ。そもそも天下りの天のコトバからしてとんでもない。気安く天などと使用している感覚が既に間違っている。報酬はもらっているのに、自分たちで都合良くゆるい、抜け穴だらけの法律を作り、国民の税金を自動的に自分たちに入るようにする。これも巧妙な贈収賄の一つである。

古来のマツリの伝統を今の世の人々はよくは知らない。まるで莫大な税金をいかに国民の目を騙して自分たちの物にするか、それが政治だ、といわんばかりにさえ思える。巨大な利権と莫大な金、名誉などに、ほとんどの政治家は目がくらんでしまうようだ。良からぬ悪しき道がはびこっている。

しかし、時には国民は、政治家に対してそこまでしなくてもというようなことまで問題にすることがある。これは、マツリは神聖な行いである、という遺風がわずかに残っているためであろうか。だが、全体的には巨額な資金と巨大な利権の山に群がる蟻を見ているようだ。そしてまるで今の政治、官僚体制は巧妙で巨大な賄賂装置を作り上げてしまっているように思える。巨大利権連合体である。そのために国民の血税が使われてしまい、本来、国民や国のために回されるべき資金がまともに回らない。しわ寄せは国民すべてに降りかかる。

莫大な富の実際

盛んに私が莫大、巨大などといっているが、ホツマツタヘにも載るマイナイの元である初穂、税金、国家予算がいかに大きな数字であるか、解りやすいように数字にしてみよう。以下は最近の日の本の国の予算であり、時代によって違うが、それがいかに巨大なものであるか一つの目安になると思う。

現代ヤマトの国の予算は一般会計、特別会計、政府関係機関予算からなる。一般会計は政府の合意のもと国会に提出され、これはマスコミに良く取りあげられる。特別会計は各省庁が管理し、予算執行も不明瞭になっているため、既得権益の温床になりやすいと言われている。しかし、こちらの方はなぜかマスコミにはほとんど報道されない。

平成二五年度の一般会計の歳出総額は九二・六兆円、特別会計は三八六・六兆円、政府関係機関予算は二・五兆円となっている。一般会計と特別会計には重複部分がある。これら予算の歳出総額の合計は四八一・七兆円にも達するが、重複分二五六・六兆円を除いた純計は二二五・一兆円。特別会計の巨大さもそうだが、重複分の曖昧さについてもなぜかほとんど取り上げられない。つまり、国の予算の全体像である平成二五年度の歳出（純計）は二二五・一兆円で、約二二五兆円である。政府関係機関予算は政府出資の法人で予算・決算が国会に提出される機関のことで、日本政策投資銀行・住宅金融公庫・農林漁業金融公庫などのこと。

一万円札は約一グラムであるそうだ。これをもとに計算すると、一キロは一〇〇〇グラムなので一〇〇〇万円は一キロ、一億円は一〇倍で一〇キロ、一〇〇億円で一〇〇〇キロなので一トンとなる。一兆円は一〇〇臆円の一〇〇倍なので一〇〇トン。国家予算二二五兆円では二万二千五百トンとなる。これは一〇トンの大型トラックで二千二百五十台であり、二万二千五百トン積みの船一隻分にあたる。まさに山であることが解る。

この金の山とこれが生み出す利権や名誉などに目が眩み、これに関わる者たちなどによる事件が起きるのは日常よく見る光景である。本来、政治家は臣にあたるのだが、これでは伝統の臣になっていない。神計りをして必要な政策には血税を投入すべきだが、果たして国と国民のため、まともに使われる予算はこの内の何割であろうか。

一、天成る道に則る政策主体の政治、それがマツリである

今述べたように、マツリを行うタカマ（政府）には強大な権力、莫大な富、利権、名誉などが集中する。常人はこれを見たり体験するだけでも目が眩むと思う。

しかしその中で、その時代毎に最高の人材が、天成る道に則り、トの教ゑに照らし、あらゆる事態を想定し議論し、その状況下の中で最高の政策を決定し実行していく。この中心が君であり、多くの臣達である。ただしこれは基本であり、これを元に各時代に合わせ工夫していくことが必要となる。

そしてあらゆる部署で何百、何千ある議題、案件全てをこのように行う。これを何十年、何百年と続けていく。そうすれば日の本中あらゆる分野で良くなるのは目に見えている。悪くなろうはずがない。これが我が国のイニシヘより続く伝統のマツリなのである。考えれば当たり前のことであろう。

しかし、この当たり前のことが、ヲシテ文書が葬られて以来、千年以上行われていない。現代の政治も我が国伝統のマツリにはなっていない。

マツリ、マツリコトに関わるコトバ

前の項で取り上げたマツリの意味の三「政治を行う」も、さらに政治と政治に関わる政策、議題、その議論などに分かれ、一、二、の意味と重なることも多い。しかしマツリコトの意味は「政治」、「政策の議論」そのものが多い。

ヲシテ文書はマツリやマツリコトのみも多く載るが、これらに関わるコトバがいろいろあるので参考に掲げる。これもいかにマツリが重視されているかの一端を表しているので、参考になると思う。

マツルとしては「マツリ諌める」、「マツリ怠る」、「マツリ離れる」、「マツリホツマに整ふ」、「マツリ正す」、「マツリ絶える」、「マツリ尽きる」、「マツリ継ぐ」、「マツリ届く」、「マツリ執（と）る」、「マツリす（為）」、「マツリ休む」、「マツリ治む」「マツリを聞く。マツリを聞こし召す」、「マツルトホコの道」や「今のマツリ」、「君のマツリ」、「国のマツリ」、「民のマツリ（民へのマツリ）」、「世のマツリ」、「女のマツリ」「ヲンマツリ」などがある。

マツリコトでは、「国のマツリコト」、「ホツマのマツリコト」、「マツリコト守《も》る」、「マツリコトを預かる」、「マツリコトを聞く」、「マツリコトを任す」などがある。フトマニにはマツリ、マツリコトが多く載るが、マツリを占うことが多いためであろう。

前に述べたように日本書紀、崇神天皇・七年に一カ所だけ「マツリ」を「まつりこと」に漢訳しているが、ヲシテ文書の「マツリコト」に対する漢訳は紀記ともにない。従って今挙げたいろいろなマツリ、マツリコトに関わるコトバも紀記ともに漢訳されず、その背景や内容が後世にほとんど伝わらなかった。

第二節　カミ（神）とは

マツリ（政治）はタカマにてカミが行うものである。偽カミや魔物が政治をしてはならないし、そもそもそれはマツリとは言えない。それではそのカミとはいかなることであろうか。ホツマツタヘ、ミカサフミ、フトマニなどのヲシテ文書はカミというコトバに満ち溢れている。ヲシテ文書はカミによるカミの文と言えるほど多い。

ホツマツタヘ、ミカサフミを編んだオオタタネコ、オオカシマは当時すでにカミの位である。そして二方ともカミ上がりして、今の世にもカミとして祀られている。ヲシテ文書に登場する全ての人々も、今の時代から見たらカミである。ホツマツタヘは、カミがカミガミの世のことを記し、そのカミガミがさらにカミを語るという気の遠くなるようなカミの文である。

ヲシテ文書に載るカミの意味が現代にもいろいろ伝わっているが、伝わらない部分もある。それらを今の辞書に載る「神」、「上（かみ）」、「長官（かみ）」などと比べながら辿っていく。

今に伝わる神とは

「神」は『広辞苑』に次のように載る。

一、人間を超越した威力を持つ、かくれた存在。人知を以てはかることのできない能力を持ち、人類に禍福を降すと考えられる威霊。人間が畏怖し、また信仰の対象とするもの。
二、日本の神話に登場する人格神。
三、最高の支配者。天皇。
四、神社などに奉祀される霊。
五、人間に危害を及ぼし、怖れられているもの。雷。なるかみ。虎・狼・蛇など。
六、キリスト教で、宇宙を創造して支配する、全知全能の絶対者。上帝。天帝。

『日本国語大辞典』（小学館）もほぼ同じである。広辞苑では、「上（かみ）」の意味の中から該当する個所は「身分・地位などが高いこと。また、そのような人」。さらにその中で「天皇の尊称。」、「身分の高い人。」、「（多くは「お」を冠して）政府。朝廷。」、「主君。主人。かしら。長。」など。「長官（かみ）」には「令政の四等官の最上の官」とある。

このようにかなり広い意味が今に伝わっている。

今に伝わる神とヲシテ文書のカミの比較

広辞苑の「神」の六は別として、他の「神」の意味は一見ほとんどヲシテ文書にも登場しているように思える。ただズレていたり、伝わらない意味がいくつかある。

まず「神」の一はカミに対する捉え方が漠然としている。ヲシテ時代の人々は基本的に自然現象や人や物事の本質をよく観察して、そこに宿る力を何々カミと名付けて敬う。

例えば宇宙を創造した神はアメノミヲヤ神である。なぜ神なのかハッキリした理由があるわけである。またこの世界は気体（ウツホ）、液体（ミヅ）、固体（ハニ・ツチ）、火と熱（ホ）、そしてこれらを混ぜ動かす力・カゼの五元素から成り立っている。一つも欠けるとこの世界は成り立たない。我々もこの世に存在しない。空気をたった一、二分吸わないだけで命は尽きるし、水がなければ生きていけない。ハッキリした実体を伴う。そのためにミヅはミヅのカミ、ハニはハニカミ、ホはホのカミ、カゼはカゼのカミなどの名を付け、そのカミガミを敬い尊ぶ。基本的に、かなり具体的に実体のともなうものをカミガミとして敬う。

二のいわゆる日本の神話である日本書紀の神代《かみよ》の物語や『古事記』上巻に登場する神々は実在した。現在の天皇実在説は諸説あり、継体天皇からはほぼ実在する、と統一されているようである。しかし天皇はその遥か以前から実在した。我が国の初代アメノカミ・クニトコタチからヲシロワケのアメスベラギ（景行天皇）などのアマキミは実在した。それ以降も同じ。そして、その后や御子や多くのトミ、クニカミなどのカミガミも実在した。さらにクニトコタチ以前にも、クニトコタチに連なるアメノミナカヌシやその御子達がクニミコトとして実在した。

我が国には石器時代があり、何万年前から人々が生活していたのはハッキリしているので、その中から国が形づくられるのが自然の流れと思う。クニトコタチの年代は今から約六千年前、ミナカヌシの年代は約一万年前と推定される。ミナカヌシが実在したかどうかについては、ミナカヌシがヲシテを創造したと考えられ、ヲシテの存在がミナカヌシ存在の証明と考えられる。

ただヲシテがあまりに秀でているため、ヲシテが完成するまでにさらに数千年の準備期間があったのではなかろうかと思う。我が国初の土器の年代は今から約一万六千年前であり、これはそれ以前の石器時代の延長線上の生産物である。ヲシテの発明に関わる準備期間はほぼ五～六千年あり、約一万年前にミナカヌシによりヲシテが発明されたと想像される。

第三編神道の教義「文化が、石器時代より現代まで続く世界唯一の国」にも記すが、現代まで続くトコヨ文明やヤマト文明は、何万年、何十万年前から、人々がこのヤマト列島と共に育んできたもので、それが現代に生き続けている。ヤマト列島は三百万年前にはほぼ今の形になったと言われている。

「日本の神話に登場する人格神」では、石器時代より続く文明の大切なこの一貫性が全く伝わらない。途切れている。そして、初代クニトコタチより続く天皇を始め、多くのカミガミの歴史が現在に繋がらない。何万年何十万年の歴史の積み重ねであるヲシテ文明やトコヨ文明、ヤマト文明も途切れる表現である。

三の「支配者」というのも、ヲシテ文書に載るアマカミ（天皇）の記述に馴染まない。天皇と国民の関係は支配する、支配されるということではない。誤りと言っていいだろう。ただ、ヲシテ文書が葬り去られて以降は君臣の道を忘れ、伝統を守らない臣達によりこのような形は存在したと思われる。日本国語大辞典には「天皇、または天皇の祖先」とあるが、これの方がまだ良いと思う。まだ良いと言っても、アマキミ（天皇）についてハッキリ捉えられているわけではない。

四はほぼ合っている。これに加えヲシテ時代では、モトアケや天のタカマに帰り、この世を見守り給う霊と思う。そして神社とモトアケは繋がっている。

五も少し的はずれで違うと思う。一にもあるように、ヲシテ時代の人々は物事の本質をよく捉え、その特別な力をカミと敬う。イカツチ（雷）や狼などの恐ろしさだけではなく、人間離れをしたその力の本質がカミ。何が違うのかというと、例えばイカツチ（雷）はとてつもない速さ、光、音、力を持ち確かに恐ろしく危害を及ぼす。しかしその力を有効利用したら人々に大いに幸いをもたらすかもしれない。雷が落ちた後はキノコが良く生えると言われている。またこの考えを進歩させていけば電気を取りだすことにも繋がる。そして第一〇代天神のワケイカツチの神名は、イカツチをも自在に操るという意味も含まれている。ヲシテ時代のカミはこのようにただ恐ろしいということだけではなく、その本質をよく捉えていると思う。

六は論外。キリストが生まれたと言われる西暦元年は、今から二〇一八年（平成三〇年現在）前で、第二十三代イクメイリヒコ天君の時代のタマキ宮二四年頃。ヲシテ時代の最後半部にあたる。神道は約一万年の歴史があり、それ以前からも何万年何十万年かけて、人類が約三百年の歴史あるヤマト列島と共に創り上げてきた道である。神道に比べると仏教やキリスト教は新しくユダヤ教もそれほど古くはない。神道とこれらの宗教に共通点があるとすれば、遥かに古い神道がこれらの宗教に影響を与えたものと考えられる。これからは神道が世界宗教にいかに影響を与えたかの議論、研究をしてもらいたいと思う。

「上（かみ）」は単なる地位の上下のことなので、ここで述べているカミとは違う。「長官（かみ）」については次の項で触れる。

このようにヲシテ文書の中のカミが今によく伝わっていない。これはホツマツタヘやミカサ文が正しく漢訳されなかったためと考えられる。紀記のように適当に漢訳するのではなく、万葉仮名のように、ホツマの全てを一字一字漢字にして残してくれたなら、カミの意味も正しく伝わっていただろう。

ヲシテ文書のカミ

前の項でも触れているが、ヲシテ文書から現代に伝わらなかったカミの意味を挙げる。辞書には載っていない。従って紀記や旧事紀などにも載っていない。

一、多くのカミガミが実在した

先ほど述べたように、我が国はアメノミナカヌシやその八御子のヱヒタメトホカミ始め、初代クニトコタチのアマカミやそれ以降も歴代のアマカミが実在した。その他にも多くの后や皇族、臣達、国神など、数え切れないほどの多くのカミガミが実在する。

一、タカマ・モトアケにカミガミを祭る

タカマ、モトアケにカミガミを祭る。アメノミヲヤカミ、トホカミヱヒタメの八モトカミ、アナミの八カミ・アイフヘモヲスシカミ、三十二カミ。またアメのミナカヌシ、アメトコタチ、ウマシアシカイヒコチカミ、クニトコタチなどのカミガミ。ヲシテ時代、これらのカミガミはタカマにて敬われ祭られていた。

中でもアメノミヲヤカミは宇宙の創造神であり、全てのカミガミのカミである。アメノミヲヤカミを伝えなかったというのは信じがたい。アメノミヲヤカミから万物がいかに創造されていくか、ホツマツタヘ、ミカサ文に何度も記されている。

一、壮麗、壮大なカミガミの体系が存在する

カミガミは単独であるのではなく、タカマ・モトアケに関わる雄大で壮麗なる体系が存在する。タカマ・モトアケ図のように、我が国には宇宙すべてを含む雄大で整然としたカミガミの組織がある。そして地上のカミガミはハのタマにて、アのタカマのカミガミに基づくマツリを行っていた。そしてアのタカマのカミガミがハのタカマのカミガミと繋がっているのが大きな特徴である。

壮大ではあるが、一つ一つの小さな元素から宇宙全体が成り立っている。人は五元素から成り、あらゆる物質もこの元素から成るという考えはホツマ一五アヤ「御食《みけ》よろづ成り初《そ》めのアヤ」に記されている。五元素も一つ一つがカミである。元素より宇宙全体に及ぶ。

一、アマキミ（天皇）はカミである、カミ上がりの後もカミとなる

天のタカマの中心はアメノミヲヤカミであり、ハ（地上）のタカマ・モトアケの中心がアマカミ（天皇）である。キミはカミである。従ってアマカミとアメノミヲヤカミは同一視される。タカマやタカマのアマキミには国の政治、行政、初穂、権力、名誉や信仰、文化などのあらゆることが集中し、その中心にいてマツリを執り続ける。

そしてアマキミ（天皇）は神上がりをすると、天のモトアケにあるサコクシロにて星となり、カミとして我が国を見守り給う。アマカミ、アマキミなどとなぜアマが付き、天皇という天が入る漢字が選ばれ使用されているのか。それは文字通り常に天と地上のタカマ、モトアケの中心におられるからである。モトアケが伝わらなかったために、この重要なことも伝わらなかった。

初代クニトコタチ時代は、人としてのカミは唯一クニトコタチのみであったとも考えられる。まだトミなどはいなかったためである。その後、国が増えるに従い、御子達、トミ、クニカミなどが治めカミとなり、カミも増えていく。

一、キミ（天皇）はカミであり、クニタミ（国民）の親であり御祖《みをや》である

国民にとってキミ（天皇）は親であり、御祖である。家族は親や先祖や親戚からなる一つの生命体と同じように、国も永遠に続く大きな生命体と捉えられ、キミはカミであり、国民の親であり、御祖である。

キミ（天皇）とクニタミ（国民）の関係はホツマツタヘに何カ所も載る。例えば「キミ（天皇）は幾代の　ミヲヤなり」（ホツマ六アヤより）、「ヨロの齢の　御子と彦　やや千代保つ　民も皆　クニトコタチの　子末なり」（ホツマ一四アヤより）、「二神受けて　親となり　民を我が子と　育つるに」（ホツマ一七アヤより）、「臣民子孫《とみたみこまご》　いつく恵まん　思ひなり」（ホツマ一七アヤより）、「民となせ臣　臣となれ民」（ホツマ一七アヤより）など。

一、カミガミは神聖なタカマにてマツリ（政治）を行っていた

数多くのカミガミは実在し、神聖なタカマにおいてマツリ（政治）を行っていた。今の世ほど複雑な組織ではないが、カミである君と臣達はマツリを行っていた。国（各地方の国々）においては国々が中央と連携し、マツリを行っている。カミガミによるタカマ（朝廷）とクニカミ達には親密な連携がある。

辞書には「クニカミ」という言葉もない。辞書に載る「国津神」は大国主など、天孫降臨以前からこの国土を治めていた土着の神（地神）のことで、ヲシテ文書の意味と違う。

令制の長官（かみ）として四等官の最上の官位に「かみ」が載る。しかし古事記、日本書紀はヲシテ文書に載るマツリ、カミなどの伝統を正しく伝えていない。そして大宝令、養老令の成立はほぼ記紀と同じ時代である。この頃は我が国歴史上最大の失政の時代。大量のヲシテ文書を残した上での令制の長官（かみ）であれば、我が国の古来の伝統を受け継ぐカミと想像される。しかし、この伝統をほとんど断ち切った記紀を国書にしようとした時代の制度である。モトアケ、タカマも伝わらない。令制の長官（かみ）はヲシテ時代のカミの権威を借りただけのものであろう。名だけで実体を伴っていない。

また武力を元にした江戸時代の御上（おかみ）なども名前だけである。現代の役所に対する「お上」も名前だけで、これと同じ。ヲシテ時代の伝統のタカマに関わるカミとは明らかに違う。従って、これらとヲシテ文書の神聖なタカマのマツリ（政治）を行うカミとは区別する。

一、カミとヒトとの尊い関係が存在する

次に挙げる「ヒトはカミ、カミはヒトである」のように、カミとヒトとの間には高度で緊密な関係が存在する。

ヤマトタケがカミ上がりしてヲシロワケア天君に伝ぅ歌

　　昔曰くは

「ヒトはカミ　カミはヒトなり

名も誉れ　　道立つノリの

カミはヒト　ヒト素直にて

ホツマ行く　真（まこと）カミなり」

告げにより　名も天伝（あつた）カミ

（ホツマ四〇アヤより）

のカミには深いアチ（天の尊い教え）が含まれている。

ヤマトタケも存命中すでにカミと敬われ（「君はカミかと皆目つむ」とあり）、カミ上がりして後、カミであるヲシロワケの天君にこの歌を伝える。カミとヒトとは深い繋がりがあり、奥義ホツマとの関係もある。またフトマニのヲヨロの歌に

ヲにヨロのココロは

ウチのサコクシロ生む

ヒトはカミカミはヒ

トなり

とある。フトマニ序文にアマテルカミが「百二十八歌　選り給ふ」とあるので、「ヒトはカミ　カミはヒトなり」という思想はすでにアマテルカミの時代から存在していたということになる。アマテル神の時代が今から約三二〇〇年前、ヤマトタケがカミ上がりしたのが今から一九〇七年前（平成三〇年現在）なので、少なくとも約一三〇〇年間は続いている思想である。アマテルカミの歌「天が下　やわして巡る　日月こそ　晴れて明るき　民のタラなり」も同じく、ヤマトタケによってホツマツタへで歌われている。

これらによりアツタカミによるヒトとカミ、それにホツマの関係を歌うこの思想は我が国の長い伝統であることが解

る。因みにホツマの意味は「補説一四　ホツマとニニキネ御子の歌」より

一、文名の中で使用されている。ホツマツタヘやホツマ文。

二、国の名として。ホツマ、ホツマ国、シハカミホツマなど。

三、〜の道として。ホツマの道。ホツマヂ。

四、国を全く治めるための最良の心構えと法。

五、天成る道に則り、トの教ゑやイセの道に叶う真の御心で国土開拓を行い、国民を豊かに居安《ゐやす》くし、更に国を良く治め栄えさせ続けようとすること。またその国の名のこと。

六、人心が安定し、国が豊かで良く治まり、全く機能している状態。稲作を基盤とした理想的な国家経営。完全なこと。

一、カ・ミ（⦶・冊）の意味

「カミ」のヲシテ「⦶冊」の意味を考察する。これは「カミ」を「神」と漢訳すると解らない、現代に蘇らせたい大切な概念である。ヲシテの五元素はウツホ○、カゼ冂、ホ△、ミヅ冂丨、ハニ□。これと組み合わさる十一の要素は・、|、=、十、丅、丫、人、一、丄、◇、╳。

⦶冊の⦶は「円《まど》かの中の　御柱は　⦶の神形」（ナメ事のアヤより）、「形明るき　⦶元神」（年内に為すことのアヤ）とある。○は「マル（丸）」、「マドカ（円か）」で、これは大空、自然界、宇宙を表している。小さなヲシテの中に宇宙が込められている。そして五元素と十一要素の組み合わせでヲシテが成り、この組み合わせで宇宙の全てを表現する。|は「御柱」、それと「形明るき」とあることから光の筋と捉えられていると思う。カは単独では「カ（光）」「カ（陽）」「カ（日）」「カ（香）」「カ（糧（かて））」「カ（右）」「カ（赤）」「カ（所）」「カ（蚊）」などに使い分けられている。

冊は、丁寧語・美称（御歌、御鏡、御子、御コトノリ）、身、実、箕《み》、キミ・トミ・タミのミ、ミツ（満つ）、ミル（見る）などに使われている。また冊は「形風持つ　ミ元神」（年内に為すことのアヤ）とある。冂は風と捉えられている。丅の「持つ」は難解である。丅の横線は光が満ちている様で、縦棒はある箇所に光がそそいでいる様を表しているのではなかろうか。冂は色々な物を動かし混ぜる力をいい、また風そのものも言う。例えば自然界に光が良く行き渡り、これにより色々な栄養素を混ぜ、木のある部分に集中させる。これが木の実。また人は父により母から生まれるのであるが、タマシヰと体は、父母を始め日月星、モトアケなどにより動き運ばれ、それが身と成り生まれる。

⦶冊は人にあっては、光り輝く人、自然にあっては、優れた能力の宿る物の中身のことと思う。特別何かを成し遂げたり、優れた人はよく輝いていると言う。また自然界の山や川は単なる物であるが、その優れた性質により我々に恵みを与えてくれ、生きているように思える。⦶と冊の意味の組み合わせはいろいろ考えられるが、主な意味は⦶は輝く、冊は身ではなかろうか。

現代も良く使われるミ（実）やミ（身）。なぜ発音が同じなのかはヲシテ卌に由来する。他の多くのコトバと同じく、ヲシテ時代のままに現代に使用されている。そしてなぜミ（実）やミ（身）を卌にしたのかにヲシテ時代・神世のものの見方、考え方が窺えると思う。

カミとは

解りやすいようにこれまで述べてきたことを箇条書きにまとめた。

一、自然や自然現象、人や人の行いの本質を捉え、その大いなる力や優れた力と、それを持つ自然や人のこと。これをカミと敬う。

二、タカマ、モトアケのカミガミのこと。タカマ、モトアケにはカミガミによる雄大で壮麗なる大系がある。

三、天皇のこと。天皇は幾代の御祖であり、かつ国民の親で御祖であり、マツリ（政治）を主宰する。

四、タカマにて、天なる道に則りマツリ（政治）を行う重要な位の人々のこと。

五、ヲシテ文書に登場するカミガミのこと。いわゆる日本神話に登場するカミガミは実在する。

六、カミには、カミとヒトとホツマの大変奥深い関連がある。

七、カミ（⦶卌）というコトバはカ（⦶）とミ（卌）からなるコトバである。

第三節　タカマにおける神によるマツリ（政治）

タカマにおける神によるマツリ（政治）は、神聖なタカマにおいて神々が、天なる道に則る政策主体の神計り（議論）をし、マツリを行い実行することである。タカマ、神、マツリなどは今まで述べてきた通りである。保身、党利党略、利権、誤った名誉欲などは論外である。ここではタカマにおける神によるマツリ（政治）のうち、実際の政治体制、政治の目標、政治に対する南州翁（西郷隆盛）遺訓、理想の政治について取り上げる。

国家体制

次に掲げる国家体制の下に、神聖なタカマにおいて神々によりマツリは行われていた。マツリを行う国家体制は、三クサ譲り御受けのアヤ（ホツマ一一アヤ）、御孫ニニキネ・キヨヒがアマテル神より三クサのカン宝を授かる場面（ホツマ二四アヤ）、天君都鳥のアヤ（ホツマ三〇アヤ）に記されている。

君が三クサのカン宝を受けることと君臣が心を一つにしてマツリを行うことが一体となり、分けることはできない。次に掲げるのはホツマ二四アヤである。

君とヲミ（重臣）心一つに
カの鳥の　形は八民
首は君　鏡は左《た》（注一）羽
剣右羽《かは》　物部は足
鏡・ヲミ（重臣）継ぎ滅ぶれば

民離れ　日継ぎ践まれず
剣ヲミ　継ぎ滅ぶれば
物部割れ　世お奪はるる
八タヲミは　ソロ（注二）生ゆ春の
民業《たみわざ》お　鑑みる目ぞ
垣ヲミは　横魔お枯らし
物部の　力守る手ぞ
この故に　永く一つに
なる由お　アヤに記して
ヲ手つから　文お御孫に
授けます　セオリツ姫は
御鏡お　持ちてカスガに
授けます　ハヤアキツ姫《め》は
御剣お　持ちてコモリに
授けます　三度敬ひ
皆受くるかな

日本書紀、古事記とも、三クサ譲り御受けの詔、御孫ニニキネが三クサのカン宝を受ける場面、ヤマト日継ぎの都鳥の内容は全く載せていない。極めて大切な箇所を落としている。これを紀記に漢訳して載せれば、天照大神は男神と解ってしまうために載せなかったと思われる。従ってこれらはホツマツタヘによって初めて現代に蘇ることになる。

これが現代まで難解と言われている国体の本体である。この記述によって、解りづらいとされているコトバ・国体とは何かがハッキリ解ると思う。また、「カの鳥」を三〇アヤでは「都鳥」に例えているために、「都鳥」とはいかなることかも解る。

「君とヲミ（重臣）心一つに」はマツリの君臣の道の重要性について述べられている。クニトコタチは自らマツリを行ったと思われるが、程なく、増える民と国々のために多くの臣が君と共に国造り・経営を助けることになる。

臣は君と共にマツリを行うので、その責任は大変重大である。そのことはタ・カ（左・右）の臣が三種の神器の二つを授かることに表れている。今の世にこれを授かれる政治家はいない。そして「鏡ヲミ　継ぎ滅ぶれば　民離れ　日継ぎ践まれず」「剣ヲミ　継ぎ滅ぶれば　物部割れ　世お奪はるる」と事の重大さが述べられる。いかに左右の臣を重要視しているかが解ると思う。君とヲミ（重臣）が心を一つにしてマツリを行い続けることは二神の「君臣の道」を伝承していると考えられる。

「カの鳥」により国の形は生命体の鳥に例えられている。国は生きている。国は我々人体のように生きる生命体で、君臣民から成る。従って国民に災難が降りかかれば君は痛みを直ちに知り、これを除こうとする。見えないが、君、臣、民は人体のように、骨、筋肉、神経、血管などで繋がっていることを表している。

また鳥は急発進、急停止、急降下など自由自在に飛び回れる。これは、国はどんな時代や状況下にも対応できるようにすべきことを述べていると思う。あらゆる時代の変化に国家全体が瞬時に対応でき、いつまでも飛び続けることができる。そのためにも前もって関係各方面・部署などは準備を怠らないことが必要となる。

そしてカの鳥の「形は八民」であるので、国の基本は国民であるということを表している。そして君と臣と民が揃って始めてカの鳥が自由自在に飛び回ることができ、国が良く治まることになる。

神々によるマツリはこの体制を元に行われるわけで、伝統があってどっしりしているが、極めて俊敏で臨機応変なのである。これを君臣が中心になり、国民《くにたみ》も一体となって行い続ける。

そしてヲミや臣は神でなければならない。これが神でなく偽神や魔物であったならば、ヤマトの国は危うくなる。「カの鳥」「都鳥」は空を飛べず、這いずり回り体はむしばまれる。多くの国民は大変な不幸に見舞われ、命を奪われてしまう。

（注一）左はタ、右はカという。これも今に伝わらない古代語である。

（注二）栄養豊富な稲、稲穂とそれから取れる玄米、精米のこと。これもどんな辞書、どんな古語辞典にもない古代語。

マツリの目標

この体制下、タカマにおいて神々により神計りが行われ、マツリが執られる。そして、マツリの内容の重要な柱の一つが、国民を豊かに居安《ゐやす》くすることが挙げられる。勿論自然と調和しつつ、カの鳥の形をしっかり整えること。国民を豊かにするには国も豊かにならないとできない。国を豊かにし、国民を豊かに生活しやすくするのがマツリの目標と思われるほど重要視している。

例えば

朝マツリ　普《あまね》く通り
アマテラス　ヲヲン宝の
居《ゐ》も安《やす》く　安国宮と
称ゑます　（ホツマ上奏より）

（アマテル神が）自らマツリ
聞こし召す　普く民も
ユタカかなり
　苦菜《にがな》の御食《みけ》に　（ホツマ六アヤより）

永らえて　民ユタカにと
国治む　（ホツマ一五アヤより）

貧しきお　罪人切りて
耕せば　ミズ穂上りて
民ユタカか
　なおユタカにて　（ホツマ二三アヤより）

十《そ》ヨロ年　ミヅ穂上れば
民安く
（ホツマ二四アヤより）

国を豊かにして国民を豊かに居安く保つには、いろいろな条件が揃わないと実現しない。重税もそうだが、戦争が一番の弊害であろう。良きマツリはこれらの問題も解決する。また自然災害や天候不順などの天災による農作物の不作は国民生活に大打撃を与える。しかし、マツリがしっかりしていれば前もって対策をし備蓄をして、被害、災害をできる限り抑えられる。

国民全体をを居安く豊かにするのが政治の目標であるが、そのために必要な条件はしっかりした力の鳥の政治体制である。

南州翁（西郷隆盛）の遺訓

マツリは神々によって行われ、利権がらみ、保身、党など一切関係なく、国民のため国のためにその時、その状況で最良の政治を行う。勿論天成る道に則ることが必要。

今の政治は伝統の政治から大きく外れていると思う。伝統の政治がいかなるものかさえも分からなかった。本物の政治についてはヲシテ文書にしか書かれていないので、政治を志す者はまずヲシテ文書を何年間か学んでからなってもらいたいものだ。この伝統を元にして、現代に合った最高の政治を行ってもらう。そしてマツリを司る者は神であることが絶対条件であるが、適格者であることも当然必要である。民間との違いも先に述べた通りである。

現代の政治家で神と言える人はいないし、具体的にどのような人かも解りづらい。そこで参考に南州翁（西郷隆盛）の遺訓を掲げる。

「命もいらず、名もいらず、官位も金もいらぬ人は、仕末に困るもの也。此の仕末に困る人ならでは、艱難《かんなん》を共にして国家の大業は成し得られぬなり」

この文章はヲシテ文書のマツリを行う神の心境に通じる所があると思う。倒幕、維新の中心人物である南州翁のコトバは重い。西郷さんとヲシテ文書に登場する神は似ている。

ヲシテ文書を読んで、天皇の国民を思うお気持ちは初代クニトコタチ神より変わらない。国民もあまり変わっていない。その中で臣であるべき政治家達だけは神代の伝統から大きくかけ離れている。神代からの伝統の通り、当たり前のことをしてもらえばいいのだが、これができていない。これをいかに元に戻すかが一番の課題である。

理想のマツリ（政治）

マツリ（政治）の問題として議論すべき議題はあらゆる分野に亘り何百とあるであろう。それらが状況や時代と共に変化していく。それら一つ一つを関連分野と調整しながら、その時点で最高の政策を、天成る道に則り、議論し決定、実行する。現代でも政策主体の議論、政治が必要とよく言われる。それには神々自身やその研究機関、民間の専門家や研究機関など、ありとあらゆる政策の中から最高のものを吟味し、採用する。そしてあらゆる角度から議論し、決定し、実行する。これが神計りであり、神聖なタカマで神々がマツリを執ることであると思う。神代のタカマでも、神々の中でかなり激しく議論しているのが窺える場面も記されている。

それを何十年何百年と続けていく。そうすれば日の本中、あらゆる分野で良くなるのは目に見えている。あらゆる分野の木に花が咲く、さらに年月を重ねればヤマト国中に黄金《こがね》が咲くということになる。

第四節　神によるマツリの自浄能力

今まで述べてきた神々による政治も、過去多くの国民が犠牲になったように、歯止めがかからなくなるのではとの心配が残るかもしれない。しかし、歯止めが利き、自浄能力があるのが神によるマツリである。

「権力は腐敗する、絶対的権力は絶対に腐敗する」というコトバがあるが、これを述べたジョン・アクトンは我が国については知らない。人類の歴史上、世界で唯一これに該当しないのが天君（天皇）であり、天成る道の本来の姿であると考える。第一三七代今上天皇は約六千年前の初代クニトコタチより続いている。そして君臣の道により、臣達が天君と同じ境地で行うのが、我が国伝統の天成る道によるマツリである。現代はこれが忘れられているが。

本来の我が国のマツリは、その天君自らタカマにおいて臣である神々と神計りをなす。その後、国民が増え国々が増えるに従い、天皇自ら全てのマツリを執ることはできなくなる。君臣の道に基づき多くの臣が代わりに行うが、その役割、内容は同じである。位は違うが、君と同じ境地で行う。タカマの神によるマツリは神聖であり、自浄能力がある。そうでなければマツリではない。

我が国はすでにイニシへの神々によって絶対に腐敗しない政治体制・組織が完成され、長い間行われていた。それはホツマツタへに記されている。世界的にみれば奇跡であろうが、これが我が国にとっては当たり前であり伝統である。

その後、紀記を見るとおり、この伝統が忘れられ、政治の自浄能力が失われてしまう。そのために戦国時代や武力による徳川時代などが現れ、大東亜戦争では多くの国内外の人々の命が失われ、ヤマト国が分割されそうになったのではなかろうか。しかし、その期間は千五百年位であり、それ以前は伝統のマツリが行われていた。

前の項に掲げたように、アマテル神は我が国をカの鳥に例えた。カの鳥は、一つの生命体であり、鳥なので悠々と速くも遅くも、時には急上昇、急停止、急降下、急旋回と変幻自在に空を飛ぶことができる。つまりその時代、環境等に合わせていかようにも対応できるし、対応すべきである、ということでもある。これが腐敗しないことに繋がる。

そのためには国民も同じであるが、政府内のマツリに関わる全ての政治家、官僚、他の国家公務員、地方公務員などは国内情勢、世界状況、経済状況など毎日刻々と変わる条件に瞬時に対応できるようにしていなければならない。それに備えて前もって人、制度も整備しておく必要がある。これによりいかなる難題にも瞬時に対応し、その時点で最高のマツリを行う。タカマには生き物のような柔軟性があり、これが権力は腐敗しないということに繋がる。

神聖なモトアケの内部は極めて複雑であるが、整然としている。現代ヤマトは多くの分野で世界と繋がり、世界情勢の影響を受ける。国内情勢にさらに世界の影響を受け、政治は大変複雑となる。しかしモトアケのように、整然とした政治を行うことはできるはずだし、実際神代では行われていた。ヲシテ時代の伝統のマツリを基本に現代の情勢に対処すればよいと思う。

歯止めも利かず、自浄能力のない政治は、伝統の真の神のマツリ（政治）ではないということを明記しておく。そして自然と調和し、平和で国と国民を豊かに生活しやすいようにするのがタカマにおける神によるマツリの目標である。自浄能力がなく、腐敗した政治ではこれは不可能。武力や権力のみで国民を苦しませる政治は、日の本ではそもそも由緒ある伝統のマツリ（政治）とは言わない。

第五節　天成る道と民主主義

天成る道に則る神によるマツリは我が国の大変優れた伝統である。これを基本にして、各時代に合わせ、世界の各国、民族の長所を取り入れ、伝統を守りつつ進化発展していくべきであると思う。

現代の多くの国々で行われている優れた制度の一つが民主主義であり、戦後我が国も民主主義を取り入れ、これを元に政治が行われている。しかし意外にも、天成る道と近代民主主義とは共通点が多い。それは両者とも人・国民を尊ぶためである。

現代日の本の民主主義

現代日の本は民主主義国家であり、これは日本国憲法に基づく。日本国憲法は大東亜戦争の敗戦の後に、連合国軍の占領下に作られた憲法である。

・日本国憲法の成立

日の本は昭和二〇年八月一四日にポツダム宣言を受諾した。そのポツダム宣言の内容の一つが「民主主義の確立」で、日本国憲法はポツダム宣言によるものである。

日本国憲法は、アメリカの占領下において、連合国最高司令部（ＧＨＱ）の憲法草案（いわゆるマッカーサー草案）に基づいて日本政府により審議され、昭和二一年一一月三日に公布、翌二二年五月三日から施行されたものである。

・日本国憲法の内容

欧米で培われてきた民主主義中心の内容で、そこに天皇の地位とヤマトに絶対戦争をさせない項目（平和主義）が付け足された憲法と言えよう。民主主義は近世に欧米で培われてきたかなり複雑な思想で、現在も進化し続けている。

従って、ヲシテ時代の我が国の伝統など全く知る由もなく無頓着に作られたのだが、意外にもこれが我が国の伝統に合っている部分も多い。これについては後で触れるが、その前に日本国憲法の中心、民主主義を見ていく。

民主主義

民主主義は、欧州より起こった、国民を重要視しない宗教と一体の王政などに対する、国民による政治体制であると思う。民主主義（democracy）の語源はギリシア語の **demokratia** で、**demos**（人民）と **kratia**（権力）とを結合したものであるそうだが、これも当時の王政などを敢えて参考にせずに欧州文明の源、ギリシャ文明をを参考にしたのであろう。

あまり問題にされないが、注意すべきことも付け加えておくと、共産主義、社会主義などの思想も欧州で生まれた思想である。

ただ紀元前八世紀頃の古代ギリシャは多数のポリス（都市国家）が並び立ち、各ポリス間では戦争が絶え間なく繰り返された。日の本とは全く事情が違う。

もし国民に敵対する欧州各国の国王、教会やその他の支配層が全力で国民の声を良く聞き、一人一人の国民の命の尊重や豊かさと生活のしやすさを追求していたら、その体制は現在も続いていたに違いない。

この世に生まれた人の命は尊く、終生豊かに楽しく生活するためにはいろいろな条件が大切である。近代的な民主主義理論の提唱者と言われるイギリス人、ホッブズ（一五八八～一六七九）は、人間にとっての最高の価値は生きる権利（自然権）、生命の尊重（自己保存）であるとする。ホッブズが生まれた年はエリザベス一世の時代、イギリスがスペインの無敵艦隊をうち破った年で、世界の植民地政策が行われていた時代である。一七七〇年頃からイギリスの産業革命が始まる。

そして人民の自然権と自己保存を守り実現するためには、権力を人民の物にして（人民主権）、人民の投票（選挙）による政治体制が必要となる。そして選ばれた議員が政治を行う（代議院政、国会）。投票は分かれるので多数を採用する（多数決の原理）。議員が多くなればその中心となる組織が必要となる（議院内閣制）。これらは日本国憲法の柱に当たる。

日本国憲法では基本的人権が尊重されている。そして民主主義と基本的人権には繋がりがあり、基本的人権はかなり多岐にわたる。例えば

〇自由権

一、精神的自由権

国家権力から個人の精神の解放を保障する権利。思想および良心の自由、信教の自由、集会・結社および表現の自由、

学問の自由、検閲の禁止・通信の秘密。
二、人身の自由
奴隷的拘束および苦役からの自由、法定手続の保障、および被疑者・刑事被告人の権利。
三、経済的自由権
職業選択の自由、財産権（私有財産制）の不可侵、居住・移転の自由、外国移住の自由、国籍離脱の自由。（公共の福祉による制限も認められている）
○参政権
一、国民が政治に参加する権利。議会議員の選挙権・被選挙権、直接民主的諸権利、請願権などの権利。
○社会権
一、生存権
健康で文化的な最低限度の生活を営む権利。生活保護法、国民健康保険法などの社会諸立法。
二、教育を受ける権利
機会均等な教育を受ける権利と義務教育の保障（小・中学校の九か年の義務教育についてこれを無償）。
三、勤労の権利
勤労の権利の確保。職業安定法、雇用保険法、労働基準法。児童の酷使を禁止。契約の実質的平等を確保。勤労者の団結権、団体交渉権、団体行動権（争議権など）。

などである。

神々によるマツリと民主主義の共通性

欧州で起こった民主主義とヲシテ思想は時代も地域も全く違うが、本質的に共通するというのは驚きであると思う。

ヲシテ時代のマツリの柱の一つは、自然と調和しながらの、民の豊かさと居安《ゐやす》さの追求である。「豊かさ」は主に物が豊か、「安し」は心についてのコトバで、「居安さ」は安心して生活がし安いということ。民の豊かさと居安さは国民の物心両面にわたり満ち足りた状態を表す。これは現代民主主義の目指す所と同じなのである。ホッブズの生きる権利（自然権）に相当しよう。

そして第三編神道の教義の〈命の尊重、生存権〉や補説「コトワザもせせな」について」などにもあるが、命を尊ぶのはヲシテ時代の大変大切な伝統である。これはポップズの「生命の尊重（自己保存）」に相当する。

「民となせ臣　臣となれ民」（ホツマ一七アヤ）とあるように、身分は固定されず努力次第では臣にもなれた。これは「経済的自由権」の「職業選択の自由」に相当する。民の教導や教育は大変重視されているが、これは「教育を受ける権利」などに相当しよう。「勤労の権利」である勤労は、ヲシテ時代には大いに奨励されている。

我が国の伝統により、天君は国民を我が子のように慈しみ育てる。人の親は我が子には一人前になるように、自ら手本を示しながら手取り足取り実に細々と教える。そして国民が豊かに居安い政治を心がける。そのために自然権と自己保存が自ずと備わっているのである。国民の基本的人権も自ずと守る。国民が奴隷的拘束を受けたり、財産を侵されたりしたら豊かで居安い生活にはならない。当然、親である国神はこれを強力に排除する。

また生きる権利（自然権）、生命の尊重（自己保存）の最大の障害は戦争で、このためには平和が必要となる。欧米の平和主義を取り入れた日本国憲法は平和主義であると言われている。それは日本国憲法の前文の一部「平和を愛する諸国民の公正と信義に信頼して、われらの安全と生存を保持しようと決意した」第九条による。これは日の本が手足を無くしたダルマ状態と思われる。平和主義の名のもとに、大東亜戦争で余りに手を焼いた連合国最高司令部（ＧＨＱ）が、ヤマトに絶対に戦争をさせないようにしたものとも言える。憲法の「陸海空軍その他の戦力は、これを保持しない」は行き過ぎで、自衛のための軍隊は必要であり、国を守るための自衛隊は当然である。世界中の国家全て自己防衛は当たり前。

そして現代日の本の平和はこの憲法によって保たれているとも言える。次の章でも述べるように平和主義は、我が国建国時から平和国家なのであって、平和は我が国の伝統なのである。そのためには専守防衛であり、専守防衛も我が国の伝統。そしてこれは日本国憲法の理念と共通する。

また現代の国会に相当する組織がヲシテ時代には既に存在した。それはタカマである。そしてトの教ゑは憲法、法律であり、タカマの議論もこれに照らして進められる。従って既に立憲主義が行われていたと考えられる。更にカの鳥、都鳥の詔にあるように国民を大変重要視している。

このように多くの共通点はある。ただ、我が国の伝統は国民だけが主役ではない。天皇は全ての中心であり、伝統を受け継ぐ本来の政治家も必要。つまり君と臣と民が一体の君・臣・民の主義（注）なのである。欧州では我が国の君や臣が機能しなくなったので国民主体の民主主義が興った。そして国民が主体となり、国家権力を行使せざるを得ない。

民主主義は成功し、現代世界に広まっている。しかしよく見れば現代世界のほとんどの民主主義国家も、元首と議員・議会と国民が必ず備わっていて、これは君臣民主義とよく似る体制になっているのである。

（注）君と臣と民が主体の君臣民主義《きみとみたみしゅぎ》は筆者の造語

基本は伝統の天成る道

西欧の近代民主主義の萌芽をどこに求めるのか異説は多いようだ。ホッブズの主著『リバイアサン』が表されたのが一六五一年で、これを萌芽と見ても四百年足らずである。我が国は六千年前からの伝統がある。

大日本帝国憲法はヲシテ時代の遺風のみを土台として作られた。日本国憲法の大勢は連合国最高司令部（ＧＨＱ）の押しつけによる憲法である。良い点もあるが、我が国に合わない箇所も多い。

　日の本の伝統、天成る道に則るトの教ゑやイセの教ゑによる神々のマツリを現代に復活すべきであろう。その上で民主主義に限らず全世界の国々や民族の長所を取り入れていく。現代ヤマトは思想や文化を取り入れる国が片寄っていないだろうか。世界にはもっと多様で優れた思想や文化があると思う。勿論我が国に合わないものもある。

　それには土台を良く知ることが必要で、これがしっかりしていればその上には多くの物を載せてもびくともしない。あやふやな土台ではグラグラするし、いずれ陥没してしまう危険を孕む。基本は正しい伝統であり、これをまず知ることであると思う。

第四章　天なる道と世界平和

　現代日の本は多くの分野で世界各国との結びつきが強く、これは今後もますます進んでいく。そして世界には核兵器、地域紛争やテロ・戦争、地球温暖化による環境問題、食糧、南北格差、宗教問題等、大きな問題を抱えている。

　中でも平和は多くの分野に強く関わり、世界中の人々や国々が望んでいることである。ただ平和の捉え方は国や時代によっても違うようだ。我が国のヲシテ時代はどうであったろうか。また、我が国伝統の平和とはいかなるものであろうか。

　そして日の本は現在、多少なりとも世界平和に貢献しているが、日の本を充実すればするほど更に世界に貢献できることになる。その余力は何倍、時代を重ねれば何十倍にもなる力を秘めている。

平和の意味

　平安や太平というコトバもあるが、平和について調べてみると、『日本国語大辞典』に「一、おだやかにやわらぐこと。静かにのどかであること。また、そのさま。二、特に、戦争がなく世の中が安穏であること。和平。」とある。『広辞苑』も順序は同じで意味もほぼ同じ。

　しかし、角川書店の『古語大辞典』には一のみで二の意味は載ってすらいない。三省堂、『時代別国語大辞典』の室町時代編には平和のコトバさえない。

　日本国語大辞典の用例は年代別になっている。一の用例の初めは「神道集」で一三五八年頃、二は「英政如何」からで一八六八年である。

　このように、我が国で二の平和という意味が意識されてきたのは、いまから一〇〇年と少し前であり、特に国民にこれほど尊ばれるようになったのは大東亜戦争後のことであるようだ。つい最近である。

　大東亜戦争時に、兵士もそうだが、国民は沖縄の地上戦や本土の大空襲、広島、長崎の原爆の犠牲となり、何十万の老若男女が無差別に殺戮された。これは明らかな国際法違反である。そしてその何倍の負傷者を出し、何百万個の家屋が被災し、多くの国宝・重要文化財等が焼失した。

つまり現代は、このような悲惨な戦争のない安穏な世の中が平和である。平和というコトバの捉え方、意味は時代と共に変わってきているのが解る。

現代世界の平和

現代世界は国際連合によって世界の平和を保とうと努力している。日の本の国もその一員なので、現代世界の平和観やその政策に影響を受ける。実は平和の定義は意外に難しい。現代世界の平和について平凡社の『世界百科事典』が簡潔に解りやすく解説しているので、それを見ていくことにする。

現代世界平和はパクス・ロマーナの影響を受けているようである。パクス・ロマーナとは「ローマ帝国中心部にとってその内部秩序と統一であり、帝国内外の周辺部（奴隷やバルバロイ（野蛮人））にとっては正義も繁栄も意味せず、略奪、破壊、残虐行為をともなう搾取的なシステムであった」。パクスとはラテン語で平安、平和のことで、ピースの語源であるようだ。そして「現代の支配的な平和は、パクス・アトミカ（核抑止による平和）とパクス・エコノミカ（経済主義による平和）である」とする。パクス・アトミカは、核を保有し、それが戦争を抑止するという平和である。

平成二六年の核兵器保有数は、米国が約七三〇〇発、ロシアは約八〇〇〇発、中国は二五〇発、北朝鮮は六～八発の核弾頭を保有している。また、イギリスは二二五発、フランスは三〇〇発、インドは九〇～一一〇発、パキスタンは一〇〇～一二〇発、イスラエルは八〇発の核弾頭を保有していると言われている。

しかし「パクス・アトミカは世界の中心部にとってのみ戦争の不在を意味するのに過ぎない」、そして「第二次大戦後のおびただしい第三世界の戦争に対して、核抑止で防げなかった」とする。パクス・アメリカーナ（アメリカの平和）もパクス・ロマーナに似ている。今も世界各地で紛争やテロが続いている。

パクス・エコノミカ（経済主義による平和）もこれを評価しつつも、「暴力としての開発に現代人は鈍感である」とする。原子力発電による危険性、森林伐採、大気汚染による温暖化の問題などがこれに当たる。

そして結論として「まことに現代における平和の問題は多次元方程式を解くほどに困難な問題になっている」と分析のみで解決策には触れていない。この中に我が国のことにも触れているが、この筆者はヲシテ文書を見ていないのであまり当たっていない。

また平和の定義について、「戦争のない状態が平和であるとされるが、戦争がなくとも平和であるとは限らない」とし、「文化と時代によってのみか、文化の中心と周辺によってもその意味を変える」として、平和の定義の難しさについて述べている。

我が国は建国時から平和国家である

我が国で最も古い歴史書でもあるヲシテ文書によってもイクサ（戦争）はもちろん平和ではない。我が国は四方が海に囲まれているため、長い間外国との戦争がなく恵まれていた。そのため旧石器時代からの文化、文明が途切れることなく現代にも続いている世界唯一の国である。そして我が国初代クニトコタチ天神より今に至るまで、約六千年前から続く第一三七代明仁今上陛下は、そのとてつもない長さにおいて世界唯一で比類がない。これらは、大きな流れとしてはヤマトの国は平和であったということを意味する。

約千五百年前にヲシテ文書を葬り去って以来、何度かの国内紛争、戦国時代や武力による体制などがあり、また七〇年ほど前に我が国最大の失政の一つ、大東亜戦争があった。ただこの期間は我が国の歴史約六千年のうちの千五百年間であり、ヤマトの歴史は平和な時代が長かったと言えよう。ヲシテ時代にも内紛がいくつかあったが、一時的なものであり、ほとんどは平和な時代が続いた。

これは伝統の思想や体制によるところが大きいと思う。天のタカマやモトアケは、極めて複雑であるが、整然とたたずみ、争い・戦争などとは関係ない神聖で穏やかな領域である。そのため天成る道自体は戦争のない平和な道である。世界的に見れば希であろうが、我が国では平和な状態が当たり前なのである。これは、後に忘れられてしまうが、天成る道に基づいてマツリが行われてきたためであろう。

平和は天成る道の大きな柱の一つである。従ってあらゆる分野が平和と関連する。文化、政治、外交、軍事、経済、産業等々。ただ天成る道に逆らうものには対処することになる。しかし、進んで武力で国を奪い、武力で他国を支配することは天成る道に反する行いとされる。

我が国は建国時の初代クニトコタチのトコヨ国の時代よりノリ（法）のみで治まり、武器さえもなかった。

クニトコタチの
世にはまだ　矛無き故は
素直にて　ノリを守れば
矛いらず
（ホツマ・二三アヤより）

それが第六代オモタル天神の代くらいまで続く。クニトコタチ時代は約六千年前〜四千年前、オモタルの時代は三千四百年前と考えられるので、少なくても数百年以上続いたと思われる。これは世界中にいくら誇ってもよいことであろう。我が国は建国時より平和国家なのである。ヲシテ文書が今から約千三百年前位に捨て去られて以来このことが忘れられたが、建国時よりそれまでの間はこの思想は続いたと思われる。

また、性善説（すべての人間の心には本来善への可能性が内在している）と性悪説（人間の本来の性質は悪であり、善とされるものは、偽（後天的に作為した結果）である）の論争があるようであるが、我が国は性善である。

その後「民鋭《と》きすぐれ　物奪ふ」ことにより自衛し、対抗するために斧を用いる。しかし、斧は木を切る器のため、さらに矛を造って対抗する。

民鋭《と》き優れ
物奪ふ　これに斧もて
切り治む　斧は木お切る
器（うつわ）故　カネリ（注）に矛お
作らせて　鋭《と》き者切れば　（ホツマ二三アヤより）

我が国は元々専守防衛である。これが二神の天のサカ矛の源であり、これも自衛のため。その後さらにツルギを造ることになる。

鋭《と》き矛振らば
速やかに　通らんものと
ツルギ為す　（ホツマ二三アヤより）

これが三種の神器の一つ八重垣の剣である。八重垣の意味は天君、国を守るのもそうだが、国民を八重に守るためのものでもある。

またアマテル神は、武力により国を奪おうとするソサノヲに対し

汝汚く
国望む　道なす歌に
天が下　やわして巡る
日月こそ　晴れて明るき
民のタラなり　（ホツマ七アヤより）

と強く諌めている。アメノリをなせば自ずと民の親になり国の神となる。ソサノヲ自身の身勝手な、武力で国を支配しようとする考えを強く咎める。これはトの教ゑの一つである。アマテル神の時代には、天成る道に逆らう者たちがいてこれには対抗したが、それ以外は何百年も平和な世が続く。

さらに時代は下り、第二四代ヲシロワケ天君の御代に、「ト・ホコの道もやや逆《さか》ふ」状態に陥る。そのために、ヤマトタケの遺言により、カグミハタ、ミカサ文、ホツマ文の三書をつくることになる。これは伝統のトの教ゑによる政治に戻ろうとしたものと思われる。

このようにヲシテ時代は、建国時から変わらず平和国家なのである。我が国は建国時より平和と専守防衛が伝統である。この重要なこともヲシテ文書によって初めて知らされることである。紀記や旧事紀には全く載らない。スイスは約二〇〇年前から永世中立として平和国家であるようだが、我が国は約六千年前より平和国家である。しかも次に述べるように究極の平和国家であると思う。
（注）カネリ　金属を鍛えることであるが、人にもいう。後世の鍛冶師のこと。鍛冶屋の起源と思われる。どんな辞書にも載らないコトバ。

我が国の究極の平和のありかたとイセの道

ホツマツタへの中で平和的な状態を表す一節として、「天地も　内外《うちと》もスガに　とほる時」（一四アヤ）、「天地も　のどけき時に」（二五アヤ）、「天地も　内外も清く　成る時に」（一七）、「天晴れて　のどかに」（一八アヤ）、「天地も　内外も清く　とほる時」（二三アヤ）など（ア）がある。アマテル神の時代である。

これらは天の成る道に則るイセの道が地上（地）において理想的に実現している状態を表していると考えられる。ホツマ・二九アヤには「ヲヲンカミ　天成る道に　民をタす」とあり、三二アヤに「ヲヲンカミ天の道なす」とある。イセの道はアマテラシマスヲヲン神が実現した偉大なる道である。

具体的には例えば、皇室の安定、世継ぎの存在、君臣の道の遵守、タカマ（政府）の安定、良好なマツリの運営、国神の良きマツリ、自然災害への怠りなき備え、ヱヤミ（伝染病）の防御と備え、食料の安定生産と安定供給、国民の文化的で居安《ゐやす》く豊かな生活などを含む。自らの戦争は勿論ない。

全て重要であるが、このうち国民の豊かさと居安さ（イ）の占める割合は大きい。国家の人口は国民がほとんどを占めるからだ。勿論自然と調和しながらの豊かさである。そしてこれがイセの道のマツリの目標の一つであり、イセの道の一つ一つは他のことと関連する。例えば后の造反や跡継ぎ問題のこじれは国家動乱を招き、国民生活に打撃を与える。臣の謀反も同じ。争いが起これば自然災害の備えもおろそかになり、これも国民の生活に悪影響を与える。

そのため（ア）の状態は（イ）と相関関係にあると思う。国民は各家の民一組からなり、それが村になり国になり日の本の国になる。日の本は多くの民と臣達と一人の君から成る。民一組からが重要であり、これがイセの道の行政の単位であるが、民一組を重視すると言うことは夫（ヲ・ヲセ）と妻（メ・イモ）を重視することでもあり、個人個人も重視することであると思う。自然と調和しつつ民一組から豊かに居安く充実することにより国家の平和が保たれる。

この状態をアマテル神の次代に実現した。イセの道である。そしてこれが平和の究極のありようであると思う。究極というのは、基本が人社会の最小単位、民の一人一人からなる家族であるからで、これ以上分けようがないためである。一人一人の魂の行き来まで気遣う。完成形であり、後の時代はこの思想とマツリを基本にして、各時代に合わせた最良の政治を行っていけばよいと考えられる。

タカマ・モトアケは平和そのもの

タカマ・モトアケには巨大な力が集中するが、調和がとれ整然としている。戦争はなく平和である。そして前項の（ア）（イ）は天のタカマ・モトアケが地上において実現した状態と考えられる。（ア）に「天地」や「天晴れて」となっている。タカマ・モトアケとは戦争はなく、平安で平和な状態が当たり前の世界なのである。

従ってモトアケより生み出される全ては平和的で、平和に関わると言える。例えば「天皇、皇室、憲法、法律、年中行事、政治、経済、立法、行政、司法、教育、軍事、外交」や、「国土開発、土木、建築、造船」などに関わる技術や、「農業、植林、漁業、商業、養蚕、織物、鉱業、たたら製鉄」などから生み出される製品や、「神道、科学、哲学、歴史」などの思想など。他の全ても含めて、あらゆることが平和思想と関わる。

現代はヲシテ文書が表舞台より葬り去られてから千年以上経ち、この思想も忘れられてしまったが、日の本の国は元々あらゆることが平和的な国なのである。天成る道は平和の道なのである。これが初代クニトコタチ神のトコヨ国以来の我が国の伝統である。

紀記の記述・責任

今述べたホツマツタへの平和に関わる重要なコトバや、天成る道・トの教《をし》ゑ・イセの道などは紀記にいかに伝えられているだろうか、と調べてもホツマツタへに対応する内容の記述は紀記にはほとんどない。ホツマツタへ二アヤの「天成る道」に対して日本書紀の漢訳に「乾道（あめのみち）」とある。しかし、これは「乾道（ケンドウ）は坤道(コンドウ）に対する言葉。乾は陽、坤は陰。したがって乾道は陽気を意味する。」ということで、天成る道の意味からずれている。

同じく平和に関連する民の「ユタカ」に対する漢訳は記にはまったくない。「ユタカ」はホツマツタへには二一箇所あり、紀には二カ所該当するところがあるが、「ユタカ」のコトバは載っていない。このうちの一つはホツマ三三アヤの「ソロ実り　民ユタカなり」に対しての漢訳「五穀（いつのたなつもの）既に成（みの）りて百姓（おほみたから）にぎはひぬ」。それと三六アヤの「かれソロ実り　民ユタカなり」に対する「人民（おほみたから）富み足りて」である。

「ヤスシ」について、紀は二箇所、記は一箇所載る。記は、三四アヤの「君に告ぐれば　国ヤスク　秋タタネコに」の「国ヤスク」に対して「ここに天の下太（いた）く平らぎ、人民（たみ）栄えき」のみである。紀は同じ箇所を「国の内安寧（やすらか）なり」とホツマツタへとほぼ同じ。紀のもう一箇所は、同三四アヤ「ソロの時　直りてヤスク　この御世を」の「直りてヤスク」に対して「家（いへいへ）給ひ人足りて天の下大いに平らなり」である。「ヤスク」のコトバはないがほぼ合っている。ただ「ヤスシ」と天成る道、神の道、君臣の道、マツリなどの関連は伝えていない。クニトコタチの建国時からの平和国家も伝えていない。

このように紀記ともにヤマトの平和がいかなるものか、ほとんど伝えなかったと言っていいだろう。紀記がホツマツタへを一字一句載せたなら全ては正しく現代に伝えられた。そしてホツマツタへがそのまま漢訳され伝えられ、天成る道やトの教ゑによる政治が行われ、平和を国策に据えていたなら、我が国の歴史はどうであったろうか。良い方向に変わっていったのは間違いない。千年以上の長きに亘り何百万人という尊い国民の命が救われたかもしれない。これらを伝えなかった記紀の責任は重い。

また我が国の平和観についても同じことが言える。主に近代の我が国の内戦・戦争などにより、ヤマト民族は好戦的だというような論もあるようである。また大東亜戦争後の平和な時代も続き、平和的な国民性であるとも考えられるが、断定はできなかった。しかしホツマツタヘを見れば我が国は建国時より平和国家であり、元々平和な国民であることがハッキリ解る。ただし、我が国に対する侵略などには断固対応する。我が国の平和観の不安定さも、紀記がホツマツタヘを正確に伝えなかったために起きた現象である。

我が国の充実、世界平和への貢献

ヲシテ文書が表舞台から失われてから千年以上、天成る道による平和の伝統もほとんど忘れられて、現代の平和は現憲法があるからと思われている。しかし、平和な状態というのは元々我が国本来のあるべき姿なのである。これ自体も理解されていない。

このため現代ヤマト国は砂上の楼閣状態である。大変危うい平和と言えよう。良からぬ道である巨大利権連合が存在しているので、条件さえ揃えばまたいつでも国民に直接牙をむきかねない。

人が朽ちていくのは主に内部からである。交通事故や何らかの事故などに巻きこまれて、外部の外傷による死亡もある。しかし、圧倒的に死亡率はガン、心臓疾患、肺疾患、脳血管破裂、老衰など、人の内部からによるものが多い。

国も同じで、外からの攻撃も常に油断できないが、国が衰えるときは内から進んでいくことが多い。我が国古来の伝統・ヲシテ文書が忘れられ、その衰えの象徴がさきの大東亜戦争であったとも言える。我が国の建国以来の伝統、平和主義や専守防衛を理解し、それを元に政治が行われていたならば支那事変や大東亜戦争は起こらなかったはずだ。

つまり、平和の実現にはまず国内の安定、政治の安定が不可欠である。そのためには、伝統の天成る道に基づくマツリが必要となる。これを元に現代に合わせ最高のマツリを行う。国内が安定すれば、外敵にもしっかり準備できる。また安定した政治の元で国力を蓄えれば蓄えるほど、世界平和にも貢献できる。

現代世界は国際的であるが、これは今後も益々進む。ヤマトの平和は世界平和と関係する。現代世界は多くの問題が横たわりうまく機能しているとはとても思えない。国外には危うい問題があり、実際紛争も起き、テロ事件も各地で起きている。宗教紛争の様相を呈し解決策も大変難しい。一瞬にして相手国や国民を殲滅する核爆弾や大陸間核弾道ミサイルは全世界に何万発も存在する。こういう世界と関わらざるを得ない。世界平和を国連で保とうとしているが、うまく機能しているとはあまり思えない。唯一世界の絶対平和を実現できるのは我が国伝統の天成る道に基づく思想と政治ではなかろうか。

混迷の世界平和の実現に、日の本は今より遥かに貢献できる。しかしこれはまず我が国が正常な状態に戻ってからの話である。我が国が伝統の姿を取り戻し、これを元に現代最高の政治を行い、何十年何百年経てば、自然と調和しつつもあらゆる分野で飛び抜けて発展していくはずである。現在でも世界平和に貢献しているが、国民が無理をせずとも今の何倍、何十倍も世界平和に貢献できると思う。

第三編　トの教ゑ《をし》と神道の教義

神の道（神道）とは神々が常に踏み行う道のことで、その教ゑの中心となるのがトの教ゑ《をし》である。トの教ゑそのものは天神が代々受け継ぐが、これに基づいて神々が道を踏み行う。従ってトの教ゑと神道の教ゑは似ている。

「トの教ゑ」「トの道」「トの導き」「天の教ゑ」などは日本書紀、古事記とも全く伝えていない。従ってどんな古語辞典にもなく、ホツマツタヘを見ていない人々には何のことか解らないと思う。第一章ではトの教ゑを取り挙げる。

また神道とは、ヲシテ文書のカミノミチを漢字にしたものであるが、これからして伝わっていない。また神道というコトバが一般的に使用されるようになったのはそれほど古くはない。そして今に伝わる神道の意味も本来の意味を十分に伝えていない。第二章は神道について。

第三章では神道の教義について述べる。内容はトの教ゑに基づく。我が国には神の道（神道）の教義は無いと言われているようだ。しかし、数え切れないほど多くの教義が存在するのでその一部を挙げる。そして整然とした神の道（神道）の体系も存在する。体系の中心となるのがタカマ・モトアケ図であり、これは一編で取り上げた。ここでは主に教義を中心に述べていく。体系と教義は相互に関連し、一つのものであるのでタカマ・モトアケについても触れる。

第一章　トの教ゑ

トとトの教ゑとカンヲシテ

トの教ゑは三種の神宝（ミクサノカンタカラ・三種の神器のこと）の初めの宝である。三種の神宝は初めから三種が揃っていたのではない。

天神は日継ぎを受ける時に天なる文を受け継ぐ。天なる文はヲシテで記されている。そのため天なる文はミシルシ、ヲシテ、ミヲシテ、カミノヲシテ、カンヲシテ、シラヤノヲシテ、アマテラスカミノヲシテなどとも記される。また天なる文は文章であるが、物としてはヤサカニノマカリタマがある。

このカンヲシテは代々受け継がれ、第七代天神イサナギの時代になって天よりトとホコ（矛）を受け継ぐ。トはヲシテであり、ホコはサカ矛である。二種の神宝の始まりである。

そして第八代天神アマテラシマスヲヲン神の世に、矛をヤヱガキノツルキに改め、ヤタノカガミを足して三種の神宝（ミクサノカンタカラ）が揃うことになる。今から約三千二百年前と推定する。

天なる文はいつの世からとは記されていない。しかし

教ゑを民に
習はせて　クニトコタチの
神となる　（ミカサ文ハニマツリのアヤより）

とあることから、我が国初代クニトコタチより代々受け継が

れたと思われる。

イサナギが受け継ぐヲシテはトの教ゑである。それは

かく御心お
つくしもて　一姫三男神《ひひめみを》
生みて世の　君臣の道
トの教ゑ　逆《さか》り悖《もと》らば
綻《ほころ》ばす
（ホツマ二三アヤより）

による。クニトコタチより民への教ゑが伝統である。それを記したものがカンヲシテであり、それがトの教ゑである。またここに「逆り悖らば綻ばす」とあり、これがサカ矛であり、サカ矛はトホコとして受け継いでいるので、対になっている「トの教ゑ」はカンヲシテであり、トホコのトであろう。つまりトホコのト、トの教ゑ、カンヲシテは同じことになる。

時に天より
二神に　ツボは葦原
千五百《ちゐも》空き　いまし用ひて
しらせとて　トとホコ賜ふ
ミコトノリ　御祖の授く
三種物　クニトコタチは
カンヲシテ　アマテル神は
ヤタ鏡　オオクニタマは
八重垣と　常に祀りて
身と神と　キは遠からず
（ホツマ二三アヤより）

ヤマト列島の形成とハラミ山

ミナカヌシの御子トのミコトはトシタ国、後のハラミ山麓のハラ宮に住んでいた。ハラミ山はフヂ山の古名である。トのミコトとトの教ゑは関係すると考えられるので、まずハラミ山の成り立ちを概観する。

ヤマト列島は約千五百万年前頃からユーラシア大陸と分かれ、今から約三百万年前頃には、ほぼ今の形になったといわれている。それ以前からも、またこれ以降もヤマト列島に春夏秋冬の四季は存在し現代に続く。

フヂノヤマは元はハラミヤマと呼ばれ、ヲシテ文書の多くの神々と深い繋がりがある。ただ次のようにヤマト有数の活火山のため、地震や火山弾、軽石、火山灰、溶岩流、火砕流などの大量の噴火物により、周辺に激しい影響を与える。そのためにヲシテ文書の中ではこの由緒ある宮などの場所が特定しづらくなっている。

ハラミ山の形成史を小学館の『大百科全書』より抜粋。「富士山は日本の最高峰であるが、実はその下により古い小御岳（こみたけ）、古富士の両火山が存在し、富士山自身の噴出物の厚さは最大一五〇〇メートル足らずである。つまり、私たちが仰ぎ見る富士山は、先代・先々代の肩車にのっている。

新生代第三紀中新世（約二五〇〇万〜二〇〇〇万年前）の海底火山噴出物からなる地層（御坂(みさか)統）の上に、第四紀更新世（洪積世）の中ごろ、いまからおよそ七〇万年前

に、まず小御岳火山が誕生し、南方の愛鷹(あしたか)火山と噴火を競演した。その後、静穏な時代が長く続いてから、更新世末期、いまから約八万年前に古富士火山が活動を始め、激しい爆発型噴火をしきりに反復し、南関東にも盛んに玄武岩質の火山灰砂を降らせ、「赤土(あかつち)」と俗称され、京浜地域の台地面をつくっている「関東ローム」(詳しくは立川(たちかわ)ローム、武蔵野(むさしの)ローム)を堆積させた。

この古富士火山は、いまから約一万年前、つまり更新世から現世に移るころ、噴火活動の様相が急変した。以後、約一〇〇〇年にわたり、おもに多量の溶岩を四方へ流出させる噴火活動が盛んに繰り返され、現在見られる富士山の原形がほぼできあがった。中央火口から三〇～四〇キロの遠方まで流下した猿橋(さるはし)溶岩、岩淵(いわぶち)溶岩、三島(みしま)溶岩などがそれである。古富士火山は標高三〇〇〇メートル余の大型火山であったが、現在は、山体の一部が、一七〇七年(宝永四)の大噴火で生じた火口に「赤岩(あかいわ)」(標高約二七〇〇メートル)としてわずかに露出しているだけである。それから約四〇〇〇年間も静穏な時代が続き、厚い腐植土質黒土層が形成されたが、この地層には、縄文早期から前期にかけての考古遺物が包蔵されている。

いまから約五〇〇〇年前(縄文前期末)に、古富士火山の山頂にほど近い所で噴火活動が再開された。現在、富士山とよばれている新富士火山の誕生である。なお、この約四〇〇〇年の静穏期は、火山の一般的寿命からみるとごく短いので、古富士火山と新富士火山を継続的な一連の活動とする学者もある。とにかく、新富士火山は、近くは前記の宝永(ほうえい)大噴火まで、しばしば噴火を繰り返し、爆発による火山砕屑(さいせつ)物や流出した溶岩で古富士火山を覆い隠しながら、徐々に背丈を伸ばしてきた。富士山は頂部から山腹に寄生火山・寄生火口が六〇余ある点でも全国随一で、諸方向に分布するが、過半数は山頂を通る北北西—南南東方向(富士火山帯の走向)にある。」

アメノミナカヌシ時代

アメノミナカヌシがヲシテを発明したと考えられる。それはミナカヌシがウツホ・カゼ・ホ・ミヅ・ハニの五元素よりなり、アウワが現れるミナカヌシとあり、モトアケの中心にいることなどによる。

その時期は約一万年前であろう。我が国の土器の出現は約一六〇〇〇年前であり世界最古である。また漆の栽培は約一二六〇〇年前で、副葬品として約九〇〇〇年前のものが発見されている。

土器造りは高度な知識と技術が必要であり、集団で技術を伝え、それを代々子孫たちに伝えていく。既に現在の技術者集団のような集まりは存在していたと思われる。その中ではなんらかのコトバを使用していたと考えられる。

技術者集団が何千年にも亘り、土器という道具を作り続ける。その中でコトバの道具である文字を創り出したとしてもなんら不思議なことではなく自然の流れと思う。
　ヲシテが発明されたと同時にモトアケ思想も確立したと思われる。モトアケは天の御祖神と四八のヲシテからなっているためである。

トのヲシテそのものの意味

　トのヲシテそのものをどう捉えているのか、ミカサ文や年内《としうち》になす事のアヤに載っている。トのヲシテの□はウツホ・カゼ・ホ・ミヅ・ハニの五元素の内のハニ（土、地）を表す。そしてトのヲシテは次のように記されている。

一、形ケタ　天《あ》の両手《まて》のイの　中に立つ　国治《た》しなるる　神形（ミカサ文ナメコトノアヤより）
一、形は国の　中柱　両手に整ふ　ト元神　（年内になす事のアヤより）
一、三つの光の　地《は》に通り　日の道限る　（年内になす事のアヤより）

　□は国と地に捉えている。丫は三つの光と捉えられ、丫の上二つは天の両手として、下の線は国の中柱に例えられている。

トホカミヱヒタメの由来

　モトアケ思想によると、一年の季節はヱヒタメトホカミの八神が守る。それがトホカミヱヒタメのノトになる。それは次の理由による。

一、かくヱトの　ト先の故は
天御祖《あめみをや》　ノリしてヱ神
冬の守り　ト神は夏の
ソロお守る　永く人クサ
潤せば　神に準え
トのタマに　名付くヤマトの
ノトなれば　（ミカサ文ナメコトノアヤより）

一、　かくメヲお守る
その中に　トは南向く
人クサの　コトホギ延ぶる
この故に　ト初《は》のト歌の
初めぞと　常なすことに
天お知るなり　（年内になす事のアヤより）

　ヱヒタメトホカミの八神の内ト神は南、サ月中～ミナ月末を司る。この時期は暖かく日も強く、木の実、穀物、ソロ（稲）などが育ち、人々にとっても大切な時期である。ト神がこの季節を守り、この季節が植物、木の実、穀物などを守る。豊作になれば、人々は豊かになり人クサは潤う。
　ト神は「永く人クサ　潤せば」「人クサの　コトホギ延ぶる」の役割を司る。そのためにヱヒタメトホカミがトホカミヱヒタメとなる。

ミナカヌシとクニトコタチのトのミコト

トのミコトはアメノミナカヌシの御子で八御子の内の一人である。ウツホ・カゼ・ホ・ミヅ・ハニの五つが交わり成ったカンヒトはアウワが現るミナカヌシである。クニタマ（地球）八面《やも》にヨロ子を生み、初にヲ海（今の琵琶湖）にヱ御子が継いだ。トの御子はトシタ国、後のハラ宮に住みヱ御子より受け治める。

ミナカヌシ　クニタマ八方《やも》に
ヨロ子生み　初にヲ海の
ヱトの子の　ヱ御子天《あ》に継ぎ
ヲ海治す　弟《おと》御子の住む
トシタ国　これ今ハラの
宮の名も　トシタと言いて
代々の名の　百々ハカリ後
トのミコト　ヱに受け治む
それよりぞ　代わる代わりに
世お継ぎて　天に帰れば
ミナカヌシ　及びエヒタメ
トホカミも　天に配りて
星と為す　アメトコタチの
神はこれ

（ミカサ文タカマなるアヤより）

ミナカヌシの御子、トの御子とヱ御子は代わる代わりに世を継ぎ、神上がりをして天に帰ると、ミナカヌシと共にヱヒタメトホカミの八御子は九星と成った。アメトコタチの神・アメノミコトという。トのミコトの国はトシタ国、その世はトの世という。

また次には、ト下宮は天に懸かる九星の一つであるトの星の下にある宮なので、ト下の宮であると記されている。君はアマテラシマスヲヲン神である。

これ君は　コヱ安国の
宮にます　これはその神
トのミコト　百《も》ハカリ治む
身お洞《ほら》に　神モトアケに
帰ますお　御祖コトノリ
星となす　天に懸かりて
九の一つ　かれにト下の
天の宮

（ミカサ文春宮のアヤより）

このトのミコトはミナカヌシの御子のことと思われるが、クニトコタチのハラミ山の御子も秀でていたため、ミナカヌシのトのミコトとも重なる。アマテル神の初の宮は実はハラミ山を臨む「コヱ安国の宮」であり、「ト下の天の宮」という。その後イサワの宮に移るのである。

クニトコタチの八御子の一人もハラミ山で治めた。その国がホツマ国でハラミ山を含む今の関東地域と思われる。

昔この　クニトコタチの
八下り子　木草おツトの
ホツマ国　東遙かに

波高く　立ち昇る日の
ヒタカミや　タカミムスビと
国すべて　トコヨノ花お
ハラミ山　カグ山となす　（ホツマ四アヤより）

クニトコタチの八下り子の国はホツマ国とヒタカミの国であるが、それ以前はミナカヌシの八御子の一人、トノミコトによるトシタ国と呼ばれていた。ミナカヌシのト御子やその子孫が大変優れた家系であったのは、ミナカヌシの後をヱ御子と交互に継いでいることから窺える。そしてトの国の国策は、後の世の伝統である安定した食料と衣類を中心とした政策であったようだ。

ト下天宮
コヱの道　ミ（実、身）お全《また》くして
永らへり　蚕《こ》飼ひも同じ　（コヱ十二《そふ》のキサキ立つアヤより）

コヱの道は当時としては安定的な桑の実や木の実、穀物の実などの食料を基盤とした政策であろう。蚕飼いも行われていたので、衣類も充実していた。桑の力によって点のような蚕の卵はまるまる太った御カイコさんになる。コヱは蚕ヱであり、肥ヱでもある。食料の安定と衣類の充実、それによる国民の健康的な生活を表していると思う。桑の木は火山灰地など地味の痩せた土地でも良く育つ。そして絹織物の起源は約一万年前に遡ることも解る。

トのミコトやその子孫による世は大変長く続いた。そのためコヱ国やコヱの道は後世に大きな影響を与えた。

ミカサ家《や》に　よる百臣《もも》の
シメ国の　マツリ質《ただ》して
サルタヒコ　コヱお日の出の
故問えば　（コヱ十二のキサキ立つアヤより）

人の生まれは
日の出なり　マカルは入る日
コヱの道　覚ゑ生まるは
日の出なり　（コヱ十二のキサキ立つアヤより）

アマテラス　君おコヱヂに
永らへと　オオヒ山サの
トシタ宮　更に造りて　（コヱ十二のキサキ立つアヤ）

アマテル神は
コヱ国の　イサワヲ内の
宮に居て　八つヲン耳に
聞こし召し　民の教ゑは
イセの道　（ホツマ二八アヤより）

ミナカヌシのトの御子の宮はハラミ山の南方にあったようだ。そこで安定した食料や充実した衣類を基盤とした代が他の御子に比べ大変長く続いた。先に見たように、活火山であるハラミ山の活動は、約九千年から五千年前迄は安定していた。これは丁度ト御子の代に重なる。期間が長いのでトの御子とその子孫で継いでいったのであろう。ただし、人々は竪穴式住居に住み、人らしい生活ができず人心が安定しなかったようだ。そのため国ミコトが定まらなかった。

　ミナカヌシより
ヱの御世に　増し減り一度《ひたび》
トの世にも　コトブキ替わり
国ミコト　四度替わりて
（ミカサ文コヱ十二の后立つアヤより）

当時はト下国が東日本の中心地であったと思われる。後のヒタカミ国もト下国の範囲内であり、クニトコタチやヒタカミ国にも大きな影響を与えた。そしてヒタカミ国はト下国のマツリを更に発展させ繁栄する。

その後ハラミ山の活動は今から五千年前位からまた活発になっていくので、ト下国はその地震や火山活動の甚大な影響を受けることになる。

ホツマツタヘに、ハラミ山周辺の由緒ある宮の所在がはっきりしないのは、日の本有数のハラミ山の火山活動のためと思われる。現在、山梨県甲府市酒折所在の酒折宮もハラミ山麓にあったものが、火山活動のために現在の所在地に移ったのかもしれない。ハラミ山を南正面に臨む。

後にアマテル神の初の宮は大日山の南麓に造られるが、その宮の名はトシタ宮であり、伝統のコヱの道により永らうことを願ってのことである。

アマテラス　君おコヱヂに
永らへと　オオヒ山サに
トシタ宮　更に造りて　（前出）
これ君は　コヱ安国の
宮にます　これはその神
トのミコト　（前出）

ホツマ国はクニトコタチの八御子の一人が「トコヨノ花お
ハラミ山　カグ山となす」ごとく治める。この御子がクニトコタチの八御子のうち何御子なのかはホツマに記されていない。他の記事もないので想像するしかない。おそらくクニサツチもミナカヌシのト御子の影響は受けていたと思われる。ト御子の影響はアマテル神も同じで、後に御孫キヨヒトはコヱ国のハラミ山の開拓に大成功を収めた後に、第一〇代ワケイカツチの天神となる。

このように重要な役割を果たしたミナカヌシの八御子達を、モトアケの八神ヱヒタメトホカミのトに準え称えた。そしてヱヒタメトホカミは、「トホカミヱヒタメの由来」に掲げたように、トのミコトを称えてトホカミヱヒタメになる。また見方によっては、トの御子も初めは単に八御子の内の一人であったが、この功績によってトの御子になったということも考えられる。

そしてミナカヌシのト御子による教ゑは大変優れていたため、ト御子の教ゑとしてクニトコタチに引き継がれ、さらに発展したのではなかろうか。そしてクニトコタチの八御子に伝えられ、代々の世継ぎやその子孫であるヒタカミ国にも受け継がれていく。

　また数字のソ（十）をト、トオとも言う。これは指一〇本ということで、全て備わった完璧な状態を言う。しかし数の体系からするとトは特殊である。というのは十はソであり、ソフ（十二）、フソムスス（二十六スス）などは数多くあるが、トフなどの使用例は一例もない。また、完璧な教ゑのことであれば、ソの教ゑでよいわけであるが、これもない。

　モトアケのト神はソロを守り長く人クサを潤し、人クサのコトホギを延ぶる。またミナカヌシのトのミコトは当時として衣食について理想的な国造りを長く行った。そのためトのミコトを称えて、左右の五本指全てがソロフこと、ソナハルことをトと名付けたのではなかろうか。つまり、元々数字にトというコトバはなかったが、優れたトのミコトとトの教ゑにより、完璧なことをトと呼び、これが数字のソに加わった。それほどト御子は偉大であったのであろう。

トの教ゑのトとは

　トの教ゑのトで、まず考えられるのは、先に載せた

　かくヱトの　ト先の故は
天御祖　ノリしてヱ神
冬の守り　ト神は夏の
ソロお守る　永く人クサ
潤せば　神に準え
トのタマに　名付くヤマトの
ノトなれば
（ミカサ文ナメコトノアヤより）

　かくメヲお守る
その中に　トは南向く
人クサの　コトホギ延ぶる
この故に　ト初《は》のト歌の
初めぞど　常なすことに
天お知るなり
（年内になす事のアヤより）

により、「ト神は夏の　ソロお守る　永く人クサ　潤せば」「トは南向く　人クサの　コトホギ延ぶる」の、ト神によるトである。

　またトのミコトが敬われているのは、これも先に載せた

　ト下天宮
コヱの道　ミ（実、身）お全くして
永らへり　蚕飼ひも同じ
アマテラス　君おコヱヂに
永らへと　オオヒ山サの
トシタ宮　更に造りて

などで知ることができる。

　従ってトの教ゑのトとは、ト神とトのミコトのトに由来すると思う。またトのヲシテには「形ケタ　天《あ》の両手《まて》のイの中に立つ　国治《た》しなるる　神形」などの意味があり、そのた

めにこれに相応しいクニミコトをトの神と名付け称えた、ということも考えられる。

二神《ふたがみ》のトホコ

・二神がトホコを授かる

クニトコタチはムロ屋を造り民に伝え、これを中心に民を教ゑ導き、クニトコタチの神となる。

　　　　　　クニトコタチの
神の世に　ムのタミメより
ムロ屋なる　先づハお均し
杉柱　棟お桂に
結ひ合はせ　茅葺き住みて
木の実食む　教ゑお民に
習はせて　クニトコタチの
神となる　これより先は
天地の　成りてあれます
ミナカヌシ　二十世《ふそよ》に生める
民クサの　穴に住まへば
人ならず　クニトコタチの
ムロ屋より　宮殿造る（ミカサ文ハニマツリのアヤより）

食料生産、衣料なども格段に発達し、クニトコタチの世に衣食住が整う。クニトコタチの神により国民（くにたみ）は初めて人らしい生活ができるようになった。

クニトコタチの教ゑは代々伝えられてゆく。ヒタカミにおいては、御子ハゴクニ神に伝えられ、その御子・初代タカミムスビと続き更に発展する。初代タカミムスビの御子は第二代タカミムスビとアメカガミ神（付録の系図参照）。第四代ウビチニ神を御子の第五代オオトノチ神が継ぐが、もう一人の御子・アメヨロツ神はアメカガミ神の後を受け継ぐ。第五代オオトノチ神の次は第六代オモタル神であるが、世継ぎがいなかった。アメヨロヅ神の孫がイミ名・タカヒトで、第六代オモタル神を継ぐ第七代天神イサナギである。后はヒタカミ国第五代タカミムスビ、イミ名タマキネの子イサコ姫。イサコ姫がイサナミとなる。

トの教ゑは二神からであり、クニトコタチの本系統である第六代オモタル神の教ゑとタカミムスビ系、アメカガミ系の教ゑを融合した形になっている。これは〓のヲシテの形と似る。二神はこの教ゑとホコを元に国造りを行っていく。

　　　　　　時に天より
二神に　ツボは葦原
千五百《ちゐも》空《あ》き　イマシ用ひて
しらせとて　トとホコ給ふ
　　　　　（ホツマ二アヤより）

・トホコのトはヲシテでありトの教ゑ《をし》である

二神が給ったトとホコのトはトの教ゑである。それは次による。

汝行き　しらすべしとて
トとホコと　授け給はる

トはヲシテ　ホコは逆ホコ　（ホツマ二三アヤより）
いにし神　創り授くる
トホコあり　トは整ふる
ヲシテなり　（ホツマ一七アヤより）

トは御ヲシテでヲシテで記される文書、そこに書かれている代々の教ゑのことであろう。そしてトは内外多くのことを整える。

次によりトは御ヲシテでトの教ゑのことである。

二神は　これ（トとホコ）を用ひて
葦原に　オノコロお得て
ここに居り　八ヒロの殿と
中柱　建てて巡れば
大八島　通る真の
トの教ゑ　（ホツマ二三アヤより）

「整ふるヲシテ」により葦原を巡り国造りを行う中でさらに御ヲシテの内容が豊かになり、トの教ゑが充実していく。

また、トの教ゑは天成る道に則る教ゑであるのは、

天の教ゑに
逆らへば　身に受く天の
サカ矛ぞ　（ホツマ二三アヤより）

により窺い知れる。

・トの教ゑによる二神《ふたがみ》の国造り

二神はトの教ゑを中心に国造りを為していく。葦原を田にし、村や国を生み、人々を生んでいく。

二神の　浮き橋に立ち
この下に　国なからんと
トホコもて　凝り成る島お
オノコロと　（ホツマ一八アヤより）
八ヒロの殿と
中柱　建てて巡れば
大八島　通る真の
トの教ゑ　二神はこれお用ひて　（ホツマ二三アヤより）
二神の　トホコに治む
民増して　千五百《ちゐも》の頭　（ホツマ上奏より）
生まんとて　生みて教ゑる
トの道お　受けて治むる
千五百村　トの道通り
オオトシの　ミヅ穂得るなり　（ホツマ二三アヤより）
トの道に　国治まれど　（ホツマ二三アヤより）

殖産興業だけではなく、できるたけ国神や村人の相談にのり、トの教ゑに則り、親のように細かくも篤い教ゑを行っていった。これは「親心　細々篤き　トの教ゑ」（ホツマ一七アヤより）「人成る道は　トお用ひ」（ホツマ一八アヤより）などによる。

このように二神は大八島を巡りトの道に治めて人々に親の

ごとく慕われていく。フトマニのヲエテの歌の次の箇所は二神のことも含んでいると思われる。「治め得て　トに潤せば　カモ（カミとシモのこと。上下）慕ふ」。

・ヤマトの国、ヒノモトの国の誕生

トの教ゑにより、二神がトの道を為し、トの導きを行い、人々や国々を生み、ついにヤマトの国が成る。

　　八ヒロの殿と
中柱　建てて巡れば
大八島　通る真の
トの教ゑ　千五百のアシ（葦、悪し）も
皆抜きて　田と為し民も
賑はへば　イヤマト通る
ヤマト国　　（ホツマ二三アヤより）

ヤマト国の元であるマトの教ゑはマコトのトの教ゑのことである。次はこの続き

　　マトの教えは
昇る日の　モトなる故に
ヒノモトや　しかれどヤマト
な捨てそよ

ヤマト国誕生のマトの教ゑは太陽が永遠に昇り続ける力のモト、日のモトである。従ってヒノモト（日の本）も国の名であるが、ヤマトの国の名を決して捨ててはいけない。これはアマテラシマスヲヲン神の詔で教ゑである。ヒノモトのモトとは、トが多いこと（百）をモト（百ト）というところから来ている。

我が国の名に関わるこういう極めて重要なことも紀記には全く載らない。そのため我が国の国号の正しい由来が伝わっていない。この箇所が載る二三アヤ全体も全く載らない。ホツマツタヘ二三アヤはほとんどがアマテル神の詔、教ゑである。そのためこれを載せるとアマテル神が男神と解ってしまうので載せなかったのだろう。

・横聞く者の対処

トの教ゑも全ての者が同意するということでもない。国神や民の中には教ゑを聞かない者もいるし、逆らう者達もいる。それらをよくよく教ゑ諭すが、それでもあぶれる者がいる。

二神の　トホコに治む
年経れば　鈍《にぶ》並《なれ》鋭《と》きの
民有るも　例へば数の
器物　屑お捨て撫で
鈍鋭きお　均し用ひん
天の心ぞ　　（ホツマ一七アヤより）
また矛も　宝の故は
トの道に　国治むれど
その中に　横聞く者は
己が身に　合はねば道お
逆に行く　　（ホツマ二三アヤより）

中には刃向かい武力で対抗してくる者もいる。状況にもよるが基本的には、トの教ゑに良く諭し、それでも従わない場合は討つことになる。トの教ゑは天の教ゑでもある。

　世の　君臣の道
トの教ゑ　逆り悖らば
綻（ほころ）ばす　(ホツマ三アヤより)

　治まる道の
乱れ糸　切り綻ばす
器物　天の教ゑに
逆らへば　身に受く天の
サカ矛ぞ　(ホツマ二三アヤより)

時に君　問へば皆言ふ
トに諭し　教ゑても来ぬ
後討つも　良しと　(ホツマ二九アヤより)

トの教ゑ《をし》　トの道　トの導き　天の教ゑ《をし》

・主に三層に分かれる

トの教ゑは多くの分野からなり複雑であるが、主に三層からなると考えられる。初めにトの教ゑは三クサの神宝の一つであり、天の日継ぎを受ける日に受け継ぐ。

　人のナカコに
アヒ求め　一つにいたす
トの教ゑ　永く治まる
宝なり　天の日継ぎお
受くる日の　三つの宝の
その一つ　天なる文の
道の奥ぞこれ　(ホツマ二三アヤより)

天なる文はミシルシ、ヲシテ、ミヲシテ、カミノヲシテ、カンヲシテ、シラヤノヲシテ、アマテラスカミノヲシテなどとも記されるのは前に述べた。

また臣に対しての教ゑも含まれる。それは「世の　君臣の道　トの教ゑ」や

　天より三つの
カン宝　君臣分けて
給はれば　心一つに　(ホツマ二八アヤより)

アワお治す　天スベラギの
モロ羽臣　カスガとコモリ
君臣の　心一つに
都鳥　(ホツマ三〇アヤより)

などによる。「君臣の道」や君と「心一つに」により、臣達はマツリ（政治、祭り）を司るので、これに伴う膨大なトの教ゑに基づく教ゑが存在する。臣も次第に増えると、中にはこの教ゑを守らない者もいるのでこれも監視する。

　蔀《しとみ》は臣の
トの教ゑ　通るお見るぞ　(ホツマ二一アヤより)

臣が分かれるのはクニサツチやトヨクンヌシからと記されているが、クニトコタチ時代の早い段階から分かれていった

と思われる。

また民への教ゑもある。クニトコタチ以来、君から直接民に伝えるのがトの教ゑの本義でもある。トの教ゑを国民《くにたみ》に平たく解りやすく伝える。

教ゑお民に
習はせて　クニトコタチの
神となる　（前出）

アマテル神は
コヱ国の　イサワ央内《をうち》の
宮に居て　八つヲン耳に
聞こし召し　民の教ゑは
イセの道　（ホツマ二八アヤより）

天なる道に則るのがイセの道で、イセの道はトの教ゑ・トの道を元に更に発展した道である。

そしてトの教ゑには君臣民共通することもある。それは全ての人に共通する事柄で、例えば親子の関係や跡継ぎのことや心に関することなどである。トの教ゑであり、アマテル神の教ゑである詔を、一四アヤでは八百《やも》ヨロ道の御子、彦、諸ヨロ民が聞き、一七アヤでは臣民が聞いている場面がある。

・トの教ゑの広さ

天成る道に則り神々が踏み行うのが神の道であり、その教ゑの中心になるのがトの教ゑである。

神々は多い。歴代の天神、その御子たち、歴代の臣達、その子で神に相応しい御子達、日の本全国の国神。またヲシテ文書に登場する多くの人々も現代の我々からすれば全て神である。

ヲシテ文書に登場する神・人は系図上で約四五〇人、総登場数約六四〇人である。一部悪神もいるが、それも戒めと捉えればそれも教訓になる。例えば主な神々の名が載る箇所だけでも八〇七以上あり、その他に一アヤ全てが教ゑというアヤがいくつもある。その他の神々の教ゑも数多くある。中でもアマテル神の教ゑが圧倒的に多い。また神々の何気ない行動、コトバも現代の我々からすると教ゑになる。

ヲシテ文書には神々のいろいろな詔やコトバや教ゑが記されているが、それらは主にトの教ゑに則ることである。そして詔や教ゑが法律などのノリや掟や何々の道・行事・慣習・生活術・処世術などになっていく。二神の時代だけでも万《よろ》の道を生む。

インシ天神
トとホコと　授け給へば
二神も　国土ヨロの
道生みて　（ホツマ一七アヤ）

そのためトの教ゑは膨大な量になる。そしてさらに時代と供に大量になっていくのは

御祖《をや》の心
すべ入れて　百々のヲシテの

中にあり　アヤ繁ければ
アヂ見えず　（ホツマ二七アヤ）

や、同じアヤ

　シラヤのヲシテ
タケヒトに　国おしらする
百々の文　タネコに譲る　（ホツマ二七アヤ）

などによって窺い知れる。「シラヤのヲシテ」が代々受け継ぐヲシテで、「百々の文」はトの教ゑより増えていった教ゑが記してある文であろう。

しかし、第二四代ヲシロワケ天神の時代に、「トホコの道も　やや逆ふ」状態になってしまった。そこでカグの文、ホツマ文、ミカサ文を著すことによって本道の天なる道に則るトの教ゑによるマツリに戻ろうとしたと思われる。そして「代々の掟となる文は　ホツマツタへ」とあるので、ホツマツタへ全てがトの教ゑに則る文であり、他の二書も同じと思われる。

・トの教ゑの内容

このようにトの教ゑの内容は大変広く多い。具体的には、例えば文字の発明、宇宙創造、天文、タカマ・モトアケ、天なる道、天皇、皇室、三クサのカン宝（三種の神器）、神の道、トの教ゑ、憲法、法律、年中行事、政治、経済、立法、行政、司法、教育、軍事、外交をはじめ、国土開発、土木、建築、造船や農業、植林、漁業、商業、養蚕、織物、鉱業、たたら製鉄または宗教、神の道の体系と教義、科学、哲学、歴史、数学、医療、健康法、食事法、さらには男女、夫婦、家庭、出産などあらゆる分野に及ぶ。

そしてトの教ゑは「親心　細々篤き　トの教ゑ」とあるように、国民に対しては親が子に教えるように解りやすく伝える。人になる道はトの教ゑを用いる。そして大いに知識を蓄えることも必要であるが、その道を極めトの導きに入ることが何より大切とされる。

　物知るとても
動めかで　トの導きに
入らざらんおや　（ホツマ一七アヤより）

・天成る文の道の奥　トの教ゑ

ホツマツタへには、驚くべきことに、三クサの神宝（かんたから）のトの教ゑの奥義をアマテル神が自ら語り、そして記されている。

　人のナカコに
アヒ求め　一つに致す
トの教ゑ　永く治まる
宝なり　天の日継ぎお
受くる日の　三つの宝の
その一つ　天なる文の
道の奥ぞこれ　（前出）

これが初代クニトコタチ神より代々の天神に伝わる我が国

最高の奥義である。ナカコ・タマナカコを臓器で言えば心臓のことであるが、その機能のことも言う。ナカコ・タマナカコにはヰノチ、タマノヲ、ココロが宿ると考えられていた。五《ゐ》タマとシヰを体内で結ぶのがタマナカコ・ヰノチである。五《ゐ》クラ六《む》ワタを国の道に例えるとナカコはキミである。人の体内で最も大切な機能を司る。

　トの教ゑは人（君臣民）のナカコにアヒ（合ひ、相、天日）求めて一つにする。これこそが長く治まる宝である。これが日の本の源である。

　我々にとっては日の本は一つの国であり、まとまっているのが当たり前である。しかし、実は国家がこのように安定しているのは極めて高度な行いなのである。その源が「人のナカコに　アヒ求め　一つに致す」こと。ヲシテ文書は、このような極めて重大なことがサラリと記されているというのが特徴の一つでもあり、凄さである。これによって我が国は世界で最も古い国家で有り続けている。時には嵐もあるが、平和を保ち続けている。世界にもこれだけ長い国はなく人類最長で唯一である。その根源が「人のナカコに　アヒ求め　一つに致す　トの教ゑ」なのである。

　たった一人の天皇を中心に一億人以上の国民が一つにまとまっているのは、実は極めて高度で大きなチカラ（チから）が働いている。それが約四千年～六千年間途切れることなく続き、この先永遠に続く。千年に一度のことはまず間違いなく奇跡というコトバを使うが、これはもはや例えるコトバは無い。この状態はタカマ・モトアケに似る。モトアケは永遠に続き、極めて大きな力が働き、多くのものが行き交い複雑と思われるが整然としている。このため天皇は天の御祖神に例えられるのである。世界には、クニトコタチより約六千年経った現在でも、今もって国の体をなしていない国々は多い。

　トの教ゑは天の日継ぎを受くる日の三つの宝のその一つである。そしてこれが天なる文の道の奥《く》である。天なる文には代々の教ゑが記されていて、その奥義がトの教ゑである。そのためにトの教ゑが天なる文全体のことを指すことになるのであろう。代々君が受け継ぐトの教ゑである。

第二章　神の道（神道）とは

　神道の「神」と「道」については既に別々に第二編で取り上げたので参照してもらいたい。「カミのミチ」は「カ」「ミ」「ミ」「チ」とそれから成る「カミ」「ミチ」から成る。

　「神道（シントウ）」はこの「カミのミチ」を漢字にし漢読みにしたものである。ホツマツタヘを読んでいる読者はすぐ解るだろう。しかし、これさえも一般的によく理解されていない。まして内容は言わずもがなである。調べてみると、神道（シントウ）というコトバ自体が今のように定着したのは以外に新しく、その過程は複雑である。さらに神の道の神や道がいかなるものかも良くは伝わっていない。ホツマツタヘをそのまま完璧に漢訳したものを紀記が伝えていたらこのようなことにはならないのだが。ここでも紀記の犯した罪は重い。

　次にホツマツタヘとミカサ文に載る「神の道」により、我が国本来の神道とはいかなることかを考察する。そして現在の神道がいかに理解されているかを辞書と百科全書で比較していく。

ヲシテ文書の神の道とは

「カミノミチ」というコトバはホツマツタヘに四箇所、ミカサ文に一箇所記されている。

（ア）
　カンヤヰ恥じて
うえないぬ　トイチに住みて
イホの臣　ミシリツ彦と
名を変えて　常の行ひ
神の道　兄がマツリも
ねんごろにこそ　（ホツマ三一アヤ）

（イ）
後フリネ　帰《かえ》てヰイリネ
責め曰わく　幾日《いくか》も待たで
など怖る　イツモは神の
道の元　八百万《やもよろ》文を
隠し置く　後の栄えを
思はんや　（ホツマ三四アヤ）

（ウ）
　クニツコ五タリ
神の道　強いて申せば
召し連れて　至るニハリへ　（ホツマ三九アヤ）

（エ）
　百千《ももち》試み
遙かなる　奥のカミヂ（神道・神霊）へ
まさに入るべし　（ホツマ四〇アヤ）

（オ）
　君のマツリも
速やかに　もつれを正す
神の道　（ミカサ文・東西《きつよ》四チのアヤ）

　（ア）は、現代の神主さんのように政治には直接参加せずに、もっぱら神上がりした神々の御霊《みたま》をお祭りすること、つまり敬い崇める行いであろう。現在の神社神道に当たる。

　（イ）の「八百万文」により神の道はあらゆる分野に亘っていると想像できる。また八百万文に記されている教ゑが神の道の源であることが解る。この多くの教ゑはトの教ゑに連なる教ゑであろう。

　（エ）の「奥のカミヂ」はホツマツタヘ四〇のアヤの最後に記され、大変深い意味が込められていると思う。

「カミヂ」の「〜チ」はヲシテ文書の他にも載る。「イツモヂ」「南ヂ」「越ヂ」「木曽ヂ」などは道そのものや何々の方面などの意味がある。「チ」のみで「道」の意味を表す。「ヤマトヂ」「ホツマヂ」「声の四十八ヂ」「四チの技」などは抽象的な、物事の道のこと。「カミヂ」そのものも「軽んじて到るカミヂに　ニギテ無く　行き過ぐ道に　イフキ神」にあるように街路の「道」としても使用されている。これらは第二編「天成る道とは」で見てきた。しかし「奥のカミヂ」の「〜チ」は道以外にも色々な意味が込められているかもしれない。「カミヂ」は「カミ（神・上）＋チ（道・霊）」と分けられる。

この組み合わせで考えられるのはまずカミ（神）＋チ（道）で、これは神の道である。抽象的な「チ（道）」のこと。神である天君や臣がトの教ゑを行い続けること。

カミ（神）＋チ（霊）のチは同じく第二編で述べたように、チの本義「小さいが霊的に大きな力を秘めた尊いもの」に近いと思う。ここでは神のチなので、チはモトアケのことではなかろうか。というのは、宇宙の中でモトアケは多くの神々が集まる特別な場所で、宇宙の大きさに比べると小さい。そして宇宙に果てしない作用を及ぼし続ける尊い存在。神々の住み給う領域で、そこで神々が天成る道を行う。

「上ヂ（上道）」の「上」は二神、アマテル神、イカツチ神など歴代天神の代のこと。上代の天神の代には天成る道が行われた。これはカミヂ（神道）にも共通する部分。

またこの箇所はホツマツタへの末尾にあたるので、奉呈文の二つの歌「シハカミの　心ホツマ」と「ホツマの道」は意識されていると思う。これは上（上代で行われた）・霊（ホツマの道・モトアケに連なるイニシへの神々の境地）であろうか。そして「まさに入るべし」とあるので、この遥かなる境地を目指すこと、この状態を実行し続けることを強く促していると思われる。

（オ）について。ここは現春日大社の主祭神・天児屋根命がオオモノヌシ・コモリ神をはじめ九キミ・百《も》ミコト・三千《みち》ヒコたちに答えている場面である。この箇所と、東西四チのアヤの最後の「君の治むる　マツリコト　ヨロハタ全て　四チを備へり」により、「神の道」とは神である君が具体的にマツリ（政治）を行うことであろう。そして君と共にマツリを執るのは臣達である。天のタカマにおいてはアメノミヲヤ神やモトアケの神々が存在し、地上においては天君がアメノミヲヤと同じ中心に位し、天成る道に則りトの教ゑによりマツリを執る。そしてこのアヤが天成る道やマツリを反映していることは、同じアヤの他の箇所の「キツの名を　教ゑの初と　なす故は〜天地開け　成る神の　ミナカヌシより」や「てるキツサネの　中に居て　君の治める　マツリコト」などによって窺い知れる。

（ウ）の「神の道」は（ア）（イ）（エ）（オ）などのヤマ

トの伝統、神の道をクニツコ五タリがなんとか学びたいということであろう。

以上見てきたように、神の道には色々奥深い意味が含まれている。短くまとめると「神の道」とは

一、神々がトの教ゑを行い続けること。① 神である君が天成る道に則りトの教ゑを行い続けること。多くの分野に亘る。② 中でもマツリ（政治）は大きな柱である。マツリは君一人ではなく君臣の道により民と共に実践される。君臣が民と共にマツリを行い続けること。

二、神上がりした神の御霊を敬い崇め続けること。現在の神社神道にあたる。

天成る道と神の道

神の道と天成る道の関係はどうであろうか。「天成る道」とは二編より「天にある多次元で極めて複雑ではあるが整然としたアのタカマ・モトアケのように、それを天の下であるハのタカマにおいて、キミが中心になり臣達と共に生る・成る・為るごとく実現させようと努める。」ことである。

天成る道と神の道は似ている。ほとんど同じと思う。天成る道は、どちらかというと、宇宙、自然に比重があり、ア（天）に近いコトバという気がする。片や神の道はワ（地）に近い。解りやすく図にすると次のようになると思う。

図三　天成る道と神の道の関係図

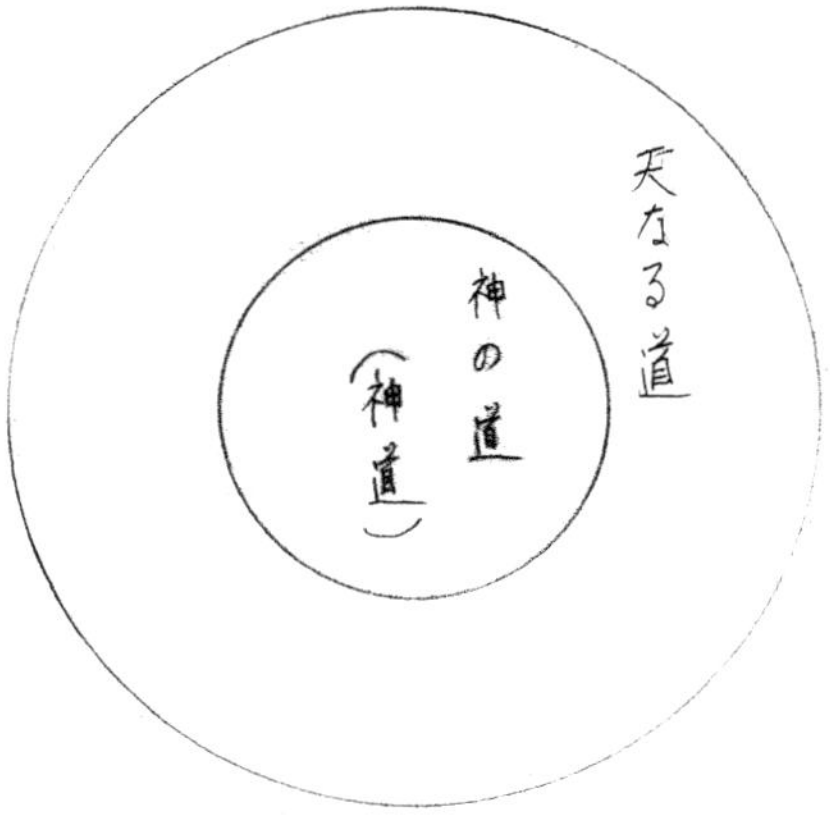

今に伝わる神道のコトバと意味

冒頭に述べたように、ヲシテ文献による我が国伝統の神の道が伝わらなかったために、神道のコトバや内容がよく解らず複雑な経過をたどり今に至っているようだ。

今の時代、神道がどのように考えられているのか断定するのは難しい。というのは信仰に関することなので一人一人考えが違う。また神道の各流派もある。ここでは一般的に、『日本大百科全書』と『大日本国語辞典』によりみていくことにする。

日本大百科全書の「神道」の項より。

「日本の民族信仰。日本民族の間に発生し、儒教・仏教など外来の宗教・思想などと対立しつつ、しかもその影響を受けて発達し、その精神生活の基盤となってきた民族信仰のこと、さらにその民族信仰を根底としての国民道徳、倫理、習俗までを含めていう場合もある。

神道という語は、古代の中国でも使用されている。すなわち、『易経』の観(かん)の卦(か)の「彖伝(てんでん)」に「観天之神道、而四時不(たがわず)、聖人以神道説教、而天下服矣」とみられ、『後漢書(ごかんじよ)』中山簡王(ちゆうざんかんおう)の条に「大為修冢塋(ちようえい)、開神道」とみられるが、前者は自然界の不変の原理を、後者は墓所への道を意味しており、いずれも日本における語意とはまったく別の用例であり、「神道」はそれとは関係なく、日本で独自に使用された語とみられる。日本における神道という語の初見は、『日本書紀』用明(ようめい)天皇の条に「天皇信仏法、尊神道」とあるそれで、続いて同書孝徳(こうとく)天皇の条に「尊仏教、軽神道」とみられる。ここでは、当時大陸から伝来した仏教に対して、日本にそれまでに独自に発達してきた信仰、またその神の力というものをさして称している。当時、このように日本民族の間に独自に発達してきた信仰・儀礼を神道というだけでなく、『古事記』で「本教」「神習」、『日本書紀』で「神教」「徳教」「大道」「古道」などとも称しているが、時代が下るとともに、神道という語だけが用いられるようになり、『続日本紀(しょくにほんぎ)』『日本後紀(にほんこうき)』『続日本後紀』『日本三代実録』などでも、この語が用いられてきた。ただし、これらの書のなかでは、日本の民族信仰というような意味だけでなく、神祇(じんぎ)、また神社信仰の意などにも用いられていて、それがまだ十分に落ち着いた概念をもった語となっていなかったこともみられる。鎌倉時代になって、伊勢(いせ)の神宮祠官(しかん)たちにより、神宮また神道についての学問的研究が始められるとともに、神道という語は伝統的な固有の民族信仰、道徳、さらに教学を意味する語として用いられるようになり、それが以後に継承された。ただし、江戸時代中期以降、国学の発達とともに、それをさらに厳密に表現する意味で、儒教・仏教などの影響のないそれを「純神道」「古神道」「皇道」「大教（たいきよう）」「本教」「神ながらの道」などとも称した。明治維新当時もそれらの語が用いられ、ことに「大教」の語が使用されることもあったが、明治中期よりしだいに神道という語に統一され、それが一般に用いられるようになったのである。現在それは「しんとう」と清音で発音されている」（あ）。

神道という語が一般に用いられるようになったのは明治中期以降であるというのは意外に新しい。

大日本国語辞典には、

「しんとう（神道）」として「一　霊妙なる教え。人知ではかり知ることのできない不可思議な道。天地自然の道理。二　神代の昔から伝わり、神慮のままで、まったく人慮を加えない道。日本固有の宗教で、「古事記」「日本書紀」などに見える神代の故事に基づいて、神を敬い、祖先を尊び、祭祀を行うこと。平安時代以降はこれに儒仏二道や陰陽道の影響が加わり両部、占部（うらべ＝吉田）、垂加、吉川、橘家等の諸流派がおこり、近世にはこれらへの批判から復古神道が提唱された。三　神。天の神。地の神。神祇。四　墓穴へはいる道。墓所へ行く道。墓道。墓門。五　灸点の一つ。背中の中央にある」（い）。

五は今の議論から外す。

伝統の神の道との違い

・カミノミチと神道

神道（しんとう）というコトバはカミノミチを漢字にして漢読みしたものである。これが（あ）にも（い）にも記されていない。そして（あ）に書かれているように古代の中国でも使用されていたものが日の本の国に伝わったようになっている。

（あ）は次のような経路を辿ったものと推測される。クニトコタチやカノミコトよりヲシテと共にヤマト文明が大陸に伝えられた。ヲシテにより漢字が生まれ、トコヨ文明の一つカミノミチが大陸で独自に発達して神道になった。『易経』の観（かん）の卦（か）の「篆伝（てんでん）」の記事がカミノミチに似るのはこれによると考えられる。そしてこれがヤマトに伝えられた。つまり神道という漢字の源は我が国からの輸出品である。トコヨ国のカミノミチが輸出されて大陸で神道という漢字になり、それが日の本に輸入される。そして元々あったカミノミチと言うコトバを神道という漢字に置き換えて使用するに到る。これもヲシテ文書によって初めて明らかになることである。

・内容の違い

まず日本国語大辞典（い）の神道の意味を検討していく。一は、（あ）にあるように、『易経』の観の卦の「篆伝」による意味である。また四は『後漢書』中山簡王の条によるもので該当しない。冢塋（ちょうえい）とは墓のこと。これは我が国のカミのミチの意味の一つ、神社神道の意味が大陸に伝わりこのような意味に変化したのであろう。三は神のことで、神道の意味としてはあまり当たっていない。

するとと残りは二のみとなる。二はさらにいくつかに区切られている。「神代の昔から伝わり、神慮のままで、まったく人慮を加えない道。」（1）は良さそうに思えるが、この続きによりこの見方も変わる。それは「日本固有の宗教で、「古事記」「日本書紀」などに見える神代の故事に基づいて、神を敬い、祖先を尊び、祭祀を行うこと。」（2）となっている。つまり「古事記」「日本書紀」が土台になっているのである。「古事記」「日本書紀」はカミノミチを全くと言っていいほど伝えていないので、（1）の良さそうに思える意味も砂上の楼閣と思える。「古事記」「日本書紀」とも既に述べたホツマツタへの（ア）（イ）（ウ）（エ）の「神の道」を漢訳していない。

次の「平安時代以降はこれに儒仏二道や陰陽道の影響が加わり両部、占部（うらべ＝吉田）、垂加、吉川、橘家等の諸流派がおこり、近世にはこれらへの批判から復古神道が提唱された」のうち、「平安時代以降はこれに儒仏二道や陰陽道の影響が加わり両部、占部（うらべ＝吉田）、垂加、吉川、橘家等の諸流派がおこり」はその通りであろうが、「復古神道が提唱された」の「復古神道」とはおそらく「古事記」「日本書紀」などが元であろう。「古事記」「日本書紀」では真に心もとない。

このように日本国語大辞典の神道の意味はほとんど当たっていないし、当たっていそうな箇所も紀記によるので疑わしい。

次に日本大百科全書は、「日本の民族信仰。日本民族の間に発生し、儒教・仏教など外来の宗教・思想などと対立しつつ、しかもその影響を受けて発達し、その精神生活の基盤となってきた民族信仰のこと」と、神道を「日本の民族信仰」とする。しかしその後あやふやな解説が続く。それは「ただし、これら（『日本書紀』『古事記』、『続日本紀（しょくにほんぎ）』『日本後紀（にほんこうき）』『続日本後紀』『日本三代実録』）の書のなかでは、日本の民族信仰というような意味だけでなく、神祇（じんぎ）、また神社信仰の意などにも用いられていて、それがまだ十分に落ち着いた概念をもった語となっていなかったこともみられる」である。つまり（あ）は、神道は「日本の民族信仰」であるとしたが、それだけではなく他の意味にも用いられ、しかもこれらの意味も固定したものではなかったということである。

このように見てくると、（あ）（い）の神道が、ヲシテ文献に記される古来よりの我が国伝統の神の道と大きく違うのが解ると思う。（あ）（い）の内容は現代一般的な神道の考え、見方を反映している。また（あ）（い）ともタカマ・モトアケなどによる神々の体系、神道と天皇の関係、君臣の道や民との関係、天成る道、トの教ゑ、マツリ（政治）など、本来の神の道の主要な内容は意識されず、ほとんど書かれていない。既に述べた伝統のカミやミチにも触れていない。この後に述べる神道の教義にもほとんど触れられていない。

ヲシテ文書による伝統のカミノミチ（神の道・神道）は、一般に思われている現代の神道よりもはるかに高度で内容が深く豊かなのである。これもヲシテ文書によって初めて明らかになり、現代に蘇ることである。

第三章　神の道（神道）の教義　トの教ゑ

神道の教義の広さ、多さ

これからヲシテ文書による我が国本来の伝統のカミノミチ（神の道）を神道として話を進める。神道の大系についてはタカマ・モトアケに基づく宇宙、自然、人社会全てを含む華麗で壮大なる大系があり、これについては第二編で取り上げた。タカマ・モトアケは天成る道と神道に共通する。これらもヲシテ文書によって初めて現代に蘇ることになる。これが本書の題名のうちの「神道の大系」に相当する。この章では主に神道の教義を取り上げる。

神道はトの教ゑを行うことであるので、神道の教義とトの教ゑはほぼ同じことになる。既に述べたようにトの教ゑの範囲は真に広く、我が国のとてつもなく古い歴史の中で実践されてきた。天の御祖神、アメノミナカヌシ神、ヱト神、クニトコタチ・二神・アマテル神・天神・重臣などに関連する教ゑやノリ・ミコトノリ・コトノリ・ヲキテ・道・行事・慣習・生活・処世術などもトの教ゑに連なる教ゑであると思う。またヲシテ文書に記されている神々の何気ない行動やコトバも今の我々からすれば教義の一つととれる。

ホツマツタヘは「代々の掟」であるので、ホツマ全文が教義である。またミカサ文全文、年内に為すことのアヤ、フトマニ、本庄家ヲシテ文書も含まれる。つまりヲシテ文書全てが神道の教義である。

神道の教義は数えられないほど多いのである。実例として、例えばその一部を具体的に見てみると、神々のそれぞれの名が記されている場面だけでも次のようになる。

・アメノミヲヤ神（天御祖神）　二四教ゑ
・アメのミナカヌシ神　一〇教ゑ
・ヱ神・ト神（ミナカヌシの八御子）　二教ゑ
・クニトコタチの神（我が国初代天皇・天神）　二七教ゑ
・トホカミヱヒタメ、クニサツチ神（第二代天神）　六教ゑ
・トヨクンヌシ神（第三代天神）　四教ゑ
・ウビチニ神（第四代天神）・スビチニ神　七教ゑ
・オオトノチ神（第五代天神）・オオトマエ神　一教ゑ
・オモタル神（第六代天神）・カシコネ神　三教ゑ
・トヨケ神（第五代タカミムスビ・タマキネ）　二七教ゑ
　ミカサ文ナメコトのアヤ（ほとんどトヨケカミの教ゑ）

年内に為すことのアヤ　（ほとんどトヨケカミの教ゑ）
・イサナギ神（第七代天神）・イサナミ神　約五〇教ゑ
・アマテラシマスヲヲン神（第八代天神）　約二百教ゑ

アマテル神の教ゑは数え切れないほど多くある。次のように一アヤほとんどのアヤもあり、三クサ譲《ゆづ》りのように長文の箇所もある。二八アヤまでは多い。

二アヤ「天七代床御酒《とこみき》のアヤ」。安聰本は「天日尊・勅」とする。

八アヤ「タマ返しハタレ討つアヤ」にはアマテル神の詔や行いが数多く載る。

一一アヤ「三クサ譲り御受けのアヤ」のアマテル神の詔。

一三アヤ「ワカヒコ・イセスズカのアヤ」。アマノコヤネが語っているが、「神はイモセの　道開く」「この道を　学ぶところは　カン風の　イセの国なり」とありアマテル神に関係すると思われる。

一四アヤ「世継ぎ宣るノトコトのアヤ」。

一五アヤ「御食万《みけよろづ》成り初めのアヤ」。

一七アヤ「カン鏡ヤタの名のアヤ」。

一八アヤ「オノコロとまじなうのアヤ」。

二二アヤ「オキツヒコ火水の祓ひ」のアマテラシマスヲヲン神のホギ。

二三アヤ「御衣《みは》定め剣名のアヤ」。

二四アヤの「カの鳥」の詔。このアヤは他にも多く載る。

二八アヤ「君臣遺しノリのアヤ」にも数多く載る。

他もアマテル神の誕生にまつわる記事、一二后の記事、アマテル神の主宰するタカマとソサノヲ、ハタレとの戦いなど、二八アヤまではアマテル神の記事が多く載る。他にも、

三〇アヤ。「都鳥」。

三三アヤ。二二代ミマキイリヒコに載る。

四〇アヤ。アツタ神が「天が下　～」の歌を歌う。

フトマニ全文

本庄家ヲシテ文書。

以上のようにアマテル神関係だけでも膨大な量にのぼる。

・スミヨシの神（カナサキ）　三〇教ゑ
・ワカ姫の神（ヒルコ姫、シタテル姫）　二六教ゑ
・オモヒカネの神（アチヒコ）　一三教ゑ
・ココトムスビ神（ツハモノヌシ、カスガ神）　一五教ゑ
・ホシホミミ神（第九代天神）　一九教ゑ
・チチ姫の神　九教ゑ
・ワケイカツチの天神（第十代天神　天御孫　ニニキネ）　一〇六教ゑ
・第二代オオモノヌシ神（クシヒコ・ヤマトヲヲコノ御霊神）　五八教ゑ
・アマノコヤネ神（ワカヒコ・カスガ神）　ホツマ一三アヤ

ミカサ文の「東西四道《きつよち》のアヤ」、「コヱ十二《そふ》の后立つアヤ」はほとんどカスガ神の教ゑであり、他にも七七以上の教ゑあ

り。

・第三代オオモノヌシ神（ミホヒコ・コモリ神）　五三教ゑ
・ツミハヤヱ神（コトシロヌシ）　一四教ゑ
・六代オオモノヌシ神（クシミカタマ・直り物主神・ミワの神）　二九教ゑ
・七代オオモノヌシ神（アタツクシネ）　四教ゑ

このように一部であるが、ここだけでも名が載る箇所だけで八一四以上あり、その他に一アヤ全てという教ゑがいくつもある。その他の神々の教ゑもある。中でもアマテル神の教ゑが圧倒的に多い。アマテル神は第八代天神であり、トコ世文明、ヤマト文明の後継神であり、完成神であると同時に創造神でもあるためである。

このように神道は教義に満ちあふれている。神道に教義がないというのは明らかに間違っている。神道には多くの神々による数多くのあらゆる分野の教ゑが存在するのである。

次に、その数知れない神道の多くの教義の中から、いくつかを具体的に取り上げ解説を試みた。ほんの一部である。これらの教義はヲシテ文書によって現代に蘇る教義である。

神の道（神道）の教義　トの教ゑ

天皇については長くなるため編を設けた。「第四編　天皇（天君）」参照。

〈ヲシテ（文字）の発明〉

神道の教義はすべてヲシテ（文字）によって記され、伝えられいる。我国の先祖はヲシテを発明した。文字は人類の歴史、何百万年間の果てに遂に獲得したもので、人類史上最大の発明である。それをこのヤマト列島で独自に創造した。

そしてこのヲシテは、世界で創られたどんな古代文字より飛び抜けて秀でている。今使用している平仮名より遙かに優れる。そこに込められた意味や体系は余りに深く、松本善之助氏により現代にホツマが発見され、五〇年以上経っても全て解明できていない。今も普通に使われているヤマトのコトのハも、一つ一つのヲシテを繋げて創られている。それらがどのような意味や構造になっているのか少しずつ解明されている。しかしヲシテのアワの歌一つ一つの意味や、それから創られたコトバの全ての意味が解明できるのに、あと何年かかるであろうか。

ヲシテの発明は最高に誇らしいことである。あらゆる分野の日の本の国民に誇りと勇気を与えてくれる。しかもヲシテは大陸に渡り、漢字の源になったとも考えられるのだ。そのためヲシテと漢字は似ている要素が多い（巻末「補説　ヲシテ、変形ヲシテと漢字の起源」参照）。

現在のヤマト人は、漢字を自国の物のように考えたり言ったりする人が多い。国字と思っているような所もある。しかし実はそれがある意味当たっていた。しかしなぜそうなのか、誰も想像できていない。その深い意味はホツマツタヘを見ないと解らない。いづれヲシテが漢字の源であったということが常識になる日が来るのではなかろうか。

さらに古代の中国を経て全世界に影響を与えた可能性がある。それはヲシテの音と諸外国の音が似て、かつ意味が同じコトバが数多く存在するためである（「補説　ヤマトコトバ・ヲシテと世界の言語との関係」参照）。

コトバの伝播は文化の伝播でもある。ヲシテが世界中の言語に影響を与えていると考えられるので、ヲシテに関連するヲシテ文明も世界中に影響を与えたと推測される。世界各地の文明や国家建設、宗教などにも。ヲシテの発明は果てしなく偉大なのである。私は天皇家の初代クニトコタチの先祖アメノミナカヌシがヲシテを発明したと考えている（「補説　ヲシテの源について」参照）。

〈アワの歌〉

モトアケはアウワと四八のヲシテからなる。そしてヲ（陽・男神）のイサナギとメ（陰・女神）のイサナミの天二神は四八のヲシテからなるアワ歌を教ゑながら国造りを行っていった。メヲにより天が成っていく。

アワの歌は二神から始まる。他に変形ヲシテもある。従ってこれらが読めればヲシテ文書は全て読める。アワの歌とは

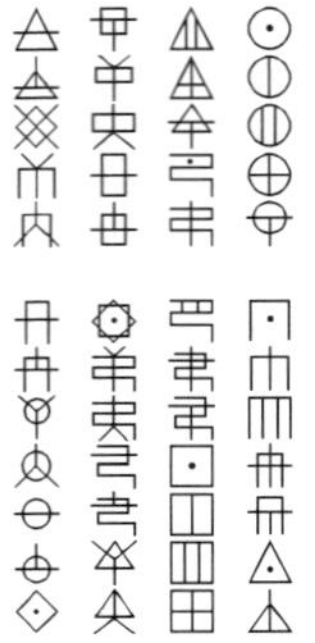

であり、その一字一字の読みは次の通り。ヲシテの左が読み。

アワの歌の読み

ア　カ　ハ　ナ　マ　イ　キ　ヒ　ニ　ミ　ウ　ク

フ　ヌ　ム　エ　ケ　ヘ　ネ　メ　オ　コ　ホ　ノ

モ　ト　ロ　ソ　ヨ　ヲ　テ　レ　セ　ヱ　ツ　ル

ス　ユ　ン　チ　リ　シ　ヰ　タ　ラ　サ　ヤ　ワ

ア（天・陽）から始まりワ（地・陰）で終わるのでアワの歌という。人も含め動物、植物などは天と地の間で活動し、生活している。アワの歌はアとワの間の四六文字とアワの二文字、合わせて四八文字。その四八文字で天地《あめつち》と人や自然の全てを表現するという哲学的な構造になっている。そしてヲシテの一つ一つにも深い意味が込められている。

二神が国造りを行うにあたって民のコトバがハッキリしないため、これを直そうとアワ歌を教えつつ国造りを行う。これは我が国の教育、義務教育の起源と思う。その時にアワ歌の上二四声《かみふそよこゑ》「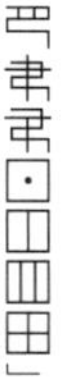」までをイサナギが、下二四声《しもふそよこゑ》「」をイサナミが歌い教える。二神が力を合わせて行ったということで

あろう。上二四声と下二四声から次の四八音図が導かれる。アワの歌をアカハナマ、イキヒニミ、と五文字ずつ次の四八音図のオ列の田まで進む。ここまででアワの歌の二行・二四文字になる。アワの歌の三行目からは、四八音図の「モトロソヨヲ」「テレセヱ」のようにトの列からタ列に帰るように続けると次の四八音図ができる。これを見ると、上の「アカハナマイキヒニミ・・・」が天、「タラサヤワチリシヰ・・・」が地のようになる。また上がヲ（陽・男）、下がメ（陰・女）。「モ」には天と地を繋げる役割があるのかもしれない。助詞の「モ」には、あれもこれも多くの、という意味がある。

四八音図

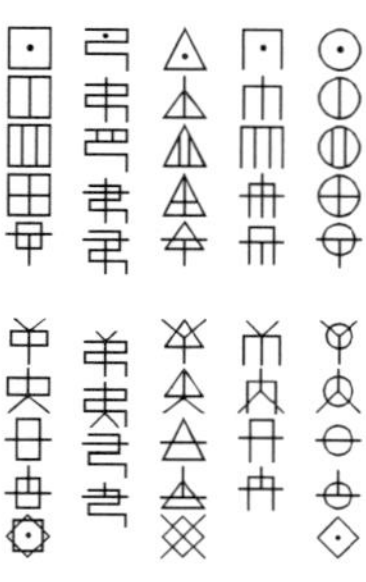

アカハナマ　タラサヤワ
イキヒニミ　チリシヰ
ウクフヌム　ツルスユン
エケヘネメ　テレセヱ
オコホノモ　トロソヨヲ

従って、今日、辞書にある五〇音図は全て間違いである。まず日の本の国語の基本は五〇音ではなく四八音である。ア段の配列も違う。「あかさたな　はまやらわん」ではなく「あかはなま　たらさやわ」が正しい。ヤ行とワ行も違う。ヤ行は「やゐゆゑよ」で、ワ行は「わ　ん　を」が正しい。

そしてこの四八音の一つ一つに意味があり、これらをつなぎ合わせて創られたものが今も使われているヤマトのコトのハである。従って数多くある全てのヤマトコトバには、なぜそのコトバになったのかの意味があるはずである。現在はまだ四八ヲシテとヤマトコトバの全ての意味は解っていない。少しずつ解明している段階。

コトバ、文字としてのアワの歌によってあらゆることを表現できる。そしてこの四八ヲシテと中心のアメノミヲヤ神とによってモトアケがなり、そこからあらゆるものが生み出されていく。

〈ヲシテ〉

アモトと⊙のヲシテ

⊙のヲシテは、形が似ているため、モトアケの中心、天の御祖神と八元神・トホカミヱヒタメを表していると思われる。そしてその中に次の図のように、四八ヲシテの構成要素が含まれている。次のページに「アモトとヲのヲシテ図」を載せる。

図四　アモトとヲのヲシテ図

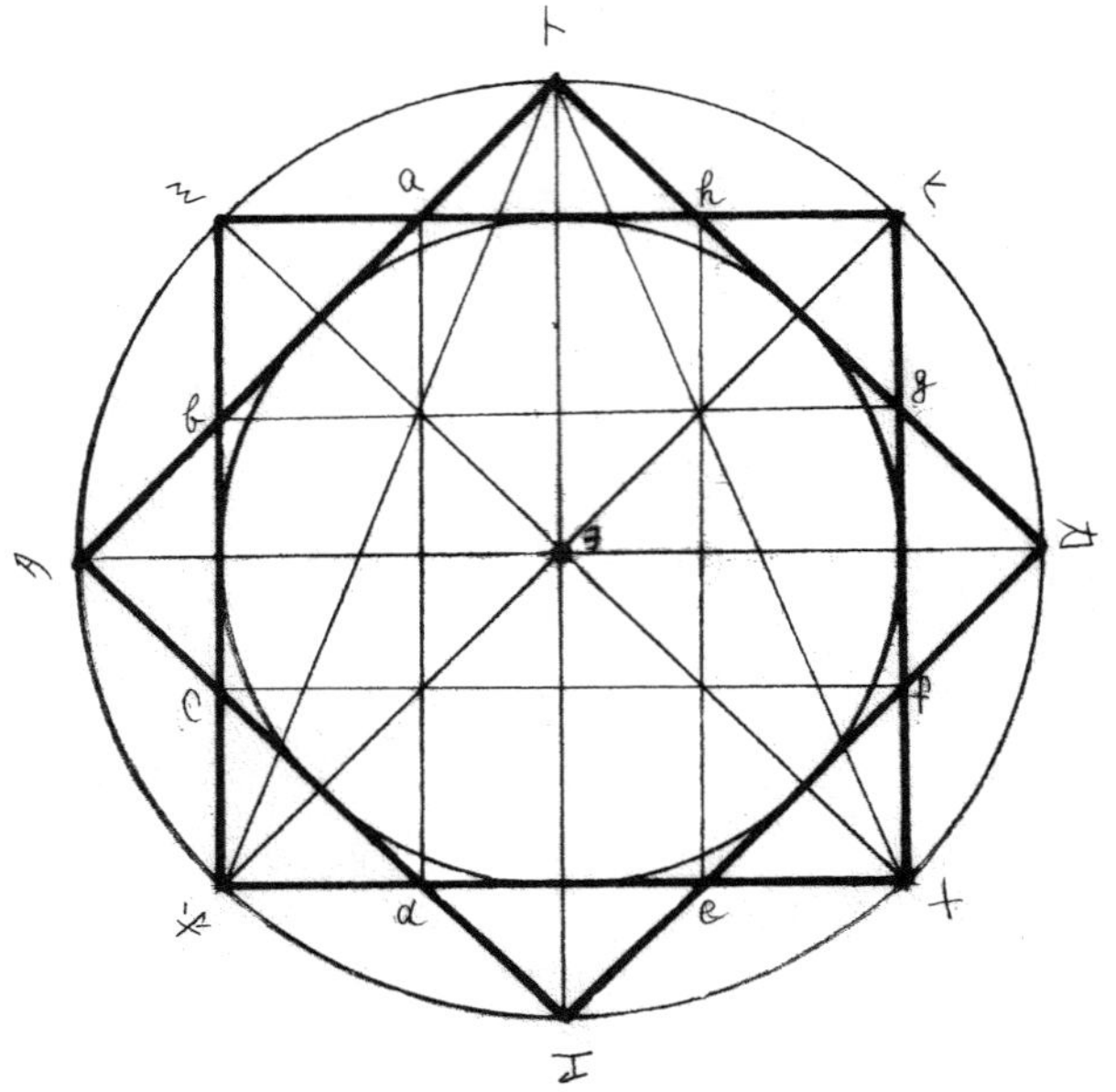

ヲシテを構成する五元素はそれぞれ、

○　⊙のヲシテの外と中の円

冂　ホミヒメの順に繋ぐと冂の形になる

△　トホメトの順に繋ぐと△ の形になる

己　ミヒgbcfメの順に繋ぐと己の形になる

□　ミホメヒの順に繋ぐと□の形になる

ヲシテの十一の要素はそれぞれ、

・　中心のヲ

｜　トヱを繋ぐ（以下同じ）

‖　adとhe

十　タカとトヱ

丅　タカとヲヱ

Y　ミヲとヒヲとヲヱ

人　トヲとヲホとヲメ

一　タカ

⊥　タカとトヲ

◇　トタヱカ

×　ヒホとミメ

このように⊙のヲシテの中にヲシテを構成する五元素と十一の要素が含まれている。そのためアモト神（御祖神とトホカミヱヒタメの八神）からアナミ神（アイフヘモヲスシ神）と三十二《みそふ》神が成っていくとも考えられる。

ヲシテそのものの意味

「ヲシテ」のコトバそのものの「ヲ」は、いま挙げたアマ（○）と⊙そのもの。「シ」は活発にほとばしり出る状態を表す。「テ（半）」は流動的な液体にさらに三方の要素が加わることにより、力強く柔軟で融通性がある性質を表す。人のテ（手）は大変良く動く。「シテ」は紙垂（しで）や紙垂と同じようなものと考えられる。今に伝わる紙垂は、雷のように活動的な形を表しているように見える。

従ってヲシテ自体のコトバの意味は、アモト⊙からほとばしり出たいろいろな性質の物のことである。そのためヲシテ（文字）を表す。

ヲシテの意味すること

このようにアモト神からヲシテを導くことができるが、ヲシテは次のような内容も含むと考えられる。

一、ヲシテは二つの要素の組み合わせからなる。これは天の御祖の「ウイの一息」より始まる宇宙の初めの状態に似ている。「ウイの一息」のすぐ後にメ（陰）とヲ（陽）の二つが成る。ホツマ一四アヤより

アワウビの　巡れる中の
御柱に　裂けてメヲ成る
ヲは清く　軽《かろ》く巡りて
アマとなり　メは中濁り
クニと成る

一、その後ウツホ・カゼ・ホ・ミヅ・ハニと分かれる。ヲシテの五元素は自然、宇宙のこの五元素を表す。自然は気体（ウツホ）液体（ミヅ）固体（ハニ）温度（ホ）とこれらを混ぜ合わせる力（カゼ）からなり、ヲシテの五元素はそれぞれこれらに対応する。○ウツホ、冂カゼ、△ホ、ㄹミヅ、□ハニ。

すると「・」は天の御祖神のウイの一息ととれる。ウイの一息よりメヲ、ウツホ・カゼ・ホ・ミヅ・ハニと成っていく。またアモトの中心「・」は天の御祖神、フトマニ図のアウワ、ミナカヌシであり、地上のタカマにおいては天君である。

一、つまりヲシテの中に、自然や宇宙の構成要素が表され、宇宙が成る過程が込められている。そしてメとヲから成る人社会においては四八の文字が作られ、コトバ、文、教ゑとなり広まっていく。天が成り道が成っていく。

一、四十八ヲシテによってモトアケは形づくられている。アモト神はモトアケの元御クラで、アモトからなった中ミクラのアイフヘモヲスシ神と末クラ三十二神とともにモトアケを形作る。

一、つまりヲシテの一文字ずつが神である。

一、　ヲシテよりなるモトアケは天成る道、神の道、トの教ゑ、マツリなどの源である。

一、ウツホ・カゼ・ホとミヅ・ハニの五つが交わりなったのがアメノミナカヌシ神である。そしてミナカヌシは天に帰るとアメトコタチ神の中心となり、これは天の御祖神と重なる。これがミナ文字によるコトバ・文は文化・文明の源である。これがミナ

カヌシがヲシテを完成させたと考える理由の一つである。従ってヲシテよりなるモトアケ思想もこれ以降できたと思われる。

　　　ウツホ・カゼ・ホと
ミヅ・ハニの　五つ交わりて
人となる　　アメナカヌシの
神はこれ
　　　　　　　　(ホツマ一四アヤより)

ただいきなりヲシテとヲシテ思想が創造されたのではなく、それまで何万年、何十万年、人類がヤマト列島と共に育んできた歴史の上に成ったと考えるのが自然であろう。

ヲシテの基本の字形

ヲシテの字形は、ヲシテがヲのヲシテ図に由来すると考えられるので、基本は

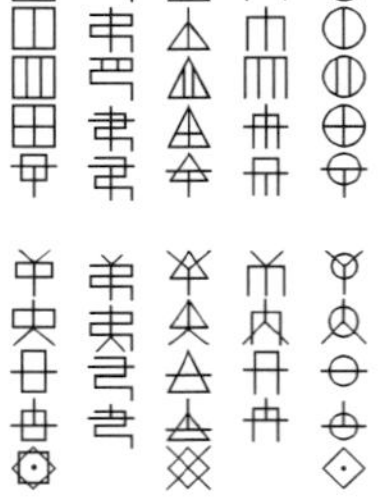

で良いと思う。ただし、一点一画の長さやバランス、角度などは今後専門家などにより審議されるべきと思う。例えばのの上二つの斜め棒の角度や長さ、の縦横のバランスはどうあるべきかなど。他のヲシテについても同じ。また書いたときのヲシテの見た目の美しさについても注意が払われるべきで、書きやすいかどうかも必要だ。他にも速記するのにはどういう字形が一番効率がよいか、書きやすいかなども議論すべきと思う。

現代のヤマトコトバの認識

現代のヤマトコトバに対する一般的な見方はどのようであろうか。まず、日の本に文字が無かった、文字は発明されなかったというのは余りに大きな誤りである。それが千年以上続いている。

またヤマトコトバの起源は諸外国の言語の寄せ集めであるというような、全く誤った捉え方をされ続けているが定説には到っていない。広辞苑の「日本語」より「系統に関しては、モンゴル語などと同様アルタイ語族の一つ、オーストロネシア語族の一つ、インドのドラヴィダ語族の一つなど諸説がある」。また日本百科全書では「日本民族により、日本列島において使用され、発達してきた言語の名。日本人は国語とも称する。その系統・起源としては、北方の言語である「ウラル・アルタイ語族」とする説、南方の言語である「マライ・ポリネシア語族」とする説、その両者が重なり合ったとする説、英語、ペルシア語、インドの言語などを起源とする説など多数あるが、いずれも学界全体の合意を得たものはない」。

つまり日の本にはかつて文字はなく、ヤマトコトバは諸外国の影響を受けながらヤマト列島で使用されてきたコトバであるということ位の認識である。先ほどのヲシテ時代のヲシ

テの捉え方に比べると、あまりに浅いのは誰が見ても分かると思う。次元が何次元もかけ離れている。

そして諸外国の言語と似ているので、ヤマトコトバはそれらの言語を起源とし、その系統であるとしている。しかし、我が国の言語が他の地域の言語と似ているのは、我が国の言語が他の地域の言語に影響を与えたために、他の地域の言語と似ていると考えられる。捉え方が全く違う。今後はこの視点からの研究を進めてもらいたい。

また、神代では漢字や外来語などは勿論なく、神々は生まれた時から全てヤマトコトバで英才教育を受け、神上がるまで使い続ける。従ってヲシテ時代の神々は全て、ヤマトコトバの力量は現代人の誰よりも遥かに優れていたはずだ。これも意外に忘れられやすいことなので取り上げた。

次に、ついでながら「コトハの濁点」と「コトハ」について付け加える。

コトハの濁点について

ヲシテは四八という少ない数の文字にあらゆる意味を持たせているため、濁点に意味を含む。ただ、ヲシテ文書には言いやすさ、読みやすさのために濁点を使用している例が大変多いため、これはヲシテが本来持つ性質とも考えられる。濁点の有る無しの区別も厳密にはされていない。伝承の過程で不確かになったことも考えられる。この状況下で、濁点は主に次のような意味があると思う。

一、反対の意味を表す

「ス（動詞）」にたいする「ズ（打ち消しの助動詞）」、「カ（陽）」に対する「ガ（陰）」など。他に「ハ（土）にウツホ受けてバは石　スガはタマ」（ホツマ一五アヤ）の「バ」は、「スガはタマ（又は「スガ・ハ・タマ」）」に対する濁ったということであり、陰の意味を表していると思う。また「時にスベラギ　サお望み　ザガ息立つは　ツツガかや」（ホツマ三八アヤ）「ザガ息に　当たらじものと　語り給ひき」（ホツマ三九アヤ）の「ザガ息」の「ザガ」を安聴本ではそれぞれ「殺気」「毒気」と漢訳している。この箇所の「ザ」も「ガ」も「サ」、「カ」の反対の意味を表している。「サ」には明るく栄えるやさわやかな意味が含まれるが、この箇所の「ザ」はそれと反対の意味を表す。「カ」も光る、輝く意味があるが「ガ」はそれに反する意味を持つ。

二、そのコトバと、供に使われているコトバ全体を強調する

例えば「ミお分けおふる　キのミ故　キミはヲメ神」（ホツマ一アヤ）とあるように、キは君のことを意味する。一方「ギはキネぞ」（ホツマ四アヤ）「ギは産宮お　な覗きそ」（ホツマ二六アヤ）とあるように、ギは天君、男宮のことも言う。ギはキより語勢が強い。そのため本来キのみで君のことであるが、さらに強め、特定するためにギも君のことを言うようになったと思われる。「アメノギ」「スベラギ」にも使用されている。「アメノキ」「スベラキ」より語勢がある。

またチは小さく細いが尊いものと言う意味があり、チのみでミチ（道）の意味がある。道は大地に較べたら細く小さいが人体の血管のように大変重要である。「チ」は「ヂ」として他のコトバと供に使用されることが多い。例えば「イツモヂ」「ホツマヂ」「ミヤコヂ」「キビカンヂ」「キビシモヂ」「キソヂ」など。これは当時の幹線道路を指し、ミチを強めた言い方と考えられる。また次の三のように言いやすさもある。

道路ではない「～ヂ」は特別尊いミチということ。これはチを強調し、同時にその語句も強調していると思われる。例えば「四ヂの技」「一ヂ」「ワヂ」「声の四八ヂ」「ヤマトヂの教ゑ」「奥の神ヂ」などがある。

ホツマ一アヤに「アワの歌　カダガキ打ちて　引き歌ふ」とあり、このカダガキは「カタカキ」より調子が良く力強い印象を受ける。また「コトコト」は小さく揺れるであり、「ゴトゴト」は地震などの大きく強い揺れを表す。強調である。

三、言いやすさ　語呂合わせ

ヲシテ文書の中ではこれが圧倒的に多い。例えば「ミグサ（三種）」は「ミクサ」のことであるが、これの方が言いやすい。「ソダツ（育つ）」は元は「ソタツ（ソ立つ）」と思われる。今取り挙げている「コトバ」も元は「コトのハ」「コトハ」であるが、コトバの方が言いやすい。他にも「トツギ（嫁ぎ）」「ハジメ（初め）」「ワザ（技）」「マヅ（先づ）」などヲシテ文書全体で数多く載る。

この現象はヲシテを四八に決めた時から孕んでいた問題と思われる。「イ」と「ヒ」と「ヰ」、「エ」と「ヱ」と「ヘ」、「オ」と「ヲ」も混同されやすいが、これもヲシテを四八にした時からの性質で、その意味では似ている。

これらのことから「コトのハ」は「コトハ」でも「コトバ」でも良いと考える。「コトバ」の方が言いやすく力強い。

コトハについて

・コトハ自体の意味　コ・ト・ハ

まず「コ」について。コは「コ（子）」に代表されるように身近で小さいこと。代名詞の「コ」や「コレ」の「コ」は身近なこと。「ト」は遠い所。「ソト（外）」「トつ国」などとして使用されている。従って「コト」で、身近で小さいことから遠いところまでのことで、ある物事の全てのことを指す。

また「ハ」は端のことである。ハ（歯）は口の中の端にあり、ハ（衣）は人の体の端で着ている。またハ（葉）は木の端の方に生えている。ただしコトハの「ハ」はコトというある実体の表面全体を表す。例えば地面はチタマ（地球）の表面を覆っている。そのためチタマ全てを覆っている地面のことを「ハ」という。また一粒の落花生で例えると、実が実体で、それを包む皮全体が「ハ」を表す。端ではあるが、物事の輪郭を表す。

そして「コトハ」「コトのハ」で、ある物事の全体を捉えている。例えば「歩く」という動作を例に取ってみよう。スローモーション映像を想像してもらえると解りやすいかもしれない。歩くためには指令が伝わり、血が巡り足の指や筋肉が動き、関節が曲がり歩いている。これらの細々としたことが「コ」にあたる。そして背筋を伸ばし手を振り、足が交互に動き空間を移動する。この歩く大きな動作が「ト」に相当する。そして「ハ」は「コ」と「ト」によって表された輪郭全体を表す。そして「コトハ」によって、「歩く」という実体そのものではないが、「歩く」と言う実体全体を的確に捉え表している。

・コトバの漢訳

コトバの漢訳である「言葉」の「言」は誤訳と思う。「コト」は言ではなく「事」が近い。事の意味は「意識・思考の対象のうち、具象的・空間的でなく、抽象的に考えられるもの。「もの」に対する」。また、「葉」も一見良さそうに思えるが、的がずれている。というのは「ハ(端)」には「歯」「衣」「葉」「初」などの意味があり「葉」はその一部である。木に対しての「葉」で、場違いであり、かつ「コト」のほんの一部分しか表現していない。「コト」は抽象的なことであるが、「葉」は木そのものの葉を表す。誤訳と言っていいだろう。コトバの漢訳は「事端」または「事周」がよいと思うがどうだろう。しかしこれでは読者の馴染みがないので、本書では「コトバ」又は「コトハ」を使用。

・古代の人々の考え方

コトハというコトバはコとトとハのヲシテを繋げて創ったコトバであることに違いない。他の数多くある全てのヤマトコトバも四八ヲシテの一つ一つからできている。そのコトバの作り方にもヲシテ時代の人々の物の見方、考え方が表されている。

・コトバの注意点

ヲシテ四八の一つ一つが神である。コトバはそれを繋げたものであり、文はコトバよりなり、トの教ゑは文よりなる。従って神々がヲシテより成るトの教ゑを民に伝え、民がこれを実行すると絶大な威力を発揮する。しかし、魔者が、人々を欺いてヲシテを使用し、民に誤った教ゑを押しつけると、民は大変な被害を被り大いに苦しむことになる。つまりコトバは使用する人によって、良くも悪くもなり、全く違う効果、結果になる。ヲシテ自体は尊いのだが、我々はこの点によく注意する必要がある。

〈数多くのフミ(文)〉

本書に載せる教義は主にホツマツタヘ、ミカサ文の中のものである。そしてホツマツタヘ、ミカサ文以前にも膨大な量のヲシテで記された文書が存在し、多くの教ゑ・教義が記されていたと思われる。次にヲシテ文書の中に記されている文を載せた。

年代の推定できるものは載せた。平成三〇年現在。この中でホツマツタヘ、ミカサ文自体は最も新しい。そしてホツマ、ミカサの中にはこれらの文を取り入れた箇所がある。

○クニトコタチ神より、代々伝わる天成る文

特に記されていないが、天神に伝わるトの教ゑは文書と口頭で代々伝えられたのではなかろうか。次の文は代々君に伝わる文である。約六千年前から。これらは同じ三クサのカン宝の一つと思われる。

・天成る文文、天成る文の道の奥《く》　「天の日継ぎお　受くる日の　三つの宝の　その一つ　天成る文の　道の奥《く》ぞこれ」（ホツマ二三アヤ）。三クサのカン宝の一つ。約三千二百年前頃。

・御ハタノトメのヲン文　「門いでに　御ハタノトメの　ヲン文　御孫に給ひ　～　」（ホツマ二四アヤ）。約三千百年前頃。

・御ハタの文　「天君は　御ハタの文お　御手つから　ヲ御子に給ひ」（ホツマ二七アヤ）。三クサのカン宝の一つ。約二千八百年前頃。

・文　「この故に　三クサお分けて　授くるは　永く一つになる由お　アヤに記して　ヲ手づから　文お御孫に　授けます」（ホツマ三〇アヤ）。二六七七年前。

・ケタツボの文　「アマテル神の　ヒタカミの　カタタケ宮の　中柱　ケタツボの文」（ホツマ二四アヤ）。約三千三百年前。

・カグの文　「我昔　天の道得る　カグの文」（ホツマ二七アヤ）。約三千三百年前。

・シラヤのヲシテ・国おシラスル百々の文　「シラヤのヲシテ　タケヒトに　国おシラスル　百々の文　タネコに譲る」（ホツマ二七アヤ）。約二千七百年前。

・御ハタ織りドメ　「三十六年　初春十日に　モトキネお世継ぎとなして　御手つから　御ハタ織りドメ　授けまし」（ホツマ三二アヤ）。二二八二年前。

○世継ぎ文

・「障り除かん　世継ぎ文」（ホツマ一六アヤ）。これはコモリ神のコトバで、この場面は約三千百年前。世継ぎ文が天君に代々伝えられている文であるならば、約六千年～三千百年の間ということになり、その後も伝えられ続ける。

・「コモリ申さく　世継ぎ文　有りとてアマノ　オシクモに　ノリして世継ぎ　社為す」（ホツマ二七アヤ）。二千八百年前。

○ミヲヤの記す文　ホツマ四アヤ全て

○禊ぎの文　「アチヒコが　これは禊ぎの　文にあり」（ホツマ五アヤ）。ホツマの五アヤ「ワカの枕コトバのアヤ」はほとんどが「禊ぎの文」からである。ホツマツタへに載るので「禊ぎの文」の肝要な箇所はほとんど載っていると思われる。アマテル神の時代に既に伝わっていたので今より約三千二百年前以前。

○遺し文

・「昔二神　遺し文」（ホツマ五アヤ）とあり、二神の遺言の一部であると思う。二神の時代なので約三千三百年前。

・「遺し文　御子見給ひて　カグ君が　ハナタチバナは　彼が妻　オシヤマ遣りて　呼ばしむる」（ホツマ三七アヤ）。「先にタジマが　遺し文　国染まざれば　カグの木お　得んと思へば」（ホツマ三九アヤ）。今日の遺言と同じものであろう。長文と思われる。タジマモリの遺言。一九五五年前。

・「枯れお治むる　ヤマトタケ　神に帰さの　遺し文　君は御ハタお　染めませば　臣もミカサの　文お染む　オオタタネコも　ホツマ文　染め捧ぐれば　三クサノリ　ソナフ宝と詔」（ミカサ文自序より・クニナヅ）。

〇乗《の》りの文　「乗りの文テルタヱのアヤ」（ホツマ一九アヤ）。約三千年前。乗馬法の文である。ただこの文の元は二神の時代、第五代タカミムスビ・トヨケがヒタカミに居るときの乗りの道の教ゑなので、約三千三百年前に遡る。

〇（シガ・おちこち　百々司　皆）文　「シガ・おちこちの　百々司　皆文染めて　帰るこれかな」（ミカサ文ナメコトのアヤより）トヨケ神の教ゑを「シガ・おちこちの　百々司」が聞き、それを書き留めて帰る場面である。シガの神はカナサキの孫なので、今から三千二百年前頃であろうか。このような文がその家の代々の「諸家の伝へ文」「家々の文」「七家の記し文」の一つになっていくのであろう。

〇道の奥の文　「ホ末栄える　その文は　ミカサ文なり　アマテラス　神より授く　道の奥《く》の　文敬ひて　供に捧げつ」（ミカサ文自序より）。ミカサ文とアマテラス神より授く道の奥の文との関係を伺わせる一節である。アマテル神の世は約三千二百年前頃と推定する。

〇ココストノネオ結ぶ文　「ヰチチが選む　魂返し　ココストノネお結ぶ文」（ホツマ五アヤ）とある。ココストノネはまだ定説がない難語の一つ。尊い魂返しについて記されている文と思われる。三千二百年前。

〇モトウラ伝への文　「モトラ伝への文ぞ　尊き」（フトマニ序より）。フトマニのことである。この序文はミワのスヱトシによるので、今から一八九二年前であるが、本文のフトマニはアマテル神が「添え削り」しているので約三千二百年年前であり、それ以前からフトマニが存在していたのはホツマに記されている。

〇告げ文　「父自らの　告げ文お　カグヤマ・シカに　奉る」（ホツマ一九アヤ）。父は代十四代オシホミミ天神である。オシホミミ神からアマテル神への文である。約三千百年前。

〇ワカ歌のクモクシ文　「ワカ歌の　クモクシ文は　オクラ姫　授けてなおも　シタテルと」（ホツマ九アヤ）ワカの歌の文書。安聰本の漢訳では「クモクシ」は「雲櫛」。約三千二百年前。式内社で奈良県御所市古瀬大倉姫神社の「雲櫛社」はこのことである。ここに　クモクシ文が納められていたと思われる。

○スズカの文　「君にても欲し　民はなお　スズカの文お見ざるかや」（ホツマ一三アヤ）。約三千百年前以前より伝わる文。

○御種文　「心迷へば　教ゑ請ふ　ここにコモリの　御種文」（ホツマ一六アヤ）。コモリ神は第三代大物主。子が多く男御子が一八人、姫御子一八人、計三六人の子宝に恵まれた。そのためアマテル神より子守り神のヲシテを賜る。その子宝の多いコモリ神による御種文である。約三千百年前。

○アマノコヤネの説く文　「ミカサ家に　アマノコヤネの説く文は　縦にヌキ織る　マツリこと　四道《よち》ヒトクサお　治むなり」（ミカサ文東西《きつ》四道《よち》のアヤより）。約三千年前頃。

○マツリの文　「これスミヨシの　イカスリお　ヲコヌの神の　説くノリと　マツリの文に　申して申す」（ミカサ文ハニマツリのアヤより）。約三千年前。

○マツリのアヤ・タマ返し（文）　「マツリのアヤお　三つ染めて　日読み為す　フタヱに授け」（ホツマ二七アヤ）。「サルタヒコ　我常に聞く　タマ返し　御家とフタヱ　一文あり

今我一人　受けざると　千々にぞ悔やむ」（ホツマ二七アヤ）。「マツリのアヤ」の文書の中に「タマ返しの文」が含まれると考えられる。

○世継ぎ文　オシクモ祈る文　「コモリ申さく　世継ぎ文有りとてアマの　オシクモに　宣りして世継ぎ　社為す」（ホツマ二七アヤ）「ミヲヤスベラギ　御子無きお　オシクモ祈る　その文お　請へど授けず　真枯る後　アマノタネコはこの文を　ミカサにこめて　君の供」（ホツマ二八アヤ）。

○自ら記しこの文（ホツマツタへの前半部分のこと）　「自ら記し　この文お　社に置くは　イツコのためか」（ホツマ二八アヤ）。「自ら」の本人は第六代大物主・クシミカタマ神である。ホツマツタへの前半部分のことで、二八アヤまでのこと。二六八五年前。

○タマ川のカン宝文　「時タケヒテル　タマ川の　カン宝文奉る　これ天御孫　ハラヲ君　その子神世の　実り得て今に永らへ」（ホツマ三十二アヤ）。今（平成三〇年現在）より二二七二年前であるが、天の御孫より伝わる文なので約七百年間伝えたことになる。これは後にイツモ（出雲大社）に納められる。

○神名文《かみなふみ》　「普くふれて　神崇め　神名文為す　神部して八百万神《やもよろかみ》お　祭らしむ」（ホツマ三三アヤ）。第二十二代ミマキイリヒコ天つ君の世に成る。二一〇八年前。延喜式神名帳（西暦九二七年）はこの神名文（かみなふみ）を習ったものと思われる。

○八百万《やもよろ》文　「イツモ（出雲）は神の　道の元　八百万《やもよろ》文お隠し置く」（ホツマ三四アヤ）。前出「タマ川の　カン宝文」もイヅモに納められた。他の多くの重要な八百万もの文書がイヅモにて大切に保管されていた。これらの文書が神道の元である。出雲大社だけでもこれだけの文書が存在した。全国

の神社全体にはどれ程の膨大な文書が保管されていたことであろうか。二〇五五年前。
○タケウチ（の文）　「万人の　道の標（しるべ）と　ある文お　世々に伝ふる　タケウチは　ついに永らう　道となるかな」（ホツマ三八アヤ）。一九二三年前頃。
○（ハナヒコの）文　「キビタケヒコは　都路え　登せ申さく　その文に　ハナヒコ申す」（ホツマ四〇アヤ）。ハナヒコはヤマトタケのこと。ホツマには短く纏められているが、その時の色々なことが記されていると考えられ、かなりの長文であったろう。そしてこれは大切に保管されたはずなのだが。一九〇八年前。
○家々の文　「今世に残る　家々の　文もそれぞれ　変わりある」（ホツマツタヘ上奏より）。家伝集である。
○七家の記し文　「すべて七家の　記し文　異なりがちはこれに知れ」（ホツマツタヘ上奏より）。家々の文と同じものとも考えられるが、七家とあるので改まった官製的の文のようにも思える。
○諸家の伝へ文　「これ諸家の　伝へ文　今のテニハに　準えて」（ミカサ文自序より）。ミカサ文が記された一八九二年前には存在しているが、代々伝え続けているので、これより遙か古くから存在していた。
○ホツマツタヘ（ホツマツタヘ上奏より）　「ホツマツタヘ」第一編「ホツマツタヘとは」で既に述べた。現代我が国の最古で最高の神の書である。一八九二年前。
○ミカサ文　「ミカサ文」「ミカサ文　ホツマツタヘと　割ウルリ　合はす如くの　心なり」（ホツマ上奏より）。「ミカサ文　捧げ給ふお　ミワの臣　道褒め曰く　～　ホ末栄える　その文は　ミカサ文なり」（ミカサ文自序より）。ミカサ文はイセのカンヲミであるオオカシマ神が記し捧げた文であり、ホツマツタヘと一体の文書である。そしてオオカシマの先祖はアマノコヤネ神である。
アマノコヤネ神はフツヌシ神のカトリの道、タケミカツチ神のカシマの道、父であるツハモノヌシ・カスガ殿のタマ返しなす奥などを受け継ぎ、これらは書物に詳しく記されていた。従って、ミカサ文が捧げられたのは今から一八九二年前であるが、ミカサ文には多くの神々の教ゑとアマノコヤネ神の教ゑが含まれている。その源は三五〇〇年前の第五代タカミムスビ・タマキネの時代、更にクニトコタチ時代まで遡ると考えられる。
○御ハタ・カグ御ハタ　「枯れお治むる　ヤマトタケ　神に帰さの　遺し文　君は御ハタお　染めませば　臣もミカサの　文お染む　オオタタネコも　ホツマ文　染め捧ぐれば　三クサノリ　ソナフ宝と　詔」（ミカサ文自序より・クニナヅ）。「ホツマ文　著す時に　アツタ神　告げて君には　カグミハタ　ヲさせ給へば　カガミ臣　麓社の　文捧ぐ　我も上ぐれば」（ミカサ文自序より・スヱトシ）。「御ハタ」「カグミハタ」

はホツマ文とミカサ文が表された時に君（ヲシロワケ天君）によって編まれた文である。ミカサ文の作者クニナヅ・オオカシマの自序によるとヤマトタケの遺し文により御ハタ、ミカサ文、ホツマ文が創られた。一八九二年前。

〈宇宙創造　天の御祖神《みをやかみ》〉

天の御祖神により宇宙が創造され、人が生まれ、天成る道や神の道が踏み行われていく。ヲシテ文書の中で何度も記されている。長くなるがここではその中の一つ、ホツマ一四アヤのアマテル神の詔の一節を載せる。読み下し文。現代使用される助詞の「を」は誤りで「お」が正しい。

天御祖《あめみをや》　天地人《あめつちひと》も
別ざるに　ウイ（注一）の一息
動くとき　東上りて
西下り　ウツホに巡り
アワウビ（注二）の　巡れる中の
御柱に　裂けてメヲ成る
ヲは清く　軽《かろ》く巡りて
アマとなり　メは中濁り
クニと成る　ミヅ・ハニ分かれ
ヲのウツホ　カゼ生みカゼも
ホお生みて　ヲは三つと成り
メは二つ　ヲセのムナモト
日と丸《まろ》め　イモのミナモト
月と凝り　ウツホ・カゼ・ホと
ミヅ・ハニの　五つ交わりて
人となる　アメナカヌシの
神はこれ　八方《やも》ヨロ国に
ヨロ子生み　皆配り置く
人の初　天に帰りて
天御祖　天の形は
巌（いわを）山　日月も国も
腹こもり　外《と》は八重ニギテ
モトアケの　四十九《よそこ》の種の
中御クラ　御祖告げ治す
方隅《けた》に　八君トホカミ
ヱヒタメぞ　次アイフヘモ
ヲスシ神　末は三十二の
タミメ彦　元・中・末の
三クラあり　十六万八千《そむよろやち》の
物添ひて　人生まる時
元つ神　そのタヱ守りが
種下し　物とタマシヰ
結《ゆ》ひヤワす　アナレ・クラ・ワタ
シム・ネ声（注三）ナリはミメ神（注四）

天の御祖神は宇宙創造の神である。天の御祖神の「ウイの一息（ひといき）」により宇宙が成っていく。これは現代科学の「ビックバン」と同じ考えである。神代の思想が基本的に現代科学と合っている。「ウイの一息」より「メ（陰）」と「ヲ（陽）」が成る。「ヲ」は軽いので天になり、「メ」は重いのでクニ（土地・地球）になっていく。また「メ（陰）」から「ミヅ（水）」「ハニ（土）」が分かれ、「ヲ（陽）」から「ウツホ（空気・気体）」「カゼ（風）」「ホ（火・熱）」が分かれる。そしてウツホ・カゼ・ホ・ミヅ・ハニの五元素ができる。さらにウツホ・カゼ・ホのヲのムナモトにより日（太陽）が、ミヅ・ハニのメのミナモトより月が成る。そしてウツホ・カゼ・ホ・ミヅ・ハニの五元素が交わりなった初の人がアメノミナカヌシの神である。それより人類は増えていく。モトアケも成り、モトアケより種が下され、物とタマシヰを結び人が生まれると考えられている。モトアケはタカマ・モトアケ図に示す。

　神代といっても、神々が宇宙ができるの実際を見たわけではない。これは神代の神々が創りあげた思想体系である。言い伝えや科学的ともいえる透徹した自然観察、思索、想像力などのあるゆるものを駆使して、原子の世界から創り上げた壮大なる自然観、宇宙観である。鋭い観察を元に、帰納法（注五）による宇宙論であると思う。あらゆる自然に存在する物、現象などをよくよく観察して源や成り立ちを想像、類推していく。これがヲシテ時代の手法であり、これは現代科学に通じることと思う。太陽・月や人の起源などの問題はあるが、宇宙の起源である「ウイの一息」は現代宇宙論と一致するという驚くべき思想である。五元素も、これをさらに進化させていけば現代の百以上ある元素に発展する。

　このようにして天が成り、人と人社会が生まれ進化発展していく。そして、天成る道は演繹的（注六）でもある。天の御祖神、タカマ、モトアケにより万物が生成、変化、再生されるからである。人社会も、タカマ、モトアケにより、天成る道に則る神の道が踏み行われていく。

　また、この一節の中には、今に伝わらない古代語がいくつもあり、それが五七調に調子よく組み込まれている。例えば「天御祖」「ウイ」「アワウビ」「ヲセのムナモト」「イモのミナモト」「モトアケ」「アイフヘモヲスシ神」「タミメ彦」「元つ神」「タヱ守り」「アナレ」「シム」「ミメ神」など。数字も五七調の中で歌われている。「三十二」「十六万八千」など。

（注一）ウイ　最初。初め。

（注二）アワウビ　どんな古語辞典にも無いコトバで難語の一つである。まだ何も定まっていない状態を表現していると思われる。

（注三）アナレ・クラ・ワタ・シム・ネ声　「アナレ」は私見では脳のこと（巻末に補説あり）。「クラ」も「ワタ」も人間の臓器の意味も含まれるが、各臓器の機能も含まれているのでカタカナにしてある。「シム」はここの場合は「神経」のこと。辞書に載らない古代語。人体に関わる古代の専門用語と思う。「ネ声」は辞書にありそうでないコトバ。声そのものと、声を出す能力、器官のことであろう。

（注四）ナリはミメ神　「ナリ」は人の容貌のことである。見（ミ）た目（メ）のこと。これはミメ神が司る。

（注五）帰納　個々の具体的事実から一般的な命題ないし法則を導き出すこと。特殊から普遍を導き出すこと。

（注六）演繹　一定の前提から論理規則に基づいて必然的に結論を導き出すこと。通常は普遍的命題（公理）から個別的命題（定理）を導く形をとる。数学の証明はその典型。

〈タカマ、モトアケとアワの歌〉

第二編で取り上げたタカマ、モトアケによる宇宙観、世界観は神々の教義の源である。体系であると同時に教義でもある。

このモトアケの主な構成要素が、アワの歌の四八ヲシテである。モトアケの元ミクラはアウワである天の御祖神とトホカミヱヒタメの八元神、中ミクラはアイフヘモヲスシの八神、末はアワの歌四八ヲシテよりトホカミヱヒタメとアイフヘモヲスシを除いた三十二ヲシテの神からなる。モトアケ図の通りである。

従ってアワの歌の一つ一つのヲシテが神として捉えられている。その一つ一つから成るのがヤマトコトハなのである。それを我々は普段何も考えずに使用しているが、これもヲシテ文書によって初めて知ることができる。

このことは、はるか古の人々がいかに文字を大切にしていたかをハッキリ表している。文字の発明は人類最高の発明である。それを神代の神々は的確に捉え、モトアケの構成要素に据えている。

現在、我々はコトバや文字に対して特別な敬意を払って暮らしているわけではない。しかし文字とコトバがなければ、現代文明は成り立たっていないし、現代の生活は成り立たない。現在日の本ではいろいろなコトバや文字が使用されているが、その根幹はヤマトコトバのコトのハである。いずれは一年の内一日くらいはヤマトコトバの記念日を設けて、ヲシテやモトアケを敬い感謝すべきと思うが。

〈天成る道の思想〉

これも第二編で既に述べた。その要点は「アメノミヲヤ神は宇宙を創造し、その後モトアケの元ミクラに居て宇宙の生成・変化・再生などに関わる。宇宙は出来たが完成しているわけではない。天が成っていく。地上においては天神を中心に天なる道が行われる。自然も循環・変化する。人社会も神々が中心となり進歩発展していく」。神道も天成る道に則る。天成る道に則りトの教ゑが行われる。

宇宙創造の思想体系は、現在の我々の何倍も鋭い自然観察と豊かな想像力、思考力の上に創り上げられたものである。他の箇所からも受ける印象であるが、イニシへの神々は大変科学的な物事の捉え方、考え方のように思う。宇宙創造の記述や天なる道思想は帰納法と演繹法に基づく。それは自然、宇宙、人、人社会などに対しての鋭い観察力とその長い年代の蓄積によると思う。

ヲシテ文書を読んでいて、イニシへの神々は、全く汚染のない瑞々しい緑深いヤマト列島の中で、ゆったりと思索に耽る哲人や科学者のごとき印象を受ける。自然や人社会を良く観察するのは自然科学や社会科学の原点であろう。そのためヲシテ文書の宇宙創造や天成る道思想なども科学的であり、現実と合うことが多いのである。

〈天皇と神道の関係〉

天の御祖神により宇宙が創造され、自然が成り、天のミナカヌシ神が成り、人が生まれていく。モトアケも成る。モトアケより天成る道は始まると考えられるが、天成る道も進化していく。天が次第に成っていくためである。

そしてクニトコタチの神の時代に天成る道は画期的に整った。というのはミナカヌシ神より衣食は次第に進んでいくが、人間生活の三原則の一つ住いが確立されていなかった。クニトコタチのムロヤにより初めて人は人らしい生活ができるようになったのである。

ホツマ四〇アヤとフトマニのヲヨロの歌に「人は神　神は人なり」とある。またミカサ文のハニ祭りのアヤに「ミナカヌシ　二十四ヨに産める　民クサの　穴に住まへば　人ならず　クニトコタチの　ムロ屋より　宮殿造る」とある。クニトコタチ時代までは衣食住のうちの住いの発展が遅れ、人らしい生活ができていなかった。従って神は人であるので、神の道もあまり開けていなかったと推察される。クニトコタチのムロ屋以降に、人々が人らしい生活を送れるようになり、神の道も飛躍的に開けていった。人らしからぬ人や神では天成る道も確立されたとは言えない。

建国の天神はクニトコタチで、クニトコタチ神が中心となり天成る道が進んでいく。まだトミがいなかったためである。他の神もいなかった。つまり神はクニトコタチのみで、クニトコタチ神が自らの道、神の道を行い国民を教ゑ育み、国造りを行っていく。ということは神道の創始神はクニトコタチ神のことであるということになる。その後、大いに栄え子孫や国々も増え、各時代の天皇、御子神、臣達、国神などが神の道を行っていく。その中心は歴代の天皇である。

我が国の創始はクニトコタチからであるが、神道の創始もクニトコタチからと言っても良いのではなかろうか。これもヲシテ文書より導かれることである。勿論トコヨ国、神道に到るまでにはミナカヌシより何千年、更に何万年というヤマト列島と人々との長い歴史の積み重ねがあった。

〈文化が、石器時代より現代まで続く世界唯一の国〉

日の本の国は、人類がヤマト列島と共に育んだ文化、文明が途切れることなく石器時代より現代まで続く世界唯一の国である。これもヲシテ文書を読むことよって初めて知らされることである。

例えば我が国で出土している世界最古の磨製石斧は約三〜四万年前のものといわれている。アジア大陸では、はるか後に中石器時代に当たる紀元前約九千年になって北西ヨーロッパや西アジアで局部磨製石器が出現する。

そして我が国の土器の出現は約一万六千年前であり世界最古である。我々が何気なく毎日使っている焼き物の食器の歴史は一万六千年前に遡り、この土器文化は石器時代に遡る。人類がヤマト列島と共に石器文化を生み、土器文化に繋げた。

また漆の栽培は約一万二千六百年前で、副葬品として約九千年前のもの（北海道南茅部町　垣の島B遺跡）が発見されている。これも世界最古である。漆栽培、樹液取り、製品造りは約一万二千六百年前から続き、現代も受け継がれ行われている。製法の基本は変わらないそうだ。世界最古ということは、他国からの影響は一切無く、ヤマト列島で産みだしたということである。

絹織物はミナカヌシの御子、トのミコトにより行われている。世界最古である。ミナカヌシの時代を約一万年前頃と推定するが、トのミコトはその御子なのでほぼ同じ年代と思われる。絹織物は約一万年前には行われ、現代まで続く。麻や葛などの繊維を使用する織物はそれ以前から行われていた。

ヤマトの全国に何万箇所とある神社建築の源は、約六千年前のクニトコタチ時代のヤシロである。それが発展して全国に広まり現代に続いている。トコヨ国で発明され、独自に発展して現代に続く。そしてクニトコタチの家造りもそれ以前の竪穴式住居に遡る。竪穴式住居も日の本中至る所から発見され、発掘され、復元されている。そして神社で行われる神社神道はクニトコタチ時代から現代までそのまま続いている。

ヲシテはヤマト列島で約一万年前に創られたと推定されるが、その前の時代の世界観やコトバの影響を受けていると考えられる。そしてヲシテ時代に発展したヤマトコトバは現代も使用され、現代ヤマト言語の根幹を為している。発音もほぼその当時のままで今も日常に話されている。

そして我が国には、底知れぬ起源を持つ、世界で唯一比類のない天皇家が存在する。初代はクニトコタチの天神であり、国の名はトコヨ国。今から約六千年前と推定され、クニトコタチの先祖は約一万年前にヲシテを創造したアメノミナカヌシと考えられ、アメノミナカヌシ以前にもヤマト列島には人類は存在し生活していた。今上天皇陛下、明仁天皇は初代クニトコタチ神より第一三七代にあたる（平成三十年現在）。人類唯一最長である。

我が国の宇宙観、世界観、自然観であり、信仰の源タカマ・モトアケ思想はアメノミナカヌシによって完成したと考えられる。それは約一万年前頃と推定されるが、その思想は人類がヤマト列島と共に育んできた何万年、何十万年の自然観、思想に基づく。

　これらのことから日の本の国は、文明が、石器時代より現代まで途切れることなく続く世界唯一の国といえると思う。これには我が国が島国であったことも幸いしている。何万年、何十万年前から、先祖がこのヤマト列島と共に育んできた文化であり、文明である。文明というのは日の本のあらゆる文化がユーラシア大陸の東部に伝わり、そこからさらに世界中に広まったことによる。

　我が国は文化が石器時代より現代まで続く世界唯一の国であるが、これは良いことばかりではない。国民、地域、日の本があまり揉まれなかった。そのため外国、外国民との付き合いが皮膚感覚としてあまり良くは解らない。これが唯一の問題点であろう。今後あらゆる分野で更に国際化が加速する。ヲシテ文書により伝統を自覚し、入れる文化をうまく取捨選択する必要がある。

　日の本の国は世界各国の中でかけがえのない宝である。できるだけヤマトの良き伝統を大切にしてもらいたい。ただ何が伝統なのかはヲシテ文書に記されているのでこれを学ぶのが一番の近道である。また一つの方法として、日の本の国全体をユネスコの世界文化遺産に登録するのも良いかもしれない。日の本の歴史を知ればその資格は十分にある。この制度自体は昭和五〇年からなので、ヤマト国の悠久の歴史に比べるとあまりに浅く軽い。しかし、ヤマトの底知れぬ歴史をヤマト人及び全世界の人々に知ってもらうには役立つ。

　我が国の底知れぬ歴史自体が大切な教義の一つである。これを国民全てが知っていたら、大量のヲシテ文書を捨て去ることも阻止できたかもしれない。またこれからも自ずと古えから伝わる文化を大切にする。これらがしっかりしてこそ近代文明も確固たるものになる。そして外国の古い文化や外国なども大切にすることに繋がる。

　間違った愛国心は直すべきだが、正しい愛国心は必要である。自分たちの生まれ育った国や先祖を学び尊ぶのは当たり前のことだからである。そして正しい愛国心は外の国々を尊ぶことに繋がる。己の国を敬えない者は、外国を大切にはできないのではないだろうか。

〈我が国独自のアスス暦《こよみ》の創造〉

・アスス暦と元号

　暦はホツマ二八アヤに「この世のワザお　カンガ見る」と記されているように、大切なことである。既にヲシテ時代には、スス暦と近代的なアスス暦や元号があった。スス暦、アスス暦は紀記や旧事紀には全く載らず今に伝わっていない。アススというコトバもどんな辞書にもない。第十三代カンヤマトイワワレヒコ天君（神武天皇）の時代には近代的なアスス暦と元号が使用される。アスス暦は今（平成三〇年現在）より二千七百三十五年前をアスス初年として、それから一年ずつ足していく暦。ヱトも元年をキアヱとして一年毎に変わっていく。また神武天皇がカシ原で即位した年を初年として、カシ原何年と数える今と同じ元号も併用される。このアスス暦、元号により、天成る道、神の道は行われていく。
アスス暦のような近代的な暦はヤマトには無いとされていたが、存在した。今使用されている西暦よりも七百年以上前である。これもホツマツタへによって初めて現代に蘇ることである。ある時点を元にして、それより一貫して年数を数えるのは大変便利である。アススは天ススで、天のタカマの暦・ススということであろうか。天のタカマは一年ずつ年を重ね、永遠に続く。そして元号は君毎の地のタカマの暦である。二つとも必要であり、大変便利である。ここではアスス暦について取り上げる。アスス二一年からホツマツタへはアスス暦を使用している。

　アススに極め
二十一《ふそひ》ホの　キナヱの春は
アメフタヱ　アスス暦と
名お変えて　梓に彫りて
奉る　アスス暦お
諸《もろ》受けて　この世の業《わざ》お
カンガ見る　暦これなり　（ホツマ二八アヤより）

そしてカンヤマトイワワレヒコ（神武天皇）天君の即位は

カンヤマト　イワワレヒコの
　カンよりに名も
天君と　普くふれて
年サナト　カシハラ宮の
初年《はつとし》と
　（ホツマ二八アヤより）

により、年サナトである。一年ごとに我が国伝統の六十ヱトを順に付けて呼ぶ。付録のヱト表にあるように、キナヱは二一でアスス二一年。サナトは五八なので、カンヤマトイワワレヒコ（神武天皇）天君の即位年はアスス暦五八年となる。この年はカシ原元年。

・アスス暦と日本書紀の暦

次に、日本書紀にはホツマツタへのアスス暦を反映した暦日が載るので、内田正男氏編の『日本書紀暦日原典』を参考にホツマツタへと紀の暦を比較してみる。

ホツマアスス暦（本文より）	日本書紀	グレゴリオ暦	差
①イワワレヒコ天君（第一三代）即位年	神武天皇即位年		
アスス五八年サナト（五八）	辛《しん》酉《ゆう》（五八）	マイナス六五九年	七一七年
②ミマキイリヒコ天君（第二二代）即位年	崇神天皇即位年		
アスス六二一年キナヱ（二一）	甲《こう》申《しん》（二一）	マイナス九六年	七一七年
③イクメイリヒコ天君（第二三代）即位年	垂仁天皇即位年		
アスス六八九年ネヤヱ（二九）	壬《じん》辰《しん》（二九）	マイナス二八年	七一七年

グレゴリオ暦は今使用されている西洋暦のこと。ホツマアスス横欄はホツマツタヘより書き写したもの。日本書紀の横欄の辛酉、甲申、壬辰は紀に載る干支。記はない。グレゴリオ暦横欄の①マイナス六五九年②マイナス九六年③マイナス二八年は「日本書紀暦日原典」に載る年数で、マイナスなのでグレゴリオ暦紀元前を表す。

これにより中国から伝わったとされる十干十二支が我が国古来のヱトに似ている、紀がホツマツタヘのヱトにそれを当てはめていった、ということがはっきり解る。

というのは、サナトの順番・五八が辛酉の番号・五八と同じで、キナヱ（二一）と甲申（二一）、ネヤヱ（二九）と壬辰（二九）が全く同じだからである。

ホツマツタヘのヱトは現在伝わっていない。そのため、日本書紀に載る漢訳文の作者はホツマツタヘのヱトの仕組みは解っていて、それを中国から輸入した十干十二支に置き換えたということになる。これが自然な見方であろう。ホツマヱトは後世に伝わっていないので、辛酉・甲申・壬辰からのサナト・キナヱ・ネヤヱは不可能。これはホツマツタヘが日本書紀の原書である、ということを表している。日本書紀以前にホツマツタヘは実在していた。

・アスス暦とグレグリオ暦

表の差はアスス暦とグレグリオ暦の差で、差の横軸は七一七年で一定。暦は難しいと思われがちだが、太陽暦は極めて簡単である。冬が来たら一年、また冬が来たらまた一年と、四季が巡ってきたら一年ずつ足していくだけである。冬至・夏至などの太陽の高さによる季節は人類だけでなく生物であれば本能で解っている。ただ一年二年と足せるのは人類だけであろう。

地球は太陽の回りを三六五・二四二五日かけて一周しているそうだ。しかし、三六〇日であろうと例え四〇〇日であろうと、寒い冬や暑い夏が来れば一年が経つ。トホカミヱヒタメによるヱト暦は太陽暦である。一年の春夏秋冬の四等分の倍に分けている。ヱト暦は大変頼りになる暦である。それは太陽の強さである冬至や夏至が基準になるため。ヱト暦の発展形と考えられる二四節気が現在も多く取り挙げられ、頼りにされているのもこのためである。

ところが、これに月の軌道や計算が加わり絡まると、暦はとたんに果てしなく複雑になる。詳細は今後の課題だが、アスス暦は太陽太陰暦と思われる。ただ幸いにも、今ここで問題にしているのは年数で、これは極めて単純なので間違いは起こりづらい。

ホツマツタヘと日本書紀の年数の箇所を神武天皇から景行天皇まで比べてみると、ヱトや元号にあたる年数はほぼ合っている。途中紀に二、三ぶれている個所があるが、なぜか戻ってホツマの年数に合わせている。従って、日本書紀、続日本書紀、六国史や古文書などを元に作られた『日本書紀暦日原典』『日本暦日原典』の、ホツマツタへの記述が終わる景行天皇以降の年数もまず間違いはないと思われる。

アスス暦とグレグリオ暦の年数の違いは簡単である。アスス暦はグレグリオ暦より七一七年早くから年数を数え始めている。つまりその差は七一七年である。すると現在のアスス年は二〇一八年＋七一七年＝二七三五年となる（平成三〇年現在）。そしてアスス元年がホツマヱトの初めキアヱである。そこで六〇×四五＝二七〇〇年なので、二七〇一年が四六回目のキアヱになる。そこから三五番目のヱトは、付録のヱト表からヲウヱとなる。従って平成三〇年度、西暦二〇一八年はアスス二七三五年でヱトはヲウヱとなる。本書冒頭のアスス年はこれによる。

アスス暦はスス暦と共にホツマツタへの時間軸で、アスス暦によって「この世の業お　カンガ見る」。ホツマツタへという大いなる教ゑの時間の柱である。

なお、日本書紀による紀元節とアスス暦との差は五七年で、アスス暦のほうが五七年古い。二七三五年－五七年＝二六七八年（平成三〇年現在）となる。紀がホツマの漢訳をそのまま載せていたら紀元節とアスス暦はぴったり合っていたはずである。

〈我が国最高の奥義　天成る文の道の奥《く》〉

アマテラシマスヲヲン神以来、天君は代々天なる文、ヤタの鏡、八重垣の剣のミクサノカンタカラ（三種の神器）を受け継ぐ。天なる文はクニトコタチ神からであろう。天なる文の内容はトの教ゑであり、トの教ゑには我が国最高の奥義が記されている。ホツマツタへ二三アヤのアマテル神の詔より。

アヒ求め　人のナカコ（注）に
トの教ゑ　一つに致す
宝なり　永く治まる
受くる日の　天の日継ぎお
その一つ　三つの宝の
道の奥《く》ぞこれ　天なる文の

トの教ゑは国民のナカコに合い求めて結び、心を一つにする。これこそが国が長く治まる宝なのである。それが「天成る文」の道の奥《く》である。トの教ゑと天成る文は同じと思われる。

ホツマツタへは極めて重要なことをスンナリ記している箇所が多い。これはその最たる箇所の一つである。天皇家の奥義、日の本の奥義が記されている。これは国家建設、国家継続の奥義であろう。

トコヨ文明が東ユーラシア大陸に伝わったのはホツマツタへに記されている。ホツマにはその先は記されていないが、そこから全ユーラシア大陸に伝わっていったと思われる。トの教ゑによる国家建設の思想は当時世界唯一で最先端の思想であった。国家は大変高度な思想の上に複雑な組織が必要となる。水は高い所から低いところに流れる。文化も同じで、現代世界では良い情報はインターネット等により一瞬で全世界に伝わる。古代は最先端の文明が伝わるのに何十年、何百年かかり伝わっていく。広まらないと考えるほうが不自然である。

当時は世界中の各地域に血縁関係などによる豪族が数多く乱立していたが、高度な国家という思想は全くなかったと思われる。人類の歴史の中で国家が生まれたのはそれほど古くはない。地域にもよるがここ四千～五千年以降であろう。天成る文の道の奥による国家建設の思想は世界各地に伝わった。その地域の地形、気候風土、人種、歴史などにより変化しながら世界各地に伝わり、いろいろな国が創られていったのではなかろうか。その源が「人のナカコに　アヒ求め　一つに致す　トの教ゑ」「天成る文の　道の奥」ではなかろうか。

クニトコタチのトコヨ国から約六千年経つが、今もって世界の中で、国とは名ばかりで国の体を為してない国々が多い。多くの国々に支持されている民主主義国家も完璧というわけではなく弊害も多い。我が国もヲシテ文書が失われて以来、複雑な過程を経て現在に至る。

(注) ナカコ　ナカコには次の意味がある。一、人の臓器の一つで、五臓六腑のうちの心臓のこと。二、そこにはヰノチ、タマノヲ、ココロが宿る。その機能のこと。

〈三クサ譲り　カの鳥　国の形〉

初代天神クニトコタチより三クサのカン宝（三種の神器）の一つ、神のヲシテは代々受け継がれ、第七代天神イサナギの代に天のサカ矛が足され、アマテル神の代に、天のサカ矛が八重垣の剣に改められ、ヤタの鏡が加わり三クサのカン宝（三種の神器）が揃う。三種の神器は初代より備わっていたわけではない。そしてアマテル神以降は代々三クサのカン宝か受け継がれていく。

三クサのカン宝を受け継ぐ時の詔はホツマツタヘに三箇所載る。一一アヤと二四と三〇アヤである。次に載せるのは二四アヤの、アマテル神が御孫ニニキネ・キヨヒトに詔して授ける場面である。紀記とも三箇所の内容は載せていない。現代、ヤマトの難解な国体の何たるかがハッキリ記されている。

君とヲミ（重臣）心一つに
カの鳥の　形は八民《やたみ》
首は君　鏡は左《た》（注一）羽
剣右《か》羽《は》　物部は足
鏡・重臣《をみ》　継ぎ滅ぶれば
民離れ　日継ぎ践まれず
剣ヲミ　継ぎ滅ぶれば
物部割れ　世お奪はるる

八タヲミは　ソロ（注二）生ゆ春の
民業《たみわざ》お　鑑みる目ぞ
垣ヲミは　横魔お枯らし
物部の　力守る手ぞ
この故に　永く一つに
なる由お　アヤに記して
ヲ手つから　文お御孫に
授けます　セオリツ姫は
御鏡お　持ちてカスガに
授けます　ハヤアキツ姫《め》は
御剣お　持ちてコモリに
授けます　三度敬ひ
皆受くるかな

「君とヲミ（重臣）心一つに」は、君臣の道の重要性について述べている。クニトコタチは自らマツリを行ったが、程もなく、増える民と国々のために多くの臣が君と共に国造り・経営を助けることになる。臣達は君と共に、または君に代わってマツリを行うので、その責任は果てしなく重い。それは「鏡ヲミ（重臣）継ぎ滅ぶれば　民離れ　日継ぎ践まれず」「剣ヲミ　継ぎ滅ぶれば　物部割れ　世お奪はるる」のコトバやタのヲミ・カスガが御鏡を授かり、カのヲミ・コモリは御剣を授かることによりハッキリ記されている。またこの句が冒頭に語られているのも、これがいかに大切なのかということを表していると思う。

三種の神器の二つを左右の臣が授かる。これが現代政治に最も欠けている点である。ヲミや臣は神でなければならない。神であるから御鏡や御剣を授かれる。もし偽ヲミ・偽臣や魔物であったなら、日の本は壊滅に向かってしまう。

「カの鳥」により国の形は生命体の鳥に例えられている。国は我々人体のように生きる生命なのである。民である体の一部が傷つけばそれは君に伝わる。そして民に災難が降りかかれば君は痛みを知り、これを除こうとする。これは君、臣、民は人体のように、骨、筋肉、神経、血管等で繋がっていることを表している。また鳥は変幻自在に飛び回れる。これは、国はどんな時代状況にも対応できるようにすべきことを述べていると思う。

カの鳥の「形は八民」であるので、国の基本は国民であるということも表している。そして君と臣と民が一体となって初めてカの鳥が自由自在に飛び回れる、国が良く治まることになる。

こういう重要のミコトノリが紀記に載っていないのは信じがたいが、まともには載っていない。この場面を忠実に漢訳して載せると、アマテル神が男神であると解ってしまうためであろう。

この場面で紀は「ミハタのトメのオン文」を「八尺瓊曲玉（やさかにのまがたま）」とし、「御鏡」は「八咫鏡（やたのかがみ)」、「御剣」を「草薙剣」とする。記は八尺勾玉、鏡、草那芸剣。しかし紀記ともにこれのみで、肝心な内容を全く載せていない。

一一アヤのこの場面は紀記とも鏡のみ忍耳穂に授けているのみである。「ヤサカニノマカリタマ」と「八重ガキの剣」は授かっていない。そして紀のみ「日継ぎの栄え　天地と正に際なし」の漢訳が載るだけであり、肝心な内容は紀記とも全く載らない。三〇アヤの三クサ譲りのミコトノリも、紀記ともに全く載せていない。

因みにホツマ三〇アヤでは「カの鳥」は「ミヤコ鳥」になっている。カの鳥の詔はミヤコ鳥の詔と同じである。この「ミヤコ鳥の詔」は第十三代カンヤマトイワワレヒコの天君(神武天皇)の時代に復活するのであるが、それに到る道のりには君臣民の大変な努力があった。

そして今日都鳥というと鳥類の意味しかないが、実はこの詔のことでもあり、とてつもなく深い意味を含むのである。それも全く伝わらなかった。

(注一)左《た》　左はタ、右はカという。これは今に伝わらない古語である。

(注二)ソロ　栄養豊富な稲、稲穂とそれから取れる玄米、精米のこと。ソロも古代語。

〈キミ・トミ・タミ体制〉

カの鳥や都鳥の詔でも記されているように、ヤマト国の基本構造はキミ(君)とトミ(臣)とタミ(民)であり、これが我が国の伝統である。この体制を基本に天成る道、神の道、トの道などが行われていく。

八方《やも》の世継ぎは
トヨクンヌ　天より三つの
ワザお分け　キミ・トミ・タミの
三下りの
(ホツマ二アヤより)

クニトコタチの
八下り子　何クニサツチ
八方主と　成りてトホカミ
ヱヒタメの　国に産む子は
三下りの　キミ・トミ・タミぞ
(ホツマ一八アヤより)

これらによるとクニサツチかトヨクンヌの時代にはっきりキミ・トミ・タミが分かれる。ただクニトコタチの世の既に早い時期から臣は必要であったと想像される。国が増えるに従って君に代わる位が必要になってくるからである。

民は主に農民であり、さらにタクミ(匠)、アキド(商人)などに分かれていく。臣もヲミ(重臣)や位、役職によっていろいろな臣に分かれていく。しかし基本は君臣民体制である。ただしこれは身分制度ということではない。民も努力して結果を出せばヲシテ(称号)をもらえ臣にもなれる。

民となせ臣

臣と成れ民
〜　かくの教ゑに
導きて　民も居やすく
賑わせて　その国保つ
者あらば　末民とても
上の臣　必ずヲシテ
給ふなる　（ホツマ一七アヤ）

カの鳥の構造も基本はキミ・トミ・タミで、カの鳥はキミ・トミ・タミの発展形とも思える。君臣民、カの鳥、都鳥に表されているように、我が国は君臣民が一体の君臣民体制であり、基本は現代も同じであり、永遠に変わらないと思う。

　従って天皇制を、「天皇を国家権力の頂点として天皇に直属する官僚が権力を行使した君主制の統治体制」とすると、我が国伝統の国家体制は天皇制ではない。民主主義を、「民が権力を所有するとともに、権力をみずから行使する政治形態」とすると、我が国の伝統は民主主義でもない。また「少数の貴族特権階級を中心として行なわれる政治」の貴族政治の国でもない。

　ヤマトの伝統の構造はカの鳥やミヤコ鳥の詔にあるように天皇・臣・民が一体の君臣民制である。君臣民主義《きみとみたみしゅぎ》。従ってヤマトは君臣民体制の国家である。君だけが中心の君主主義でもなく、民だけが中心の民主主義でもなく、貴族政治の国でもない。そして臣の役割が極めて重大で責任が重い、君臣民全てが重要な君臣民主義の国家である。

　恥ずかしながら、筆者が今は亡き松本善之助先生に師事していた時に見て頂いた詞を次に載せる。君臣民の関係を解りやすく述べたもので、なかなか良い、と褒めていただいたのがよい思い出である。ただ三十年近く前の、ホツマを学びたての頃なので五七調になっていない。

君は臣を思い民を思い
臣は君を思い民を思い
民は君を思い臣を思う

また先生からトホカミヱヒタメと記した短冊も頂いて保管している。ついでにワカの歌の拙歌を一つ。

君と臣　民の心を
みな入れて　妙《たゑ》に編みける
ホツマツタヘや

〈我が国の名〉

テレビやラジオでは朝から晩まで「ニッポン、ニッポン」といい、中には自分の国のことを「ジャパン」と言っている者もいる。また我が国の正式な呼び方は「ニホン」か「ニッポン」かという論争もある。

　これらは全て、我が国の名を解っていないために起きる現象である。我が国の正式名は「ヒノモトノクニ」であり「ヤマトのクニ」である。略称は「ヒノモト」「ヤマト」。その根拠は次のアマテラシマスヲヲン神の詔による。ホツマツタヘ二三アヤより。

通るマコトの
トの教ゑ　千五百《ちゐも》の葦も
皆抜きて　田と為し民も
賑はせば　イヤマト通る
ヤマト国　マトの教ゑは
昇る日の　モトなる故に
ヒノモトや　しかれどヤマト
な捨てそよ

マトの教ゑは上る太陽の力のそのミナモト（源）である。日（太陽）は永遠に燃え続け、上り続ける。そして太陽により地球上の全ての生命が生き永らえ、それが空中に浮いている。現代科学を以てしても太陽の全てが解っているわけではない。太陽の源は核融合反応により生じるエネルギーにより永遠に燃え尽きることはない。太陽の寿命は五十億年であるから有限であるとするが、これは数字の不思議なところで、現実に暮らしている我々からすれば何十億年は無限と同じことなのである。

　その源がトの教ゑである。いかに神代の神々がトの教ゑを尊んでいたか解ると思う。トの教ゑは既に述べたようにミクサノカンタカラ（三種の神器）の第一位のカン宝のことである。そして「マトの教ゑ」の「マ」は「マコト」の「マ」で「トの教ゑ」を強調したコトバでもある。同じく二三アヤに「マコトのトの教ゑ」とある。「ヤ・マト」は「マト」をさらに強調したコトバである。「ヤ」は単独では「ヤ（矢）」や「ヤ（家・屋）」がある。矢は強く速い。ヤ（家・屋）は、初代クニトコタチからであるが、当時、ムロ屋は最先端で衝撃的な建物であったと思われる。また「イ・ヤ」として「イヤ猛（タケ）」「イヤ問ひ」「イヤ治まる」などのコトバがある。「イヤマト」は「トの教ゑ」を最上級に強めた言い方である。ただヤマトのほうが三音で語調がよい。そしてヤ・マ・トの各音が大変力強いので、ヤマトは力強いコトバである。

　このようにマトの教えは日が昇るその元と同じなので日の元（本）である。日の本は生命の源であり、永遠に燃え尽きることのない宇宙最大の力の源のことを指している。当時は太陽が最大の天体である。トの教ゑの偉大さをこれ以上例えようがない表現で称えている。

　また日のモトにもトが入っている。初代天神クニトコタチやトコヨ国にもトが使われている。ヤマト国はイサナギ・イサナミの二神が成し遂げ、日の本はアマテル神からである。ヤマト国は二神の時代からで約三千三百年、日の本の国名は約三千二百年の伝統がある。それ以前はトコヨ国が続いていたと思われる。

　従って我が国の正式名は日の本の国とヤマト国であるが、トの国、マトの国、イヤマトの国も我が国を表す。こういう見方も漢字の「大和」からは出てこない。
色々な説があるようだが、「ジャパン」は「日本」の漢読み「ジツホン」などが変化し、それが国外で定着したようだ。しかし我が国の名くらいはヤマト人《びと》には知ってもらい、正式な国の名で呼んでもらいたいものだ。そうすれば、次第に世界中の人々からそう呼ばれるようになる。このアマテル神の詔が日本書紀・古事記に載っていたら、今現在ヤマト人自らも使い、世界中からも「ヒノモト」や「ヤマト」と呼ばれていたのではなかろうか。正式な国の名を国民自らが使い、外国にも呼ばれるという当たり前のことが当たり前になるのにあと何百年かかるであろうか。

〈日の本の憲法と憲法の憲法〉

一、クニトコタチより始まる我が国の憲法

憲法というとヲシテ文献と関係ないと思われるかもしれない。しかし実は既にクニトコタチ時代より我が国には憲法が存在したのである。

クニトコタチ神は人らしからぬ人々を、家造りを中心とした教ゑによって国民とし、トコヨ国を創設し、国家経営を行い、更に各地に国々を創っていく。さきにも挙げたが

　　トコヨの道を
教ゆ神　教ゑを民に
習はせて　クニトコタチの
神となる　（ミカサフミ・ハ二マツリのアヤより）

　　トコヨの道を
教ゆ神　クニトコタチも
ノリ巡り　（ホツマ一八アヤ）

　　クニトコタチの
トコヨ神　八方八下りの
御子産みて　皆その国を
治めしむ　（ホツマ二アヤ）

とある。

つまり国造りの本になったのが、クニトコタチの教ゑである。この教ゑはミコトノリとしてコトバや文にしたりして人々に教え、マツリを行っていったと想像される。

そして、憲法とは『日本大百科全書』（小学館）によると、

「一般には立憲的意味の近代憲法をさすが、そのほかにもさまざまな意味に用いられる。

まず国家の統治体制の基礎を定める法の全体、すなわち根本法（基礎法）をさす場合に用いられる。いかなる原始国家であっても、権力秩序のあるところには、治める者と治められる者との関係、支配の範囲、統治の仕方などについて、一定の取決めが存在するからであって、これを「固有の意味の憲法」という。この場合、憲法はかならずしも成文化されずに、事実上の支配関係に内在する慣習的な規範として成立していることが多い。

これに対し、近世になって、政治上の自由主義的要求に基

づき、さまざまな専制主義、とくに君主の専制権力に対抗して、それに制約を加えるための、一定の政治原理を含む基礎法が確立されると、これを憲法とよぶようになった。この意味の憲法を「立憲的意味の憲法」という。固有の意味の憲法が憲法の本質的意義をさしているのに対して、これは歴史的意義をさしており、「近代的意味の憲法」ともいう。フランス人権宣言（一七八九）第一六条でいう憲法はこの例である」。

つまりクニトコタチの教ゑと国家秩序が、「固有の意味の憲法」に当たる。「権力秩序のあるところには、治める者と治められる者との関係、支配の範囲、統治の仕方などについて、一定の取決めが存在するからであって、これを「固有の意味の憲法という。この場合、憲法はかならずしも成文化されずに、事実上の支配関係に内在する慣習的な規範として成立していることが多い」とある。「支配」「支配関係」は違うが、その他は合う。この著者はホツマツタへは勿論見ていない。

そして憲法は「国家の統治体制の基礎を定める法の全体、すなわち根本法（基礎法）をさす」のであるから、これがクニトコタチの教ゑに当たる。教ゑにより国造りを行ったのであるから、教ゑは「根本法（基礎法）」で「固有の意味の憲法」に当たる。そして既に教ゑは文にされていたはずである。近代の「立憲的意味の憲法」の歴史は浅く、「固有の意味の憲法」の歴史のほうがはるかに長いのである。

クニトコタチ以降、代々教ゑ（憲法）による政治は続き、更に発達したのが二神のトの教ゑである。トの教ゑも国家の統治体制の基礎を定める根本法（基礎法）であるので憲法に当たる。そして、この憲法と憲法に逆らう者に対抗するホコで政治を行うのがトホコによるマツリである。刑法も既に確立していた。

「細々篤きトの教ゑ」とあるように憲法であるトの教ゑは多くの教ゑやノリに分かれている。ミコトノリはトの教ゑに基づき宣られる。教ゑには守るべき法令の意味もあり、ノリには「法令。法律。規範。則。範。」など多くの意味がある。これらは今日の各方面の法律に当たる。国があり君が居て、しっかりした国家体制、組織がある。それを支えるのがトの教ゑ（憲法）であり、多くのノリ（法律）である。そしてこれを踏み行うのがトの道であり、これは行政に当たる。初穂としてこれらを支える財源もあった。税金に当たる。

このようにトの教ゑが憲法にあたり、これに付随する法律も増えていく。アマテル神は二神の政治を踏襲し更に発展させる。そして十二代ミヲヤアマカミ時代には、「ミヲヤの心スベ入れて　百々のヲシテの　中にあり　アヤ茂ければアヂ見えず」とあるように更に増えていく。

クニトコタチ、二神、アマテル神や他の神々のヲシヱ、ノル（宣る）、〜ノリ、ミコトノリ、コトノリ、掟などは何百箇所も載る。これらが全て我が国の憲法・法令・法律・規範

・手本であり、教義にも当たる。

そしてホツマツタヘ序文に「代々の掟となる文」とある。世の掟は憲法に当たる。それが「代々の掟」であるから、ホツマツタヘは各時代の憲法の上に位する憲法と考えられる。ホツマツタヘ全体はいつの世にも変わらぬ憲法の憲法である。

二、「立憲的意味の憲法」とヲシテ時代の憲法の基本的な違い

欧米の「立憲的意味の憲法」は君主の専制権力に対抗して成立したものである。立憲君主制は君主の強大な権力を議会が制限しようとする制度。つまり君主の悪政に対処するためにできた。君主がいなくなったり、君主がいても権力が政府に移った場合は、政府の強力な国家権力が暴走しないように憲法で制限する。これが現代憲法の基本的考え方のようである。民主主義、共産主義も欧米から始まる。君主に問題があった。しかし日の本では君主の悪政ではなく、悪政を行う臣や国神が問題なのである。ここが根本的に違う。これも紀記等が伝えないので解らなかった。

日の本の国は、初代クニトコタチ神より第一三七代今上天皇陛下まで基本的には変わらない。国民の人口は増えたが、国民の意識もあまり変わっていないようだ。その天皇が直接政治を行えば理想的な政治が行われる。クニトコタチの時代は理想の時代が続いた。しかし国民が増えるに従い、臣や国神に政治を任せざるを得なくなる。アマテル神やワケイカツチ神の時代も君臣の道が良く守られ、理想の政治が続くが、臣や国神の質をいかに保ち続けるかを重要視している。

このように、そもそも欧米の近代憲法と我が国伝統の憲法には基本的な違いがある。その違いもあやふやなままに大日本帝国憲法が作られ、さらに敗戦によって日本国憲法が作られて今日に至る。憲法は法律の基本。そのため憲法も法律も我が国によく合わないまま施行されている。欧米の憲法は激烈な歴史の上に作られたもので、尊重すべき箇所も多い。しかし我が国と歴史も風土も違う。日の本はヲシテ文献に記されている憲法や法律を踏まえ、その上で欧米の憲法や法律の長所を取り入れるべきである。

そのため、あらゆる分野でも同じであるが、ここでもヤマトの憲法、法律に携わる人たちはヲシテ文書を習うことが必修であると思う。

〈タカマにおける神によるマツリ（政治）〉

第二編第三章「タカマにおける神によるマツリ（政治）」で述べた。神々が中心の行いであり、神道の教義の柱の一つである。

現代でも、ヲシテ時代の伝統のマツリ（政治）は、一定期間学習しなければ良く理解できないほど高度で広く深い。その中の肝要な点をここで再度挙げる。それは君臣の道のことである。カの鳥や都鳥の中で歌われている「君と臣　心一つ

に」は極めて重要である。君と臣達や国神は位は違う。しかし、君と同じ心構えでマツリを行わなければならない。今上陛下は全身全霊で天皇の御努めをされておられるという。これは政治に携わる全ての人に対する陛下の教ゑなのではなかろうか。臣達、国神達の責任は極めて重い。次はヲシテ文書より導き出される数多くある臣や国神の義務、めざすべき目標の一部。

一、君臣の道の遵守
一、日の本の建国以来の平和国家を守り続ける
一、国民の豊かさと居安さの実現
一、国民を我が物にせざるべし
一、国民の労りを知るべし
一、国民の命の尊重
一、基本的人権の尊重
一、民の教導
一、武力による他国の支配の禁止
一、従って専守防衛の遵守
一、国政での贈収賄の禁止
一、自浄能力と自浄能力の保持

更に詳しくはヲシテ文書の至る所に記されている。これらを基本にして各時代に最も適した政策を行っていくべきであると考える。

〈神によるマツリの自浄能力〉

前の項にあり、第二編の「神によるマツリの自浄能力」でも述べた。これも大切なので再度取り上げる。マツリ（政治）の自浄は神道の教義の一つである。自浄能力がないマツリはマツリではない。「権力は絶対腐敗する」というコトバは、我が国の真の伝統には当てはまらない。人類唯一のお手本が天皇である。世界史上唯一、初代クニトコタチ神から第一三七代今上天皇まで絶えることなく続く。天皇と心一つにマツリを執るのが本来のマツリであるから、元々マツリは腐敗しないものなのである。モトアケ・タカマは神聖なのである。

現代でも創意工夫して成し遂げることは可能と思う。

既に神代のクニトコタチ神やアマテラシマスヲヲン神やワケイカツチ神の時代などにも自浄力を発揮して、マツリは行われていたと考えられる。

〈国政に携わる者の贈収賄の禁止〉

神代の時代から、国政に携わる者の私的な贈収賄は禁止である。これは「マイナイ（賄）掴む　マメならず　ついにオロチになめられて」（ホツマ・八アヤより）や「例えばクセド　マイナヒて　境増さんを　〜　君召す恐れ　糾されて　枯るる悲しさ」（ホツマ・一七アヤより）などによって明らか。これも第二編「マツリ（政治）とは」で述べた通りで、神代から伝わる神道の大切な教義の一つである。

情けないが、現代政治では中央、地方を問わず日常茶飯事にあることなので、ここでも取り上げた。現代政治、行政で

は長い年季が入り、大変巧妙に贈収賄が行われているので注意が必要。そして公と民間との違いをよく弁えることが大切である。公の贈収賄は禁止だが、民間では慣習や法律の範囲内のやり取りはある。

〈行政・政治機構〉

政治、行政機構もアマテル神により整備、組織された。イセの道の柱の一つである。アマテル神により、これらは機織《はたを》りに例えて説明されている。そこで機織りと、更に複雑な高機法《たかはたのり》を説明したあとに、政治・行政に進む。

古代の機織り

先ず機織りの詔から。

ユフの幅　縦糸八百リ
筬《をさ》四百ハ　八十《やそ》リ一ヨミ
八《は》リ一《ひ》とて　へ杭に揃へ
荒れ筬に　巻き・筬に入れ
飾り掛け　陰陽《めを》踏み分けて
カヒ投ぐる　筬巡らして
ユフ布も　絹も織るなり　（ホツマ二三アヤより）

「ユフ」　中川幸三氏によれば、「ユフ」は葛であるという。

「ユフ布」は葛布。

「縦糸八百リ」　「リ」は糸の本数の単位。縦糸が八百本ということ。筬四百羽なので、筬の一羽ごとに二本の糸を入れる。

「ハ」　櫛の歯ように筬に刻まれている溝のこと。この間を糸が通る。

「ヨミ」　今も使われている専門用語。着尺を織る場合に使われる独特の単位で、一ヨミは四十目を表す。「八十リ一ヨミ」であるから八十リ（八十本）が一ヨミで四十目。つまり一目ごとに二本ずつの糸（二リ）で、「八十リ」は「四十目」と同じ。


このようにイニシへのやり方が現代にそのまま受け継がれていることになる。ホツマツタヘに記されているアマテル神時代の機織りが伝統となり、「をさ」「よみ」というコトバや「一ヨミ」の数が今に残る。これもホツマツタヘ真書の証明の一つである。


「八《や》リ一《ひ》とて」　八本を一括《くく》りとして。

「へ杭」　縦糸八百本の糸を八本づつの括りとしてその端を杭に巻き揃える。その杭のことであろう。

「荒れ筬に巻き」　今に伝わる「荒筬通し」は、経糸を機に取り付ける千切《ちき》りに糸を均等に巻きつけるために、経糸の密度と巻き幅を決める作業のこと。目の粗いおさ（あらおさ）は、タテ糸の密度を決め、同じ幅を保ちながら巻き取るために用いる。

「筬」　筬というコトバは現代にそのまま使用されている。機織《はたおり》の付属具の一つ。薄い竹片を櫛形に列ねて作り、長方形の框《わく》に入れたもの。

「飾り掛け」　よれたりしないよう綺麗に揃え掛けることであろう。

「カヒ」　カヒとカが付いているので、車の付いていない地機織りの杼《ひ》ではなく、今使われているような杼《ひ》であろう。また「カヒ投ぐる」とあるため。「ひ（杼・梭）」は縦糸の開口した間を左右に飛走して横糸入れを行う道具。

次に規模が大きく複雑な「高機法《たかはたのり》」についても記されている。次の記述により、既に高度な機織りが為されていたことが解る。ただホツマツタヘに記されている「高機法」は現在の「空引機」に相当すると思われる。空引機について日本大百科全書に記事があり、これは後で参考として引用する。

　　　　綾ニシコリは
筬羽八百　一羽に四タリ
三千二百リ　これ葦原の
トヨの数　タナハタ神と
タハタ神　同じマツリの
綾錦　三千リの縦に
へ飾りお　掛けて四つ六つ
踏み分くる　柳綾なる
花形は　描きマノリに
当て写し　通じ・横部に
つり分けて　織り姫飾り
踏む時に　横部に分けて
通じ引く　綾ニシコリも
これなるぞ　高機ノリの
あらましぞこれ

「綾ニシコリ」　綾錦織りのことと思われる。

「一羽に四タリ」　筬の目に、先ほどは二本の糸を入れたが、これは四本入れる。筬の羽は今回は八百あるので、糸数は三千二百リ（本）になる。

「へ飾り」　綜絖（そうこう）のヤマトコトバのことであろうか。あるいはそこで行う作業のこと。綜絖とは、横糸を通すために、縦糸を上下に分ける器具のこと。綜絖は足踏みで操作する。数枚の綜絖を掛けて使用し、踏み分けることによって複雑な模様を縦糸に編み込む。

「柳綾」　ヤナギ織りという織り方があったが、途絶えてしまったそうだ。タテ糸が決められた本数のヨコ糸にずらしながら織る「綾織り（斜文織り）」という織り方がある。ずらしながら織るので斜めの模様できる。染色しない状態で、いくつものへ飾り（綜絖）を掛け、それを踏み分けることによってなだらかな柳のような模様を造る技法のことだと思われる。

「花形は描きマノリに当て写し」　柳綾に対して、色の付いた花の形のような模様は、手で描きそれを間矩《まのり》によって拡大し、それを元に経緯(たてよこ)糸の染色、本数、織り方などを決める。複雑になるのでこれは専門の職人が必要になる。

「通じ・横部」　通じ・横部とも空引工（紋綜（もんそう）工）、単に綜（へ）工のことであろう。またその構造もいうと思う。通糸（つうじ）は綜絖（そうこう）糸に連絡する糸のこともいう。

「織り姫」　高機のこの場所での作業は大変細かく複雑で根気が要り、男性より女性のほうが向いているので、それに敬意を表して織り姫と言ったものと思われる。

ホツマツタへのアマテル神の時代は今から約三千二百年前と推定される。さらにそれ以前から織物の技術はあった。我が国のあらゆる物が今一般に言われているより遥かに古い。

高機、空引機とも五世紀頃中国から入ったことになっている。日の本と同じような技術がなぜ中国にあったのか、それは次のように考えると解りやすい。クニトコタチ、カのクニサツチやウケステメなどによって大陸に織物技術が伝えられた。それが大陸で独自に発達し、五世紀頃にヤマトに伝えられた。

行政・政治機構

アマテル神により、この機織りを元にマツリは次のように例えられ語られる。

マツリコト　民の夫婦《いもせ》は
ヲサ一ハ　五家《ゐや》組むヲサは
一手指《をさ》　八十手部一人
アレ長と　成るオオト等が
チギリ巻く　八十アレべ置く
アガタ主　これ一ヨミの
物部ぞ　八十べの国に
通じ置き　物部経てお
教ゑしむ　このクニツコに
横部十人《そり》　添へて普く
道分きて　サガお見アタヒ
通じ経て　直ちに告げる
天《あ》の目付　これアタヒ等ぞ
物部お　八百人束ねる
主はこれ　大物主や
添へムラジ　コトシロ主と
助けしむ　添への二人は
へと飾り　大物主は
機の主

「ヲサ」　筬と長。織物の筬と指導者の長と、二つの意味が込められている。

「ハ」　筬の羽に糸を二本ずつ通す。そのためその二本を夫婦（めをと）に例えている。夫婦（めをと）一組が行政の元。また羽は鳥の左右二つの羽のこと。

「アレ長《をさ》」　「アレ」は「荒筬」の「アレ」のことであるが、「生《あ》れ」の意味も含まれていると思う。その場所で生まれた、地元の事情を良く知る長ということ。当てはまる適当な漢字が浮かばないのでカタカナにしてある。「アレ長」が「村長」であるならば「ムラヲサ」になっているはずであるが。

「オオト」　オオヒト（大人）のことであろう。長年アレ長の経験を積み成った役職。

「千切（ちきり）巻く」　経糸を良く揃えて千切りという道具に巻いていくこと。「契り」の意味も含まれる。組織を纏め、行いやすい決まり、規則を作ること。

「一ヨミ」　この一ヨミは、五（五《ゐ》家《や》組む）×八〇（八十手部）×八〇（八十アレベ）＝三二、〇〇〇家族。一家族を五人とすると一六万人。

「物部」　専門職名。県主と共に、国民の糧である米を主とする穀物栽培などの指導と、初穂の徴収や管理、輸送やそれに伴う警察・法律・検察などを司ると考えられる。

「通じ」　専門職名。物部の相談役のことか。通糸(つうじ)は綜絖(そうこう)糸に連絡する糸のこと。横部・クニツコと共にこれにあたる。

「八十べの国」　組織としては、一家族―ヲサ（五家）―アレ長・オオト（五×八十）―県主（五×八〇×八〇＝三万二千家族）。「八十べの国」は「八十アレベ」と同じであろう。「八十べの国」を八〇の「八十アレベ」とすると、クニツコは五×八〇×八〇×八〇＝二五六万家族となり、人数が多すぎる。

「クニツコ」　アガタ主と物部と通じのことか。あるいはこの全体の役割を兼ねた役職であろう。

「横部」　専門職名。織物では、筬で経て糸に複雑な横糸を織り込む職人。クニツコのマツリの相談にあたると考えられる。

「アタヒ」　横部―アタヒ―天の目付。この全体もアタヒ等という。

「大物主」　大物主は八百人の物部を束ねる。ムラジとコトシロは大物主を助ける。

　このようにアマテル神により、マツリを行うための組織、行政機構は既に整備されていた。これは日の本の行政組織、政治体制の基本であり、土台である。後はこの基本の上に、各時代に合わせてより良く機能するように工夫をしていけば良いわけだ。ただその大前提は中央政府（タカマ）において、アマテル神の時代のように、神々によるマツリが行えるかどうかである。このアマテル神の詔も、これが行われていることが前提になっている。
※参考　高機（日本大百科全書より）「手織機の一種。大和(やまと)機、京機ともいう。高機の名称は、居座(いざり)機に対して腰の位置が高くなっていることからつけられたのであろう。ただ、古文書、とくに京都西陣(にしじん)関係の文書、あるいは呼称に高機とある場合は空引(そらひき)機のことで、地方でいう高機を二枚機と称していることに注意すべきである。」

※参考　空引機「織物に文様を表したいとき、いろいろに染色しておいた経緯(たてよこ)糸を織機にかけて操作し文様を表すことになる。これには原始機を時間に関係なく、手の先で組織してつくりだすことはできるが、これを機械的に操作できるものとして、あらかじめ必要とする文様を糸組みにして組織しておいた空引機構を装置しておいた機がつくられ、それを操作する空引工（紋綜(もんそう)工）、単に綜(へ)工ともよぶが、この織工に相対して、それぞれに連なる綜絖(そうこう)糸に連絡してある通糸(つうじ)を操作することになる。」

〈司法、刑法〉

司法（注）、刑法も確立していた。三百六十度の円周を四つに割り、それぞれ一ケタ（桁）ガ、二ケタガ、三ケタガ、四ケタガとし、罪を定める。文中に十《そ》のガ、二百のガなどとあるので、ケタの中でさらに細かく分かれていた。ガは罪のことで、ここでは罪の重さのこと。四ケタで死罪となり命を去る。この時は必ず大物主の命《みこと》を受けなければならない。ホツマ二三アヤより、前の続きである。

　　　大物主は
機の主　かれサガお読む
十《そ》のガまで　有ればアレヲサ
組お呼び　十内は叱る
十の外は　アガタに告げる
アガタ主　九十内は杖
ケタのガは　ガト屋に入れて
クニツコに　告ぐれば計り
ケタのガは　杖打ちアガタ
追ひやらひ　二ケタならば
国お去る　余れば告げる
物主の　糾し証して
二百のガは　島にさすらす
三ケタガは　髪・爪抜きて
入れ墨し　天に渡れば
身お枯らす　真枯るの罪は
物主の　命お受けよ

ヤマト国では、約三千二百年前には既に立法、行政も確立し、司法、刑法も確立されていたが、このように整備したのはアマテル神と思われる。これも今に全く伝わっていない。ホツマツタヘにより現代に蘇ることである。

（注）司法とは「国家が法に基づいて、民事(行政事件を含む)および刑事の裁判に関して行ういっさいの作用。立法、行政に対する概念。」

〈政治の最終目標の一つ　国是〉

タカマにおける神々のマツリの最終目標の一つは、自然と調和しながら、国と国民のユタカさと国民のヤスサ、ヰヤスサを目指すことであると思われる。そして、これによる国民の恙なき魂の行き来である。

「豊か」の意味は広辞苑に「物が豊富で、心の満ち足りているさま」「財産がたくさんにあるさま」「経済的に不足のないさま」などとある。心のこととも関係するが、主に物が満ち足りていることを表している。

「やすい」の意味は「悩みがない。心のどかである」「安心だ」などである。主に心の状態を表している。勿論物とも関連する。物が豊かであれば心も安心する。しかし、質素であっても満足することもある。ただ最低限の物は必要だ。

これら二つはほぼヲシテ時代の意味を伝えていると思われる。しかし、「ゐやすい」「ゐやすし」の意味は余り良くは伝わっていない。他のコトバが使われているためである。現在は「いやすい」の意味は「居やすい人」などのように狭い範囲に使用されている。一方ヲシテ文書の「ヰヤスシ（居安し）」は国民の生活がしやすい、暮らしやすいなどの重要な意味に使用されている。

「ユタカ」が国政の目標であるのは次によっても明らかである。各時代毎に挙げる。

○第八代　アマテラシマスヲヲン神の御世

　　自らマツリ
　きこしめす　普く民も
　ユタカなり　（ホツマ六アヤより）

○第一〇代　ワケイカツチ神の御世

　国の名も　シハカミホツマ
　普（あまね）くに　移り楽しむ
　代々ユタカ　（ホツマ二四アヤ）

○第一一代　ホオデミ神のツクシ時代

　　ツクシ三十二の
　御巡りて　カゴシマにます
　年々に　実りも増えて
　国ユタカ　（ホツマ二五アヤ）

○第一二代　ミヲヤ天君の御世

　二神は　常にタダスの
　殿に居て　普く民も
　ユタカなり　（ホツマ二七アヤ）

○第二二代　ミマキイリヒコ天君の御世

　　ヱ病《や》みむけ癒ゑ
　ソロ実り　民ユタカなり　（ホツマ三三アヤ）

○第二三代　イクメイリヒコ天君の御世

　　誤り糾し
　へりくだり　神お崇めて
　身お懲らす　かれソロ厚く
　民ユタカ　（ホツマ三六アヤ）

一方「ヰヤスシ」については

○第七代　イサナギ神の時代　御孫キヨヒト御子の問いに対するアマテル神の詔の一節

尽くしもて　かくぞ御心
なる国お　民もヰヤスク
名付くなり　オノコロ島と

○第八代　アマテル神時代　アマテル神の詔の中で

ヤタの鏡の　（ホツマ一八アヤ）
アヤ聞けば　横ガお去るぞ
我が心　入れてヰヤスク
天が守るぞ
かれ常に　民もヰヤスク　（ホツマ一七アヤ）
ユフお着る　朝毎スガの
羽二重は　民もヰヤスク
永らへと　日に祈る衣《は》ぞ　（ホツマ一七アヤ）

○第十代　ワケイカツチ神の時代

なおユタカにて
十ヨロ年　瑞穂上《のぼ》れば
民ヤスク　（ホツマ二四アヤ）

○ヒコホオデミ天君のツクシ（九州）時代

ツクシ宮　ユタカに肥えて
民ヤスク　ここにも六ヨロ
年お経て　（ホツマ二五アヤ）

○上奏文の中で、イセの神臣オオカシマによって語られている。従ってアマテル神時代より第二四代天君ヲシロワケ時代に渡り常にということで、現代や未来も含まれると思う。

サヲシカ八つの
御耳に　聞こし召さるる
朝マツリ　普く通り
天照らす　ヲヲン宝の
ヰもヤスク　ヤス国宮と
称ゑます　（ホツマ上奏文より）

元の日の輪に
かえまして　アオヒトクサお
照らします　この故君も
臣民も　ヰおヤスクぬる
御《をん》恵み　（ホツマ上奏文より）

ヤスシは心の状態をいう。そしてヰヤスシのヰは居ることで生活することと同義。ヰヤスシは生活がしやすいことであるが、それとともに心が穏やかで平安な状態も表していると思う。心穏やかで、生活のしやすい状態を表す。

そのためには食料、衣料、住まいや生活必需品などのユタカさが必要である。これは国民の願いでもある。

そしてこれらは、日々の国民の勤勉な労働と、日々のマツリによって整えられていく。ホツマ全体の内容や今ここで取り上げた記述などによって、マツリの大きな柱の一つは、国や国民の「ユタカ」「ヤスシ」「ヰヤスシ」の実現と継続であると思われる。

〈ホツマツタへと基本的人権〉

基本的人権はホツマツタへと関係ないと思われるかもしれない。しかし、第二編で取り上げたように、大いに関係がある。基本的人権が守られないと民の豊かさや居安《ゐやす》さが実現できない。そして国民の豊かさと居安さが満たされているということは、基本的人権も守られていることになる。

神道には教義がないと言われている。その教義が存在し、さらにその中に基本的人権に関わる教ゑが存在することになる。これも紀記がホツマツタへを完訳しなかったために起きた現象であり、他の重要事項と同じく、ヲシテ文書とともに現代に蘇ることとである。

基本的人権は近代になって西欧で確立した思想であると言われている。しかしヲシテ文書によれば、このような思想は我が国のヲシテ時代には存在し、実践されていたと考えられる。というのは、国民は大切にするというのが神代の伝統であるからだ。

天君と国民との関係は親子の関係でもある。

　　アオヒトクサの
ことごとく　天の御祖の
賜（たまもの）と　守らぬはなし　（ホツマ一七アヤ）
　　御子カモヒトは
日継ぎ受け　ミヅホお移す
タガの宮　治むる民お
子の如し　天に応うる
神の名も　御祖天君　（ホツマ二八アヤ）

そして、我が国の政治の最終目標の一つは国民が豊かで居安く暮らせるということである。

基本的人権の前提でもある生きる権利（自然権）、生命の尊重（自己保存）については、ヲシテ時代には国民一人一人の命は尊ぶべしとされていた。

基本的人権に反することが行われれば、国民の豊かさと生活のしやすさは実現しない。例えば自由権の内、精神的・人身・経済的自由がある程度なければ居安い生活にはならない。従って国民の豊かさと居安さが満たされているということは、これらも満たされているということになる。

そして何らかの理由により精神的、人身、経済的な自由が極端に圧迫される事態になれば、それを排除される。親が子に行うような細やかな配慮がされると考えられる。村々や国々の掟があっても、豊かさや居安さを極端に犯さない範囲内の規則であろう。経済的自由権の中の職業選択の自由についても、「臣となれ民」とあるように、厳格な身分制度は無かった。

また社会権のうち生存権「健康で文化的な最低限度の生活を営む権利」については、ヲシテ時代は国民の豊かさ、居安さは守るべきこととされている。そして教育を受ける権利ではヲシウド（教ゑ人）がいるので、既に子供達の教育も行われていた。また幼児からの教育は大変重視され、実践されていた。ユルノリは現代の我々が学ぶべき教育の奥義であろう。更に「教ゑお常の　ワザとなせ」とあるように、民への日々の教ゑは臣の努めとされているが、これは現代教育制度より進んだ思想と思う。

このように基本的人権は、国や国民が豊かで生活が快適な状態であるならば、かなり多くのことが満たされていると思われる。勿論時代が違うので現代とは全く同じものではないかもしれない。しかしこれらが大幅に外れていれば国民の豊かさと生活のしやすさにならない。君臣はそれを改善しようとするのがヲシテ時代の我が国の伝統である。

〈命の尊重、生存権〉

命は尊ぶべしという教ゑは神道の極めて大切な教義であり、基本的人権・生存権と一致する。命は尊ばなければならない。そしてコトバだけに終わらすことなく必ず守らなければならない。これはアマテル神の教えである。我が国の国法として既にこの考えは、約三千二百年以上前から存在する。

アマテル神の詔

思へイノチは
身の宝　諺もせな
ヨロ君も　一人イノチの
変わりなし　（ホツマ一五アヤより）

イノチが天から授かるタマとシヰを結ぶ。イノチは臓器でいうと、五クラのうちのタマナカコ（心臓）であり、タマナカコに宿る。人が亡くなると、タマとシヰはモトアケに上り、またモトアケより下される。何千年、何万年も前からイノチは尊いものである、尊ぶべきであるというのがヒノモトの国の伝統である。「補説その九「コトワザもせな」について」参照。

他にも第一九代ヤマトフトニの天君（孝霊天皇）に次の詔がある。

鹿犬千《ち》より
人一人　タケミナカタの
ノリなりと　（ホツマ三二アヤより）

天成る道は原始から始まり人類、自然、宇宙全体に亘る偉大で壮大なる道である。しかしだからといってそのために一方的に国民を痛めつけ、犠牲にするというのは大きな間違いで、国民一人一人の命を大切にするというのが天成る道の目標である。天成る道はあらゆる分野が含まれるため、中には国民との摩擦が生じる政策もあろう。知恵を絞り、摩擦は最小限に収める。

しかし、天成る道に逆らってくる者たちには対抗し排除する。例えば外国から天成る道を犯し、我が国に侵略する敵には断固対抗する。また、国内にも毎日のようにありとあらゆる犯罪が起きる。中には、親殺し、子殺しもあり、人を何人も残虐に殺す極悪犯罪もたまにニュースに上る。これは捉えて命を去り魂断ち（注）をなすこともある。

（注）「命を去る」「魂断ち」などについてはホツマツタヘ本文に載る。

〈民の教導〉

国民はヤマトの国を支える存在であり、大切にされるのがヤマトの伝統である。しかし国民には到らないことが甚だ多いのも現実であり、これはいつの時代でも変わらず、神代より永遠の問題である。

例えば現在全国民のほんの一部であるが、窃盗、詐欺、放火、暴力、殺人などのありとあらゆる犯罪が日常的に起きている。そのためには次の教義が必要になってくる。ホツマ一七より、アマテル神の詔

　臣等ひめもす
倦まなくて　教ゑお常の
業となせ

同じくその後に

　教ゑぬ者は
臣ならず　教ゑ受けぬは
民ならず

君臣の道とあるように、臣が君に代わってこれを行う。臣達にはこういう役割も求められる。いつのどんな時代にも、国民には身近で日々の継続的な教ゑが必要である。これを行う臣は、当然神や神に準ずる者でなくてはならない。偽臣や魔物では世が大いに乱れる元になってしまう。

〈自由な身分制度〉

三千二百年以上前より、我が国には身分制度は原則ないというのが本来の伝統である。努力をすれば大臣にもなれる。

次はアマテル神の詔で、イセの道の一部である。

　～　民となせ臣　（ホツマ一七アヤより）
臣となれ民

そしてこのアマテル神の歌は、アマノコヤネ神によって次のように説明されている。

　かくの教ゑに
導きて　民も居安《ゐやす》く
賑はせて　その国保つ
者有らば　末民とても
上の臣　必ずヲシテ
給ふなる　御歌なりける

この場合のヲシテは称号で地位はそれに伴う。アマテル神からのヲシテはこの世の最高の名誉である。民の末の位であっても、努力次第で臣になることができる。これが我が国の古来からの伝統であり、教ゑである。多くの箇所と同じく、この箇所も日本書紀、古事記や先代旧事紀などには全く載らない。

〈教育の奥義・ユルノリ〉

教育の大切さは現代でも良く言われることである。教育権

は社会権の一つである。社会権は一八世紀頃、イギリスの産業革命による労働者への搾取に対抗するところから始った。一九四八年の世界人権宣言にも規定があり、大東亜戦争後の世界各国の憲法にも規定されているそうだ。しかし我が国では、これより遥か古代から、その重要性に言及し、実行されていた。トコヨ国の初代クニトコタチ神の時代には

　教ゑお民に
習はせて　クニトコタチの
神となる　（ミカサ文ハニマツリのアヤより）

またイサナギ・イサナミ神の時代には

　民のコトバの
フツ曇り　これ直さんと
考えて　五根七道《ゐねななみち》の
アワ歌お　上二十四声
イサナギと　下二十四声
イサナミと　歌ひ連ねて
教ゆれば　歌にネ声の
道開け　民のコトバも
整えば　（ホツマ五アヤより）

これは我が国の義務教育の起源であろう。また「あめつち」「たゐにの歌」「いろは歌」などが凡そ今から千年位前には用いられていたようだが、アワの歌はそれより二千年以上古い。日の本の識字率は江戸時代には世界的にも高かったが、その理由は解っていない。それは二神時代からの伝統があったためといえよう。

アマテル神の時代には教育は更に深化し、ユルノリを重視する。幼い時からの教育方法を誤ると国が乱れる元になるので、教育を大変重んじていた。

　荒ダケ心
子に求め　聞き過ぎ拗《ねじ》け
横縞の　ハタレとなるぞ
マスヒト等　幼《おさな》の時は
拗けの芽　早改めよ
既に前　ノリお誤る
マスヒトの　褒め過ぎ拗け
横縞が　縦おモヂケ（注）て
常闇の　涙やわして
やや鎮む　（ホツマ一七アヤより）

そのためにはユルノリが必要である。ユルノリとはゆっくりした教ゑの法である。人を育てるのには時間をかけてゆっくり教える。アマテル神のユルノリの教ゑは建物の柱に例えて語られている。

初よりも　良からで技お
返すとも　百々千教ゑて
覚ゑずば　鎮むる杖に
また教ゆ　ゑゑ子は頼め

教ゑ殿　手元も松（待つ）の
シモト杖　生ゑるままにて
培へば　三十年《とせ》ややに
伸び栄え　百の造り木
三百の梁　五百は棟木ぞ
人ノリも　十年《そとせ》ほぼ成る
三十の梁　五十は棟木の
イサオシも　篤き恵みの
ユルノリを　必ず倦むな
はやるなよ
（ホツマ一七アヤより）

「シモト杖」は教鞭（教師が授業に使うむち）のこと。この持ち手は松の木で作るが、それは待つの意味を込めている。「造り木」は細工や装飾するための材木であろう。二つともこの意味では現代に伝わらない。ユルノリの教ゑはいつの世にも変わらぬ教育の神髄であろう。教育の奥義であり、教育は国の基本なので国法である。この教ゑを元に各時代に合わせて教育に取り入れるべきであろう。

例えば現代では、企業はなるべく若い年代からの優秀な人材を求める。それはそれに対応すればよいのであって、それとユルノリとをうまく工夫して共生していけばよいことである。伝統はしっかり受け継ぎ、その上で現代に活かしていく。これにより伝統が生き続ける。その前に伝統とは何かを知ることが必要であるが。

（注）もぢく　一般の国語辞典には載らず方言辞典に載る。「よじる、ねじる（三重・愛媛・対馬）」「破壊する、こわす（和歌山）」などの意味がある。

〈建国以来の平和主義と専守防衛〉

我が国は建国時から平和国家である。建国時の初代クニトコタチのトコヨ国の時代よりノリ（法）のみで治まり、武器さえも無かった。前にも挙げたが、

クニトコタチの
世にはまだ　矛無き故は
素直にて　ノリを守れば
矛いらず
（ホツマ・二三アヤより）

それが長い期間、第六代オモタル天神の世くらいまで続く。その後「民鋭《と》きすぐれ　物奪ふ」ことにより、対抗するために斧により自衛する。しかし、斧は木を切る器のため、さらに矛を造って対抗する。

民鋭《と》き優れ
物奪ふ　これに斧もて
切り治む　斧は木お切る
器故　カネリに矛お
作らせて　鋭《と》き者切れば
（ホツマ二三アヤより）

我が国は元々専守防衛が伝統である。これが二神の天のサカ矛の源であり、これも自衛のため。その後さらにツルギを造ることになる。

鋭《と》き矛振らば
速やかに　通らんものと
ツルギ為す　（ホツマ・二三アヤより）

これが三種の神器の一つヤヱガキの剣である。そしてなぜヤヱガキと名付けたのか、その意味の一つは八重垣は天君、国を守るのもそうだが、臣達や国民自らを八重に守るためのものなのである。

もし民驕り
身の程も　忘れて遂に
剣受く　受けさせじとて
身の垣よ
〜
臣・小《こ》臣　驕り忍びて
道守れ　我が身のための
八重垣はこれ　（ホツマ・二三アヤ）

こういう高度な思想も含めて、紀記や旧事紀には全く載らないので現代に伝わらない。これに限らず重要なことはほとんど紀記などには載ってない。ホツマツタへにより初めて現代に蘇る思想であり、大切な教ゑである。

このように我が国は平和国家であり、専守防衛が伝統である。しかし、現代は事情が違ってきている。というのは核兵器搭載の弾道ミサイルの出現である。専守防衛は攻撃されたら守るために戦う。しかし、ＳＬＢＭ（潜水艦発射弾道ミサイル）、弾道ミサイルや核弾道ミサイルの出現によって、守るための作戦会議を開こうと議場に向かっている間に、攻撃され全滅してしまうのである。

迎撃ミサイルがあるから打ち落とせるという論もあるが、それは難しい。迎撃ミサイルはいつ、どこで発射すると解っていれば多少は効果があるかもしれない。しかしそれは事前には解らない。大量のミサイルや潜水艦による不意打ち攻撃もある。

ヤマトは通常のミサイルによって壊滅される恐れもある。それは全国限無く何十箇所と散らばる原発である。そこに巡航ミサイルを撃ち込まれたら、ヤマト中に何十発もの原爆が落ちた状態になる。原発は知らぬ間に、いつの間にか全国に何十箇所も造られてしまった。外国軍が責めてきたら守るという専守防衛は伝統であり基本である。それに加え、現代ではＳＬＢＭ、核弾道ミサイル弾や原発へのミサイル攻撃をさせないという防衛も必要な時代である。この方法は存在するので、これを国民が真剣に考える時代であると思う。

前にも取り上げたが、平成二七年の世界の核兵器保有数は、ロシアが約七三〇〇発、米国が約七〇〇〇発、フランスは約三〇〇発、中国は約二六〇発、イギリスは約二一〇発、パキスタンは約一三〇発、インドは約一二〇発、イスラエルは約八〇発、北朝鮮は約一〇発の核弾頭を保有しているそうだ。

また水爆の威力は、水爆の大きさにもよるが、単純に原爆の四〇〇倍から一〇〇〇〇倍の威力があるそうだ。水爆は起爆装置に原爆を使用することからして、いかに大きな破壊力があるかが解る。長距離弾道ミサイルの速さはマッハ２０以上で、それを迎え撃つ迎撃ミサイルの速さはマッハ四～五。長距離弾道ミサイルの大陸から日本への到達時間は一〇分から二〇分位であるそうだ。またサイバー攻撃は先に攻撃するのが絶対有利だそうだ。先に攻撃されたら反撃は難しいが、それを一瞬でやられてしまう。平和主義、専守防衛は我が国の建国以来の伝統であるが、それを土台に各時代に対応する専守防衛が必要となる。

〈武力による国の支配の禁止〉

武力のみで国を制圧し、その国を勝手に支配することは天成る道に反することであり、禁止されている。国の内外とも同じ。

アマテル神の時代、弟のソサノヲは周りにたぶらかされて、中央政府を攻撃する。おそらく政府を転覆させて日の本を我が物にしようとしたと思われる。次の歌はそのソサノヲを強く諫めた歌である。アマテル神のソサノヲに対するワカの歌

国望む　　汝汚く
　　道なす歌に
「天が下　　やわして巡る
日月こそ　　晴れて明るき
民のタラなり」

（ホツマ・七アヤより）

国神になるのであれば天成る道を為すべきで、そうすれば自ずと国神になる。アメノリを為さずに、武力により、汚く国を望むのは甚だしく間違っている。

このように武力によって国を支配してはならない、という教ゑはホツマツタへの主要な柱である。それは後の時代に国が乱れ、それを平定したヤマトタケ・アツタ神によっても歌われている。ホツマツタへを貫く大いなる教ゑの一つである。

　　シライ鳥なる
ヤマトタケ　　曰くヲヲ神
ソサノヲに　　曰く「いかんぞ
国望む　　アメノリ為せば
国の神」　　教ゑの歌に
「天が下　　やわして巡る
日月こそ　　晴れて明るき
民のタラチネ」

（ホツマ・四〇アヤより）

これらの極めて大切なワカの歌やそのいきさつも紀記、旧事紀にはない。この歌が神代の時代から今日まで日の本の国家理念として守られていたなら、戦国時代、それに続く徳川時代、シナ事変や大東亜戦争などはなかったのではなかろうか。良い方向に向かっていたのに間違いない。何百万人という尊い人々の命が救われたかもしれない。

〈農業の振興と歴史〉

農業はマツリの基盤である。初代クニトコタチ神の時代位

から農作物の栽培が始まり、それ以降は農業が国の産業、政策の中心になっていく。それが何千年間続き、近代まで日の本の経済そのものを支えてきた。ホツマには多く記されているが、紀記などにはほとんど漢訳されていないので、この歴史があまり伝わらなかった。

おそらくクニトコタチ神より本格的に始まったであろう農業は、時代が移るに従い次第に進歩していく。クニトコタチの時代以降、作物造りにより細かな管理ができるようになる。暦が創られるからである。クニトコタチ神と子のトシノリタマメ神により、キツヲサネ（五クラ）とアミヤシナウ（六ワタ）とトホカミヱヒタメのヱトから六〇ヱトが創られる。クニトコタチまでに使用していた暦は一年をトホカミヱヒタメの八つに分けたものである。クニトコタチとトシノリタマメはこれにさらに六〇ヱトを考案し、日ごとに細かく木の実、作物などを観察、栽培、管理し食糧の増産に資した。

これらは国民に教えられ、大いに喜ばれたようだ。ワスキの宮に五クラ・キツヲサネと六ワタ・アミヤシナウが祀られている。

クニトコタチの代の食料は栗やクルミなど、木の実を中心としたものであろうが、粟《あわ》・稗《ひえ》・豆・麦や米などの他の食料も常に模索・研究していたと思われる。クニサツチの子・ウケモチが初穂をトヨクンヌシに奉っている。

クニサツチ　生むウケモチの
八代《やよ》の孫　今のカタなり
ウケモチが　八月初日に
成る初穂　トヨクンヌシに
奉る

（ホツマ一五アヤより）

その後代々畑作、稲作を中心に行われていったが、二神はこれをさらに全国に押し広めていく。

天の神　継ぎなくマツリ
尽きんとす　かれイサナギに
のたまはく　トヨ・葦原の
千五百空き　水穂の田あり
今し行き　シラスべしとて
トと矛と　授け給はる
トはヲシテ　矛はサカ矛

（ホツマ二三アヤより）

国造りにはまず国民の食糧問題は欠かせない。そのために二神は農業を教え広め、それを国家経営の基盤とした。主に全国「千五百空き」の葦原を瑞穂の田とするために、主に稲作を中心に教え奨励していく。葦原は捨ておかれた湿地帯であろうから土地の国神との争いも少ないし、米が採れれば潤うので国神にも喜ばれる。そして米は多くの国民を養える。それ以来、今でも米はヤマト国の主食である。

民には鋤《すき》、鍬《くわ》の利用や荒鋤の牛、馬の活用や荷物などを負わせ、運ぶことを教え奨励する。鋤、鍬などは畑作、稲作共に役立つ。また「蚕《こ》飼ひの道」を教えているので地域産業の振興と共に民の衣類もさらに豊かになる。また二神の仮宮、宮殿や臣達の住まい、また増える民達の住まい造りなど、建築も進歩し、発展していったと思われる。

二神は全国に、田畑の開墾による農業の道や蚕の絹織物の道など多くのことを教え広め、国の秩序を充実させるという業績を成し遂げていく。

　　ヨロ物生みて
ヒトクサの　御食《みけ》も蚕《こ》飼ひも
道なして　ワイタメ（注一）定む
（ホツマ二アヤより）

イサオシ（注二）や
二神の　継ぎて普く
ノリ（注三）巡り　民の教ゑは
鋤鍬《すきくわ》や　角有る無きの
けだものお　乗りムマければ
馬と為し　乗りウシければ
牛おして　田の荒鋤や
荷物もの
（ホツマ一八アヤより）

鋤、鍬はおそらく木製であろうが、使いやすく質の良い物を造るには専門の職人が要る。また馬や牛に取り付ける付属の道具作りも専門家でないと難しいだろう。そして二神は全国にわたり開墾を進めているので、その職人の集団も教え育てるということになる。

多くの地域に毎年米を安定して豊作にするには、今の農業指導員のような人々が必要となる。米作りには色々な技術が要るためである。大規模に米作りを行えばその運搬もまた大事な仕事となる。大量の米は重く、人力だけでは無理で牛、馬が要る。また全国各地の豊作地から不作地に米を運ぶことも必要になる。すると専門の牛方、馬方も必要。また牛や馬で荷物を運ぶためにはいろいろな付属道具が欠かせない。特に牛や馬を馭するために口に付けるクツワは必要で、これは金具であったろう。

当時は米が通貨の役目を担っていたと思われる。米が多く取れるようになれば、貴重な鉄なども農機具などに使えるようになる。タタラ製鉄も古くから行われていたようなので、クツワや鎌などは鍛冶屋が造っていたのではなかろうか。鍛冶屋の仕事も増え、人手も増える。

米が大量に流通して貨幣代わりになると、それを生業にするアキド（商人）が生まれる。国が栄え増えていくと、その中心となる社の数も増えるので、それを造り維持する匠の人数も多くなっていく。アマテル神の教ゑの中に匠（たくみ）・商人（あきど）が出て来るので、既に素朴な手工業集団、商業などが存在していたと思われる。

このように全国で米作りが盛んになると、関連する産業も増え栄えていく。人も増え、村や国も大きくなり増えていく。アマテル神の時代にはこの政策を更に発展、深化する。そして御孫ニニキネによる大規模農業土木の開発により、今まで作れないような土地にまで水田が作れるようになり、稲作造りが全国に格段に広まっていくのである。御孫は第十代ワケイカツチの天君となり、それ以降の天君の基盤が整う。

（注一）ワイタメ　ヲシテ文書のみに記される古語で「国家や社会の秩序」という意味。

（注二）イサオシ　功績。

（注三）ノリ　「乗り」と「宣り」。

〈初穂（税金）　初穂思想〉

クニトコタチ以来、タカマは政治の中心である。タカマは宮殿を構え、宮殿直轄地の田畑で米や穀物などを作り、宮殿内の施設で衣類など必要なものは作る。ただ、全国のマツリを司るためには初穂（税金）は必要となる。それは現代も同じ。

ホツマツタヘの中で、初穂についてあまり記事がないので重要視していないかというと、そうではない。

コシウシロ　初穂収めず
また向かう
（ホツマ三二アヤ）

コシウシロは越後のヤマトコトバ。初穂を納めないために戦になることもある。初穂を納めないということは天成る道を理解せず、天成る道に基づく他の多くの政策にも従わないことを意味する。そして初穂を納めることは当然のことで、当然のことを行わないのだから戦にまでなる。

しかし、よくよく民のことを考えて初穂の徴収をしなければならない。民への労りがなければ神も鳥や犬と同じである。イニシへの租税は米以外にも労力を提供した。御幸や初穂の移動、情報などの伝達に国民の協力が必要となる。ホツマ三四アヤに

民に負《おお》せる
イトマ開け　ユハズ・タズエの
貢ぎ止め　民賑わせて
ソロの時　直りて安く
この御世お　ハツ国しらす
ミマキの世（注一）

とある。「民に負せるイトマ」「ユハズの貢ぎ」「タズエの貢ぎ」などの税金が増えていく。

そして日の本各地で国々が増えていくと、その国々で悪しき政治が行われていないかを監督、監視するのがイニシへより大問題であった。初穂もその中心の一つである。これをいかに解決するのかにタカマの神々は知恵を絞った。アマテル神のヨコベ、ツウジ、目付の制度やニニキネ御子のニガマダラ、トリヰの充実など。

またそもそも生産物全体そのものに対する考えを糾すのも必要なことである。次のイセの道の一節は初穂に対する思想を表している一つであると思う。登場神はカスガ・アマノコヤネと、かつてイヅモを追われたオホナムチで、この二神の問答の一節である。

カスガ又　「ウイお知れるや
天に受け　天に帰るぞ」
カスガ又　「君にても欲し
民は直　　スズカの文お
見ざるかや」
（ホツマ一三アヤより）

「ウイ」は天の御祖による宇宙創造の初めの一息のこと。

「天に受け　天に帰る」とは。天の御祖により宇宙が成り、人や自然など地上の全てのものが生まれた。御祖神からのたま物である大自然に、同じくたま賜である人々が農林漁業などにより働きかけて得る物は天の御祖からの授かり物である。そのため、生活に必要な物は受け取り消費し蓄え、残りは天の御祖神である天に返すことになる。そして国民のためのマツリを行うことにより国民に戻す。このように生産物も循環する。天のタカマは地上では朝廷であり、地上の御祖神は天君である。従って朝廷に初穂を納める。

例えば米は、御祖神による人、土地柄、季節、土質、水、温度などの人手と自然条件など多くのものが揃って初めて実る。五穀豊穣のお祭りは、神社の守り神に感謝することであろう。守り神はタカマ、御祖神に通じる。漁師さんも信仰心が篤く、今でも漁をする直前まで神に祈っている映像をよく見る。海の幸や海の神も御祖神に繋がる。収穫したものは神に感謝し頂き、一部を神饌として神に捧げる。神饌の源は初穂（税金）でトコヨ時代の行いを伝えていると思う。

民は自分が汗を流して働いたのだから全て自分で欲しい。国神も自分の国で取れた物は全て己の物にしたい。しかしこれは天法《あめのり》を外れた行いである。オホナムチはここを誤ってしまったと思われる。

全国から集められた膨大の初穂（税金）は天君のいるタカマに上げられる。国民に政治を行い、農業や生活の指導などをして無理のない初穂を徴収する。そしてこれらを管理警備し、これに関わる民事、刑事事件などを担当したのが物部であろう。農業には生産するための農業資材が必要で、できた作物にも維持・管理・運搬等にいろいろな事が必要となる。初穂には米を中心に山海の物や織物、建材など多くの物があったと思われる。大物主はその神である。

タカマの君や神々はタカマを維持する初穂は使い、他は国民の生活を豊かに居安くするためのマツリに使用し、国民に戻す。天として受けた物はまた下し帰す。

タマシヰのように初穂も国民とタカマを循環する。これが「天に受け　天に帰るぞ」の意味であると思う。そのため天地《あめつち》に滞りがなくスズカとなる。

（注一）紀記がこの箇所を巧妙に改悪している。この時代は第二十二代ミマキイリヒコ天君（崇神天皇）の世で、前後の物語の流れ、登場人物、共通するコトバなどにより、紀記ともホツマのこの場面を漢訳したのに間違いない。

しかし、この箇所を紀は「始めて人民（おほみたから）を校（かむが）へて、また調役（みつぎえだち）を科（おほ）す。これを男の弭調（ゆはずのみつぎ）、女の手末調（たなすゑのみつぎ）とい謂ふ」。

記は「是に始めて男の弓端（ゆはず）の調（みつぎ）、女の手末（たなすゑ）の調（みつぎ）を貢（たてまつ）らしめたまひき」とする。そして弓弭の貢ぎの意は「獣肉・皮革等の狩猟生産物」、手末の貢ぎは「絹・布等の手工業生産物」と解している。

ホツマでは「貢ぎ止め」とあるが、呆れたことに紀記はそれぞれ「調役を科す」「調を貢らしめたまひき」と正反対に税を徴収している。物語の前後はほぼそのままにして、僅かに紀は「科」、記は「令貢」を加えることによって、天皇の権威を最大限に利用し、最大の改悪を行っている。極めて悪質な手法である。これでは国内の反乱がまた再燃してしまう。それなのに紀記はそれぞれ「天の下、大きに平らかなり。故、称（はじめま）して御肇国（はつくにしらす）天皇（すめらみこと）と謂す」「故、その御世を称へて、初国知らしし御真木（みまきの）天皇（すめらみことと謂う」とつじつまが合わない。つまり国民に重税を課したのでその代を称えた、天下太平になった、と余りに国民生活を無視し、当時の政府の一方的に都合の良い締めくくりになっている。紀記はホツマのこの箇所を悪質に改悪し、日の本全国、全国民に対する重税の根拠にしようとしたと思われる。紀記の書かれた時代がこうさせたのであろうが、なぜホツマの多くの箇所が改変されたのか、示唆している箇所の一つであると思う。

〈国民を我が物にせざるべし〉

第二編の「マツリ（政治）とは」でも取り上げた

兄弟《ゑと》しかと聞け
国民お　我が物にせな

は第九代アマカミ・ホシホミミによる二御子・テルヒコ（クシタマホノアカリ・アスカ央君）とキヨヒト（ニニキネ・ハラ央君《をきみ》・後に第十代ワケイカツチの天神）への遺言のような詔である。

同時に君臣の道により国政を司るトミ達の守るべき義務でもある。これは神道の重要な教義である。国民を我が物にする政治は伝統のマツリではなく、天成る道に反する行為である。大切なのでここでも取り上げた。

〈国民の労りを知るべし〉

第二編でも取り上げている。これも実現するには簡単そうで意外に難しく軽視されがちと思い、ここでも再度取り上げた。

政治家は国民の気持ちや生活が解っていない、という話は良く聞く。現代でも神代でも同じであろう。御孫キヨヒト・ニニキネはここを重点的に直そうとした。

これ神の　御子に教ゑて
「労りお　知らねば神は

摂り居ぬ（摂り居ぬ、鳥犬）ぞ　ホツマおナメて
トリヰなりける」
（ホツマ二一アヤより）

政治家は国民生活を良く知らなければならず、知るように努力をしなければならない。現代でもこれは難しいようなので、政治を志す人たちには良く会得できるように何か具体的な仕組みを考えるのがよいと思うが、これはホツマツタヘにのみ記される。後に第十代ワケイカヅチの天君となるニニキネ神の教ゑであり、神道の大切な教義の一つであると思う。

〈神社とトリヰ（摂居）〉

第一編や補説「トリヰ（鳥居）とは」「神社とは」でも取り上げている。現代、神社やトリヰの起源はよく解っていない。しかし、ヲシテ文書には神社の起源が記され、ヲシテ文書通りに現在約八万社の神社がトリヰと共に日の本中に存在する。神社の源は初代クニトコタチ天神によるムロヤより始まる。これよりヤシロ（社）、ミヤトノ（宮殿）が成り、民の家も成る。

神のヤは　我聞くイニシ
ムロヤ建つ　ムのタミメより
ヤネお為す　民に教ゑて
（ホツマ一七アヤより）

家造りの　元はトコタチ
ム手結び　室屋造りて
民お産む　後ヤ手結び
社なる　これに居ますする
（ホツマ二一アヤより）

今の宮　クニトコタチの
室屋より　ミヤトノ造る
（ミカサ文ハ二祭りのアヤより）

約六千年の歴史があると推定される。トリヰもモトアケに関係すると考えられるので同じ歴史があると思われる。天神は宮殿にいてモトアケを祀り政治を行う。神社があらゆる中心地であった。そして国造りが進み子孫が増えて行くにつれて、代々の天神や御子達、臣達、国神達の住まいや魂を祀る場所として日の本全国に増えていった。そして現在、神社とトリヰは日の本中何万と存在する。

より詳しい神社とトリヰについては、「補説二　トリヰ（鳥居）とは」、「補説三　神社とは」を参照してもらいたい。

〈万姓一系の思想〉

我が国初代クニトコタチ神より第一三七代明仁今上天皇陛下を万世一系という。万世一系というコトバ自体は岩倉具視が使用したといわれ、大日本帝国憲法にも使用されている。ホツマにはクニトコタチのコトノリとして第五代タカミムスビ・トヨケ神により「君は幾代の御祖なり」と記されている。

これ以外に我が国には万姓一系の思想が存在する。万姓一系はホツマツタヘによって初めて現代に蘇る思想である。辞

書には万姓は載るが万姓一系はない。万姓の意味は「多くの民。万民。庶民」のこと。万姓一系とは万民《よろたみ》は初代クニトコタチの子末であるという思想である。万姓一系は筆者の造語。ホツマ一四アヤのアマテル神の詔より

　　ヨロの齢の
御子と彦　やや千代保つ
民も皆　クトコタチの
子末なり

ヒコは御子に連なる家系であろう。そして代々義務を果たす国民もクニトコタチの子末であるという。これを表すのに万姓一系という漢字を使用。筆者の造語である。ここで注意しておくが、万姓一系であるから国民を、むやみやたらと犠牲にするということでは絶対にないということである。初代クニトコタチより国民を大切にするというのが、我が国の伝統である。クニトコタチ神は、圧倒的なあらゆる文化を民に手取り足取り教え、人々をクニタミ（国民）と為して神となった。

　　教《をし》ゑお民に
習はせて　クニトコタチの
神となる　（ミカサ文・ハ二マツリのアヤ）

国民は国の土台であり大切にする。これが我が国の伝統である。今上陛下も常に国民のことを考えているのは我々庶民からも窺え、これは初代クニトコタチの伝統を今に伝えていると思う。

国民を大切にしているのは次のアマテル神のカの鳥の詔からも窺える。

　　君とヲミ（重臣）心一つに
カの鳥の　形はヤ民
首は君　鏡はタ（左）羽
剣カ（右）羽《は》　物部は足　（ホツマ二四アヤ）

「ヤ民」は八民と屋民の意味もあると思われる。八民は四方八方、日の本中の国民のこと。そして、屋民は各々の家を真面目に代々受け継ぎ、いろいろな義務を果たして初穂を納める国民のこと。

しかし先に〈民の教導〉で述べたように、国民は常日頃の教導が必要であり、神の教ゑを聞かなければならない。神でない魔物のいうことは当然聞く必要がない。先にも挙げたが、次のアマテル神の詔はクニトコタチの伝統を受け継いでいると思う。

　　臣等ひめもす
倦まなくて　教ゑを常の業となせ　（ホツマ一七アヤ）
　　教ゑぬ者は
臣ならず　教ゑ受けぬは
民ならず　（ホツマ一七アヤ）

当然、ここの臣は神か神に準じる人でなければならない。神と偽って騙す者もいるので注意を要する。これを誤ると国

が大いに乱れ、国民が犠牲になってしまう。
万姓一系の考えは今まで伝えられなかったのでこの漢字さえもない。これはヲシテ文書にのみ記されるクニトコタチより始まる我が国の思想である。

〈神棚と御霊屋《みたまや》　神座《かんくら》・カバネの宮〉

ホツマツタヘ一三アヤ「ワカヒコ・イセスズカのアヤ」の中でワカヒコ・アマノコヤネのコトバに

　　アメのマツリお
たて置けよ　カバネ（姓）の宮に
カンクラお　申せばヲ解け
人なるぞ　　マツリ無ければ
アマ恵み　　漏れて落つるぞ

とある。第八代アマテルカミの時代に日継ぎを第九代オシホミミカミに譲る。「ワカヒコ・イセスズカのアヤ」は ワカヒコ・アマノコヤネがオシホミミや重臣達の前で、イセの道についての質問に答える形で進むアヤである。これは今に伝わる神棚や御霊屋の起源を表す箇所と思う。

「アメのマツリ」の「アメ」はモトアケ・タカマのカミガミのことであろう。「マツリ」は政治ではなく祭祀を行うこと。ただ国民にはこの「アメ」は、モトアケ・タカマを象徴するアメノミヲヤ神やアマテル神であったろうと思う。

「カバネ（姓）の宮」は臣や国神、国民などが自ら祭る各々の親族や先祖たちの宮のことで、これが今に伝わる御霊屋の起源にあたると思う。これは既にあったようにみえる。

「カンクラ」はアメのマツリを行うその宮のこと。ここにタカマやモトアケに関わる神を祭るものと思われる。国民がアメノミヲヤ神やアマテル神を祀る。これが現代の神棚の源であろう。

各家々に「カバネ（姓）の宮」だけでなく、タカマとモトアケ、またはこれに関わるカミを「カンクラ」で祭る。そうすることによって亡くなった人のタマシヰは天に上がり、また人としてこの世に生まれてくる。そして家が代々続き、子孫が増え、繁栄して、天の恵みを受けることになる。子が無いと家を継いで行けない。そしてカンクラは地域の神社に繋がりタカマ・モトアケに繋がる。イセの道とスズカの道の内容を解りやすく漢訳したものが家内安全・子孫繁栄などであろう。「カバネの宮」「カンクラ」が神棚や御霊屋になるまでには長い歴史がある。神棚や御霊屋の起源はよく解っていない。しかしホツマツタヘにはそれが記され、今に至るまでヤマト全国多くの家庭で祀られ、信仰されている。

〈食事法・健康法〉

現代のいわる日本料理、卜食（注）の原点は約三千二百年前のアマテル神の教ゑである。勿論食料は人類の古い歴史と共にあるが、それまでの長い経験と当時の理論で食事法を説いている。これも紀記や旧事紀などには全く載らない。アマテル神の教ゑは後に宮廷料理、公家料理として伝えられ、各国にも伝えられていった様子は、ホツマ一五アヤ「御食《みけ》ヨロヅ成り初めのアヤ」に記されている。これがヤマトの料理、ト食の源である。

また食料を五元素の組み合わせで説いているが、この考えを押し進めれば、今日のビタミン、ミネラルなどの栄養素になるわけで、理論的に当たっているのである。

（注）ト食　ト食は筆者の造語でいわゆる和食のこと。日本料理という名が用いられたのは一八九八年（明治三一）刊の石井治兵衛による『日本料理法大全』という書物からという。和食という名もそれ以降ということで、つい最近である。日本料理、和食の起源はアマテル神の教ゑに遡る。そこで、ヤマト、ヒノモトの食事を解りやすく、伝統のトを入れてト食とした。

我が国の食事法・健康法

ホツマツタヘには健康や食事の教ゑも記され、健康と食事はタマシヰ、タマノヲとも結び説かれている。神代から食事と健康が関係するのは当然解っている。加えてタマシヰ、タマノヲとの関係にも及ぶ。現代の方がかえって乱れている部分もある。なるべく体と心を健康に保つようにする。そのためには先ず食事から注意する。

肉食が過ぎると、血液が濁り、体に良くないのも経験的に解っていた。次はアマテル神の詔。

毛の肉《しし》食《は》めば
シム穢れ　四つなる肉は
ガホ過ぎて　縮み穢れて
身も枯るる　例えば濁る
水乾く　肉も濁れば
乾きつく　清菜《きよな》お食めば
血も清く　潮の如し　（ホツマ一五アヤより）

「シシ」は肉のことで、特に獣肉のこと。「シム」はどんな辞典、古語辞典にも載らないコトバ・古語で、この場合は神経と神経を司る中枢器官のこと。神経は血液と同じように多くの器官同士を結び五感を脳にも伝える。そこが穢れ、鈍ってしまう。

人は五元素ウツホ・カゼ・ホ・ミヅ・ハニから成り、これらがバランス良く保たれているため健康でいられる、という考え方である。そして毛物（獣）はこの内のハニ・ミヅ・ホ・カゼの四つによってなっている。「四つなる肉」はそのことをいう。「ホ」は火のことで、この場合は体温と体温を保つエネルギーのことであろう。「ガ」はカに対してのガで、陰、闇、負、濁るなどを表す。「ガホ過ぎて」は誤った体温やエネルギーが通常に保たれず行き過ぎること。

水たまりの濁り水は循環しないので自ずと乾く。そのように「毛の肉」を食べると身の血液が濁り、良く身体に回らない。新鮮でみずみずしい野菜を食べると血は清く、サラサラになり、清らかな海水のようになる。現代でもサラサラな血液が良いとされ、血液の重要性についてよく言われるが、アマテル神の世にも解っていたのである。

食事は玄米を中心にして、次に鱗のある魚を良しとした。同じくアマテル神の詔。

　　良く聞け常の
食ひものは　ソロは幸ひ
鱗《うろこいお》　魚　次なり・鳥は
ホが勝ちて　ほとんど真枯《まか》る　（ホツマ一五アヤより）

ソロとは「栄養豊富な稲、稲穂とそれから取れる玄米、精米のこと」である。玄米や清菜を中心とした食事のこと。玄米、野菜（清菜）、魚と、現代に伝わるト食の原点が解ると思う。

また食事とタマシヰ、タマノヲとの関係は

誤らば　　例え命は
惜しまねど　血穢れ故に
タマノヲも　乱れて元に
帰らねば　タマシヰ迷ひ
苦しみて　　獣の種お
アヒ求む　　　（ホツマ一五アヤより）

このように常日頃の食事により血液、体、タマシヰ、タマノヲが作用される。そのため食事は大変大切であると考えられていた。

ト食への影響力

我が国伝統と言われているト食はアマテル神の教ゑが原点である。この教ゑが天皇家で代々受け継がれ、全国各地に伝えられ、その地域で独自に発展してきた。シナノ国のスワの神にアマテル神の教ゑが伝えられたと、ホツマツタヘに記されている。

スワの神　シナノは寒く
鳥シシに　寒さ凌ぐと
請ふ故に　なお改めて
アヒ物（注）の　魚は四十あり（ホツマ一五アヤより）

スワの神は、タケミナカタかその子孫であろう。内陸で高原の寒冷地のため、決められた食料以外に、追加の食料を請うたということ。

宮廷や公家には宮廷料理、公家料理として伝わり、日の本各国にもこのように伝搬して独自に進化していった。そして今日のト食がある。アマテル神の御食《みけ》に対する詔、ホツマ一五アヤは全く紀記や旧事紀には漢訳されなかった。漢訳され残っていれば、更にしっかり伝統は守られ、違う進化を遂げたかもしれない。そうはならなかったが、それでもその範囲内でかなり教ゑは守られていると思われる。

京の料亭『菊乃井』の田村吉弘氏によると、ト食は、調味料に動物性油脂を使わない世界唯一のものであるという。また平成二五年に「和食・日本人の伝統的な食文化」がユネスコ無形文化遺産に登録された。その理由の一つは健康的な食生活を支える栄養バランスである。その内容は、一汁三菜を基本とする日本の食事スタイルは理想的な栄養バランスと「うま味」を上手に使うことによって、動物性油脂の少ない食生活を実現しており、日本人の長寿や肥満防止に役立っている、ということである。

なぜ日の本に「理想的な栄養バランス」「動物性油脂の少ない食生活」「長寿や肥満防止に役立つ」などの食事が行われてきたのかは今述べてきたことによる。これもホツマ真書の証明の一つ。ホツマツタヘに記されている通りに、「理想的な栄養バランス」「動物性油脂の少ない食生活」「長寿や肥満防止に役立つ」食事が、古来より現代に続いているからである。

(注)アヒ物　「あひもの」は辞書には「干魚、塩魚類の称。」とあり、「相物・間物」で「四十物」と書くともある。他にも「四十物屋」「四十物町」などに使用されている。なぜ「四十物」と書いて「あひもの」というのか解らなかった。それはホツマツタヘのアマテル神の「アヒ物の　魚は四十あり」の詔に基づき、今に伝っているからなのである。

どんな漢字文献にも載っていないコトバの語源が、ホツマツタヘにのみ記され、ホツマ通りに現代に伝わっている。

ト食と心、魂

食事、栄養や身体の影響については良く取り上げられている。しかし食事と心、魂との関係についてはあまり議論されないようだ。解りづらいということもある。しかしアマテル神はそれを既に指摘している。

心、魂は脳と関係はあるであろう。脳は体の一部なので体全体とも関係し、体は食物によって造られる。そのため心や魂は食物や健康と関係する。良好なタンパク質は身体によいとされる。ただ、養豚、養鶏などの施設は病気予防のために薬を使用する。また短期間で出荷しようとホルモン剤を使用していると聞く。長期に亘る大量の動物性脂肪は血液と体に良くない。そして、これらの薬やホルモン剤の脳や魂に与える影響はいかがなものであろうか。

予防医療の考え

いろいろ気を付けても病気になることはある。その時はクスリ(薬)を飲む。

　　姫は諸女《もろめ》の
孕む時　イキス慎み
教ゑます　病めるはクスリ
これお受く　　(ホツマ一六アヤより)

その前に病にならないためにいかにするか。日頃の食事に気を付けることも必要である。そして他の記述を見ても我が国の伝統の考えは予防医療の思想であると思う。例えば

　　これ身の内の
巡り良く　病ひあらねば
永ら得り　　(ホツマ一アヤより)

病が起きないように身体の巡りを良くしておく。巡りとは、血液は勿論だが、水、栄養、体温のバランスなどのことであろう。

ヒモロゲの　望《もち》の明日は
ゑ病み避《よ》け　小豆《あづき》の粥に
（ミカサ文・ナメコトのアヤより）

満月の次の日に穀物の小豆の粥を食べて病気を避ける。「ヒモロゲ」は太陽の恵みをいっぱい浴びた作物。穀物のヤマトコトバ。「ゑ病み」は、悪性の病いのこと。小豆や玄米の粥などは栄養豊富で体に大変良い。このようにまず病にならないようにするのが一番。そのためにはいかにするかである。ヲシテ文書の教える所は心や体が病にならないようにする予防医療の考えであると思う。予防医療は医療の中で最も大切なことである。正しい栄養を摂り体に抵抗力を付けて、病気にならない、ならないようにすることが最も必要。現代これが欠けていると思う。現代は病気になったらどう対処しようかということに偏重し過ぎている。

国策の予防医療

予防医療の政策を全面に推し進めれば病院、医師の数は減っていく。これが予防医療を全面に打ち出せない最大の理由かもしれない。しかし予防医療師や施設を充実させ、地位、名誉、収入を与え、そちらに医療全体の重点を移していけばこの問題は解決する。国民の健康と命を守る医師、病院などの移動に万全を期すのは当然で、財源も十二分に確保できる。病を治す医師は勿論大切であるが、病を起こさせない医療師も重要である。なによりまずあらゆる病気や怪我にならないようにすることが国民にとって幸せなことである。健康第一。国民全体が病気にならない免疫力を身につけ、怪我にならない体力を身につける。そうすれば、国民の大きな負担になっている全国の医療保険費用なども大幅に削減できる。

伝統のト薬

先ほどのホツマツタヘ一六アヤの引用文にクスリが出ているので、これについて触れる。漢方薬は四世紀頃、朝鮮半島を介して我が国にもたらされたようである。しかし、それ以前からこの引用文のように我が国独自の薬は存在していた。他にも薬の記述が何カ所も載るので掲げる。

日の本は世界でも有数の多様な植物がある国と言われている。木草の種類が非常に多い。ヤマト列島で我々の先祖は少なくとも何万年以上前から生活していた。多様な植物は常に身近にあり、長い年月の間に、木草などの植物にどういう特性があるか学習していったのだろう。我々一般の現代人よりはるかに詳しい。次は第二代大物主（クシヒコ）がヨロキの地と宮を賜る場面である。

給ふヨロキは
ナメコトの　千草万木《ちくさよろき》の
名お正す　この宮知れば

世々のため　病めるお癒す
道お分け　世継ぎは一人
ヨロキマロ　　　　（ホツマ一〇アヤ）

ナメコトで使用する草木の栽培をしていたのだろう。千草万木とあるから植物園のような所であったらしい。そこの薬木、薬草より効用が確かめられ、色々な薬が作られた。今から約三千年以上前である。そこで生まれたのが第三代大物主となるヨロキマロで後のコモリ神である（注）。

　次は天の御孫・ニニキネが全国を開拓中に寒さのために腹痛になってしまったのを、このコモリ神が診療する。

天御孫　また山巡り
ネに冷えて　腹痛む時
コモリその　御草勧めて
これお治す　　　（ホツマ二四アヤ）

　「御草」が腹痛の薬として使用されている。コモリ神はト薬に秀でていたのは前の引用文で解る。ト食と同じようにヤマト伝統の薬なのでト薬とした。

　またアマテラシマスヲヲン神の常の御食《け》はハラミ山（フヂの山）に生えるチヨミ草であったと記されている。薬草であり、かつ御食。

　　　我が常の御食
チヨミ草　世の苦菜より
百々苦し　苦菜の御食に
永らへて　民豊かにと
国治む　　　（ホツマ一五アヤ）

　三百万年以前からのヤマト列島、世界でも希な植物の多様性などや、これらの記述により、我が国では独自に薬草による薬があったのは明らかである。これらも漢訳されなかったために後世に伝わらなかった。

（注）この場所が現在の滋賀県高島市である。第一編「ホツマツタヘとは」に載せたが、このヨロキにゆかりの滋賀県高島郡安曇川《あどがわ》町西万木の日吉神社の神庫より、平成四年に和仁估安聡《わにこやすとし》直筆のホツマツタヘの完本が一族の井保孝夫氏によって発見された。また西万木の隣の青柳に与呂伎神社があり、かつて西万木と青柳一帯に「万木の森」と称する森があったそうで、ホツマの記述に合う。

　因みに他にもホツマには「オオタ」「ミシマ」「ミオ」「タナカカミ」などの人名、地名、神名が記され、高島市には現在も太田神社（式内社）、箕嶋《みしま》神社（式内社）、水尾《みお》神社（式内社）、田中神社などの神社が実在する。ホツマツタヘ通りに複数の地名や人名を伝える神社が現実に実在するのである。

〈多くの学問や各分野の見直し、やり直し〉

　ヲシテ文書に記されている多くの教ゑにより、現代の色々な分野の学問史や学問自体の見直しが必要になってくる。

　例えば前の項の関連では、我が国の医療、薬学史や根本的な医療、薬学の考えに影響を与えるのではなかろうか。ホツマ一六アヤ「孕み慎む帯のアヤ」にも出産にまつわる驚くべき記述が載る。

また古代史は、ホツマツタヘそのものが古代史なので、ホツマツタヘを読んでいないと話にならない。そして歴史は神代の古代から現代に繋がり未来に繋がっていくので、古代史のみならず我が国の歴史全体に関わってくる。

国語の基本はコトバで、そのコトバはアワの歌四八ヲシテの一つ一つを繋げたものである。しかしこのような角度からはほとんど研究されてこなかった。従ってここからやり直す必要がある。そしてヲシテ文書全体が主に五根七道の歌からなり、極めて優れたワカの歌やツヅ歌やいろいろな技法が使用されている。

国学も、本書で述べているヒト（人）、我が国の名、モトアケ、天成る道、トの教ゑ、神道などの意味や多くの国学にまつわることが今の世に伝わらなかったので再構築が必要になる。ヲシテ文書全てが国学に関することである。

憲法は遥か神代から存在し、法律もあった。刑法もアマテル神の世には既に完成されているが、これらも今の世に伝わらなかった。従ってまず、ヲシテ時代の憲法や法律体系を明らかにして、その上で世界中の良いと思われる憲法、法律を取り入れるべきである。現代は、ヲシテ文書が表舞台に伝わらなかったために、この順序が違っている。憲法、法律などの、我が国に合わせた再構築が必要と思う。

このようにあらゆる分野の見直しが必要になってくる。例えば既に挙げているが、文字の発明、宇宙創造、天文、タカマ・モトアケ、天成る道、天皇、皇室、三クサのカン宝（三種の神器）、神の道、トの教ゑ、憲法、法律、年中行事、政治、経済、立法、行政、司法、教育、軍事、外交をはじめ、国土開発、土木、建築、造船や農業、植林、漁業、商業、養蚕、織物、鉱業、たたら製鉄、または宗教、神道の体系と教義、科学、哲学、歴史、数学、医療、健康法、食事法、さらには男女、夫婦、家庭、出産など。我が国のあらゆる分野に亘る。

〈天成る道　神道と世界宗教〉

神道の教ゑと世界の宗教について、ヲシテ文書に記されている訳ではないが、ヲシテ文書によって自ずと導き出されることと考える。それはヲシテ文明とともに神道も世界に伝わり、各地域の宗教に影響を与えたと思われるからである。ヲシテ文明が大陸に伝わったのはホツマに記されているので、神道も伝わっていった。

　　　　　クスヒ良く聞け
ココリ姫　語ることは
トコタチの　八方お巡りて
西の国　クロソノツミテ
カにあたる　名も赤潟《あかかた》の

トヨクンヌ　世々治めれど
年お経て　道尽きぬるお
ウケステメ　ネの国に来て
タマキネに　良く仕ふれば
身に応え　ココリの妹《いも》と
結ばせて　ヤマの道の奥
授けます　喜び帰る
ウケステメ

（ホツマ一五アヤより）

トコタチ、カのミコト、トヨクンヌは大陸に天なる道、神の道を伝えカの国を創建した。ウケステメはトヨケ神・タマキネよりヤマの道の奥を授かり、これも大陸に伝えていった。ホツマにはカの国までしか記されていない。しかし大陸は繋がっている。当時、超最先端と考えられる神道が何千年経てユーラシア大陸の各地に伝わっていくのは当然の成り行きである。水は高きところより低きに流れる。ただそのまま伝わるのではなく時代、地域により変化し、形を変えながら伝わっていったと思われる。

神道は世界の三大宗教といわれるキリスト教、イスラム教、仏教、またヒンズゥー教、ユダヤ教などより遥か古い。モトアケ思想の体系はミナカヌシの時代の約一万年前からで、これは天成る道、神の道の大系でもある。クニトコタチからとしても約六千年前である。ただその源は約三百万前から存在するヤマト列島の自然と人類が培ってきたもので、少なくとも何万年の歴史がある。神が一人の宗教もあるが、神道には実在の神だけでも何百人、何千人といる。また自然現象に存在する神も多い。天成る道は全世界に宗教と言うコトバや概念ができる遥か以前から存在していた。そして伝統の神道にはあらゆることが含まれる。これらからして、天成る道、神道が世界の宗教に影響を与えたのは自然の成り行きと思われる。

宗教というコトバの由来

宗教というコトバの由来を見ると、この漢語はインド仏教が中国に伝えられたときの訳語のようだ。それがヒノモトに伝わる。ただしそれは一般的なものではなかった。明治維新の頃、英語の religion の訳語として宗教が採用された。その後次第に現代に使用されるような意味になっていった。かなり複雑な過程を経ており、一般的になったのは意外に新しい。

宗教の定義とヲシテ文書

『大日本国語辞典』によると宗教とは

「人間生活の究極的な意味を明らかにし、かつ人間の問題を究極的に解決しうると信じられた営みや体制を総称する文化現象をいい、その営みとの関連において、神観念や聖性を伴う場合が多い。原始宗教、呪物崇拝、多神教、およびキリスト教、仏教、イスラム教などの世界的規模のものがあり、文化程度、民族などの違いによって、多種多様である」。

前半部分「人間生活の究極的な意味を明らかにし、かつ人間の問題を究極的に解決しうると信じられた営みや体制を総称する文化現象をいい、その営みとの関連において、神観念や聖性を伴う場合が多い。」

これは次の三つに分かれると思う。

(一)「人間生活の究極的な意味を明らかにし」

(二)「かつ人間の問題を究極的に解決しうると信じられた営みや体制を総称する文化現象をいい」

(三)「その営みとの関連において、神観念や聖性を伴う場合が多い」

抽象的であるが、これをヲシテ文書と比較しながら見ていってみると、

(一)について　ヲシテ文書では神、臣、クニタミ(国民)の生活が記され、その深い意味についても述べられているので、これに該当する。

(二)について　ヲシテ文書では国民と国家の豊かさや居安《ゐやす》さのことや、これの持続的な努力の必要などが記されている。それには君臣民一体となって当たり、君が居てカの鳥の国体の国家が存在する。これらは確固とした文化になっている。これも該当する。

(三)について　神聖な天のタカマと地上のタカマの関係、その中心の天神や臣達が君と心一つにマツリを行う。またタカマ・モトアケには目に見えないタマシヰの行き来もある。これも該当する。つまり天成る道や神の道はこの宗教の定義には当てはまると考えられる。

次に『日本大百科全書』の宗教の定義を掲げるが、これもほぼ該当すると思う。「世界には日常の経験によっては証明不可能な秩序が存在し、人間は神あるいは法則という象徴を媒介としてこれを理解し、その秩序を根拠として人間の生活の目標とそれを取り巻く状況の意味と価値が普遍的、永続的に説明できるという信念の体系をいう。この信念は、生き生きした実在感をもって体験として受け取られ、合理的には解決できない問題から生じる知的、情的な緊張を解消し、人間に生きがい、幸福を与える役割を果たすものとして期待されている。また、信念を同じくする人々が、教会、教団とよばれる共同体を形成する。」

また宗教の定義は範囲が広く、複雑で、難しいことについても述べている。「宗教の定義というものは困難であり、さまざまのものがあるが、その人の宗教の理解の仕方によって分かれる」。

他の説には宗教と認めるのに教典、教義、教団、儀礼などを挙げるのもあるが、これらはそれぞれ

教典　ヲシテ文書
教義　数多くあり
教団　日の本の国全て
儀礼　二礼二拍手一礼　祭祀

となり、これも当てはまる。

つまり神道は一般にいわれている宗教の定義には当てはまる。従って宗教ではある。このように神道と世界宗教には共通性がある。なぜそうなのか。それは神道が世界の宗教に影響を与えたためではなかろうか。そのために共通性があると考えられる。解りやすいように第五図にこの関係を描いてみた。天成る道と神の道は宗教を含むが、宗教は天成る道と神の道の一部分である。

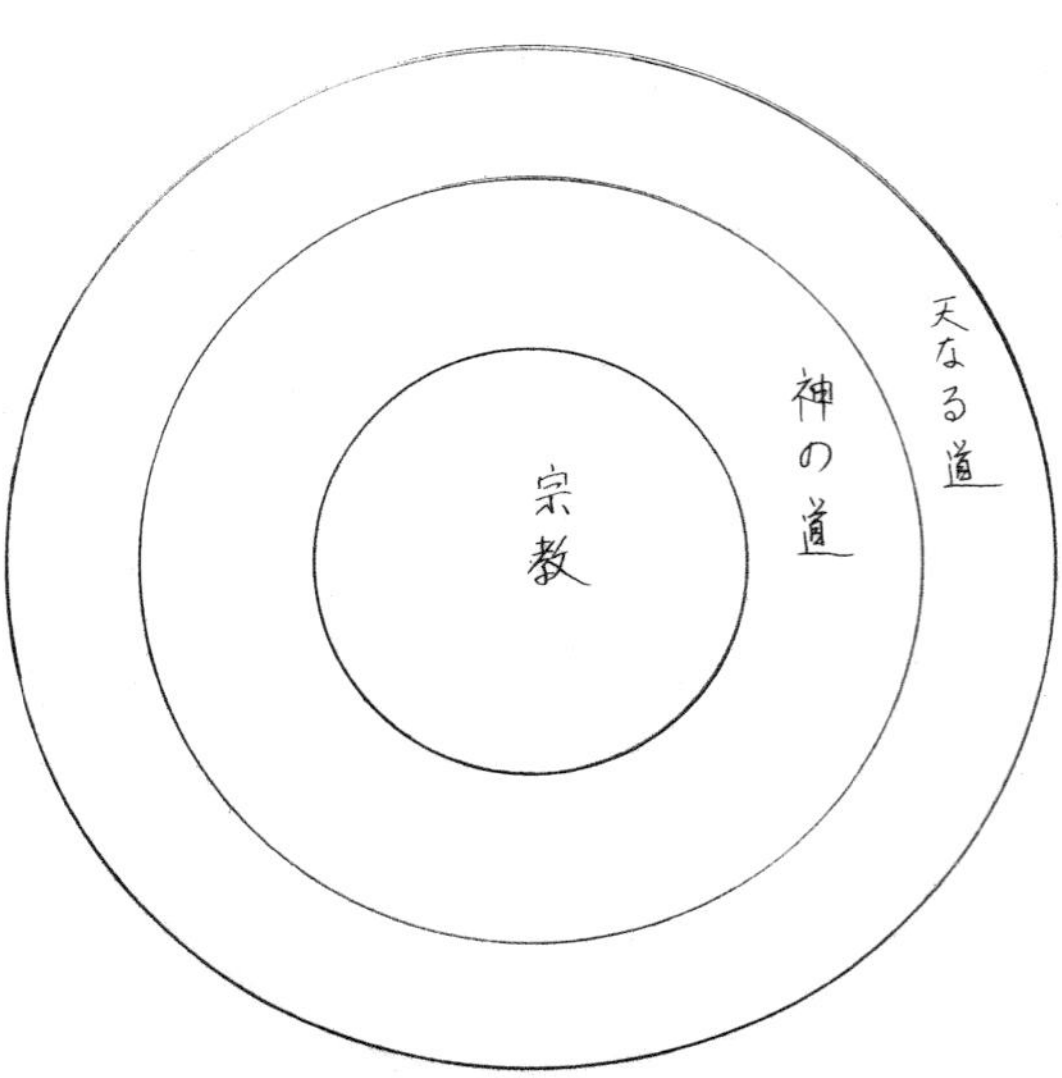

図五　天成る道と神道と宗教の関係図

天成る道・神の道から全世界の宗教へ

神道が全世界の宗教に影響を与えたという考えは我が国始まって以来であろう。ホツマを読んでいる人たちには解っていたが、これはホツマツタヘが表舞台から消し去られて以来のことである。世界史上でも始めての思想で、現在何十億人ともいわれる世界宗教の信者たちは、誰一人夢にも思っていない。これもホツマツタヘの凄い一面である。現代、比較宗教の本やそれらしき記事もあるが、ヲシテ文書を読まなければ我が国のことが解らないので、そもそも比較のしようがない。これは我が国のあらゆる分野にも言えることで神道も同じ。

神道の思想が世界の各地域に伝えられて行くにつれ変化し、その地域の古来からある信仰と結びついていく。世界宗教にはそれぞれ教典があり、そこに教義が書かれ、それを多くの人々が（教団）、特別の儀式で礼拝する（儀礼）というのは伝統の神道によく似ている。またヒンズゥー教がガンジス川に入るのは神道の禊ぎに似ている。イスラム教でも拝礼する前に水を使い清めるようだ。キリスト教の聖水なるものは産湯の儀式の名残りと思える。三位一体ということはよく解っていないようだが、これはモトアケの元、中、末とこの関連事項のことであろう。また神道とユダヤ教の類似点があるそうだが、もしそうならこれも神道が世界に広がっていったということを表している。ユダヤ教のみではなく、他の世界宗教にも影響を与えていると考えられる。

天成る道、神道の呼び名

天成る道、神の道は宗教というコトバができる遥か前から存在する高度な道である。この道は、今見てきたように、現代宗教の定義にはあてはまるが、これより遥かに長い歴史と豊かな内容を含む。第五図のように宗教は天成る道、神の道の一部である。宗教ではあるが、宗教以上の宗教であり、これを表す他のコトバはない。従ってヲシテ文書通り天成る道、神の道と表現するしかない。

〈天成る道と文化、文明〉

天なる道と文化、文明についても勿論ヲシテ文書に記されているわけではない。これもヲシテ文書から導き出されることである。

文化、文明の意味

広辞苑によると、文化とは

一、文徳で民を教化すること。二、世の中が開けて生活が便利になること。文明開化。三、(culture) 人間が自然に手を加えて形成してきた物心両面の成果。衣食住をはじめ科学・技術・学問・芸術・道徳・宗教・政治など生活形成の様式と内容とを含む。文明とほぼ同義に用いられることが多いが、西洋では人間の精神的生活にかかわるものを文化と呼び、技術的発展のニュアンスが強い文明と区別する。

文明とは

一、文教が進んで人知の明らかなこと。二、(civilization) 都市化。ア、生産手段の発達によって生活水準が上がり、人権尊重と機会均等などの原則が認められている社会、すなわち近代社会の状態。イ、宗教・道徳・学芸などの精神的所産としての狭義の文化に対し、人間の外的活動による技術的・物質的所産。

文化、文明とも一の意味は明治時代までの意味である。文明「文教が進んで人知の明らかなこと」は状態を表す。文化「文徳で民を教化すること」は動を表し、これを実行すれば文明「文教が進んで人知の明らかなこと」の状態になる。文化として、江戸時代、光格・仁孝両天皇の代の年号。享和四年(一八〇四)二月一一日改元、文化一五年(一八一八)四月二二日文政となる。出典は易教と後漢書。また文明は年号としては唐の睿宗《えいそう》の治世に使用され(六八四年の一部)、ヤマト国では室町時代、後土御門天皇の代の年号として使用される。応仁三年(一四六九)四月二八日改元、文明一九年(一四八七)七月二〇日長享となる。出典は易教。

文化の二、三と文明の二は明治時代以降の意味である。今もそうだが、明治時代初期には文化と文明は同じ意味であった。そのため文化の二に「文明開化」とある。

それ以降は文化、文明に対する西欧の思想も変わり、それを翻訳、導入したため大変複雑な過程を経て文化三と文明二の意味になる(注)。また文化、文明は進歩するので次第にこの意味も変わっていくものと思われる。

文化三の英語cultureは「耕す」を意味するラテン語「colere」に由来し、初めは土地を耕す意味で用いられていたが、英語に入り「心を耕す」の意味で用いられるようになり、そこから「教養」「文化」も意味するようになる。またcivilizationはラテン語のcivis（市民）やcivilis（市民の）、およびcivitas（都市）に由来する。従って順序としcolere（耕す）・culture → civitas（都市）・civilizationで、colere（耕す）・cultureが先であろう。

ラテン語とは、広辞苑によると「ギリシア語と共に欧米諸国の学芸に最も関係深い言語。インド - ヨーロッパ語族のイタリック語派に属する。ローマ帝国の共通語であり、中世以降も学術用語として使用された。紀元前後ごろの文語を古典ラテン語と呼び、2～6世紀の民衆の話し言葉を俗ラテン語と呼ぶ」。古典ラテン語でも紀元前後頃で、我が国の第二三代イクメイリヒコ天君の二八年頃である。ヲシテ時代の最後に属する。「カルチャー」の「カ」は「カの国」の「カ」と発音が同じで「co（コ）」も「カ」と類似する。
（注）明治期の欧米の文化という訳語は中国に輸出され使用される。因みに近代に日の本で造られた西欧語の訳語は中国に多く輸出され、それらなくして中国の近代化はできなかったそうだ。例えば「哲学、心理学、論理学、民族学、経済学、財政学、物理学、衛生学、解剖学、病理学、下水工学、土木工学、河川工学、電気通信学、建築学、機械学、簿記、冶金、園芸和声学、工芸美術」や「共産党、幹部、指導、社会主義、市場、経済、社会」など。またページにもよると思うが、毛沢東主席の実践論の四分の一くらいのコトバが日本からのものだそうだ。他に中国の憲法にも日本来源の語がたくさんあるし、その他の社会科学、自然科学関係の論文にも大体同じ傾向が見られるという。しかし、漢字の源がヲシテであるということは、中国で知る人は一人もいない。「中華《カ》」の「カ」は「カの国」の「カ」と同じである。

天成る道と文化、文明の関係

ミナカヌシの時代以前に石器、土器、漆などの文化があった。その後ミナカヌシによりヲシテが発明される。モトアケはヲシテで記されている。ヲシテの発明により、ヲシテの組み合わせから成るコトバと文が造られる。コトのハによりあらゆることを記し、後世に残せるようになる。そして各分野の知識が集積されていく。我が国の歴史はヲシテの発明により飛躍を遂げる。

そして初代クニトコタチにより人の生活の基本、衣食住が備わり、タカマ・モトアケによる天成る道が飛躍的に充実する。トコヨ国が成り、国家体制が整い安定し、モトアケとモトアケの中心・クニトコタチ神よりあらゆる文化が発展していく。

つまり天成る道とは文化・文明のことでもある。漢字の文化・文明に対応するヤマトコトバが天成る道と考えられる。

先の辞書の意味にもほぼ重なる。

しかし、全く同じかというとそうでもない。ヲシテ時代の伝統の天成る道には我が国独自の神、天神、タカマ、モトアケ、君臣の道、神道、トの教ゑなどが含まれているので、一般にいわれている文化・文明より範囲が広く、内容が深いと考えられる。つまり天成る道＞文化・文明。そして天成る道はヲシテによる文明であるのでヲシテ文明であり、本書でもヲシテ文明を使用している。

〈世界文明論、宗教論の見直し〉

ヲシテ文明は現在の朝鮮半島、東ユーラシア大陸に伝わったのはホツマツタヘにハッキリ記されている。ヲシテ文書にはその先は載らないが、大陸は繋がっているのでその先に伝わらない方が不自然であり、伝わって行ったのは間違いない。これは補説「ヤマトコトバ・ヲシテと世界の言語との関係」の通りである。

言語が世界言語に影響を与えたということは、必然的に国家、哲学、政治手法、宗教などの文化も形を変えて伝わっていくことになる。これはヲシテ文明の当のヤマト人にも全く知られていない。ましてやそれが世界に与えた影響については尚更である。

歴史は過去から現代に繋がっている。そのため太古、我が国が世界各地に与えた影響は世界各国に形を変えて残り、伝わっていると考えられる。これが更に明らかになれば世界文明の成り立ちを見直すことに繋がる。

宗教は文明と繋がっている。我が国は約三百万年頃形づくられたヤマト列島と共に成った文明が途切れずに現代に続く世界唯一の国である。神道は何万年の歴史があり、土器文化は世界の中で飛び抜けて古い。トコヨ文明のコトバや文化が大陸に伝えられたと同時に神道の思想も伝えられたと考えるのが自然と思う。そしてそこからユーラシア大陸全体に、神道の思想、考え方も伝わっていったのは間違いないだろう。気候、土地、民衆が違うのでその形は変化し適応していく。従って神道が今、世界で行われている宗教に与えた影響についても議論する必要があると思う。神道から世界宗教への流れである。

〈日の本と世界史上の初めての出来事〉

ヤマト列島は島国で、世界の大陸に比べたら小さい。しかし、地球上希な成り立ちによる、世界でも類を見ないはっきりした四季、高い山脈による世界有数の水資源、豊かな山や海の幸などに恵まれている。この豊かで変化に富んだヤマト列島に人類が何十万年暮らしていけば、世界最古の文明が起こるのは当然の成り行きと思われる。豊かな土器文化は世界最古である。ヲシテは世界の古代文字の中で飛び抜けて秀で、ヲシテ自体やヲシテによるモトアケ思想は世界唯一である。

トコヨ文明とそれに続くヤマト文明は、既に説明したようにあらゆることを含む大文明である。これは既に朝鮮半島、シナ国に伝わり、更にそこから他の地域や国々に伝り、多くの影響を与えたと想像される。

そういう文化が記されている山のようにあった文書を、千何百年前に自ら捨て去りそれがまた現代に甦る。世界史の中で自ら何万年かけて創り上げた大文明を自ら捨て去り、しかも千何百年後にまた復活するなどという話は聞いたことがない。従ってこの出来事は、我が国にとっても初めてのことであると同時に、世界史にとっても初めてのことであり、人類史上初の出来事であろう。

〈他にも多くあり〉

今まで挙げてきた項目は神道の教義の一部である。次の第四編も教義に含まれ他にも数多くある。そしてヲシテ文書全てが教義であると考えられるのは冒頭で述べた。

第四編　天皇（天君）

現代の天皇像は伝統が一部しか伝わらず国民によく捉えられていない。この原因は紀記がホツマツタへをそのまま伝えなかったためである。天皇陛下があまりに尊い存在であるというのは国民共通の認識であると思う。そして日本国憲法ではヤマト国の単なる象徴とされ、政治には一切関わらない。しかし大日本帝国憲法では、政治全てに関わり、ヤマト国を統治した。国民が迷うのも無理はないと思う。筆者もヲシテ文書によって初めて天皇とはいかなる存在であるかハッキリ理解できた。

伝統の天皇像は、ヲシテ文書全てが天皇に関わるので、ヲシテ文書全てに記されている。しかしこれではあまりに範囲が広い。そこでその中から天皇についてよく表している事項を取り上げた。本書の他の箇所と重なるところも多い。

第一節　憲法の天皇象と臣達

現代天皇は、日本国憲法により「国政に関する権能を有しない」、そして「日本国の象徴であり日本国民統合の象徴」である。憲法にこうあるので、学校ではその通り教え、テレビ、ラジオ、新聞などもその通り報道せざるをえない。

しかし日本国憲法以前の大日本帝国憲法では、「天皇ハ神聖ニシテ侵スヘカラス」であり、「大日本帝国ハ万世一系ノ天皇之ヲ統治ス」とある。そのため天皇は軍事大権（統帥権）も一身に保持した。ただ天皇一人で大日本帝国は統治できない。多くの臣達の協力が必要となる。しかし伝統の君臣の道の、義務を知らぬ臣達により、神聖にして侵すべからざる統治による天皇に集中した強大な権力は、やりたい放題にされてしまう。

大日本帝国憲法はヤマトにおいて、自らが制定した憲法である。しかしヲシテ文書を知らない人達によって作成されたために、肝要な君臣の道をよく伝えなかった。それは大日本帝国憲法が自ら証明している。また明治時代以前の江戸時代には、江戸幕府は自らの政治支配を正当化し、権威づけるために天皇を利用した。それ以前の武家政権も同じであろう。

ヲシテ文書が表舞台から捨て去られて以来、日の本の歴史の一断面は、君臣の道や臣の義務が忘れられ、天皇に集中する莫大な権力、富、利権、名誉などを、偽臣達などがいかに自分たちの物にするかの争いに明け暮れてきた歴史ともいえる。

その責任はヤマトの正史と言われる日本書紀と古事記にある。紀記の原典はホツマツタへであることは明らかである。紀記がホツマツタへをそのまま素直に一字一句漢字にして伝えていたらこれほどの混乱は起きなかったと思う。既に述べてきた第一編～第三編のほとんどを伝えなかったのだ。

第二節　ヲシテ時代のアマキミ（天皇）　天皇とは

ヲシテ文書全てが天君（天皇）を中心に記され、天君はヲシテ文書全てと関連する。範囲が広いため、この中からいくつかを取り上げる。

一、天皇（天君）の名

天皇の呼び名は、ヲシテ文書ではアマカミ・アマキミ・アマツカミ・アマツキミ・アマスベラギ・アメノスベラギミ・スベラギ・アメノカミ・カミ・キミ・ヒシリノキミ・ミウヱ・ミカドなどがある。

この内、アマツキミはあるようだが、ホツマに多く載るアマキミ（天君）が現代に伝えられていない。そして多くの名に「アマ」「アメ」が付くのは、天皇がタカマ・モトアケに関わるためである。

一、初代天皇クニトコタチ神による建国　トコヨ国

第一三七代今上天皇の先祖、初代クニトコタチの天神が我が国を建国した。今上天皇の第一三七代はクニトコタチ神よりの代数で、国の名はトコヨ国である。これは次によって明らかである。

　　　クニトコタチの
神の世に　ムのタミメより
ムロ屋なる　先ずハを均し
杉柱　棟を桂に
結ひ合はせ　茅葺き住みて
木の実食む　教ゑを民に
習はせて　クニトコタチの
神となる　（「ミカサ文・ハニ祭りのアヤ」より）

　　　クニトコタチの
トコヨ国　八方八下りの
御子産みて　皆其の国を
治めしむ　これ国君の
初めなり　（ホツマ二アヤより）

　　　我御代を知る
初の代は　クニトコタチぞ　（ホツマ一三アヤより）

クニトコタチ時代は今から約六千年前と推定される。約一万年前にヲシテ（文字）を発明した天のミナカヌシはクニトコタチの先祖であり、クニトコタチはミナカヌシの文化を受け継ぐ。そしてヲシテとそれから成るヲシテ文書による、何千年にも亘り蓄積されたあらゆる文化を継承し発展させた。これによりクニトコタチ神は圧倒的な文化、文明を誇った。例えば家造り、暦の充実・食料生産、衣料技術の継承発展、モトアケ・先祖の敬いや神の道の充実、農村の原型造り、ハツホ（税金）の財源、東ユーラシア大陸の国造りなど。

中でも家造りの確立と普及は人々の生活に大革命を起こした。トコタチ神のムロ屋により初めて人々は人らしい生活ができるようになった。クニトコタチ神により人の生活の基本条件、衣食住が確立した。

これによりクニトコタチの神となり、我が国初めての国、トコヨ国が建国される。その後、国の名はトコヨ国からヤマトの国、日の本の国となる。そして「八方八下りの御子」たちにより、トコヨ国全体の国造りが行われていく。国家経営には政治・行政・経済・法律など多くのことが必要であり、これらや他のあらゆる文化が進歩発展していく。

一、天皇は人類最長であり、世界に比類がない。

天君は、初代クニトコタチ神の建国時から途絶えることなく第一三七代今上天皇陛下に続く。これは世界唯一で世界史の中でも例えられる王がいない。人類唯一であり比類がない。

強いて例えるとしたら、古代エジプト第一王朝のナルメル（メネス）王の子孫が途切れることなく現代まで続き、君主としてエジプトを治めていることに似る。ただ古代エジプトの第一王朝もトコヨ国より約千年新しい。

従って我が国はクニトコタチ時代より、雨風などあったが、現代まで続く世界唯一の国家なのである。これも人類唯一である。我々国民も一人一人必ず先祖がいるので、この世界に比類なき天君と共にイニシへより生活し、人類最長のこの国を支えてきたことになる。

更にトコヨ国も約一万年前より続く先祖であるミナカヌシの文化を受け継ぐが、ミナカヌシもそれ以前、何万年、何十万年以前からの自然観、宇宙観、文化の上に成り立つ。つまり日の本の国は人類が三百万年以上前から存在し続けるヤマト列島と共に造り上げた国家であり、その中心が天皇なのである。

これは世界でも希なヤマト列島の成り立ちによる、はっきりした四季、高い山脈による世界有数の水資源、豊かな山や海の幸などの自然条件による食料、衣料、建築資材などに恵まれていたことにもよる。しかし、島国であるが故に、ユーラシア・アフリカ、アメリカ、オーストラリア大陸などの人々の、広大で大らかな考えや強靭な精神力や国際感覚などの長所については学ぶ必要があると思う。

一、天皇は国民（くにたみ）の親であり御祖《みをや》である　天皇と国民の関係

我が国の建国時より天皇と国民との関係は親・御祖と子の関係として大変重要視されている。支配と服従の関係ではない。

二神受けて
親となり　民お我が子と
育つるに　篤く教ゑて
人と為す
（ホツマ一七アヤより）

二神はイサナギ・イサナミ神。ヲシテ時代以降、支配と服従の時代があったが、これは誤った国家運営によるもので、我が国伝統の国家経営ではない。

クニトコタチ時代には、武力は持たず、民への教ゑのみで政治が行われていた。これも親子のような関係であるから実現できることであろう。

教ゑお民に
習はせて　クニトコタチの
神となる　（ミカサ文ハニ祭りのアヤより）

世にはまだ　クニトコタチの
素直にて　矛無き故は
矛要らず　ノリお守れば
（ホツマ二三アヤより）

そして天神が主宰する政治の大きな目標は国民の豊かさと居安い生活である。

自らマツリ
きこしめす　普く民も
ユタカなり　（ホツマ六アヤより　アマテル神の世）

かくぞ御心
尽くしもて　民も居やすく
為す国お　オノコロ島と
名付くなり　（ホツマ一八アヤより　二神の世）

後にアマテル神によりミクサノカンタカラ（三種の神器）の一つ、八重垣の剣が天の逆矛に代わり造られる。その役割は、君や国を八重に守ることにもあるが、国民に剣を受けさせないように国民を守る垣のことでもある。三種の神器は国民のためにもあるのである。

もし民驕り
身の程も　忘れて遂に
剣受く　受けせじとて
身の垣よ　（ホツマ二三アヤより）

またカの鳥、都鳥の詔にもあるように国民はヤ民としてカの鳥、都鳥の形に例えられ、大変重視されている。

君と臣　心一つに
カの鳥の　形はヤ民
首は君　鏡はタ羽
剣カ羽　物部は足　（ホツマ二四アヤより）

天地《あわ》お治す　アマスベラギの
モロ羽臣　カスガとコモリ
君臣の　心一つに
都鳥　形はヤ民
首は君　鏡と剣
真手の羽　物部は足　（ホツマ三〇アヤより）

しかし、現代でも国民の数は多く、その一部によるありとあらゆる不祥事、犯罪は毎日くり返されている。古代でも現代、将来も、いつの時代も同じなのである。従っていつの時代にもホツマツタヘに記されている通りの常日頃の国民一人一人に合った臣の教ゑは欠かせない。

臣等ひめもす
倦まなくて　教ゑお常の
業となせ　（ホツマ一七アヤより）
教ゑぬ者は

臣ならず　　教ゑ受けぬは
民ならず
（ホツマ一七アヤより）

これはアマテラシマスヲヲン神の詔であり、偉大なるイセの道の内の一つである。いずれ国家予算にあまり負担にならないようにしつつ、最小限の予算と人材を確保し、国民生活に邪魔にならずに却って喜ばれるような、日々の教ゑを行う末の永い取り組みが必要であると考えるが。

一、天皇と国体　カの鳥と都鳥

我が国の形を表すのに国体というコトバが使用される。しかし国体がいかなることであるかハッキリ解らなかった。それはホツマツタへの記事を紀記が遺さなかったためである。ホツマツタへには我が国の形が天皇を中心に簡潔に記されている。国体の中心、司令塔は天皇である。第三編では、ホツマ二四アヤのアマテル神のカの鳥の詔を掲げたが、ここでは三〇アヤの都鳥の読み下し文を掲げる。

天地《あわ》お治す　アマスベラギの
モロ羽臣《はとみ》　カスガとコモリ
君臣の　心一つに
都鳥　形は八民
首は君　鏡と剣
真手の羽　物部は足
鏡臣　継ぎ滅ぶれば
民離れ　日継ぎ践まれず
剣臣　継ぎ滅ぶれば
モノフ割れ　世お奪《お》はるる
八タヲミは　ソロ生ふ春の
民業《たみわざ》お　鑑みる目ぞ
垣重臣《をみ》は　横魔お枯らし
モノノフの　力守る手ぞ
この故に　永く一つに
なる由お　アヤに記して
ヲ手つから　文お御孫に
授けます　セオリツ姫は
御鏡お　持ちてカスガに
授けます　ハヤアキツ姫《め》は
御剣お　持ちてコモリに
授けます　三度《たび》敬ひ
皆受くる　ヤマト日継ぎの
都鳥かな

一、天皇と君臣の道

クニトコタチ神によりトコヨ国が建国されると、程もなく天神と共に国造りの中心となる臣が必要になる。国家経営には多くの分野が存在するので天神一人では不可能。そのため臣達は極めて重要な役割を担うことになる。これらを紀記が伝えなかった。

まず臣達は神でなければならない。これは絶対条件である。

都鳥の詔にもあるように重臣は三種の神器の御鏡と御剣を拝受するわけである。神でなければ受けてはならない。これが第一の臣の資格である。偽臣達や魔物達が君と共に政治をしたら国民はたまったものではない。多くの国民が犠牲になり国は滅びる。

次に、臣は政治を君と心を一つにして行わなければならない。身分は臣であるが、君と同じ心境で君とともに政治を行う。これを「君臣の道」という。三種の神宝の受け継ぎの詔の中にも「君とヲミ（重臣）心一つに　カの鳥の」「君臣の心一つに　都鳥」とある。またイサナギがアマテル神に日継ぎを譲る時に

君と臣　　心一つに
司取れ　　　　　　（ホツマ一九アヤ）

とある。君と臣は心を一つにして国民のため国のために政治を行い続ける。君と臣の位は違う。しかし君と同じ気持ちであらゆるマツリを司らなければならない。

そのために日の本の政治を天皇と共に司る臣達には守るべき数多くの義務が存在する。その中からいくつか掲げる。これらはホツマツタヘに記されていることであり、君の行いでもある。

一、建国以来の平和国家と平和主義の持続
一、武力による国の支配の禁止
一、従って、専守防衛の遵守
一、自然と調和しながら、国民の豊かさ、居安さの追求と実現
一、従って、基本的人権の尊重
一、国民を我が物にせざるべし
一、国民の労りを知るべし
一、国民の命の尊重
一、国民の常日頃の教導
一、国政での贈収賄の禁止
一、常日頃の自浄の実施と自浄能力の保持

一、天皇と三種の神器（ミクサノカンタカラ）

天君が日継ぎを受けるときにミクサノカンタカラ（三種の神器）を譲り受ける。三種の神器とはヤサカニノマカリタマとヤタの鏡と八重垣の剣である。ヤサカニノマカリタマの内容は代々記されたトの教ゑのことで、ミヲシテ・カンヲシテ・神のヲシテ・白矢のヲシテなどとも記される。

三種の神器は初めから全て揃っていたわけではない。初代クニトコタチ神よりトの教ゑは受け継がれ、第七代イサナギ神の世に天の逆矛が加えられ、二種の神器となる。そして第八代アマテル神の世に、ヤタの鏡が加えられ、天の逆矛が八重垣の剣に改められ三種の神器が揃う。今から約三千二百年前と推定される。

ヤサカニノマカリタマ・トの教ゑはヲシテ文書全てである。ヤタの鏡と八重垣の剣の教ゑの内容はアマテラシマスヲ

ヲン神自らの教ゑがそれぞれ「カン鏡ヤタの名のアヤ」と「御衣《みは》定め剣名のアヤ」に詳しく記されている。

そして大切なのは、三種の神器が尊いのは勿論であるが、尊いままで終わらせずに三種の神器のそれぞれの教ゑをよく学び取り、それを現実の政治や生活などに活かすことである。これを天照る神は篤く語る。

これも三クサの
器ノリ　あらでいかんぞ
得ざらんや
（ホツマ一七アヤより）

一、天皇はタカマ・モトアケの中心である　天皇と天なる道と神道と政治

神上がりした天神はタカマのモトアケ・サコクシロに住み給う。そして今上天皇は地上のタカマ・モトアケの元御クラの中心アウワである。

タカマやモトアケは天成る道、神の道の源である。従って天君は天成る道、神の道そのものであり、天成る道、神の道の主宰神である。代々受け継ぐトの教ゑにより、臣達と心一つにしてあらゆるマツリ（政治・祀り）を司る。これがヲシテ時代より続く日の本の伝統である。

天皇の先祖、初代クニトコタチ神による天成る道の確立

この天成る道はクニトコタチにより著しく整備された。そして第三代天神トヨクンヌシの世に「天成る道の　備わりて」とあるので、更に整備されて行く。モトアケは既にあり、天成る道に連なる思想は遙か以前から存在していたと思われる。

天のタカマ・モトアケのアモト神はミヲヤカミとトホカミヱヒタメのことである。神上がりしたミナカヌシとヱヒタメトホカミは九ヨの星であり、アモト神に重なる。これをアメ（天）トコタチノ神といい、アモトを永遠に守る。

地上においてはクニ（地）トコタチの神がトホカミヱヒタメの八御子と地上を永遠に守り給う。クニトコタチの神のクニはアメトコタチノ神のアメに対応するのかもしれない。アメトコタチとクニトコタチ。

つまり、アモト神やアメトコタチノ神のように、これを地上に永遠に実現し続けることが、クニトコタチ神による天成る道と考えられる。天皇の先祖、初代クニトコタチ神により天成る道は確立した。そして代々の天皇を中心に天成る道は進歩発展していく。

天皇と神道

天皇家、初代クニトコタチ神により天なる道も神の道も飛躍的に整備し備わる。トコタチ神により室屋が成り、社、宮殿ができていく。そして御子神や国神達が増え、そこで天成る道、神の道が行われていく。つまり神道の源はクニトコタチ神であり、それを受け継ぐ代々の天皇が神道の中心である。

そしてその起源はそれ以前、何万年何十万年前からヤマト列島と共に人類が培ってきたものである。

天皇を中心にマツリ（政治）を司る

マツリ（政治）は天成る道・神道の大きな柱である。天成る道・神道の主宰神は天皇なので元々政治は天皇が中心となって司る。ヲシテ時代は天君（天皇）を中心に、君臣の道により、臣達や国神達と政治は行われている。そして臣は神でなければならず、多くの守るべき義務を伴う。これがヲシテ時代より続く我が国の伝統であり基本である。

この伝統を元に各時代にあった政治を行うべきと考える。そして政治の大きな目標の一つは、自然と調和しつつ国民の豊かさと居安さの追求である。

現代の日本憲法第四条「天皇は、～、国政に関する権能を有しない。」が、いかに伝統に違うかはよく理解できると思う。

一、天皇と絶対平和　天皇は平和そのもの

タカマ・モトアケは、整然と穏やかで、自らの戦争はない。タカマ・モトアケの元御クラは天皇なので、天皇とは平和であることと同じことである。既に述べているように、我が国は建国時から平和国家であり、初代クニトコタチのトコヨ国は教ゑのみで治まり武器さえもなかった。

天皇が主宰するトの教ゑによる神の道も絶対平和への道である。これが我が国の伝統であり、基本である。しかしこの平和を侵す者達には八重垣の剣による武力で守り対抗する。そして天皇家は、雨風や嵐もあったが、建国以来約六千年、我が国と国民の平和を実践し、かつ願い続けてきた真に尊い存在なのである。

一、天皇（天君）の御紋章

天皇の御紋章は十六葉八重表菊紋、または十六弁八重表菊形である。起源は平安時代や鎌倉時代と言われているようだ。しかしヲシテ文書によりその意味は次のように考えられる。

クニトコタチ神によりあらゆる文化が人々に伝えられトコヨ国が成る。そして八御子が生まれ、多くの国々が成っていく。そのため十六葉八重表菊紋の中心はクニトコタチや歴代の天皇で、花弁は多くの御子達であり国々である。

また万姓一系の思想により中心はクニトコタチや天皇で、外に向かう花弁は増え続ける国民を表し、天皇を中心に発展する様を表す。そして菊のかぐわしい香りはの天皇の文化やマツリが国々に広まって行く様を表している。神代では香しい匂いを尊んだ。それは皇室から広まる文化やマツリを香しい匂いに例えているためである。

モトアケの中心は天皇に重なる。形も似ているので、菊の御紋はモトアケを表していると思われる。十六葉八重表菊紋を見てもらうと解るが、十六の花弁があり、これはトホカミヱヒタメの八モト神とアナミの八神を合わせた数一六と同じ。そして花弁と花弁の間に花弁が見え、この数も一六。すると一六足す一六は三二となり、これは三十二のタミメヒコと同じ数になる。

次に「第一編、第二章　ホツマツタへ真書の証明」として取り上げた各項の全文を掲げる

・・・・・・・・・・・・・・・・・・・・・・・・

一、読んだ時の感じが紀記（注一）と全く違う

その文章は何とも言われない懐かしさを伴い、うまい清水を飲むように我々の胸にすっと入ってくる。ホツマツタへには心のふるさととも言うべき温かさがある。そしてすべてヤマトコトバにより、五根七道《ゐねななみち》（五七調のこと）で記されていて格調が高い。ただし全てヲシテ（文字のこと）て記されているので慣れる必要があるが、これは誰でも出来る。

古事記、日本書紀のゴツゴツとしたまるで砂を噛んでいるような読み味とは次元が全く違う。これだけでもホツマツタへは本物であると実感できる。するとそれを記しているヲシテも本物であるということになる。

いかに違うか次に二例掲げる。まずホツマツタへ四アヤ「日の神のミヅ御名のアヤ」の中から。二例ともホツマツタへの中の一節を現代読み下し文にしたものであるが、発音は現代とほとんど同じ。また現代の助詞の「を」は誤りで、実は「お」が正しい。

池水に　　タ（左のこと）の目お洗い
ヒルにノリ　カ（右のこと）の目お洗い
月にノリ　　　（ホ一）

「ヒル」の「ヒ」で太陽、日のこと。「ル」は動詞の活用語尾にも成っているように、活発なこと。従って「ヒル」で太陽の力が活発に発揮されること、発揮されている状態を表す。それが昼である。ただその後の「月」との対句になっているので、昼の意味も含むが、太陽の力に重心があると思う。そしてここの「ノリ」は祈ることであるので、イサナギ神の強い祈りも表していると思う。

この部分を日本書紀では「然（しかう）して後に、左の眼《みめ》を洗ひたまふ。因りて生める神を、號《なづ》けて天照大神と曰す。復右の眼を洗ひたまふ。因りて生める神を、號けて月読命と曰す。復鼻（みはな）を洗ひたまふ。因りて生める神を、號けて素戔嗚尊と曰す。凡《すべ》て三（みはしら）の神ます」（第五段第六）（紀一）。

古事記では「是に左の御目を洗ひたまふ時に、成れる神の名は、天照大御神。次に右の御目を洗ひたまふ時に、成れる神の名は、月読命。次に右の御鼻を洗ひたまふ時に、成れる神の名は、建速須佐之男命」（記一）。

（紀一）「因りて生める神を、號けて月読命～因りて生める神を、號けて素戔嗚尊と曰す。凡《すべ》て三（みはしら）の神ます」と（記一）「成れる神の名は、月読命。次に右の御鼻を洗ひたまふ時に、成れる神の名は、建速須佐之男命」などは、ホツマには全くない。紀記作者の勝手な作文である。

次はホツマツタヘ五アヤ「ワカのマクラコトバのアヤ」からの一節

イサナミ曰く
うるわしや　かく為ささらば
千《ち》頭（かふべ）お　日々にくびらん
イサナミも　うるわしや我
その千五百《ちゐも》　生みて過ち
無きことお　（ホ二）

日本書紀では「時に、伊弉冉の尊の曰（のたま）はく「愛（うるは）しき吾が夫君（なせのみこと）し、如此《かく》言（のたま）はば、吾は當《まさ》に汝（いまし）が治《しら》す國民《ひとくさ》、日（ひとひ）に千頭縊《くび》り殺さむ」とのたまふ。伊弉諾の尊、乃ち報《こた》へて曰はく、「愛しき吾が妹（なにものみこと）し、如此《かく》言（のたま）はば、吾は當に日に、千五百頭（ちかうべあまりいほかうべ）産ましめむ」とのたのふ。因《よ》りて曰はく、「此よりな過ぎそ」とのたまひて、即ち其の杖を投げたまふ」（紀二）。

古事記は「伊邪那美の命言ひしく「愛（うつく）しき吾が那勢《なせ》の命、如此為《かくせ》ば、汝の國の人草、一日《ひとひ》に千頭《ちがしら》絞《くび》り殺さむ。」といひき。爾に伊邪那岐の命詔《の》りたまひしく「愛しき吾が那邇妹《なにも》の命、汝《いまし》然為《しかせ》ば、吾一日に千五百《ちいほ》の産屋立てむ。」とのりたまひき。是を以ちて、一日に必ず千人《ちたり》死に、一日に必ず千五百人《ちいほたり》生まるるなり」（記二）。

補説「ウスヰの坂　ウスヰの坂は群馬県・長野県境である」

の中にもこのような三書比較の一部を載せているのでそちらも参照してもらいたい。ほんの一節であるが、同じ部分のホツマツタヘ、日本書紀、古事記を読み比べて、発音や調子がいかに違うかよく解ると思う。ホツマのほうが紀記よりはるかに五七調で調子がよく、解りやすく格調が高い。五七調のことをヤマトコトバで五根《ゐね》七道《ななみち》という。五七調、七五調は万葉集より現代の童謡や歌謡曲まで我が国の文学史に多くの影響を与え続けている。しかしなぜ、五七や七五なのか具体的な説明は存在しなかった。

ホツマツタヘにのみそれが記されている。それは次の読み下し文にあるように「アワ（天地）の節」、つまり自然のリズム、宇宙のリズムということである。ホツマツタヘ全体は五根七道の長歌が主体でその中にワカの歌（注二）やツヅ歌などの歌が記されている。

同じくワカの歌は五七調で五、七、五、七、七の三十一文字からなるが、なぜ三十一文字なのかは今まで解らなかった。しかしホツマによれば、それは一年三六五日を四つ三つと割けたものであるという。ワカの歌三十一文字は月の日数によるものであった。そしてワカの歌も「アワ（天地）の節」によるる。またホツマツタヘには記されていないが、五七調の五と七を足すと一二になり、これは一年の一二ヶ月と同じである。

ハナキネは　五七に綴るお

姉に問ふ　姉の答えは
アワの節　また問ふ祓ひ
三十二なり　今三十一とは
この答へ　天の巡りの
三六十五ヱ　四つ三つ割けて
三十一なり　月は遅れて
三十足らず　まこと三十一ぞ
しかれども　後先かかり
三十二かも　ある間伺ふ
ヲヱ物お　祓ふは歌の
声余る

（ホツマ一アヤより）

五七はヰナと読む。同じく三十二はミソフ、三十一はミソヒ、三六十五はミムソヰ。数字の読み方はこの後述べる「一〇、我が国独自の数の体系の存在」も参照してもらいたい。

ホツマツタヘや同じ時に表されたミカサ文などのヲシテ文書のリズムの良さは、このような伝統に由来するのである。

五七調、七五調やワカの歌などが現在も存在し続けていること、それはヲシテ時代の伝統を遺しているためである。その理由は紀記などにはなく、ホツマに記されている通りに現代まで使い続けられている。これもホツマツヘ真書を証明する一つである。

因みに宇津保物語や源氏物語に代表される物語は散文の間にワカの歌が歌われながら展開していく。これ以前に成立した竹取物語なども同じ。なぜそのような様式なのか。ホツマツタヘは五七調の長歌の間にワカの歌やツヅウタなどが歌われる。この五七調の長歌を散文に換えれば、ホツマツタヘと物語の様式はほとんど同じになるのである。

（注一）古事記より日本書紀のほうがホツマの漢訳部分が多いので、本書では日本書紀と古事記のことを紀記としている。

（注二）今に伝わる「和歌」の正式名称は「ワカの歌」である。「ワカ」を「和歌」と漢訳したのでは「和歌の歌」となり、「歌」が重なり誤訳である。「カ」は「歌」ではなく、「ワ」に対する「和」も違う。従って本書では「ワカ」とする。

二、ホツマツタヘは古事記、日本書紀の原典である

ホツマツタヘと漢訳された日本書紀と古事記の同じ箇所を比較すること、これを二書比較または三書比較という。これによりホツマツタヘが紀記の原書であるということが誰でも解る。大きめの用紙に三段にして比較すると見やすい。全てでなくてもある纏まった部分でも十分解ると思う。例えば前の節の例文で試みてみよう。解りやすいように三書をまたここに挙げる。

池水に　タ（左のこと）の目お洗い
ヒルにノり　カ（右のこと）の目お洗い
月にノり

（ホ一）

「然（しかう）して後に、左の眼《みめ》を洗ひたまふ。因りて生める神を、號《なづ》けて天照大神と曰す。復右の眼を洗ひたまふ。因

りて生める神を、號けて月読命と曰す。復鼻（みはな）を洗ひたまふ。因りて生める神を、號けて素戔嗚尊と曰す。凡《すべ》て三（みはしら）の神ます」（第五段第六）　（紀一）

「是に左の御目を洗ひたまふ時に、成れる神の名は、天照大御神。次に右の御目を洗ひたまふ時に、成れる神の名は、月読命。次に右の御鼻を洗ひたまふ時に、成れる神の名は、建速須佐之男命」　（記一）

　イサナミ曰く

うるわしや　かく為ささらば
千《ち》頭（かふべ）お　日々にくびらん
イサナミも　うるわしや我
その千五百《ちゐも》　生みて過ち
無きことお　（ホ二）

「時に、伊弉冉の尊の曰（のたま）はく「愛（うるは）しき吾が夫君（なせのみこと）し、如此《かく》言（のたま）はば、吾は當《まさ》に汝（いまし）が治《しら》す國民《ひとくさ》、日（ひとひ）に千頭縊《くび》り殺さむ」とのたまふ。伊弉諾の尊、乃ち報《こた》へて曰はく、「愛しき吾が妹（なにものみこと）し、如此《かく》言（のたま）はば、吾は當に日に、千五百頭（ちかうべあまりいほかうべ）産ましめむ」とのたのふ。因《よ》りて曰はく、「此よりな過ぎそ」とのたまひて、即ち其の杖を投げたまふ」　（紀二）

「伊邪那美の命言ひしく「愛（うつく）しき吾が那勢《なせ》の命、如此《かく》為《せ》ば、汝の國の人草、一日《ひとひ》に千頭《ちがしらくび》絞り殺さむ。」といひき。爾に伊邪那岐の命詔《の》りたまひしく「愛しき吾が那《な》邇《に》妹《も》の命、汝《いまし》然《しか》為《せ》ば、吾一日に千五百《ちいほ》の産屋立てむ。」とのりたまひき。是を以ちて、一日に必ず千人《ちたり》死に、一日に必ず千五百人《ちいほたり》生まるるなり」　（記二）

（一）　まず日本書紀第五段の第六ではあるが、この記事と古事記の記事は順序が逆さまである。

　ホツマツタヘではイサナギ神の（ホ一）の行いによって、イサナギ神とイサナミ神からアマテル神が生まれ、その後にイサナミが神上がりして、（ホ二）に続く。つまり（ホ一）→（ホ二）である。

　しかし紀第六と記ともこの順序が逆になっている。つまり（紀二）→（紀一）、（記二）→（記一）なのである。イサナミが亡くなり、その後にアマテル神、ツキヨミ、ソサノヲがイサナギ一人から生まれている。これは誰が見てもホツマツタヘがまともで紀記がおかしいと気づく。

（二）　（ホ一）（紀一）（記一）の比較

紀記とも、雄大なる天成る道や神の道の核心であるタカマ、モトアケ思想を全く理解せず、従って伝えていない。ホツマツタヘではこの一節の前後では、当時の先進国・ヒタカミ（今の仙台市）のイトリ山（東北地方の霊山）でイサナミの父・第五代タカミムスビが自ら天の御祖神、日、月、アモト神、三十二の神に祈る。そしてホツマ国の最高峰・ハラミ山（富士山の古名）に二神がいて、イサナギが日月に準えてマス鏡を造り祈る。この後二神よりアマテル神が生まれ給う。第一図「モトアケ・タカマ」図のように、ホツマツタヘではこの場面を含む前後の記述で、タカマ・モトアケに基づき実に雄大に描かれているのである。

しかし紀記はホツマの前後を全く訳さずに単なる洗顔になっている。そしてイサナギ神は既に神上がりしているので、イサナギ神が一人でアマテル神を産むという世にも不思議な記述となっている。

ホツマでは、その後イサナギとイサナミの二神はツクシ（筑紫）行きモチキネを産む。モチキネはイミ名で、ツキヨミ神は称ゑ名である。ハラミ山でいきなりツキヨミを産んだわけではない。その後に二神はソアサ国（ソサ国・キシヰ国・紀伊のこと）に行き、そこでハナキネを産む。ソサ国で生まれたのでソサノヲなのである。ツキヨミとソサノヲを産んだのもイサナミ神である。

従って紀記の次の「復右の眼を洗ひたまふ。因りて生める神を、號けて月読命と曰す。復鼻《みはな》を洗ひたまふ。因りて生める神を、號けて素戔嗚《すさのを》尊と曰す。」「次に右の御目を洗ひたまふ時に、成れる神の名は、月読命。次に右の御鼻を洗ひたまふ時に、成れる神の名は、建速須佐之男《すさのを》命」は全くの紀記の作文である。そしてこの箇所でも目鼻を洗って、イサナギ一人で御子を産むという不自然な記述になっている。またソサ国で生まれたのでソサノヲであり、「すさのを」は誤り。

神代では左のことをタ、右をカと言う。勿論ヒダリ、ミギというコトバもあった。タ・カの意味はどんな辞典や古語辞典にも載らない。従ってこの意味でも（紀一）（記一）→（ホ一）は絶対ありえない。まず（ホ一）が存在し、その中のタを左、カを右という文字に漢訳する。それをヒダリ、ミギと読ませる。つまり（ホ一）→（紀一）（記一）と見るのが順当である。

以上により、ホツマツタヘの記述を単純に造り替え、付け足しなどすれば紀記は作れる。一方日本書紀、古事記よりホツマツタヘを作成することは不可能。

（三）（ホ二）（紀二）（記二）の比較

第六代天神オモタル神とカシコネ神には世継ぎがいなかった。その中で天神の系統を継ぐイサナギ神が第七代天神となり、イサナミ神と共に国造りを行っていく。当時、全国には千五百氏の首長がいてまとめるのは大変であった。それは創設された逆矛が物語る。その中でイサナギとイサナミは二神と言われているように、二神一体となって国造りを行っていった。その最中に、イサナミは自ら関わったカグツチに焼き殺されてしまう。

イサナギ神は大変悲しみ落胆し、政治どころではなくなる。しかし、政治が停滞すれば国が乱れ、多くの国民が飢え苦しみ、枯れることに繋がる。それでもイサナギはなかなか立ち直ることが難しかったようだ。神上がりし、日に日に朽ちていくイサナミ神を何度も訪ねる。

　これではいけないと、神上がりしているのにも拘わらず、イサナミはイサナギがマツリを押し進めるよう強く諫める。ここはその一場面であり、イサナミ神のイサナギ神に対する深い愛情と、重大な国造りへの鬼気迫る思いと情熱などが入り交じる。それらが見事に記されていると思う。
　（ホ二）の前後にはこのような時代背景が記され、ここにも反映されているのである。しかし（紀二）（記二）とも、時代背景は載らず、それがほとんど解らない。イサナミが問題にしているのはイサナギの行動なのである。
　しかし紀は「如此《かく》言（のたま）はば」と、言う言わないことを問題とする。そのためホツマツタへに載らない「此よりな過ぎそ」という意味がないコトバになる。実際問題として、言う言わないだけでは事は進まない。また「杖を投げたまふ」は全く意味不明な行動である。杖を投げて何が解決するのだろうか。また杖を投げる投げないという問題ではない。意味がない。

　また記も「千五百《ちいほ》の産屋」などを作文して肝心なことを伝えていない、意味が浅い。「産屋」を造る造らないということが問題なのではない。イサナミはイサナギがマツリを押し進めるよう強く促している深い意図がほとんど感じられない。また紀記は粗筋は似るが、違う部分が多い。

　このように「いさなぎ」「いさなみ」「千頭」「千五百」などにより、三書の共通点は存在する。そして、ホツマツタへの内容、文章の表現は紀記より遙かに深い。そのため紀記からホツマツタへは不可能。しかし、ホツマツタへの深い記述から単純な解釈、付け足し、思い付きなどにより紀記の記述は可能である。

（四）三書の主なヤマトコトバの比較

　三書の例文のコトバを比較していくが、その前に三書全体について次のことが言える。

　ホツマツタへにはヤマトコトバに関わる次の内容が記されている。ヤマトコトバの全て四八字ヲシテが使用されているモトアケ。一字の積み重ねによるヤマトコトバ。コトバの由来の説明。ヲシテ文書に多く載る一音節語。どんな辞書にも載らない多くのヤマトコトバ。全てヤマトコトバで記されている。全編に亘る五七調など。しかし紀記にはモトアケは勿論、ヤマトコトバの起源に関わる一切の記事はない。そしてホツマの一部が紀記の不完全なヤマトコトバと似ている。そのためホツマより紀記と考えられる。このことによってもホツマツタへが本物であると言えるが、ここでは例文の中の次のコトバの比較を試みる。

（ホ一）（紀一）（記一）の比較

　「タ」「カ」・・・先ほども述べたように、神代では左のことをタ、右をカと言った。それをそれぞれ左、右と漢訳した。しかしタ、カの読みが廃れてしまう。そのためそれぞれヒダリ、ミギとのみ読むようになった。従って（紀一）（記一）↓（ホ一）はあり得ない。

（ホ二）（紀二）（記一－二）の比較

「うるわし」・・・ホツマの「うるわし」は紀記とも愛という漢字に漢訳した。そして「愛」を紀は「うるはし」とホツマ通りに読む。しかし記は正しい読みが伝わらずに「うつくし」と読ませる。このように考えるとつじつまが合う。「うるわし」と「うつくし」では意味がチト違う。

「為ささらば」・・・これは少々こみいっている。「為さ・さ・ら・ば」と分けられる。さらに詳しくはサ行四段動詞「為す」の未然形「為さ」＋上代尊敬を表す助動詞「す」の未然形「さ」＋完了の助動詞「り」の未然形「ら」＋接続助詞で順接の仮定条件を表し、未然形に接続する「ば」。意味は「為されてしまうのであれば」または「為されてしまうと」。ここを紀記はそれぞれ「言」「為」と漢訳し、「のたまはば」、記は「せば」と読ませている。イサナキ神は第七代天神である。従ってホツマにあるように尊敬語を使うのはうなずける。しかし紀の「のたまはば」は一見良いように思えるが、先ほど論じたように言う言わないの問題ではない。従ってこのコトバ自体がこの場面には合わない。また記は天神に対しての敬意は全くなく、こちらも不自然である。「為ささらば」のコトバ使いは高度で複雑である。そのため「言はば」・「為《せ》ば」↓「為ささらば」は難しく、そのためホツマ↓紀記と考えるのが順当である。

「ちかふべ（千頭）」「ちゐも（千五百）」・・・これを紀記はそれぞれ「ちかうべ」「ちかしら」と「ちかうべあまりいほかうべ」「ちいほたり」とする。ホツマの「ちかふべ」を紀記とも「千頭」と漢訳する。紀の読みはホツマ通り伝わったが、記は「頭」の読みが正しく伝わらず「かしら」とする。紀記とも千をなぜチと読むのか、それはヲシテ時代にチと呼んでいたコトバが伝わったためである。ヲシテ時代には、優れた数の体系があった。しかし紀は、「ちゐも（千五百）」を「千五百頭」に書き加え、更に「ちかうべあまりいほかうべ」と、奇妙な数え方をしている。記は一見良さそうであるが「ちいほ」と「ほ」になっている。ホツマの「ちゐも（千五百）」と「千五百頭（ちかうべあまりいほかうべ）」「千五百人《ちいほたり》」は似ている。しかし「千五百頭（ちかうべあまりいほかうべ）」「千五百人《ちいほたり》」から「ちゐも（千五百）」の読み、コトバは不可能。ここは「も（百）」も重要で、これが伝統の数の体系の一部分なのである。これらによって、この記事や前後の記述から考えても「ちゐも（千五百）」が元で、「千五百頭（ちかうべあまりいほかうべ）」「千五百人《ちいほたり》」と付け足され、さらに読みが誤って伝えられたと考えられる。

（五）タカマ、タカマのハラ、ウスヰの坂を比較した結論

巻末の補説「タカマとは」と「「ウスヰの坂」ウスヰの坂は群馬県・長野県境である」でそれぞれ、タカマ、タカマの

ハラ（ア）とウスキの坂（イ、ウ）の関連を紀記と比較しているので、ここでは参考までにその結果のみを掲げる。

（ア）「このように、ヲシテ文献のタカマ、タカマのハラと紀記の「高天の原」の意味の違いを、深く一つ一つ比較検討する作業ができるという次元ではない。記紀は単純であり見当はずれがほとんどで、しかもあまりに浅すぎる。」

（イ）「この箇所の日本書紀の内容は、ゴツゴツとした文章の流れと奇妙なヤマトコトバは勿論大変読みづらい、そしてホツマの内容の省略、付け足し、脚色が多い。経路だけに限ってみると、新治・筑波と大磯を省略してあり、これを付け足せば一応つながる。かろうじて、碓日坂には行き、そこより吉備武彦が越国に、日本武尊が信濃に行くのは合っているという薄い内容になっている。抜けている箇所はあるが、次に述べる古事記のようにホツマの内容の前後の入れ替えはない。」

（ウ）「このように古事記は、日本書紀のような省略、付け足し、脚色に加え、不完全な漢訳の部分部分の前後を不自然に入れ替えている。そのため経路も、蝦夷から足柄、酒折、そして酒折から科野國と、ホツマと違う。重要な「我が先御霊　知ろしめし」は勿論書かれず、ヤマトタケの「国巡り」の意図も考えられていない。まるでハサミで切って適当に貼り付けたかのようである。とても日の本の国造りの源になる神典という内容ではない。どうしたらこうデタラメになるのか、これを誰が行ったのか。このことを追究することが今後の研究課題である、というような残念な内容である。」

これらによってもホツマ→紀記の省略・改悪の流れであり、紀記→ホツマはあり得ない。

三、今にも伝わる年中行事や神事など

ヲシテ文書には、初日の祝い（元旦）より始まり大晦日《おおみそか》の「鬼やらひ（節分の豆まき）」「麦の年越え」まで、多くの年中行事、神事などが記されている。これらが今の行事、神事などの源になっている。これらは紀記や先代旧事本紀（以下、旧事紀）などには載らないが、ヲシテ文書通りに今に伝わり残っているということがヲシテ文書は本物であるという証明となる。

オニヤラヒ（鬼遣らひ）　節分の豆まき

「ミカサ文ハニ祭りのアヤ」より

　　年分けの夜は
豆お煎り　皆鬼遣《や》らふ
カオヒラキ　シメ引き塞ぎ
ハヱ・ユヅ葉　麦に年越へ

今日の助詞「を」は実は誤りで、正式には「お」である。「年分けの夜」は大晦日の夜に今年と来年が分かれる、その夜のこと。本来鬼遣らひは大晦日に行われる。季節などの変わり目に魔物が入り込むと考えられ、それを追い払う。魔物は間物でもある。

「カオヒラキ」は掛詞ではなかろうか。まず「カオ」は鰯などのカオ（顔）のことと思う。トシウチ（年内）ニナスコトノアヤに「ヒラギ・イワシは　モノノカキ」とある。これが今に伝わる柊鰯（ひいらぎいわし）の起源である。またカはカド（門）のことでもあり、玄関は家のカオ（顔）とも言われる。開いた（ヒラキ）門から、煎った豆を鬼に当て追い出す。そして鬼が入ってこないように臭いの強い鰯のカオ（頭）と尖ったヒラキ（柊）を置き、鬼が入ってこないようにする。更にシメ縄を張り塞ぐ。「シメ」にも「閉める」と「占める」の意味がある。「ハヱ・ユヅ葉」はホツマ二五アヤに「ハヱ葉・ユヅリ葉」とある。ハヱ葉は何の古名か解らないが、ホナガ・ウラジオのことではなかろうか。「年内に為すことのアヤ」には「ホナガユヅリハ　シメ飾り」とある。「ホナガ」はウラジロの別名で多年生のシダ植物で縁起物。今も正月飾りに使われ、注連縄、ミカンの下に垂れ下げられているもの。「ユズリハ」は新年や祝事の飾り物として今も縁起物として用いられている。シメ引き塞いだ後にこのような縁起の良い物を飾ったり敷き詰めたりして家の中を満たし、占める。そして、「年越へ」には蕎麦ではなく麦を食べていた。地方によっては三八アヤにあるように、ネの国のオオギが祭る神のミケとして、大麦一、小豆一、米六の割合の混ぜご飯を食していたようである。多少違いはあるが、今の節分の行事と同じことが行われていた。宮中や国神などで行われ、それが国民に伝わり、次第に今のような形になったのだろう。

このミカサ文ハニ祭りのアヤツはツキスミのシガのミコトの問いにトヨケ神が答える形式で述べられていく。

ツキスミの　シガのミコトが
ヱトの神　トよりのノトの
故お請ふ　かれにトヨケの
ナメ事ぞ

トヨケ神の時代なので今から約三三〇〇年前頃と思われる。我が国の歴史はあらゆる分野に亘り、いわれているより遙かに古いのだ。

土佐日記には承平四年（九三四年）の記事に、九重の門のしりくめ縄（シメ縄）とナヨシ（ボラの若魚）の頭、ひゝら木（柊）が載る。またユズリハが正月に用いられた古い記録は一四四六年で、万葉集（〜七五九年）にも「ゆづる葉」が載る。

譲り葉は万葉集に載るといっても、譲り葉はヤマト列島と共に何十万年以前からは既にあった。九三四年、一四四六年には既にこれらは用いられいたということは、それ以前からあったということ。ヲシテ時代からこういう行事があり、これらが使用され、そのために漢字文献に残り、現存していると考えるのが自然である。

今行われている節分の豆まきの起源もよく解っていない。

しかし既にヲシテ文書には記され行われていた。これらが伝統として行われ伝わり、漢字文献に載り、今も毎年行われている。ほぼヲシテ文書に記されている通りに今に伝わり毎年行われているのである。

鏡餅、お飾り、門松、注連飾りの起源

またヤマト中、各家庭、企業などで行われている鏡餅、お飾り、門松、注連飾りなどは山幸彦・ヒコホオデミ神が起源である。これは今から約二九〇〇年前。少し長くなるが、二五アヤ「ヒコ命チお得るのアヤ」より

　　カゴシマに坐す
年々に　実りも増えて
国豊か　今年植え付け
照れど良し　ウサの県（あがた）に
はやらせて　サツキのモチお
春祝ひ　餅にハヱ敷き
ウケ神に　祝ふホナガと
ユヅリ葉の　ホツマ遊びの
ミヅホ歌　楽し賑はふ
トヨの国　三十二《みそふ》の県
皆はやる　門松ハヱ葉
ユヅリ葉も　春敷き飾る
モトオリや　トヨ賑はひて

後に第十一代天神となるイミ名ウツキネ・ヒコホオデミ神がツクシ（九州）中を回って農業を指導し、開拓による国造りに協力している中の一場面。ウツキネの農業振興の前に既に父神ワケイカツチ天君によるツクシの大規模農業土木による開拓が行われていた。

「今年植え付け　照れど良し」。ツクシは暖かい地域が多い。そのため春に苗を植え付け、サツキの初め頃には収穫できる。この時期は梅雨前であるので日照りによる水不足の恐れがあるが、父神による農業土木遺産や技術により水の確保はできたのだろう。また台風の季節前に稲刈りができるという利点もある。多少の水不足の被害が出ても有り余る収穫ができる。「照れど良し」はこれを言うと思う。

刈り入れも終わっているので、「サツキのモチ（望月と餅）」には新春の元旦のようなお祝いができる。これが「春祝ひ」。二期作の一期目が終わり、この後二期目が始まるのであるが、貴重なお米が年に二回も収穫できる。そのため食料の神様「ウケ神」を大いに祝う。

縁起物の「ホナガとユヅリ葉」で祝うのであるが、「ホナガ」は大豊作、「ユヅリ葉」は二期作の意味が込められているかもしれない。「ミヅホ歌」はかつて父ニニキネが「ホツマ」国ハラミ山で農業開拓に大成功して祝った歌が「ミヅホ歌」であろう。ゆとりができるので、正月のように次の作業までいろいろな遊びをして過ごす。

縁起の良い「ハヱ葉」の上に取れたて突きたての餅を載せ、

これまた縁起物の「ホナガ」と「ユヅリ葉」を飾る。瑞穂の二期作により単純に二倍の収穫になるのだから、「楽し賑はふ　トヨの国」「三十二の県　皆はやる」ことになる。ツクシは三十二の県よりなっていた。いかにツクシの国民が喜んだことだろうか。

そしてこれが、ツクシや日の本全国、初春の初日に、「門松ハヱ葉　ユヅリ葉も　春敷き飾る　モトオリ」となる。現代の鏡餅、お飾り、門松、注連飾りどにそっくりだ。約三千年の伝統がある。その間には時代、国々、家々により違いは出てきて当然。

二期作や二毛作はウツキネ・ヒコホオデミ御子により始まった。そしてこれが門松、鏡餅などのヤマトの国民の行事、風習に繋がっていく。さらに、二期作によるツクシの国造りの大成功などにより、ウツキネは第十一代天君の日継ぎを受けることに繋がっていくのである。

門松、鏡餅は毎年正月にヤマト中で行われている。しかし、その起源はよく解らなかった。しかしホツマツタヘにはその起源がハッキリ記され、ほぼその通りに今の時代に行われているのである。

初日まつり

年が明けると「ハツヒマツリ（初日祭り）」を行う。「年内に為す事のアヤ」より

　　　初日祭りは
フトマガリ　山のカヤ・栗
海のメも　トコロ・橘
芋頭

「初日祭り」。多賀大社では初日に歳旦祭（さいたんさい）が行われている。住吉大社では元旦早朝に若水の儀が行われ、元旦祭が行われている。大神神社では繞道祭（にょうどうさい）四方拝（しほうはい）が行われている。初日のマツリは全国の神社で行われている。ホツマにもツクシの住吉大神の孫ハデ神の殿で若水を汲む場面が記されている。

　　　明けて群れ出る
ワカ姫が　　マリに若水
汲まんとす
（ホツマ二五アヤより）

「フトマガリ〜芋頭」これらを「初日祭り」に神前に供え、後で頂くということと思う。「フトマガリ」は太いマガリであろう。マガリはマガリモチヰで「糯米《もちごめ》などの粉をこねて引き伸ばし、いろいろな形に作り曲げて油で揚げたもの」（広辞苑より）。揚げ餅やドーナッツのことで、当時としては大変なご馳走であったことだろう。「カヤ」は栗と同じく実は食用で、木は水に強く腐りにくく殺菌作用を持つ。カヤの実からは油も取れ、薬用でもある。栗と違いこちらは雌雄異株。「海のメ」は若布（わかめ）、海松布（みるめ）、荒布（あらめ）など食用となる海藻の総称。「トコロ」ヤマノイモ科のつる性多年草で、苦味を抜き、食用にも薬用にも用いられる。多

数あるひげ根を干し、正月の蓬萊《ほうらい》飾りとするそうだ。「橘」は日の本に古くから野生した唯一の柑橘《かんきつ》で、別名ヤマトタチバナともいう。右近の橘は常に緑の葉が繁り香しい実を付ける。「芋頭」はサトイモの親芋のことで、親芋から多くの子芋が増える。

年内に為す事のアヤはオモヒカネの問いにタマキネ・トヨケ神が答える形で進められている。第五代タカミムスビ・タマキネの時代は今から約三千四百〜三千二百年前と推定される。この場面は約三千二百年頃と思われ、既にこの行事が行われていたのである。

後の時代、年の祝い膳《ぜん》に用いた料理で、江戸時代の新年の祝い膳、食積《くいつみ》と似る。関西では蓬萊または蓬萊飾り。食積の品は「米、餅《もち》、ダイダイ、かちぐり、干し柿、のしあわび、エビ、数の子、ごまめ、ユズリハ」、そして食積から「おせち」に分かれていく。蓬萊飾りは「白米・熨斗鮑《のしあわび》・搗《か》ち栗・昆布・野老《ところ》・馬尾藻《ほんだわら》・橙（だいだい）・海老」など。他に「橘、加耶の実、山の芋」という説もある。フトマガリの材料は糯米で餅と同じで、他も大変よく似ている。三千年位続くので時代や地方によって多少の違いは起こりえる。

現代、食積や蓬萊の起源はよく解っていない。しかしほぼ、年内に為す事のアヤの初日祭りの通りの行事と品々である。とすれば、年内に為す事のアヤの行事や品々が江戸時代の食積や蓬萊に伝わったと考えるのは自然であろう。つまり年内に為す事のアヤが起源であることになる。するとヲシテも存在したし、ヲシテで記されているヲシテ文書も存在したということになる。

七草　七草のミアヱ

次の大きな行事はナナクサ（七草）である。ヲシテ時代、君のミヤウチ（宮内、宮中）では当たり前のように毎年行われ重要視されている。ホツマに四例、ミカサ文に一例、年内に為すことのアヤに一例載る。古さでは「ミカサ文ナメ事のアヤ」、「年内に為すことのアヤ」に記されるトヨケ神の記事、次にアマテル神の時代で内容はほとんど同じ。次は「年内に為すことのアヤ」より

　　　弓張り祭る
ミソの名は　ヌヱアシモチが
カサクサお　ゴゲフ・ハコベナ
イタヒラコ　スズナ・スズシロ
スセリ・ナヅ　この七草に
除くなり

コトバから辿っていく。「弓張り」は上弦の月（七日）と下弦の月（二一日）でこの場合は上弦の月のこと。三八アヤには「ムツキナアサ（睦月七朝）」とある。

「ミソ」は「御・ソ（揃うのソ）」「身・ソ（削ぐのソ）」「身・ソ（濯ぐのソ）」などが考えられる。これら全てが含まれているかもしれない。「御・ソ（揃うのソ）」の「ソ」は「ソ

ロ（玄米・米）」などにも使用さているが、七草には多くの栄養素が含まれている。

七草は春には貴重な青菜であり、若芽が冬を過ごしてきたので栄養価が高い食べ物であるが、大変優れた薬草でもある。七草の栄養素として「食物繊維、タンパク質、アミラーゼ、ビタミンA群、ビタミンB群、ビタミンC、カリウム、カルシウム、鉄分、亜鉛、サポニン、クマリン、各種ミネラル」、そして「冷え性・貧血の緩和、肝臓の回復効果（増血作用もあるのでは）、高血圧の予防、止血作用、風邪・インフルエンザ予防、気管支炎の緩和、咳止め、解熱・鎮痛作用、免疫力向上効果、胃腸の働き消化を助ける、便秘解消、利尿作用、美白作用、むくみ解消、ひび・あかぎれ予防効果、シミ・そばかす予防効果、リラクゼーション効果、心の安定効果」などの効能があると言われている。古代の人々は経験的にこれらの栄養と効用を解っていた。

従って体内の毒素を良素に変えたり流し去る。そのために体内・身体の毒素を削ぎ、そして濯ぐのである。禊ぎ（身・削ぎ）と似ている。主に体全体にいうと考えられるが、ミソは主に体内に関することではなかろうか。しかしこのミソも忘れられたコトバになってしまった。

「ヌヱアシモチ」はヲシテ時代の翼を持つ妖怪・魔物のこと。ぬえ（鵺）として今に伝わるが正しくはヌヱアシモチで、鵺はこれを縮めた名。ヌヱアシモチというコトバがあり使用されてきたのでヌヱが今に伝わると考えられる。

「カサクサ」は他所では「ガサクサ」（ホツマ一九アヤ）「ガダヲヱ」（ミカサ）。「ヲヱ」は汚穢で汚れのこと。「クサ」はクサり（腐り）クサやクサい（臭い）のクサと思う。「カサ」のカはガ、サはザとすると解りやすい。カ（光）の反対がガ（闇）、サ（栄える）の反対がザ（衰えるなど）。濁点は時代と共になくなったり付いたりしやすい。いずれにしても「カサクサ」・「ガサクサ」はヌヱによる毒素という意味と思う。冷え性・貧血・風邪・免疫力の低下・ひび・あかぎれなどの原因は今でも解りづらい。神代ではこのように考えていたのであろう。

「ゴゲフ・ハコベナ・イタヒラコ・スズナ・スズシロ・スセリ・ナヅ」。今は順に「ごぎょう・はこべら・こおにたびらこ（仏の座）・すずな・すずしろ・せり・なずな」で、ほぼヲシテ時代の伝統を残している。イタヒラコがなんとか「たびらこ」として名を伝えているが、仏の座にすり変えられているのがハッキリ解る。仏、寺と七草は全く関係ない。

七草がどのように食べられていたのかは載っていない。七草は優れた栄養剤、ビタミン剤、薬である。湯通しなどして食べられていたかもしれず、今のようにお粥のようであったかもしれない。お粥は米と七草でまた一段と優れた食べ物となる。米を水で炊き、塩と七草を加えるとソ（十）品になり、身・十、御十になる。免疫力が向上し内臓から健康になると、気分も良くなり、邪気も払うことに繋がる。
七草の効用は大変優れているので、宮内では行事として毎年行われていた。そのために平安時代、室町時代、江戸時代の書籍に残り、今は国民の行事となっている。七草の起源もよく解っていない。しかしヲシテ文書に記されている通りに今に伝わり毎年行われているのである。

ムツキソヒカ（ム月十一日）御酒賜ひ

これは第十三代カンヤマトイワワレヒコの天君（神武天皇）より始まると考えられる。ホツマツタヘ三十アヤより

　　ム月十一《そひ》日は
県（あがた）召し　御酒《みき》お賜る
初めなるかな

この行事はアスス五八年ム月十一日より始まり代々行われる。いまから二六七七年前（平成三〇年現在）である。第一九代ヤマトフトニの天君（孝霊天皇）の御世にも「いつも初十一　県召し　皆物賜ひ」とある。これらの記事は紀記や旧事紀にはない。
伊勢神宮内宮の行事に「一月十一日御饌（いちがつじゅういちにちみけ）」がある。これは「内宮正宮の四丈殿において、天照大御神・豊受大御神をはじめ、諸宮社のすべての神々に御饌を供進し、一年に一度神々が大御神と共に御饌を共にされるお祭り」。行われる日がム月十一日で同じ。そして内容が似ているためなんらかの関係があると思われる。
また平安時代以降には既に行われていたという県召（あがためし）の除目（じもく）は、正月十一日前後に行われた。県召の除目とは「平安時代以降、正月（または二月頃）に地方官を任命する公事。春の除目。外官の除目。司召しの除目」。これも似ているので、カンヤマトイワワレヒコの天君以来の、ホツマの伝統を伝えるものであろう。

六ワタ祭り　ヒモロゲの小豆の粥　トンド　粥柱　粥フトマニ（粥占）

ム月のモチ・一五日（望月・満月）にも、神代では既に次の行事が行われている。

　　モチの明日（あした）は
ヒモロゲの　アズキ（小豆）の粥に
エヤミ避《よ》け　ササ・オケ・トンド
餅焼きて　粥柱なす
神在《かみあり》の　粥フトマニや（ミカサ文ナメ事のアヤより）

「ヒモロゲ」は一、太陽の恵みをいっぱい浴びた作物。穀物のヤマトコトバ。穀物とは米・大麦・小麦・あわ・ひえ・きび・大豆・小豆などのこと。二、これらを神前に祭る台、またその全体のこと。「アズキ（小豆）の粥」一五日の朝にアヅキのカユを食べる。小豆の主成分はデンプン、タンパク質で、ビタミンはB1を多く含み、ビタミンB2、カリウム、リン、マグネシウム、亜鉛、鉄などのミネラル、食物繊維、ポリフェノールなどを含む。そしてかっけ、はれもの・むく

み、めまい、疲労、二日酔い、筋肉痛、肩こりなどに効く。そして血圧安定、血液の浄化効果、利尿効果、疲労回復効果、抗動脈硬化作用、抗アレルギー作用、強い抗酸化作用の効能があるといわれている。ヲシテ時代の神々は経験的に小豆の効能はよく解っていた。従って「ヱヤミ避け」となる。「ヱ」は笑（ヱ）む、笑（ヱ）みすのヱの反対のコトバ。それにはヱに濁点を付ければよいが、発音のしようがないのでヱのみで反対の意味を表す。「ヤミ」は病み。「ヱヤミ避け」は流行り風邪や伝染病などの重く、悪性の病を避けること。

　そのためにも「ササ・オケ・トンド」を行う。年内に為す事のアヤには「サヤケ・オケラに　トンド餅」とある。「ササ」は湯立神事に遣われるササ（笹）のことで、それにより氏子の心身の悪いところをサリ（去り）、サわやか（爽やか）にすることと思う。ササ（笹）を振って邪気を祓い無病息災を祈る。「オケ」はオケラ。食べられ、薬草でもあり主に胃薬。炊いて燻し、湿気取り、カビ防止、蚊遣《かやり》に用いたそうだ。京都の八坂神社に、オケラの根に御神火を点じるオケラ祭りやオケラ参りが行われている。「トンド餅」は今も日の本中で毎年行われている。焼いた餅を食べて無病息災・五穀豊穣を祈る。火祭りでもあるので火の神でもある。自分たちで火を付け燃やし後始末をするので、火の便利さ、怖さや扱いを習う。また小さな燃えかすを翌日に自分の家の屋根に投げておくと火事になることはないといわれているので、タツタメの神でもある。ドンド焼きの起源もよく解っていない。しかしヲシデ文献により、既に三千二百年前には確立していたのが解る。ヲシデ時代の神代の伝統が季節、日、内容ともそっくり今に残り行われているのである。

　「粥柱」は辞書に「通常、正月十五日の粥の中に餅を入れ食べること、あるいはその餅のこと」。三嶋大社の小豆粥調進祭は「小豆粥の中に、田祭に供えた餅を小指の先程の大きさに割った「柱」と称する餅を入れて炊き、神饌と共に供え、五穀豊穣を祈る祭」で一月一五日に行われる。ミカサ文通りに今に伝える。

　「粥フトマニ」。フトマニはモトアケ図のワカの歌百二十八首により占うことである。フトマニの中の一首、スヨロの歌に「カユウラ」が載るので参考までに次に掲げる。

スヨロ
スノヨロハオケノト
ンドノカユウラニノリ
ユミハシラウタウヨ
ロコビ

カユウラ（粥占）も多くの神社で行われ今に伝わる。大山阿夫利神社、諏訪大社下社春宮、枚岡神社、出雲大神宮など。カユウラも三千二百年以上の伝統がある神事であり、ヲシデ文献通りに今に伝わり毎年行われている。なお粥占が中国から伝えられたというのは誤りである。見てきたように、小正月の行事も遙か神世の伝統通りに今に伝わる。

今に伝わる他の神事、行事、祭り、伝承

ヲシテ文書には他にも多くの行事、神事などが記され、それが現代に伝えられている。

・ヤヨイ（三月）　三日の「桃にヒナ」（雛祭り・お雛様のこと）。

・ウ月（四月）　「葵桂のメヲ（陰陽）祭り」（葵祭りのこと）。

・サ月（五月）　サツキ五日の「乗り較べ」「サツキ五日の言祝ぎ（コトホギ）」・「アヤメに粽」（あやめの節句のお祝いのこと）。

・ミナ月（六月）　「ミナ月の祓ひ」・「ミナの祓ひ」・「ミナ月の禊ぎ」「チの輪」（夏越大祓、水無月大祓、茅の輪くぐり）。

・フミ月（七月）　フミ月七日「タナハタ」「ヲトタナハタの星祭り」「タナハタの神祭り」（七夕のこと）。フミ月望（十五日）・・・「シムの望祝ぎ・生き目魂」（お盆のこと）。

・ホ月・ホツミ（八月）　ホツミ初日・「穂摘み祭り」「穂摘みの祭り」、ハ月（八月）モチ（モチ月を愛でモチを供え感謝する・名月祭・観月祭）。

・ナガ月（九月）　ココ栗祝ひ（菊と栗酒の祝ひ）

・ネ月・シモ月（十一月）　ニイナメ（新嘗祭）、オオナメヱ・モトアケ天地《あわ》の神祀り（大嘗祭）、御食ナヘ祭り、神ノリ粥。

この内のヤヨイ（三月）三日のひな祭りは、それまで一夫多妻と考えられる我が国の結婚制度を第四代アマカミ・ウヒヂニが初めてスビチニ一人を后（きさき）にしたことを祝う、我が国一夫一婦制の記念碑的行事である。これ以降は君も臣、民もこれを見習って妻を定めていく。ここのところを原書には「この時に　皆妻入れて　八十《やそ》続《つづ》き　諸民《もろたみ》も皆　妻定む」とある。

これらのほとんどはトヨケ神の時代、今から三千四百年前には既に行われていた行事である。従って是より更に遡る。そしてほんど紀記、旧事紀には書かれていない。三千年以上伝わり、由緒も忘れられれば多少形も変わる。しかしその中で良く残されていると思う。ヲシテ文書に記されているように今に伝わり毎年行われている。

これらの他にも婚礼の儀から子供の成長に合わせた行事が載り、一部は今に伝わる。いくつかは前出の月の行事と重なる。妹背《いもせ》のササ祝い（三献の儀・三三九度）、アマガツ・カンガツ・ソラハフコ（天児・這子）、ウブヤ（産屋）、ホソノヲ切るノリ（臍の緒切り）、鳴らす桑の弓・ハハ矢ヒキメ（鳴弦の儀・蟇目《ひきめ》の儀）、ウブ湯為す・ウブ湯上げ（御湯殿始め・御湯殿の儀式）、生まれ日・炊し御食供え（初誕生）、立ち舞ひ（踏み餅）、三冬髪置き（「髪置き」）、桃に雛（初節句・女の子）、アヤメに粽（初節句・アヤメの節句）、タナハタ（七夕）、ハ月モチ（モチ月を愛でモチを供え感謝する・名月祭

・観月祭）、菊栗祝ひ（栗ご飯・栗の節句、菊まつり・菊の節句）、五年男《を》は袴着る（袴着・五歳）、女《め》はカツキ（帯解き・七歳）、アワの敬ひ（アワ歌の歌い初め）など。

この中でその起源がホツマツタヘ一アヤに亘り詳しく記されている儀式がある。それは「アマガツ・カンガツ・ソラハフコ（天児・這子）」である。アヤ名は一二アヤ「アキツ姫アマガツのアヤ」。これは住吉大社、住吉神社などの御祭神であるべき住吉の大神の姫神にあたるアマテラスヲヲン神の后、ハヤアキツ姫・塩の八百会《やもあ》ひ子姫で、イミ名アキコ姫が始めた行事である。このアヤに詳しく記されているが、今から約三千二百年前に行われた。ハヤアキツ姫が始められたことが天児（あまがつ）、這子（はふこ）として今に伝わっているのである。

また「アワの敬ひ」。これは読み書きのアワの歌を習うことと天地《あわ》（自然）を敬うことが含まれている。ヲシテ研究もモトアケ、アワの歌で始まりモトアケ、アワの歌で終わると思えるほどアワの歌には多くのことが含まれている。五歳までのこれらの行事も、子供の無事を祈り育てながら、遊び楽しみつつ家族、自然、人の繋がりなどのあらゆることが学べるようにしているのが特徴である。他にも次のような行事が載り、その一部は今に伝えられている。

臨時のお祓い、祭り　神楽　獅子舞など

稲虫の祓ひ、清祓ひ、直りの祓ひ、風吹《かぜふ》祭り・祓いカゼフの祭り、魂返しノリ・ヲ解く祭り、百日《ももか》詣で（百日詣で・百日参り）、カシマ神楽、獅子舞ひ。

ホツマツタヘは我が国の長い歴史を描いているため祓いの名も変わる。「稲虫の祓ひ」「直りの祓ひ」が「カゼフの祭り」になったと思われる。カゼフは風吹であろう。穂につくおびただしい害虫や長雨でイモチ病になるその元の群雲を、風を吹かせて吹き払う祭りである。稲作は国民生活、国家基盤の源であるため大変重要な問題として扱われている。

「魂返しノリ」は春日大社のカスガの神・アマノコヤネ神に伝わる秘法で、サルタヒコ神とアメフタヱ神にも伝えられた。アマテル神が大いに褒め称えた大切なノリで、大変奥深い法であると考えられる。

またお神楽や獅子舞なども遙かイニシヘに神社を中心に行われていた。ヲシロワケ時代の「カシマ神楽」「カシマの獅子舞ひ」がカシマ神の時代からであるなら、今から三千二百年前から既に行われていたことになる。今でもホツマツタヘに記されているようにお神楽や獅子舞はヤマト中の神社で行われている。

家庭のお祀り

多くの家庭に神棚があり、中には御霊屋《みたまや》をお祀りされている家もあるようである。これについてホツマツタヘ一三アヤ「ワカヒコ・イセスズカのアヤ」にカスガ神（ワカヒコ・アマノコヤネ）が第九代オシホミミ天神や重臣達の前で答えている。

天の祭りお
立て置けよ　カバネの宮に
カンクラお　申せばヲ解け
人なるぞ　祭り無ければ
天恵み　漏れて落つるぞ

「カバネ（姓）」とは、タカマなどから賜った名で、主に重臣、国神や特別な功績を為した者に与えられる姓のこと。「カバネの宮」はその家の先祖を代々祭る宮である。これが今に伝わる御霊屋で、この時は既に行われていたようである。「カバネの宮」（御霊屋）を真似た物が後世の仏壇と思われる。

「カンクラ」はモトアケや天の御祖神のことである。ホツマ七アヤにカンクラが載るが、これは岩戸隠れしたアマテル神の岩戸そのものとアマテル神のことである。「申せば」は設けることと祀ることと思う。この時はまだアマテル神が存命中であるので、モトアケや天の御祖神であったかもしれないが、その後はアマテル神となる。アマテル神はタカマであり天の御祖神でもある。これが今に伝わる神棚と思う。神棚には中央にイセ神宮のお神札（神宮大麻）を、向かって右に地元の氏神さまのお神札を、向かって左に崇敬している神社のお神札を納め祀る。

この記述が今に伝わる神棚と御霊屋を祀る起源である。初めは臣達や国神間で行われ、それが時代とともに次第に今あるように全国に広まったと考えられる。

お花見など

日の本各地、色々な花が咲くと花見客で賑わう。ヲシテ時代も「ムメ（梅）の花見」、「サユリ（小百合）の花見」、「ココナ（菊）の花見」や桐の木を植えて楽しんでいた。桜の木も勿論あったが、桜は穀物の出来不出来や国民生活を占うのに主に用いられていた。桜は特別な花である。花を見るので花見と言えるが。

南《さ》の殿に　タチバナ植ゑて
カグの宮　東《き》にサクラ植ゑ
ウオチ宮　自らマツリ
聞こしめす　普く民も
豊かなり　（ホツマ六アヤ）

　　　　カカンノンテン
揃ふ時　左はタニの
サクラウチ　御世のサクラの
ならし歌　右はオオヤマ
カグスミの　ときしくカグの
祝ひ歌　昔曾大祖《ひををぢ》
サクラウチ　この花捧ぐ
ヲヲン神　ヲ内に植ゑて　（ホツマ一四アヤ）

イセの道　成る離るるお
計ります
（ホツマ二四アヤ）

アマテル神がイサワ宮に行く前の初の宮は、ハラミ山（フヂ山）を臨む地に建てられた。そこに我が国の初代左大臣であるサクラウチ神がアマテル神に桜の木を奉納した。これが今に伝わる左近の桜の起源である。その子孫がアシツ姫・この花咲くや姫である。富士山本宮浅間大社の主祭神はこの木花之佐久夜毘売命で、境内には多くの桜の木が植えられ神代の伝統を今に伝える。

従って先に述べた桃、アヤメ、菊や桜、梅の木などが中国から伝わったというのは全て大きな間違いである。そしてホツマツタヘに記されている通りに日の本に生え、毎年花見が行われている。「サユリ（小百合）の花見」や「桐の花見」はしぶく風情のあるものであろう。

他にも木草でヤマトに古来から自生する植物が多く載る。植物の歴史は人よりも桁違いに長い。ヤマト列島の元は約千五百万年前に大陸と分かれた。そして約三〇〇万年前にヤマト列島が形作られた時から、既に気候変動などにより自生地を変えながら存在していた。

上棟式・大黒柱

ヤマト建築や神社の起源はよく解っていない。これを建てるときに行われる上棟式などの起源も同じ。しかしホツマツタヘにはこの上棟式の起源が記されている。そしてこれに関わる神がニニキネとヱビス様で親しまれている第二代大物主・クシヒコ・オオクニヌシである。大国柱（大黒柱）のダイコクはオオクニ主を漢字にした漢読みの名である。そして上棟式、餅投げ、ヱビス（恵比寿様）、オオクニ柱（大黒柱）などが、ホツマに記されている通りに今に伝わる。ホツマツタヘ二十一アヤ「ニハリ宮ノリ定むアヤ」より

時にタクミは
ムのタミメ　そのノトコトは
天地の　開くムロヤの
神あれば　ヱヤは弱かれ
主は永かれ
かく三度　ノトして餅お
投げ散らす
〜
家造りはこれ
時に君　ヲコ主神と
名お賜ふ　柱名もこれ

ヤマト建築や神社建築の起源は初代クニトコタチ神に遡り、宮大工、タクミ（内匠）の起源もその時代からである。

・・・・

いままで見てきたようにほぼヲシテ文書に記されている通りに数多くの行事、神事などが今に受け継がれ行われている。三千年、四千年経てば多少は変化もする。従ってヲシテ文書

とその内のホツマツタヘは真書であるという結論に到る。

四、日の本全国に伝わる地名

日の本中、北は津軽から南は鹿児島までホツマツタヘに載る数多くの国の名や地名などが、その通りに現在もその場所に実在する。これらがホツマツタヘが真書であることを証明している。

ツガル（津軽）、アソベ、外が浜、ヤスカタ（安方）、ウトウ

青森県ではツガル（津軽）、アソベ、外が浜、ヤスカタ（安方）、ウトウ（鳥の名・善知鳥神社）などの地名がホツマツタヘに載る。これらは日本書紀、古事記、先代旧事本紀などには載らない。地名が一つしか載らないのであれば偶然という事もあるかもしれない。しかし複数ホツマツタヘに載り、その通りに今に伝わり、関係する岩木山神社、善知鳥《うとう》神社も現実に存在する。従ってホツマツタヘは真書であるという結論になる。

ツクバ・ニハリ・フタアレ（日荒・日光）・ウツ宮

二神のイサナギはイサナギ神になる前のイミ名（生まれたときに付ける名）をタカヒト、イサナミ神はイサコという。タカヒトとイサコ姫がツクバ山の麓に流れるイサ川近くのイサ宮でメヲトとなったのでイサナギ・イサナミ神という。

ケタツボの　西南（つさ）のツクバの
イサ宮に　うなづき浴《あ》みて
イサナギと　イサナミとなる
（ホツマ二アヤ）

これらの記述がどんな漢字文献にも載っていない。紀記ともツクバという地名は遙か後、景行天皇の時代のヤマトタケと共に載るのみであり、旧事紀には全くない。従って紀記や旧事紀などではツクバ山とイサナギ・イサナミ神が文献上結びつかない。しかしホツマツタヘに記されている通りにその地にツクバという地名が残り、そこにイサナギ・イサナミの二神が祀られているのである。

また後に第十代ワケイカツチ天神となるニニキネはツクバやニハリを中心に開拓を行う。その関係地名がこのニハリやウツ宮、フタアレである。そしてその位置関係から、これらが今に伝わる筑波、新治、宇都宮、二荒（日光）であるのに違いはない。これらも紀記には載らない。ホツマに記されている通りに、その地名が存在し、今に伝わっている。従ってホツマツタヘは真書である。そのため、そこに記されているヲシテ（文字）も本物であることになる。

フヂの山、アサマ、ハコネ、オオヤマなど

ホツマツタヘに富士山の名の起源が記され、その通りに今に伝わっている。フヂの山（富士山）の元の名はハラミ山であった。ハラミ山の麓でミナカヌシの御子・トのミコトや初代天神クニトコタチ神の御子によりマツリが行われ、イサナギ・イサナミの天二神によりアマテル神が誕生した。その後アマテル神がイサワの宮に行く前に、ハラミ山を臨む初の宮を構え自らマツリを執った。そして富士山近くの箱根の神山

は第九代オシホミミ天神のミササキであり、ハラ宮で後に第一〇代ワケイカツチ天神になるニニキネ御子がマツリを執った。このように我が国にとって真に由緒ある地域の地名なのである。ハラミ山・フヂ山を抜きには我が国の古代史は語れないとも言えるほど重要である。それが紀記に載らない。

　フヂの山の名付け親は第一九代ヤマトフトニの天君（孝霊天皇）である。時にアスス四六三年で、平成三〇年現在はアスス二七三五年なので、二七三五年ー四六三年＝二二七二年前。つまり冨士山《ふぢやま》の名の歴史は二二七二年である（平成三〇年現在）。ホツマ三二「フジとアワ海・ミヅのアヤ」より

　かく詠《よ》みて　山のさら名と
　おぼす時　田子の浦人
　フヂの花　捧ぐるゆかり
　ハラミえて　名お産む御歌
　ハラミ山　ヒトフル咲けよ
　フジツルの　なおも縁（ゆかり）の
　この山よこれ（注）
　これよりぞ　名もフジの山

他にも、ハラミ山・フヂ山に因むアサマ（浅間・浅間神社）、ハコネ（箱根）、オオヤマ（大山）、スバシリ（須走り）、コノシロ池、エツの島（江ノ島）、ヤマナカ（山中湖）、カワクチ（河口湖）、モトス（本栖湖）、ニシノウミ（西湖）などの複数の地名が、紀記等には載らないが、ホツマ通りに今に伝わり現実に実在している。従ってホツマツタヘは真書であるということになる。

（注）この歌の内容は奥深く難しい。またフジの山かフヂの山か、これによっても意味が違い、漢字の当て字も違ってくる。日の本一の山の名を定めたワカの歌でもあるので読者の関心も高いと思う。この箇所はホツマ研究者の意見の分かれる所でもある。次に私解を少々長くなるが述べる。

　第一九代ヤマトフトニの天君（孝霊天皇）がハラ山に御幸する主たる目的の一つは、御孫ニニキネ（第十代ワケイカツチ天神）やムメヒト御子以来何百年、忘れられたハラ山・ハラ宮の栄光の歴史を思いださせ、それを後世に伝えるためである。もう一つは疎遠になりがちなホツマ国や東ヤマトとの連携の確認と思う。

　アヤ名の中の「フヂ」と本文の「フジ」二箇所、そして本文の「フヂ」の表記は、この読み下し文通りに安聰本、長弘本、長武本（内閣文庫本）とも同じ。「ジ」と「ヂ」は発音が同じのため混同しやすい。濁点は強調のため「シ」「チ」で考える。

「フジ」「フヂ」　藤の名の由来

　藤はなぜ藤という名がつけられているのだろうか。「フシ」の「フ」は「フ（増）える」という意味で合っている思う。「シ」は「シまる（締まる）」などの意味がある。竹の「フシ（節）」はシ（締）まっている節が成長点で、そこから威

勢良く成長し（フえる）、固い。そのためフシ（節）と名付けたのであろう。また「イシ（石）」の「イ」は、「大いなる」という意味がある。そのため「イシ」は「大変締まっている物、固い物」という意味がある。すると藤を「フシ」、それを更に強調した「フジ」については、「フ」はなるほどと思うが「シ」と「ジ」は適当ではない、と考えられる。

「フチ」　「フチ」の「チ」の意味は「小さいが霊的な力が備わる尊いもの」のこと。藤の種は小さいが、蔓の先端は生き物のように行き先を探し、どんなものにも形を変えてモワモワと成長していく。そしてこの世の物とも思えない大きくて香しい花を咲かせる。そのため増（フ）え続けるチ、「フチ」「フヂ」の意味に合う。つまり藤は元々は「フチ」「フヂ」と考えられる。

「ヒトフル」　「ヒトフル」のコトバはどんな古語辞典にも無い古代語である。「ヒト」の「ヒ」は数字の「一」、「ト」は「十」であろう。「ヒト」で一から十までのことで、全て備わり、完璧という意味である。ホツマ四アヤ「日の神・ミヅ御名のアヤ」に「天つ君　一より十までお　尽くす故　ヒトに宣ります」とある。「フル」は「経る」である。すると「ヒトフル」の意味は「完璧な状態で年を経る」で、ここの意味は「永遠に栄光の歴史が伝わり続ける」、または「全きマツリを行い、それをし続けること」などとなる。

「サケよ」　元々「サく」の「サ」は「南」のことで「サ・カえる（栄える）」という意味がある。そのため蕾が開き花になると花が「サ（咲）く」という。そのためここの「サけ」は「栄け」と「咲け」の意味が含まれる。従って「サケよ」は、かつての輝かしい歴史が今の時代に花開き、この先も続いてくれよという意味になる。

「フヂ・ツルの」は「フヂ（の花）」と「ツル（蔓）」に分けられる。「フヂ」は見事な藤の花のような数々の尊い歴史のこと。「ツル（続る）」はそれが変わらずに未来に伝わり続けること。「なおも」は「名おも」と「尚も」の意味が含まれる。「縁（ゆかり）」は、当時忘れられつつあるハラミ山の数々の歴史のこと。そして「この山よこれ」とハラミ山とフヂの山を強調して、末永くハラ山とフヂ山の尊い歴史を忘れないようにと歌っている。

このようにこの歌は色々な意味が含まれ、繋がっているので、現代語訳は難しい。敢えて試みると、拙訳「数々の尊い歴史を伝えるハラミ山のように、末永く全くマツリを行い栄え続けよ。見事な藤の花のように栄え、蔓のようにいつまでも続くことを願う。そしてハラミ山の名をフヂの山と変えるが、なおもハラミ山の尊い縁と栄光の歴史は変わらずに続いてゆくのである。それがこのハラミ山でありフヂの山である」となる。

そしてこの時より名を「フヂの山」とする。「フヂ」の漢字は「富霊」が良いと思うが、いかがであろうか。「富」には多くなる、豊にする、という意味がある。また「霊」には心、命、神、神秘な力、良い、幸い、などの意味がある。また「富」、「霊」とも左右対称。ただ「霊」の字画が多いのが難点。それでは「霊」の国字をつくったらどうだろうか。読者で漢字の得意な人や専門家がいたら「フヂ」の漢字を考えてみてもらいたい。

イサワ・イセ・スズカ・フタミカタ

イサワ（伊雑宮）はアマテル神時代の日の本の首都でそこでアマテル神自らがマツリを摂った。次はホツマ六アヤ「日の神十二后立つアヤ」より、君はアマテラシマスヲヲン神のこと。

　　　　ヒノハヤヒコに
ミコトノリ　汝国絵お
写すべし　ヤマト巡りて
皆絵書く　君は都お
移さんと　オモヒカネして
造らしむ　成りてイサワに
宮移し

紀記ともこの部分を漢訳して載せていないので、今に至るまでイサワがどういう場所か伝わっていない。しかし伊雑宮の御祭神は天照坐皇大御神御魂でホツマツタヘに記されている通りである。

そして、アマテル神とトヨケ神の御霊を祭る宮がイセの神宮なのである。ここで取り上げるのは主にイセの地名についてである。イセとは人にあってはイモ（妻）とヲセ（夫）のことである。これは次の箇所によっても明らかである。

イセお請ふ　カスガ解くなり
イモ・ヲセは　八百ヨロ氏の
分かち無く　みな天地の
法《のり》備ふ　（ホツマ一三アヤより）

他にもイセの道を、イモセの道、イモヲセの道という。また宇宙、自然においてはヲセは陽を表し天、日を表す。イモは陰で地と月を表す。従ってイセとは陰、地、月と陽、天、日を表す。

因みにアマテラシマスヲヲン神はイセ、イモヲセである家庭、家族の民一組を基に地域、国からヤマト全国に亘るマツリの組織を創り上げ、それに基づいて善政を行った。このアマテル神の理想的な国家理念、政治体制をイセの道といい、この国をイセ、イセの国という。マツリには政治の意味もあるが、魂を祭ることも含まれる。アマテル神は天成る道を熟知されておられるのでイセの道は勿論天なる道に叶う道であり、イセの道は親神である天二神のトの教ゑ、トの道に基づき更に発展創造させた大いなる道である。

これら全てが紀記や旧事紀などに載らなかった。そのためイセ、イセの道、イセの国の由緒などが全く伝わらなかったのだ。それはイセを漢訳するのに伊勢の当て字を使用しているのによく表されている。ホツマツタへを読めば誰でも解ることであり、また関係者には申し訳ないが、伊勢の当て字は間違いである。しかしこの間違いは珍しいことではなく、他の地名や神社名などにもよく見受けられることなのである。

　このようにイサワの都の地にイセ、イセの国、イセ神宮などの地名、神社名がホツマツタへに記されている通りに残り、今に伝わっている。

　また伊勢国鈴鹿郡に鈴鹿と言う地名がある。アマテル神の御子、第九代オシホミミ天神の后タクハタチチ姫のイミ名はスズカで、名付け親はアマテル神である。そしてこのスズカはスズカの道によるものである。第九代オシホミミ天神の都はヒタカミのタガで現代の宮城県多賀城地域と考えられる。チチ姫はオシホミミ天神が神上がりされた後、イセの国・イサワの宮のアマテル神に仕え、神上がりされた場所の地名が鈴鹿の地なのである。スズカの地名はスズカ姫、スズカの道による。これが記されているのはホツマツタへのみで紀記、旧事紀初めどんな文献にも書かれていない。従ってそこになぜスズカという地名が存在するのかはホツマを見ないと解らない。そしてホツマに記されている通りにその場所にスズカの地名が存在する。

　他にもイセ国にフタミカタという地名がある。フタミカタは二見浦のことで、アマテル神が禊ぎを行った場所である。

天地も　のどけき時に
アマテラス　神の御幸の
フタミカタ　御潮お浴びて
禊ぎなす　（ホツマ一五アヤより）

アマテル神はイサワの宮から二見浦に出かけ禊ぎを行った。この景勝地も紀記、旧事紀にはないがホツマツタへに記されている通りにイサワの宮と同じイセの国に実在する。

　このようにホツマツタへに記されている通りにイサワ、イセ、スズカ、フタミカタなどの地名、神社名が今に伝わり現実に実在しているのである。

他の地域、国々　アカハナマタラサヤワワ順

　このように日の本中の地名がホツマツタへには数多く記され、ホツマの真書を証明する。数が多いのでここではその中からヲウミ（近江）、ヤマウシロ（山城）、ワカサ（若狭）、カワチ（河内）周辺の地名だけを取り上げた。カッコ内はそうであろうと思われる地名など。アワの歌アカハナマタラサヤワ順。

ア行

アフミ（アワウミ又はア文か　近江・淡海　琵琶湖・滋賀県のこと）、アナムラ、アツミ（安曇川）アヅミカワ（安曇川）アヅミカワ（の神）、アヰソロ（の神）、アワウミ（近江・淡海　琵琶湖・滋賀県のこと）、アワウミノヱ（琵琶湖の絵）、アワクニ（近江国のこと）、アワクニミヤ（タガの宮のこと）、アワミヤ（タガの宮のこと）、イコマ（生駒）、イツモヂモリ

（「イツモヂ守り」と「イツモヂ森」、ワケツチ山麓）、イササワケ（氣比神宮のこと、またはその地域）、イシカワ（石川）、ウカワ（鵜川）、ウカワカリヤ（白髭神社）、ウカワノミヤ（白髭神社）、ウヂ（宇治）、ウヂカワ（宇治川）、ウヂハシ（宇治橋）、ウジノカメイシ（宇治の亀石）、オオタ（大田神社　高島郡）、オオサカ（大阪）、オキツボ（多賀大社のあるヲウミ）、オキノツボ（多賀大社のあるヲウミ）、オキツノミヤ（多賀大社のこと）、オキツボノミネ（「日吉、比叡の山」と名付く前の名）、オトタマカワ（音玉川）、オオツ（大津）、オオクニタマミヤ（アワウミ　近江國）、オチクニ（京都府乙訓（オトクニ）郡）、オシホ（小塩山・大原野神社）

カ行

カアヒ（河合　河合神社）、カアヒ（御祖神　賀茂御祖神社）、ミヲヤカミ（下賀茂神社）、カウチ・カガミ（鏡山　鏡神社）、カワチ（河内）、カモ（賀茂　京都市）、カモ（別雷大神のこと）、カモ（上カモ神社のこと）、カモノアガタシ（カモの県主・アタネ神のこと）、カモノミヤ（カモの宮）、カモノタケズミ、カモカミノミマエ（下カモ神社の御前）、カモヤシロ（カモ神社）、カモワケイカツチノカンココロ（カモ別雷の神心）、カワアヒノクニ（河合の国）、カワアヒノタチ（河合の舘）、キフネ（京都市貴船町　貴船神社・貴船神）、キタノツ（敦賀港）、キヅ（木津・木津川）、クニナカハシラ（国中柱）、クマノ（高島郡　熊野神社）、クチキカワ（安曇川、別称・朽木川）、クチキタニ（朽木谷）、クサエサカ（孔舎衙坂くさかざか）、クサカ（東大阪市日下）・ケヰオオカミ（気比神宮）

ハ行

ハナヤマ（京都花山・花山稲荷神社）、ハザマタニ（安聰本では淡海国鏡谷（はざまたに）、ヒロタ（広田神社）、ヒラオカノヤシロ（枚岡神社）、ヒロサワ（嵯峨野の広沢池）、ヒヱ（日吉・比叡）、ヒヱノフモト（日吉・比叡の麓）、ヒヱノヤマ（日吉・比叡の山）、フルイチ（羽曳野市古市）

ナ行

ナカクニ（ヲウミ）、ナミハヤノミナト（浪速の港）　、ナミワ（波輪、難波、浪速）、ニシノミヤ（西宮、西宮神社）、ニシトノ（広田神社、西宮神社）

マ行

マアリイケ（蟻が池　賀茂）、ミシマ（箕島神社　高島郡）、ミオ（三尾神社、三尾山　高島郡）、ミオノカミ（三尾の神）、ミオノスケ（三尾のスケ后）、ミオノワ（三尾の土、三尾の山）、ミカゲ（京都　御蔭神社）、ミカミヤマ（三上山　野洲市）、　ミヅハミヤ（貴船神社）、　ミヅハメノヤシロ（貴船神社奥宮　罔象女みつはめ神を祭る）、ミヅホ（水保町　守谷市）、ミヅホクニ（ミヅホ国　近江国）、ミヅホノミヤ（ミヅホの宮）、ミツミサキ（古代大阪湾の津・岬）、ミソロヰケ（深泥池・みぞろがいけ）、ミソロノタツ（深泥池のタツ）

タ行

タガ（多賀　滋賀県多賀町多賀）、タガ（多賀大社　タガ神社は二神の初の宮である）、タカノ（京都　高野、上高野）、タガノカミ（タガの神　イサナギ神のこと）、タガノフルミヤ（タガの古宮）、タガノミヤ（タガの宮　多賀大社）、タガノミヤコ（タガの都）、タガノヲキミ（タガの央君　タガにいるヰツセ御子のこと）、タガトノ（タガ殿　多賀大社のこと）、タガワカミヤ（タガ若宮　多賀の宮境内の若宮であろう　オシヒト・オシホミミ御子の住まい）、タカイシヰケ（大阪府高石市　高石神社）、タカノノモリ（比叡山西麓の高野の森　御蔭神社鎮座）、タカシマ（高島　滋賀県）、ダケ、ダケノイワクラ、タダスノトノ（糾すの殿　タガの宮）、タケフ（竹生島、竹生島神社）、タケフカミ（竹生神　タケコ姫のこと）、タマミヅ（京都府綴喜（つづき）郡井手町「井手の玉水」）、チヌ（大阪府南部の和泉国）、チヌスヱ、チヌノヰケ（チヌの池）

サ行

シラヒゲ（白髭神社　高島市鵜川）、シノミヤ（四ノ宮神社・天孫神社　大津市）、スミヱ（住吉大社　住吉区住吉）、スミノヱ（住吉大社　カナサキの大神）

ヤ行

ヤヒロノトノ（多賀大社と思われる）、ヤマアトカワ（寝屋川又は恩智川か）、チヌノヤマキ（和泉国のヤマキ）、ヤオ（八尾市　大阪府）ヤマトナミワノヒメコソミヤ（比売許曽ひめこそ神社　大阪市東成区）、ヤマウシロ（山後ろ　今の京都府のこと）、ヤマシロ（今の京都府のこと）、ヤマシロフチ（ヤマウシロの国神フチ）、ヤマシロダ（ヤマウシロ国の田）、ヤスカワ（野州川　野洲市）、アメヤスカワ（ヤス川の社　ここでアマテル神の妹神ワカ姫が第九代オシホミミの御子を養す）、ヤスカワベ（ヤス川のほとり）、ヤスノイママミヤ（ヤス川のオシホミミが治める今の宮）、ヤスカワノカリミヤ（ヤス川に建てた直りの祓いのための仮宮）、ヰヅモ（出雲高野神社の井ヅモ）、ヨロイザキ（鎧崎　安曇本より）、ヨロギ（万木　与呂伎神社　万木の森　高島郡）、ヨロキミホヒコ（ヨロキで生まれ育った第三代大物主・ミホヒコ・コモリ神のこと）

ワ行

ワカサ（若狭の国）、ワケイカツチノホコラ（ワケイカツチ神の祠　上賀茂神社の源と思われる）、ワケツチ（神山だあろう　ワケイカツチの大神を祭る）、ワケツチカミ（ワケツチ山のワケイカツチの天君の御霊）、ワケツチノネ（ワケツチ山の北（ね））、ワケツチミヤ（上賀茂神社のこと）、ワケツチヤマ（ワケツチ山　神山　京都）、ワニタケスキ（ナラ坂に近いヤマシロ国の地名）、ヲウミ（近江・淡海　琵琶湖・滋賀県のこと）

・・・・・・・・・・

大切と思うので、これらの中からタガ、ミヅホ、カモを中心にこれに関連する地名について補足する。ヲ海（琵琶湖）は我が国でも希な断層陥没湖で世界有数の古い湖。今の形になったのは約一二〇万年前と云われている。ヲ海は土砂等の流入によってなぜ陸地にならないのか。それは湖の基盤が年に約一ミリ程沈下し続けているためである。

ヲ海の国はヤマト列島の中で地理的にも歴史的にも極めて重要な地域である。ヲ海の国はヤマト列島の東西南北の中心にあるため街道の中心となる。ヲ海の⊙のヲシテがそれをズバリ表している。そしてアメノミナカヌシの時代から住み続け、初代クニトコタチの本拠と考えられる。

タガ（カバー写真のタガ、タガ大社）

二神はツクバ山の麓イサ宮でイサナギとイサナミとなった後タガに初の宮を構える。ホツマ二七アヤに「タガは二神初の宮」とある。そしてここでアワの歌などにより治めた後にヤマト中を回り国土開発、国造りを行い、イサナギ神は淡路国の伊弉諾神宮に隠れる。しかし、二神の勢いはアマテル神初め代々の天神のガ（闇）をタ（治）し続ける。そのために二神のことをタガの神というのである。

事は終われど
勢ひは　アヒ若宮に
留まりて　闇を治します
タガの神

（ホツマ六アヤより）

つまりタガは二神による神名であり、地名なのである。従ってアワヂにもタガという地名があり、宮城県にもタガがある。宮城県のタガ（多賀）はヲ海タガのオシホミミの若宮をヒタカミに移し、第九代オシホミミ天神の都としたためである。滋賀県と宮城県と淡路島に多賀という地名があるのはこのためである。またなぜタガなのかはホツマを見ないと解らない。そしてホツマツタヘに記されている通りに全国にその地名や神社名が実在している。

ミヅホ

ミヅホ（水保町　守谷市）はニニキネ御子がハラミ山のアサマの宮（浅間大社）を開く前に国々を巡り造った仮宮の名で、名付け親はニニキネ御子である。後に、ミヅホの宮として都となる。ニニキネ御子はハラミヤマを本拠としながらもヒヱの山（比叡山、日吉山）やその山後ろ（ヤマウシロ・ヤマシロ）の開発を行いカグツチ神とミヅハメ神を産む。この時に開拓した山、池、川がヒヱの山（比叡山）、ミソロ池（深泥池・みぞろがいけ）、ママアリ池（蟻が池）、イシ川（石川）など。これらの功績によりアマテル神からワケイカツチの天君というヲシテを賜る。これらもどんな文献にも書かれていないため、ニニキネ御子（瓊々杵尊）が第十代ワケイカツチの天君（賀茂別雷大神）であることさえ今日まで伝わっていない。

カモ

ミヅホ宮は第十代ワケイカツチの天君の都である。アサマの宮よりミヅホ国に宮移しを行う。そして御子のウツキネ（第十一代ヒコホオデミ天君）に日継ぎを譲るが、第十一代ヒコホオデミ天君と正后トヨタマ姫の因習による行き違いの不仲を解くために、トヨタマ姫の居るミヅハの宮（貴船神社）に、ワケツチ山（神山であろう）の葵と桂を袖に懸け説得に行く。そしてトヨタマ姫の兄弟タケスミにトヨタマ姫のお世話をするようにとカワアヒ（河合）の国を賜り（河合神社の源）、ムロツ（室津）よりカメ船に乗りカゴシマ（鹿児島神宮）に行き、そこからソヲ（曽於）のタカチホ山（霧島山地の一つ高千穂峰）の洞穴に入り神上がりする。この通りに、ホツマに記されている場所にその地名が存在する。

その後、第十二代ミヲヤ天君はミヅホ（水保町　守谷市）を二神の初の宮であるタガ（多賀神宮）に移し都とし、そこでマツリを執る。そしてワケツチ神と同じようにツクシに渡り国々を農業指導、開拓して回りミヤザキ宮（宮崎神宮）にて神上がりする。後に后タマヨリ姫も神となり、カアヒ（河合）にてミヲヤ天君と共にメヲの神と祭られる（賀茂御祖神社）。賀茂川と高野川の交わるカワアヒ（河合）の地になぜタケスミ（賀茂建角身命）とタマヨリ姫（玉依媛命）が祭られ、なぜミヲヤ（御祖）という社名があるのか。ホツマツタへにしか記されず、ホツマなくしては解けない。そしてホツマに記されている通りにその地に複数の地名、神名、神社などが存在する。そしてホツマの故事に因む葵祭りは毎年盛大に行われ、今に伝えれているのである。また河合神社、賀茂御祖神社、賀茂別雷神社は第十三代カンヤマトイワワレヒコの天君（神武天皇）がカシハラ（橿原）で即位時に使用されたミクサノカンタカラ（三種の神器）の内の八重垣の剣とヤタの鏡が保管されていたという真に尊い社なのである。

そして、地名、社名などに多く使用されているカモには深い意味がある。カモはカミ（上）シモ（下）からと考えられる。次の一節は第二四代ヲシロワケ天君のツクシでの詔、

コユガタの　ニモノに御幸
東《き》を望み　昔おぼして
のたまふは　御祖天君
高千穂の　峰に登りて
日の山の　朝日にいなみ
妻向かひ　カミシモ恵む
神となる　国の名もこれ
カは上お　普く照らす
モは下の　アオヒトクサお
恵まんと　なる（「成る」と「鳴る」）かみ（「神」と「上」）
のあめ（「天」と「雨」）
良き程に　分けてミソロの
潤ひに　民賑はせる
いさおしは　カモワケツチの

神心
（ホツマ三八アヤより）

ここの御祖天君はワケイカツチ天君。ホツマツタへのこれらの記事が紀記にほとんど漢訳されていない。そのためこれらの神社の由緒に記載漏れ、混同、不確かさなどがみられるのは仕方ないことであろう。ニニキネ御子（瓊々杵尊）とワケイカツチの天神（賀茂別雷大神）が同じということさえ伝わらないのでは、他は推してしかるべきである。この責任は紀記にあり、その責任は重い。

この地域の由緒はかなり複雑なのでホツマツタへによらなければ絶対に解けない。そしてほぼホツマツタへ通りにその場所に複数の地名が残り、祭神や神社が実在している。それが一つということであれば偶然ということもあるかもしれないが、これほど複数の地名、社名、祭神の実在はホツマツタへは間違いなく本物であるということを雄弁に物語っている。

ホツマツタへは本物であるので、ホツマに載るミカサ文、フトマニも本物である。そしてこれらの文は全てヲシテで記されているので、ヲシテも存在していた。ヲシテは我が国独自の文字であるので、ヲシテという文字は我が国で発明されたということになる。

五、神社建築そのものとホツマにまつわる神社が日の本中に存在する

神社建築には大変長い歴史がある。その構造はかなり複雑で色々な建築様式が今に伝わる。ただその起源はよく解っていない。しかし、ヲシテ文書には家造りや社建築は初代クニトコタチより始まると、その起源が記されている。そしてヲシテ文書に記されている通りに全国何万の神社が今に伝わり、現実に存在する。

そしてヤマト中全国、北は津軽一宮・岩木山神社から南は大隅《おおすみ》一宮・鹿児島神宮までホツマ通りの多くの神社名、祭神名や地名、由緒などが今に伝えられている。

次は日の本の民家、神社、宮殿の起源に関する本文の第三編〈神社とトリヰ（摂居）〉より。

「現代、神社やトリヰの起源はよく解っていない。しかし、ヲシテ文書には神社の起源が記され、ヲシテ文書通りに現在約八万社の神社が日の本中に存在する。神社の源は初代クニトコタチ天神によるムロヤより始まる。これよりヤシロ（社）、ミヤトノ（宮殿）が成り、民の家も成る。

我聞くイニシ
神のヤは　ムのタミメより
ムロヤ建つ　民に教ゑて
ヤネお為す
（ホツマ一七アヤより）
家造りの　元はトコタチ
ム手結び　室屋造りて
民お産む　後ヤ手結び
社なる　これに居ますする

今の宮　（ホツマ二一アヤより）

　　クニトコタチの
室屋より　ミヤトノ造る
　　（ミカサ文ハニ祭りのアヤより）」

トリヰもモトアケに関係すると考えられるので同じ歴史があると思われる。天神は宮殿にいてモトアケを祀り政治を行い、神社があらゆる中心地であった。そして国造りが進み子孫が増えて行くにつれて、代々の天神や御子達、臣達、国神達の住まいや魂を祀る場所として日の本全国に増えていった。つまり全国の神社の源はクニトコタチの社である。補説「神社とは」や「トリヰ（鳥居）とは」なども参照してもらいたい。

次にホツマツタヘに登場する全国の神社の例を挙げる。

鹿島神宮、香取神宮、息栖神社

ホツマツタヘに記されている通りにその地に鹿島神宮と香取神宮と息栖神社が今に伝わる。鹿島神宮、香取神宮、息栖神社の所在地や祭神を挙げる。

鹿島神宮　茨城県鹿嶋市宮中　祭神は武甕槌大神　式内社
香取神宮　千葉県香取市香取　祭神は経津主大神　式内社
息栖神社　茨城県神栖《かみす》市息栖

タケミカツチはフツヌシらと共に、イヅモのオホナムチが「身誇りて　欺く道お　均（なら）さん」ために出陣し、大活躍をする。これによりミカツチは第七代タカミムスビ・タカキネよりカシマ神の神名を賜る。

　　またミカツチは
カシマ断ち（注）イツお現す
物部の　涙柔らに
戻すより　給ふカンべは
カシマ神　（ホツマ一〇アヤより）

しかし、紀記ともタケミカツチの漢訳は載るが、カシマ神の神名が載らない。つまり紀記では鹿島と武甕槌が結びつかず解らない。それなのにカシマという神社名や地名などが現在いくつも伝わる。例えば延喜式神名帳に鹿嶋神宮（かしまのかみのみや）の所在地として常陸國の鹿嶋郡（かしまのこほり）が載り、その現在の所在地は茨城県鹿嶋市宮中。他にも鹿島灘、鹿島台、鹿島郡鹿島町（現・鹿嶋市）、鹿島港など。

なぜこれらの地名が存在するのか。鹿島神宮の御祭神はなぜ武甕槌大神なのか。それはホツマツタヘに記されているように、タケミカツチであるカシマ神がカシマ宮に実在、活躍し、それが後世に残ったためである。そして香取神宮、息栖神社と共に、ホツマツタヘ通りにそこに現在も実在する。

フツヌシもカシマ断ちに同行しているが、それ以前のハタレの反乱時にミカツチと共に活躍し貢献する。その功績によりアマテル神自らフツヌシにヲシテ（称号）を賜る。

　　またフツヌシは

カグ山お　司れとて
カトリ神　　　（ホツマ八アヤより）

そのためにカトリ宮（香取神宮）なのであり、フツヌシ神の住まいなので、フツヌシ神（経津主大神）が御祭神なのである。

またなぜ鹿島神宮、香取神宮が近くに鎮座するのか。それはタケミカツチとフツヌシが大変仲が良かったからである。ミカツチ神は第五代タカミムスビ・トヨケ神の曾孫に当たるが、おそらくフツヌシ神もヒタカミ出身で本拠であろう。そしてアマテル神がオシホミミ神に日継ぎを譲る時の詔の中に

フツヌシと　ミカツチ常に
はんべりて　マツリゴト守《も》れ　（ホツマ一一アヤより）

とある。これは紀記や旧事紀などの漢字文献には全くない。ホツマツタへにのみに記されている貴重な内容である。離れてはいるが、鹿島神宮、香取神宮は日高見にもイサワ宮に行くにも良い立地である。

日高見は第八代オシホミミ天神が日高見の神・ヨロマロと共に守り、イセのイサワではアマテル神と重臣を中心にマツリを行う。カシマ神とカトリ神の通常の守備範囲は勿来浜から駿河あたりまでと思う。ハタレやネのマスヒト、イヅモの鎮圧により岩をも投げ飛ばすカシマ神とカトリ神の名は日の本全国に鳴り響いていたであろう。その二神が共にいて全国ににらみを利かせる。実際遙か遠い出雲に行くくらいだから、天成る道に逆らう者達がいたならばどこにでも出撃できたであろう。

息栖神社は、式内社でなく多くの由緒が失われているが、ホツマツタへ通りのいくつかの伝統が残る社である。それはイキスという社名と社の向きとカシマ宮とカトリ宮の近くに存在し、「東国三社」と言われていることなどである。なぜ息栖神社はイキスの名で西向きに鎮座しているのか。なぜ鹿島神宮と香取神宮の近くに存在し「東国三社」と言われているのか。紀記や先代旧事紀などには全く載らない。ホツマツタへに記されている通りにこの地に実在するのである。

付録の系図一を見てもらうと解りやすいが、タケミカツチ神の祖父ミカサヒコとアマノコヤネ（イミ名ワカヒコ）の父ツハモノヌシは兄弟で、その父は第五代タカミムスビ・トヨケ神である。またツハモノヌシの妹・アサカ姫はフツヌシの妻。ミカツチ神とフツヌシ神はなぜ仲が良いのかは系図によっても解る。そしてミカツチの姫（一人姫）とワカヒコがメヲト（夫婦）となり、その宮がイキス宮なのである。イキスとは呼吸のことで、出産に大変関係あることとされ、一人姫は天のオシクモを出産の後、イキス宮で民にヒタチ帯を分け与え、出産の知識を教ゑ広め、薬など分け授けた。また現在息栖神社の正殿は西に向いて建てられているが、それは次による伝統を受け継いでいると思われる。

これ姫神の

マカル時　ギはヤマシロに
居ます故　イキスの宮の
西向きぞ
（ホツマ二八アヤより）

「姫神」は一人姫のこと。「ギ」は男、男神のことで、この場合は夫のアマノコヤネ神のことである。

このように鹿島神宮と香取神宮と息栖神社は大変密接な関係がある。そのためにこの三社は近くにあり、「東国三社」と言われているのである。そしてこれらの立地、地名、神社名、祭神などがホツマツタへ通りであり、その社が今に伝わり現実に実在している。

（注）「カシマタチ」は「カ（右・西）・島・断ち」であろうと思う。イヅモはイサワ宮やタガ神社からは西方に当たる。イサワ宮にいるアマテル神が南面する時には右側に当たる。そのため「カ（右・西）」。右のことをカと言う。またオホナムチは初代大物主でこれは右（カ）の臣にあたる。「シマ」はある特定の場所、地域のこと。例えば「ツボ若宮の　殿シマも（ホツマ一一アヤより）」「クシマトは　日のシマお守る　イワマトは　月のシマ守る（ホツマ一四アヤより）」など。従って「カシマ」は右の臣、オホナムチがいるイヅモのことである。「タチ」は「断ち」で、「立ち」も含まれている。カシマに立つで、出雲に向け出発し、オホナムチの右の島を断つ。

タケミカツチはこれより以前、ソサノヲ、モチコとハヤコ、マスヒト、ハタレ等の大乱の時にフツヌシ等と共にハタレを鎮圧したが、誤って少なからずハタレ共を枯らしてしまう。そのため今回のカシマ断ちに際しては、オホナムチ一族を全滅させずにオホナムチには改心させ、タケミナカタもアワヤという所まで追いつめたが条件付きで許す。イヅモであるカ島の地の神は本来ならばオホナムチであるが、ミカツチが本来のカ島に戻したことになる。そしてこれらのイサオシによって、タケミカツチはタカマから、カ島の神を賜わる。

同じような例としてタカクラシタが越後のヤヒコにおいて、五度戦った後に太刀を抜かずに治めたので、その地の名、ヤヒコ神を賜うのに似る。

残念ながら鹿島の鹿の当て字は、ホツマツタへの伝来が途絶えてからのもので、当てはまらない。こういう当て字は他にも多い。

岩木山神社、善知鳥（うとう）神社

前に述べた出雲の「カシマタチ」後のオホナムチ神はどうなったのであろうか。古事記には全くないが、日本書紀の第九段の一書に「又汝が住むべき天日隅宮は、今供造（つく）りまつらむこと」とある。しかしこれを「大己貴神の霊が住む宮の意」などとあり、オホナムチは亡くなったことになっている。

しかし、オホナムチはツガル（津軽）に国替えをして国造りをし津軽の神となった。さらに第九代オシホミミ天神の重臣として活躍するのである。ホツマツタヘ一〇アヤより。

　タカミムスビの
糾しヱダ　コトワリあれば
詔　賜ふアソベの
アカル宮　アフユお受ける
オホナムチ　アカル・アソベの
大元《うもと》宮　造る千ヒロの
架け橋や　百八十《ももやそ》縫ひの
白建てに　ウツシクニタマ（移し国魂）
オホナムチ　津軽大本《うもと》の
神となる

　タカミムスビは第七代でコフノトノ・タカキネ・フリマロのこと。オホナムチはイヅモ（出雲）の神の二代目であり初代のオオモノヌシ（大物主）である。自らの過失が原因で、第七代タカミムスビの詔により国を移ることになる。岩木山神社はオホナムチの創建である。御祭神の顕国魂神（うつしくにたまのかみ）は大物主・オホナムチのことであり、これはホツマツタヘにより初めて解けることなのである。大物主は位の名であるが、紀記のために混乱しているので注意が必要。創建年数は今から約三千二百年前で、いわれている年数より遙かに古い。岩木山の麓にアソベという名も残る。

　ツガル、アソベという地名が今に残り、遙かイニシヘから岩木山神社が実在しその祭神はウツシクニタマ（顕国魂神）である。またオホナムチの子・シマツが善知鳥（うとう）神社を創建した。善知鳥神社にはホツマツタヘに記されている通りに「ウトウ」「ヤスカタ（安潟）」「ソトガハマ（外ガ浜）」「ミツヒメ（三姫）」などの地名や由緒が今にそのまま伝わり、善知鳥神社も実在する。親子の神社が同じ青森県に鎮座する。なぜ岩木山神社と善知鳥神社が同じ青森県にあるのか。それは紀記や旧事紀を初めどんな書物にも書いてない。それは親子の創建によるためであり、これはホツマツタヘでしか解らないことなのである。

　このようにホツマツタヘに記されている通りに、地名や神社名、祭神名などが伝わり、岩木山神社、善知鳥神社が現実に実在する。

　その後、オホナムチ神は立派に国造りをし続け、オシホミミがタガ（多賀）で第九代天神の位につくと重臣として殿上を果たしている。またその時の春日大社の祭神・天児屋根神との貴重な問答や、孫の第三代大物主・コモリ神との感動の対面などもホツマツタヘには記されているのである。

穴師坐兵主神社

　穴師坐兵主神社の御祭神・ツハモノヌシ神の別名はココトムスビ、アナシウヲ神、カスガ神である。ホツマツタヘには何度も登場するが記には全くなく、紀にほんの一部しか漢訳されていない。従っていかなる神か、全くと言っていいほど現代に伝わっていない。そして穴師坐兵主神社がなぜ城上郡に鎮座するのかも、紀記などには全く書かれていない。しかし現実にホツマツタへ通りに、由緒あるその地に遙か神代から現代まで鎮座しているのである。

御祭神の兵主神は「つはものぬしかみ」と読む。穴師はアマテル神から賜った「アナシウヲ神」による。これらをホツマツタへにあるように神社名に伝えている。そして兵主神は同じ奈良県の北に鎮座する春日大社の祭神・天児屋根命の父神なのである。つまり穴師坐兵主神社と春日大社は親子の関係に当たる。そのために同じ奈良県内ある。おそらく天児屋根神は穴師坐兵主神社で生まれ育ったと思われる。カスガ殿にて生まれ育ったので天児屋根の名をカスガマロという。そしてカスガ神を継いだので、春日神、春日大社となる。兵主神はアマテル神から「アナシウヲ神」のヲシテを賜り、ココトムスビとカスガ殿もアマテル神による名なのである。

記には全く載らない。紀には神代上第七段一書第三に「興台産霊（こごとむすひ）の兒《みこ》・天児屋命」とある。ただしこれには二重、三重の間違いや矛盾がある。ここはアマテル神の岩戸隠れ（ア）の段である。まず本文でなく一書第三というのが中途半端である。そしてこの時の名はツハモノヌシでありココトムスビではない。ホツマツタへにはツハモノヌシとある。ココトムスビという呼び名はこのあとに掲げるアマテル神の詔（イ）の後に使用されている。物語の流れが（ア）から（イ）なのであるが、紀はこれに矛盾している。またホツマの岩戸隠れにはツハモノヌシは活躍するが、アマノコヤネの名はない。そしてアマノコヤネの名もこの時代にはまだつけられた名ではなく、この後にアマテル神から賜うヲシテなのである。それがここに使用されている。また紀は（イ）を載せないので、興台産霊が実は兵主であることは全く解らない。旧事紀も「興登魂命　兒天児屋命」とあるのみである。

付録の系図にあるように、ツハモノヌシは第五代タカミムスビ・トヨケ神の御子である。兄弟にはイサナギの妻のイサナミ、第六代カンミムスビ、カシマ神の父であるミカサヒコ、カンサヒなどの神々がいる。イサナギとイサナミの御子がアマテル神なので、ツハモノヌシはアマテル神の母方の叔父に当たる。

そしてアマテル神の御世に一時期、后であるモチコ、ハヤコやソサノヲ、ネのマスヒト、六ハタレなどによる国家動乱が起きる。その時ツハモノヌシは多くの神々と共に特別な勲功をたてる。その時に賜ったのがシキ（式、磯城《しき》）県（アガタ）であり、給ふヲシテ（この場合「称号」）がアナシウヲ神であり、ココトムスビ、カスガ殿もアマテル神による。次に掲げるのは、ホツマツタへ八アヤ「魂返しハタレ討つアヤ」に載るアマテラスヲヲン神ご自身のコトバであり詔である。

　　ツハモノヌシが
魂返し　清き真の
ハナふりて　道に天《あ》もなし

シキアガタ　アナシウヲ神
ヲシテ添へ　すゑて移し日
カンヲヂぞ　ヰチチがゑらむ
魂返し　ココストノネヲ
結ぶ文　ココトムスビの
名にすゑて　カスガ殿とぞ
尊とませ　君カナサキに
のたまふは　乱れヲとけば
神となる　ココチ（心地、ココ霊）カスガと
里の名も　翁がモリ（守り、森）も
賜はれば　（イ）　（注）

ホツマツタへの中でもタマシヰに関わる難解な箇所であるが、全体の文脈は理解していただけると思う。シキやアナシなどの地名、アナシ川やアナシ山などの名、そしてその地に神世からツハモノヌシ神を祀る穴師坐兵主神社がホツマツタへ通りに現実に鎮座する。従ってホツマツタへは本物であり、真書であるということになる。

　アマテル神の世の大乱にはアマテル神自ら参謀総長として指揮を執り、一部戦った。しかしこの詔を初め多くの言動はほとんど紀記には漢訳して残さなかった。それを残すとアマテル神が男神であることが解ってしまう、そのため残さなかったのであろう。

（注）難解な箇所で色々な説があるが、一つ余りにも違う箇所があるのでそれを解説する。それはアナシ（穴師）である。

　ツハモノヌシは悪党となったハタレと戦いつつも捕えた多くの悪者の片寄った魂を入れ替えて真人間にしてみせた。それのみではなく、止むをえず命を断った悪者の行き場のない魂をも魂返しの法により正しい魂に戻す。これはクニトコタチより、我が国歴史始まって以来の大功績であった。今までのアメにナかった（天無し・アナシ）ことであり、正にアメのミチに叶うこと（天為し・アナシ）なのであった。そのためもあり、アマテル神からアナシウヲ神というヲシテを賜った。アナシウヲ神のウを大いなりを表し、ヲは中央を表す。ココトムスビ、カスガドノの名もアマテル神による。これらはツハモノヌシ神の功績や魂返しの法をいかに尊んでいたかを物語ることである。またアマテル神がいかに人の魂と命を大切に考えているかを伝えている。

　アナシは天為し、天無しと二つの意味があると思うが、漢字ということであれば天為が良いと思う。残念ながら穴師の漢字は何のことか解らない。しかし「あなし」の呼び名は神世の伝統を今に正しく伝えている。こういう例は多い。伊勢神宮の伊勢や熱田神宮の熱田や鴨神社の鴨など。鹿嶋神宮の鹿なども間違い。社名の漢字についてとやかく言うのは神社を守ってきた神主さんや氏子関係者には申し訳ない。しかしその責任はホツマツタへを正確に伝えなかった漢字文献にある。そしてホツマツタへ、ミカサ文によって蘇るツハモノヌ

シ大神の御神徳は、今の何倍も、さらに何百年の月日を重なれば何十倍、何百倍も発揮されると思う。

春日大社

春日大社は和銅二年（七〇九年）、鹿島神を春日の三笠山に遷座、地名によって春日神と称したのが創始であるという。その後、神護景雲二年（七六八年）香取神宮から経津主命、また枚岡神社から天児屋根命・比売神をあわせてお祀りする。これにより現在、春日大社の御祭神は第一殿　武甕槌命、第二殿　経津主命、第三殿　天児屋根命、第四殿　比売神であり、この四柱の神々を春日大明神と称すそうだ。

春日大社はアマノコヤネ神が創建した神社で真に尊い神社であることに間違いはない。しかし、いろいろな謎を秘めている。なぜ、この地にカスガ、ミカサヤマと言う地名があったのか。なぜこの地に武甕槌命や経津主命で、第一殿、第二殿に祀られているのだろうか。そもそも春日の地になぜ天児屋根命なのか等々。

これらの疑問はホツマツタへにより解決する。そして、カスガ（春日、春日祭神四座、春日大社、春日野、春日山）、ミカサヤマ（御蓋山、三笠山）、ソフ（添、曾布、添上郡、添下郡）、ヤマシロ（山城国）、オシホ（小塩山）、ヒラオカ（枚岡）などの地名がホツマツタへに記されている通りに今に伝わっているのである。

香取神宮の祭神・経津主大神の妹・アサカ姫と穴師坐兵主神社の祭神・兵主神の間に生まれたのがワカヒコ・カスガマロで後のアマノコヤネ神である。神代の神名はいくつもあるので注意を要する。生まれた時に付ける名はイミ名でこれは一生続く。この場合、ワカヒコがイミ名に当たる。次に一般的に使用されている呼び名、通称名をナ（名）と言い、カスガマロがこれに当たると思う。そして天君から頂く称号を称え名という。アマノコヤネはアマテル神から直接賜った尊い称え名・ヲシテなのである。

前の穴師坐兵主神社の（イ）にあるように、父のツハモノヌシ神がアマテル神からカスガ殿の神名とカスガの里の名を賜った。そこで生まれ育ったのでカスガマロと名付けられた。穴師坐兵主神社の巻向坐若御魂神社の祭神はカスガマロで、後のアマノコヤネ神かもしれない。今に残る春日の地名の源はこのアマテル神の詔による。また少し離れているとはいえ、なぜ同じ県内で穴師坐兵主神社と春日大社は並んでいるように鎮座しているのか。それは穴師坐兵主神社の祭神と春日大社の祭神が親子であるからである。アマノコヤネはニニキネの農業土木技術の元に古里の地に国造りを行った。ホツマ二四アヤ「コヱ国ハラミ山のアヤ」より

　　アマノコヤネも
カスガ国　飛ぶ火の岡に
山と川　掘りて造れる
ミカサ山

春日大社の創始は神護景雲2年（768）とされているが、それ以前千何百年という歴史を有する。境内の発掘調査によると神護景雲以前の遺物もあるようだ。「飛ぶ火の岡」に敢えて建てたのはそれなりの意図があったと思われる。そしてその地にホツマ通りに、ミカサヤマ（御蓋山）、カスガ（春日）、カスガのヤシロ（春日大社）、トブヒノ（飛ぶ火野）の山名、地名などが残り、天児屋根命を祀っている。

アマノコヤネはカスガ殿の御子で二代目のカスガ神なのである。従って春日大社に天児屋根を祭るのは当然。しかしながら、ツハモノヌシが賜ったカスガトノ・ココトムスビの箇所（イ）を紀記とも落としているため天児屋根と春日が結びついていない。日本書紀第七段の一書第三に「興台産霊（こことむすび）の兒天兒屋命」とあるが、それでは、興台産霊はいかなる神であるかは全く書かれていない。ここに限らず紀記とも神代の神に対しての敬意がなさ過ぎる。ホツマに何十箇所も載るアマノコヤネ神の記事を紀記はほとんど載せない。ホツマツタへの記事をそのまま漢訳して残せば済むことであるが、それを行わなかった。穴師坐兵主神社と春日大社が親子の神社であったという極めて大切なことをホツマツタへにより初めて知ることができる。

ホツマツタへ通りに春日の社に天児屋根神が祭られている。それでは他の三神はなぜ祭られているのであろうか。比売神は天児屋根神の妻なので、児屋根神と共に祭られていても不思議ではない。児屋根神と比売神の間に生まれたのがアメノオシクモ（天押雲命）である。枚岡神社の比売神の由緒は正しいのが解る。そしてこの比売神の父が武甕槌神である。また児屋根の母はアサカ姫で経津主神の妹である。従って経津主は叔父にあたる。これらもホツマツタへにのみ記されている。さらにホツマ一六アヤ「孕み慎む帯のアヤ」より

フツヌシの　カトリの道お
ことごとく　コヤネに授け
隠れます　カシマの道も
奥も皆　コヤネに授く
カスガ殿　タマ返しなす
奥ノリも　コヤネに授く
この故に　四方の祭りも
自ずから　一人に付けり

カシマ神・タケミカツチに御子は一人姫（比売神）しかいなかった。カトリ神・フツヌシからカトリの道を授かる。カシマ神からはカシマの道を授かる。そして父神であるカスガ殿・ココトムスビ・兵主から魂返しの奥法を授る。「四方の祭り」のいま一つは常にそばで仕えたアマテル大神、ワケイカツチ神などから学び、自ら創造した道ではなかろうか。その内容はホツマやミカサ文に記されている。従って四方の祭りからの祭神は武甕槌神、経津主神、兵主神、天児屋根神の四柱となる。

一人姫（比売神）はホツマツタヘに詳しく記されていて、ホツマでは東国三社のイキス（息栖）神社で神上がりされた。今も息栖神社は西向きに鎮座している。コヤネ神は神上がりの後に山城の小塩に納められた。そして小塩山の麓には大原野神社が鎮座する。

オシクモは　四十八喪に入り
ヤマシロの　オシホに収む
東向き　　これ姫神の
真枯る時　　ギはヤマシロに
居ます故　　イキスの宮の
西向きぞ
（ホツマ二八アヤより）（注）

コヤネ神の御子オシクモ神は（注）にあるように枚岡にて神上がりする。従って古さから言えば春日大社、大原野神社、枚岡神社の順になる。春日大社の和銅二年はカスガの社の起源、由緒が廃れた後に建てられたためであろう。

このようにホツマに記されている通りにカスガ、ミカサヤマ、トブヒノなどの地名が残り、カスガの地に春日大社が鎮座して武甕槌命・経津主命・天児屋根命・比売神の神々が祭られている。

（注）御子のオシクモ（天押雲根命）は神上がりしたアマノコヤネ神をヤマシロ（山城）のオシホ（小塩山）に納める。小塩山山頂には大原野西嶺上陵（淳和天皇陵）があり、麓には京春日と云われる大原野神社がある。後にオシクモはヒラオカ（枚岡）にて、小塩のカスガ神を招き神上がりする。

オシクモは　カワチに行きて
オシホより　カスガお招き
ヒラオカの　社祭りて
神となる
（ホツマ三〇アヤより）

当時はナガスネヒコによる国家動乱の時代であり、神上がりした後も、尚も重要な要所要所で国を守ろうとしたものと思われる。小塩山も三笠山と同じように重要拠点であったのだろう。本拠はミカサ山の麓、カスガの国である。

小塩山と天児屋根の故事もどんな書物にもなくホツマのみ。そしてホツマ通りに児屋根神縁の藤原氏の一族が集い、児屋根神を祭る大原野神社が鎮座する。この大原野神社をはじめ、岩木山神社、善知鳥神社、息栖神社、宮崎神宮、箱根神社などは延喜式に載る神社、いわゆる式内社ではない。式内社ではないが、非常に尊い社の実例である。

式内社ではないが、ホツマツタヘに記され、その通りにその地に実在しているのである。

氷川神社（大宮氷川神社）、秩父神社

武蔵国の旧大宮市の大宮区に鎮座する大宮氷川神社は、式内社で御祭神は須佐之男命、稲田姫命、大己貴命である。ヒカワの社の創建は次のホツマツタヘ三九アヤ「ホツマ討ちツヅ歌のアヤ」の記述に基づく。

ハナヒコは　我がサキミタマ

しろしめし　川合ひの野に
オオミヤお　建てて祀らす
ヒカワ神　　イクサ器は
チチブ山

ハナヒコとはヤマトタケのイミ名である。なぜ「大宮」「氷川」「須佐之男命」なのかはこれに由来し、その通りに実在する。大宮氷川神社の西方で荒川と入間川が交わる。そのために「川合ひ」であろう。荒川の川幅は日本最大であり、その川が入間川と交わる。洪水時には二つの川の川筋は変わり、大蛇がのたうち回る様に氾濫したであろう。この地にヤマトタケ君はヒカワ神を祭る「大宮」の建設を命じる。時にヲシロワケ天君（景行天皇）の世四一年でアスス暦は八二八年。今年はアスス二七三五年（平成三〇年現在）に当たるので、ヤマトタケ君により創建の命が下されたのは今から一九〇七年前となる。

そして大河荒川の水源はチチブの山々であり、そこにチチブ神社が鎮座する。ここは西埼玉県の山岳地の中心地であり、大宮神社とサカオリの宮を直線で結んだ北方に当たる。秩父神社のある秩父盆地の南側に武甲山（ぶこうさん）があり、別名をチチブタケ（秩父嶽）ともいう。チチブ神社に大量の武器（イクサ器）を納めているので、ヤマトタケに大変信頼されている社であることが解る。その地にチチブ、チチブ山地、チチブ嶽などの地名や山名が存在し、チチブ神社が実在する。秩父神社も式内社で、既にヤマトタケの時代にはあったことが解る。

このように紀記や旧事紀などにないが、ホツマツタへ通りにオオミヤ市のオオミヤ区にオオミヤ氷川神社が存在しソサノヲが祭られている。神社の立地もほぼ符合する。そしてチチブ盆地にチチブ、チチブ山地、チチブ嶽などの地名、山名が伝わり、チチブ神社が実在する。

筑波山神社とその周辺の神社

ツクバ山はタカヒトとイサコ姫がイサナギ神・イサナミ神の二神になったところで、アマテル神の后・ツクバハヤマ神のソガが姫の出身地であり、御孫ニニキネとも縁が深くヤマトタケも拝礼したという真に尊い由緒のある御山である。その御山の中腹にツクバ神社が鎮座する。

問題なのは文献上、伊弉諾尊、伊弉冊尊と筑波山が結びつかないことである。筑波山神社の祭神が漢字文献に載らない。紀記とも伊弉諾尊、伊弉冊尊の記事は僅かに載るが、ツクバの地名などはなく、それがどこなのかはっきりしない。紀記でツクハの地名が載るのは「新治　筑波を過ぎて　～」の不完全の歌が初出である。その後は万葉集、延喜式神名帳、常陸風土記などに筑波、筑波郡は登場するが、イサナギ・イサナミとツクバの関係がない。ただ筑波山神社御造営由来記に「筑波山は伊弉諾尊・伊座冉尊二神御隆臨の霊山で」とある。これは口碑で伝えられたものであろうか。宮司さんに会ったらお聞きしたいと思う。

紀記は、ホツマツタヘやミカサ文などに何十箇所もあるイサナギ・イサナミや二神などの記述のほんの僅かしか、しかも不完全に載せているに過ぎない。ツクバ山の今に至る千何百年にも及ぶ混乱はこれに尽きる。紀記はミカサ文を残さなかったと言っても、ホツマとミカサは常に一緒にあったはずであり、これをそのまま漢訳して後世に残せば済むことである。ツクバと二神の関係は次のホツマツタヘ二アヤ「天七世トコ御酒のアヤ」より

アワナギは　ネの白山と
チタルまで　ノリも通れば
生む御子の　イミ名タカヒト
カミロギや　タカミムスビの
五つ世神　イミ名タマキネ
トヨウケの　姫のイサコと
浮き橋を　ハヤタマノヲが
渡しても　とけぬ趣
とき結ぶ　コトサカノヲぞ
ケタツボの　西南《つさ》のツクハの
イサ宮に　頷きあみて
イサナギと　イサナミとなる
（ホツマ二アヤより）

イサナギのイミ名はタカヒト、イサナミのイミ名はおそらくイサコで、これらはホツマによってのみ知ることができる。

筑波山は関東平野の端、八溝《やみぞ》山地最南端の筑波山塊に位置する。従って遮る山がなく筑波山からは関東平野が一望でき、ハラミ山（富士山のこと）も見える。三重県のイサワ宮のある志摩市やイセ神宮のある伊勢市からもハラミ山が見えるようだ。ハラミ山は後のアマテル神の生誕地である。筑波山の標高は女体《にょたい》山が八七六メートル、男体《なんたい》山は八七〇メートル。筑波山の山体の大部分は今から七千五百万年前頃に地下約一二kmでマグマが固まった斑れい岩という深成岩でできているそうだ。斑れい岩は固く、その周りをもろい花崗岩が取り囲む。筑波山はその地下から約六千万年かけて今の高さまで隆起してできたと考えられている。その速度は一万年あたり一～二㍍で一年間に〇・一～〇・二ミリ。筑波山は今から一万年前には今より一～二㍍、一〇万年前は一〇～二〇㍍低かったことになるが、今とあまり変わらない。そしてツクバ山は八溝山地南端をなす筑波山塊の西側山列にあり、関東平野に突き出ているため眺望が非常によく関東平野の広い地域から見える。相模の国における大山のような存在である。

このため筑波山は既に何万年、何十万年前から人々の信仰の対象であったことは十分考えられる。またツクバ山は奇しくも二峰よりなり、見る角度により一つにツ（付）いたりハな（離）れたり見える。そのためツクハという名も遙か古くから存在し、ツクハ山はメヲ（陰陽）の山として特別な存在の山であったと思われる。そのためにツクバが選ばれたので

はなかろうか。

　そこに由緒あるイサ宮があって、イサコ姫とタカヒトは夫婦となる。なぜイサナギとイサナミという神名なのか、それはイサ宮で夫婦となったためである。これもホツマツヘでのみしか知ることが出来ない。ここで二神より廣田神社、國懸神宮の御祭神であるべきはずのワカ姫が生まれるが、これもホツマとミカサにしか記されていない。

　また筑波の北西部にかつて新治郡があり新治郷があった。今もその地にニハリ（新治）の名は残る。後の第一〇代ワケイカツチの天神となるキヨヒト御子はアマテル神の御孫なので、二神の曾孫にあたる。ニニキネ御子ともいう。ニニキネはツクハに移りこのニハリにニハリ宮を建ててここで国造りを行うのである。

　延喜式神名帳の常陸国、新治郡に鴨大神御子神主玉（かもおおかみみこかみぬしたま）神社が載り、今も鎮座し別雷神を祭る。京都の賀茂別雷神社の御祭神は賀茂別雷神である。祭神が同じなのは天御孫ニニキネがニハリよりハラミに移り、山後ろの地域を開拓し賀茂別雷神社で祭られたためである。同じワケイカツチの天神がなぜ常陸国・新治郡と遠く離れた山城国で祀られているのかは、ホツマを読まないと絶対に解らない。どんな書物にも書かれれず、ホツマツタへのみに記されている。そしてその通りに、遙か神代から連綿として受け継がれ、今の世に現実に実在する。天御孫はツクバとニハリを行き来して開拓し続ける。

ここに居て　田お開かんと
先づ建つる　名もニハリ宮
（ホツマ二一アヤより）
これにより　民治まりて
六万年《むよろ》　ツクバの宮に
移ります　また六万年
フタアレの　イツの神とて
六万年　経てまた元の
ニハリ宮　イツヲヲ神の
事大いかな
（ホツマ二一アヤより）

フタアレは二荒（日光）のことである。ニニキネ御子は日光の開拓神でもある。そして筑波、新治からここに行くためにはウツの宮（宇都宮）周辺も通るので、ここも開拓を行ったと思われる。後にこれはウツキネ御子により受け継がれる。ニニキネはアシツ姫・コノハナサクヤ姫との間に三つ子を設ける。初はホノアカリ、イミ名ムメヒト。次はホノススミ、イミ名サクラキ。末はヒコホオデミ、イミ名ウツキネ。サクラキは後のスセリ宮、海幸彦、シラヒケ神。ホオデミは後のウツ宮・山幸彦で第十一代ヒコオホデミ天君となる。

　　ニハリに居ます
スセリ宮　昔の跡に
今造る　ウカワの宮に
移ります　フタアレ裾野

ウツ宮は　大津シノ宮
今造り　これ賜はりて
移ります
（ホツマ二五アヤより）

ニハリ宮からハラ宮に移ったワケイカツチの天君はその後にヲ海周辺のミヅホ宮に移る。その時にニハリ宮を治めていたに御子のスセリ宮・海幸彦もウカワの宮に移る。二荒山麓のウツキネ・ウツ宮は大津シノ宮を賜わり移る。これもホツマツタヘだけに記されることで、その後に良く知られる海幸彦・山幸彦物語に繋がっていくのである。地図で見ると筑波、新治と宇都宮、日光と連なっているのが解ると思う。そしてそこに縁の社名の神社が存在する。

以上、ホツマに記されているように、ツクバという地名や山名が残り、そこにイサナギ・イサナミ神の伝承が伝わる神社が存在する。またツクバに連なりニハリ、ウツの宮、フタアレなどの地名やワケイカツチ神を祀る神社も存在する。

箱根神社・片山神社

先の「筑波山神社」でも述べたように御孫ニニキネはツクバ・ニハリで開拓に励んだ後にハラミ山（富士山）山麓に拠点を移し国造りを行う。その時代の天神（天皇）は第九代オシホミミ天神であり、都は宮城県多賀城市の多賀城跡周辺と思われる。その後にオシホミミの天神が神上がりする状況に到り、その神上がり先に選んだのが現在の箱根の地であった。そもそもなぜハコネ（箱根）なのか、その地名の源は次のオシホミミ天神の詔によるのである。これはオシホミミ天神が二人の御子神、ホノアカリ（イミ名テルヒコ、アスカ央《ヲ》君）とニニキネ（イミ名キヨヒト、ハラ央《ヲ》君）を前にしての詔の一節。

ヱトしかと聞け
クニタミお　我が物にせな
君はその　民の君なり
タはハコネ　二重恵みぞ
カにめでる　君はガも無し
フタもなし　神のカガミの
天照らす　日継ぎの君と
守るハコネぞ

難解でありかつ大変意味深い一節で、ハコネが二度使用されている。ハコネの漢訳、箱根は是でよいと思う。次の一節はこれに続く

ついに掘る　イツヲバシリの
洞穴に　自ら入りて
箱根神　祀りて後に
ハラ央《を》君　遺し事より
二民の　争ひあれば
臣やりて　やわし裁きて
新民の　欠けはハラより
償はす　かれに世の内

睦まじく　兄弟《ゑと》を名付けて
ハラカラと　言ふモトオリぞ

洞穴に自ら入りて箱根神となる。箱根神社は延喜式には載らない。しかし箱根は古来より尊ばれてきたのはこの故事による。ニニキネが祭った社は箱根神社と考えられ、洞穴の場所は箱根の神山であろう。箱根神社の奥宮は裏山の駒ヶ岳山頂にある。今は神山は駒ヶ岳山と共にハイキングコースの一つになっているが、駒ヶ岳から神山を遙拝したと思われる。駒ヶ岳は富士見の名所でもある。そして神山は古くから、神の山として崇められてきた。

現在の箱根神社の祭神は箱根大神で、箱根大神とは次の三神の総称になっている。瓊瓊杵尊、木花咲耶姫命、彦火火出見尊。紀記や旧事紀などに今取り上げているホツマの記事が載らないため、長い年数の間にこのようになったのだろう。おそらく箱根大神は第九代オシホミミ天神であったと思われる。また、瓊瓊杵尊がここで祭られているのはホツマツタヘ通りなのであるが、紀記や旧事紀によると、瓊瓊杵尊がここにいるのはあり得ない。というのは瓊瓊杵尊は筑紫の日向の高千穂に行っているからである。しかし、ホツマによればニニキネ御子・ハラ央君がここに祭られているのは当然のことで、その通りに祀られている。

同じく漢字文献では木花咲耶姫命もここで祭られているのは不自然。というのは紀記、旧事紀とも日向の高千穂でニニキネに会っていることになっているため。また、三御子も日向で産んでいるので彦火火出見尊が箱根神社に祭られているのは不自然となる。しかし、ホツマではホオデミが生まれたのはハラミ山麓であるので、ここで祭られていても不思議ではない。ただアシツ姫・コノハナサクヤ姫が産んだ三御子の内、生涯ハラミ山を本拠としたのは初の子ホノアカリ・イミ名ムメヒトである。ホオデミが祭られているのは後に第十一代天君となったためであろうか。

またハラカラ（同胞）と言うコトバの語源は解らなかったが、ハラミ山からと言う意味で、この一節がその源であることが解ると思う。ハラカラの語源に、ハラミ山（フヂの山）と我が国の第九代オシホミミ天君と第十代ワケイカツチ天君、アスカの央君が関わっているのである。ホツマツタヘによって語源が解る一例である。

このように、ホツマに記されている通りにハコネと言うコトバが存在し、ハコネ神社、ハコネ山、ハコネ峠、ハコネ宿、ハコネ町などのハコネを冠した神社名や山名、地名などが伝わる。そしてほぼホツマツタヘ通りに箱根神社には箱根大神、瓊瓊杵尊、木花咲耶姫命、彦火火出見尊が祭られ、神山は古くから、神の山として崇められてきた。

さらに、箱根神社と三重県の片山神社が実は夫婦の神社であったということは、ホツマツタヘのみでしか絶対解らない。紀記や旧事紀など、どんな漢字文献にも載らないためだ。スズカという名は箱根大神・オシホミミ天君の后チチ姫のイミ名で、しかもそのイミ名の名付け親がなんとアマテル神なのである。

チチ姫は　垂れよりいでて
ワカヒコに　今聞くスズカ
我がイミ名　君賜はれど
訳知らず　また解き給へ（ホツマ一三アヤ）

ワカヒコはカスガ神・アマノコヤネで君はアマテル神。ワカヒコのイセの道の講話を、オシホミミ天君や重臣たちと几帳越しに聞いていたチチ姫が、スズカの道の意味について知り、余りの衝撃に思わず垂れから飛び出し、さらに話を促す場面である。スズカのイミ名を君（アマテル神）から賜ったことが解る。重臣たちの中には今まで取り上げた神社に登場したカル君翁（オホナムチ・岩木山神社）、カトリ君（フツヌシ・香取神宮）、カシマ君（タケミカツチ・鹿嶋神宮）、ツクバ君（筑波氏・筑波神社）などが揃う。チチ姫は後にイセに行きアマテル神に仕える。そしてチチ姫が神上がりした場所がスズカ山・三子山と思われる。

チチ姫も　後にはイセの
ヲン神に　仕へスズカの
道お得て　イセとアワ道《ち》の
中の洞《ほら》　スズカの神と
ハコネ神　向かふイモヲセ
欲しお去る　スズカの教ゑ
おおいなるかな　（ホツマ一三アヤ）

ヲウミ（央海、琵琶湖）はアワ海ともいう。アワ道はイセからアワ海に向かう街道のことで、「イセとアワ道の中」はスズカ峠のこと。そのため鈴鹿郡、鈴鹿山、鈴鹿峠、鈴鹿明神、鈴鹿流薙刀術などのスズカの名が今に残るのである。

しかし、これらの言い伝えが長い月日の間に忘れられてしまった。鈴鹿明神はチチ姫・スズカの神のことで、片山神社の祭神も本来は第九代天神の后・スズカの神・チチ姫であろう。もと片山神社の鎮座地・三子山とオシホミミの神山の直ぐ近くには、それぞれ難所と言われる鈴鹿峠、箱根峠がある。ホシホミミは先に神山で神上がりし、後にチチ姫がここで神上がりする。鈴鹿峠は国道一号線で東に行くと箱根峠に行ける。また神山の緯度は北緯三五度一四分、三子山は北緯三四度五三分でかなり近い。このようにホツマ通りにその場所にスズカの名が残りスズカ峠や神社が今に伝わる。

他の神社

他にも数多くのホツマツタヘにまつわる神社が神代から日の本中に鎮座し、一つ一つの社がホツマツタヘやヲシテ文書が真書であることを力強く証明している。次に掲げるのはその中の一部。アカハナマタラサヤワ順（アワノウタに基づく）。

ア行

姉倉比売（あねくらひめ）神社（富山県富山市）、天椅立

(あまのはしだて)神社、天山神社、アヅマ神社(大磯)、熱田神宮、浅間《あさま》神社(富士山本宮浅間大社)、阿射加(あざか)神社、朝熊神社、飛鳥坐神社、阿蘇神社、阿志都彌(あしつみ)神社、淡島神社、飯縄(いいづな)神社(いいづなじんじゃ)、印岐志呂(いきしろ)神社、生国魂(いくくにたま)神社、生島神(宮中式内社)、生島足島神社、池宮神社(祭神　瀬織津比詳命)、稲村神社、伊富岐(いふき)神社、厳島神社、出雲大社、出雲大神宮、伊弉諾神宮、伊雑宮、伊勢神宮内宮・外宮、磯神社、石上神宮、伊豫豆比古命神社(イヨツヒコ、イヨツヒメを祭る)、伊予神社(伊予市上野)、櫛石窓(くしいわまど)神(宮中式内社)、鵜戸神宮、宇佐神宮、宇佐神宮奥宮大元(おおもと)神社、宇佐祖神社(宇佐神宮境内社・菟狭津彦(うさつひこ)命)、鵜坂(うさか)神社、江の島神社、恵那神社、多坐弥志理都比古(おおにますみしりつひこ)神社、太田神社(近江国　高島郡)、大直禰子神社、大宮売(おおみやひめ)神(宮中八神殿の一神)、大神(おおみわ)神社、大御和(おおみわ)神社、大嵩(おおだけ)神社(馬見岡神社)、太田神社(安曇川町青柳)、大巳貴神社(筑前国　夜須郡)、王子稲荷神社(東国三十三国稲荷総司、飛鳥山公園近そば)、大倉姫神社。大山阿夫利神社、大山祇神社(愛媛)、小野神社(厚木市)、織幡(おりはた)神社、雄山(おやま)神社(立山が御神体。イサナギ神を祭る)。

カ行

賀茂別雷神社、賀茂御祖神社、賀茂神社(室津明神山)、勝手神社、葛城一言主神社、葛城御歳神社、橿原神宮、春日大社、河俣神社(高市御縣坐鴨事代主神社)、吉備津神社、吉備津彦神社、貴船神社、霧島神宮、霧島東神社、熊野本宮大社、熊野速玉大社、熊野那智大社、熊野神社(高島郡)、氣比神宮、國懸神宮、皇宮(こうぐう)神社(宮崎神宮の摂社)、皇大神宮、琴引原白鳥陵、事代主神社(阿波国　阿波郡)、許世都比古(こせつひこ)命神社。

ハ行

波閇科(はべしな)神社、花窟(はなのいわや)神社、榛名神社、日置(ひおき)神社(富山県　立山町)、日野神社(雛が嶽(越前富士)が御神体)、比売(ひめ)神社(宇佐神宮)、日高見神社、日前神宮、廣田神社、日吉大社(大津市坂本)、日吉神社(高島市安曇川町西万木)、日向(ひゅうが)神社(多賀大社境内社)、二荒山(ふたあらやま)神社(宇都宮市)、二見興玉(ふたみおきたま)神社、二荒山(ふたらさん)神社(日光市)、富知神社、富知六所淺間神社、古市白鳥陵、伏見稲荷大社、日置(へき)神社(石川県加賀市)。

ナ行

長柄(ながら)神社、仲山金山彦神社(南宮大社)、鳴(なる)神社(アキツ姫を祭る)、丹生都比売(にふつひめ)神社、西宮神社、西照（にしてる）神社。

マ行

纏向日代宮跡、水尾（みお）神社（近江国 高島郡）、御蔭（みかげ）神社（京都府京都市上高野）、御上神社、湊口神社、三島大社、箕島（みしま）神社（近江国 高島郡）、神坐日向（みわにますひむかい）神社、三島大社、宮崎神宮、籠（この）神社奥宮真名井神社、比沼麻奈爲（ひぬまない）神社、御上（みかみ）神社、水無（みな）神社（ご神体が位山）、水尾神社、神坐日向（みわにますひむかい）神社（大神神社境内摂社）、六甲山（むこやま）神社、宗像大社。

タ行

高丘宮、高鴨神社、多賀大社、多賀神社（宮城県）、高野山御社（みやしろ）、高天彦（たかまひこ）神社、豊受大神宮、田中神社（高島市安曇川町田中）、足島神（宮中式内社）、生島足島神社（ア行にもあり）、近津（ちかつ）神社（上宮・下宮・中宮　オモタル神とカシコネ神を祭る）、竹生島神社、妻科（つましな）神社、戸隠神社、戸隠神社九頭龍社、豊石窓（とよいわまど）神（宮中式内社）、豊姫神社（福岡県久留米市）、豊比咩神社（香春（かはら）神社三座の一座）

サ行

酒折宮、寒川神社、佐太神社、佐良志奈神社、猿田彦神社、篠畑神社、志賀海神社、鹽竈（しおかま）神社、四ノ宮神社（天孫神社）、白鬚神社（高島市鵜川）、白山比咩（しらやまひめ）神社、杉田子安神社、住吉大社（大阪）、住吉神社（福岡市博多区住吉）、相撲神社、諏訪大社、浅間神社（三島市芝本町）。

ヤ行　弥彦神社、倭姫宮、由良湊（ゆらみなと）神社、江島神社、與呂伎（よろき）神社。

ワ行　若狭彦神社、若狭姫神社。

気付いた一部ではあるが、これらの社の存在自体がホツマツタヘが真書である証拠であり証明となる。そしてヤマト各地の神社の創建は言われているよりはるかに古い。各神社の創建年代はほぼ推定できるものも多く、神社によってははっきり創建年数を導き出せる社もある。我が国の歴史は今言われているよりも遥かに古い。

今までにも触れたが、この内の多賀大社はホツマ二七アヤに「タガは二神　初の宮」とあり、タカヒト神とイサコ姫がツクバのイサ宮でイサナギ・イサナミの二神となった後にこの宮に移る。二神の在位年代は今から約三千三百年前と推定されるから、多賀大社の創立は約三千三百年前である。ヲウミ（央海・琵琶湖）は地理的に要所であり、ヲシテ時代でも既に長い歴史が積み重なられている。

また、イセ神宮にアマテラシマスヲヲン神が御渡《みわた》ましされたのは、第二三代イクメイリヒコ天君（垂仁天皇）の世、二六年である。

二十六ホの　ナ月十六の日《か》

ヲヲン神　ヰソスス川の
サコクシロ　ウヂに渡まし

ナ月はナガ月のことで、ナガ月は九月、そしていわゆる旧暦。イクメイリヒコ天君の即位年はアスス六八九年なので、イセ神宮の創建は六八九＋二五＝アスス七一四年の九月一六日となる。そして今年（平成三〇年現在）はアスス二七三五年なので二七三五年から七一四年を引くと二〇二一年となり、伊勢神宮の創建は今から二〇二一年前（平成三〇年現在）となる。

熱田神宮の創建はマキムキのヒシロの暦四一年春、ヤマトタケ君の「サカオリの　宮は昔の　ハラの宮　なお永らへり　我が願ひ　移して姫と　楽しまん」（ホツマ四〇アヤより）により始まる。妻（ミヤズ姫）の父オハリムラジはサカオリの宮を詳しく絵に移し、それをヤマトタケに報告する。しかしヤマトタケはその年に神上がりしてしまう。オハリムラジはヤマトタケの願いである宮の建設を進め、四年後に完成し、ヲシロワケ天君に御渡ましを請う。天君はそれを受けて詔し、ヒシロ四四年ヤヨイ一一日よりヤマトタケのミタマゲがノホノを立ち、「かく六夜《むよ》至り　ハラ宮の　オオマノの殿に　神輿《みこし》ます」とあるように、ヤヨイ一七日に着いたと思われる。

第二四代ヲシロワケ天スベラギ（景行天皇）の即位年はアスス七八八年で、これがヒシロ元年となる。するとヤマトタケのミタマゲの神輿がオオマノの殿に入った年は、七八八＋四三＝アスス八三一年。今年（平成三〇年）はアスス二七三五年なので、一九〇四年前になる。二七三五－八三一＝一九〇四。従って熱田神宮の創建年は今から一九〇四年前となる（平成三〇年現在）。

因みにアスス暦と今使用しているグレゴリオ暦との差は七一七年で、アスス暦のほうが古い。今年平成三〇年は、グレゴリオ暦二〇一八年。二〇一八＋七一七＝二七三五年。今年はアスス二七三五年（平成三〇年現在）。

六、毎日使っているヤマトコトバとその発音

今我々が何気なく毎日使用しているヤマトのコトのハとその発音が、ホツマツタヘやヲシテ文書が真書であるという証明になる。ヤマトコトバがなぜ存在するのかは未だ解明されていない。しかしその起源をヲシテ文書から読み解くことが出来る。そしてその通りにヲシテ時代から今日までヤマトコトバを使用し、発音している。

ヤマトのコトのハとは、例えばヤマ（山）、カワ（川）、ウミ（海）やハシル（走る）、ハナス（話す）、トル（取る）やウツクシ（美しい）、カナシ（悲しい）、ヨロコバシ（喜ばしい）などのコトバ。それとこれらを繋ぐ助詞「テ」「ニ」「オ」「ハ」や助動詞「ナリ」「ツ」「キ」など。ヲシテ文書には助詞「テニオハ」というコトバがあり、また、これについて驚くべき深い記述があり、はっきり認識し重要視している。

現代の形容詞の活用の仕方や助動詞は平安時代のコトバ遺

いから時代と共に変化したものである。そしてヲシテ文書を読んで気付くことは、ヲシテ文書が平安時代やそれ以前のコトバ遣いと似ていることである。いわゆる古文の知識があればヲシテ文書は普通に読むことができる。現代語は古文の影響を受けている。従って現代語はヲシテ時代の伝統を受け継いでいることになる。ヲシテ時代に記したヲシテ文書と現代のコトバ遣いや発音は、漢語や外来語などを除くと基本的には変わっていない。

　ヲシテ文書から気付くことは一音節語が多いことである。例えば「ア（天）」「ワ（地）」「キ（東）」「ツ（西）」「ヲ（央）」「サ（南）」「ネ（北）」や「ヒ（一）」や「ト（十）」など。そしてこれらを繋げていくとまた一つのコトバになる。アワ（天地）、キツ（東西）、キツサネ（東西南北、四方）、ヒト（人）など。ヒト（一十）がなぜ人なのかというと、一から十までの全てのことが備わっているからヒト（一十）なのである。今でも天皇家の男子名にはヒトが使用されている。これはそのような完全な行い、人格を目指すという意味が込められているためである。ホツマ四アヤ「日の神ミヅ御名のアヤ」に

　天つ君　一《ひ》より十《と》までお
　尽く故　ヒト（一十）にノリます

とある。ホツマツタヘに記されている通り、神代の伝統が延々と現代に受け継がれているのである。一般的にもヒトには人を敬う意味が込められているのも、この伝統が残っていると考えられる。従って悪人は「ヒト（一十）で無し」というが、これは人として十備わるべきところが二つも三つも抜けていることを言う。これらのコトバの意味は漢字にしてしまうと気付かなくなってしまう。すると全てのヤマトコトバは一音節語である四十八音が源で、それらを組み合わせて造られたという考えに行き着く。残念ながら教科書や辞書などにある五十音図は実は間違いで、正しくは四十八音。四十八音の一つ一つに意味があり、この組み合わせでヤマトコトバの言語体系が造られている。ヤマトコトバは四十八から成る。

　我々が普段何気なく使用しているヤマトのコトのハは、人類がヤマト列島と共に何万年、何十万年という年数の積み重ねの上に、遙か神代の時代に科学的、哲学的な思想の元に造られた。ヤマトコトバはヤマト列島で我々の先祖が発明した。日本語の起源なる本が、日本語がどこからきたのかをテーマに何冊も出版されているようだが、一つとして起源を解明した説はない。なぜないのか、それはヤマトコトバはヤマト列島で創造されたからである。なぜそう言えるのかいうと、それはモトアケ図による。モトアケ図は第二編に掲載。モトアケ図とは中心・元にアウワのアメノミヲヤ神とトホカミヱヒタメの八元神、中にアイフヘモヲスシのアナミ八神、末に三十二《みそふ》神が整然と一体になっている。八元神、アナミ八神、三十二神を合わせると四十八音になる。モトアケ図は天の御

祖神と四十八ヲシテから成る。つまり四十八ヲシテの一つ一つが神なのである。なぜヤマトコトバの一音毎に意味があるのかはこれによる。モトアケの天の御祖神の影響力と四十八の神々によりコトバは造られていく。

またイサナギ、イサナミ二神による四十八ヲシテのアワの歌がある。アワの歌はアで始まりワで終わる。アは天、ワは地。従ってアワで天地、宇宙、自然などを表す。天と地の間にあって、アワも含めて四十八ヲシテによるコトバで自然の全てを表せる。人社会も四十八ヲシテによる詔の政治によって、国を保ち、国民は生活し続ける。コトバは四十八ヲシテからなり、四十八ヲシテが極めて重要なのはモトアケと同じ。第三編第三章〈アワの歌〉などを参照。

アメノミヲヤ神は宇宙を創造した。そしてモトアケの中心にいて、八元神、アナミ八神、三十二神によって宇宙の変化、進化に関わり続けていると言う思想であり、実際に宇宙は常に変化、進化し続けている。地上の国ではモトアケの中心は天皇である。そして創造神アメミヲヤ神、ヲシテを発明したアメノミナカヌシ、建国の天神クニトコタチは中心アウワに位する。また、モトアケはコトバやマツリだけでなく魂の行き来する神聖な領域と考えられている。そのためモトアケから生まれた全国民の体や命、魂、生活も大変尊ぶというのが神代からの伝統である。そのためヲシテやそれから成るコトバがいかに尊いかは神代の神々は現代人よりはっきり認識していた。

このように四十八音からなるモトアケとその中の八元神、アナミの八神、三十二神の神々やアワの歌。そして一字一字を繋げた数え切れないほど多くのヤマトコトバの実在。そしてその源や仕組みを記述した文書はヲシテ文書以外この世に存在しない。そしてそこに記された通りのヤマトコトバを今も日常に使用し、ほとんど変わらぬ発音が今に伝わる。従ってヲシテ文書は本物であり、真書であるという結論に到る。

我々が普段何も考えないで使用しているヤマトコトバの一音一音、一つ一つが大切である。ただコトバは使用する人により良くも悪くもなるので、聞いたり読むのには注意が必要。

またコトダマというコトバが時々使用されているようだが、ヲシテ文書には今のところコトダマというコトバは無い。そして「言霊」の「言」の漢訳は間違っている。「コト」は「言」ではない。

ヲシテ文書により、ヤマトコトバの構造は解るので、全コトバについて少しずつではあるが解明が進められている。ただ、ヲシテ文書が失われてから千何百年という月日が経ち、漸く五〇年前から研究が始まったばかりである。千何百年間忘れられていたのだから、全容が分かるのにあと何百年かかっても少しも遅すぎることはないと思う。それほど高度で複雑である。またヤマトコトバは国語の基本である。基本に基づかず国語について書いたり語っても的はずれとなる。基本に国語に関わる人たちにとってヲシテ文書は必修である。

七、どんな辞書にもない数多くの古代語の存在

　ホツマツタヘにはどんな古語辞典にも載っていない数多くの古代語が記されている。同じく今に伝えられていない数詞も数え切れないほどある。全てのヤマトコトバがヲシテ文書を証するのであるが、更にこれらもヲシテ文書が本物であるという証しである。次に実例としてその一部を載せる。多いと思うかもしれないが、これは全てではなくその内の一部である。アカハナマタラサヤワ順。

【ア】　ア（天）、アイ（天意）、アイフヘモヲスシカミ、アウノメヲ、アウワ、アオイノメヲマツリ、アカマロ、アカルタヱ、アグリ、アヒツ、アフユ、アホ、アナミカミアノアワウタ、アマキミ、アマヒノヲヲンカミ、アマテラスカミノヲシテ、アマツヒツギノカンタカラ、アマヲシカ、アミヤシナウ、アメハタ、アミリ、アメノミヲヤカミ、アメトコタチノカミ、アモトカミ、アクリ、アメノアワウタ、アタカシ、アヂ（私）、アレノリ、アレワ、アレヲサ、アシカイヒコチ、アスス、アススコヨミ、アヰソロノカミ、アワレヱダ。

　アワ（天地）、（以下アワの連語）アワウワ、アワウワノトホルミチビキ、アワウミ、アワウタ、アワオタス、アワネ、アワオツカネル、アワノウヤマヒ、アワノカミ、アワノフシ、アワノムナサワギ、アワノヨソヤ、アワノヱナ、アワト、アワヤ。

【イ】　イキマスゴトク、イキス、イロト、イクヰ、イハヒサヲシカ、イナルカミ、イヅベ、イツノリ、イツヲヲカミ、イデイルキツ、イサコ、イセノミチ、イセノヲシヱ、イセムスブ、イセノミハ、イソノワ、イヤマト。

【ウ】　ウクハ、ウビコ、ウヌノテ、ウマシアシカイヒコチカミ、ウミコ、ウメ（大陰）、ウル、ウルナミ、ウチツマ、ウルノソ、ウルタ、ウルソタネ、ウルハフ、ウルリ、ウスギ、ウスノニココロ、ウヰノテ、ウヲセノムネ。

【オ】　オオカメ（船の一種）、オオカンツミ、オオワニ（船の一種）、オカメ（船の一種）、オキツボ、オキノツボ、オキツカガミ、オゴロ、オゴロノカミ、オナヒトシ、オノヲシテ、オモミル、オトオゴロ、オソル（遅《おそ》る）。

【カ】　カ（右）、カ（光）、カエル（光得る）、カガ（陽陰、光影）、カガウ、カガナウ、カガミトミ、カガミノトミ、カガミヲミ、ガカサ、カカン、カカンス、カカンナス、カカンノンテン、カキヲミ、カハネ、カナマロ、カナテ、カネノ二シナギ、カネリ、カネリト、カノミタマ、カノメ、カノツルギ、カノトリ、カミノムネ、カミノタミメ、カミノヲシテ、カメ（船の一種）、カモ（船の一種）、カモイト、カモフネ（船の一種）、ガテ、カラシムシ、カリナミ、カリノシジナミ、カシミケ。

　（カン〜として）カンイキ、カンガウ、カンカミ、カンガミル、カンガツ、カンカゼ、カンカガミ、カンクラ、カンコト、カンバセ、カンハラミ、カンヒト、カンベ、カンホギ、カンナ、カンナツキ、カンナミ、カンヌシ、カンノトコト、カンミハ、カンムリ、カンメグミ、カンタカラ、カンタカラフミ、カンタチ、カンヂ、カンチカラ、カンツキミ、カント、カンヲミ、カンミヤ、カンマゴ、カンタケ、カンタチ、カンチカヒ、カンツカヒ、カンツキミ、カンツカサ、カンツハルナ、カンツドヘ、カンツヱ、カンツヨ、カンドフ、カントホル、カントミ、カンヱ、カンヨリ、カンヲヂ、カンヲシテ。

（人や神の名として）カンカシヒメ、カンキミ、カンクシ、カンホネ、カンミ、カンミムスビ、カンタマ、カンタチ、カンサヒ、カンヤマトイワワレヒコ、カンヤヰ、カンヤヰミミノミコ。〈地名として〉カンフサ、カンサキ。

【キ】キカマロ、キギス、キフル、ギミ、キミトミ、キミトミノミチ。

キ（東）、（以下キに関するコトバ）キネ、キネマ、キネノヒトキ、キノウチメ、キノスケ、キノオシモ、キノコカド、キマクラ、キツ、キツノハジメ、キツノシカヂ、キツサネ、キツサネノツボネ、キツ、キツノシカヂ、キツサネ、キツヨチ、キツヲサネ、キサ。

【ク】クコハニ、クニツト、クダクル、クラヤメ、クルヘド、クロマロ、クシヒル。クラ（座）、（以下クラに関するコトバ）ミクラ、ヰクラ、ヰクラムワタ、ヰクラムワタヲ、クラワタ、クラムラ、ヰクラノカミ。

【ケ】ケタツボ、ケタツボノフミ。

【コ】ココナ、ココナノハナミ、ココナシ、ココチリ、ココストノネオムスブフミ、ココストノミチ、コモリク。

【ハ】ハ（地面《じめん》、地表のこと）、ハ（衣の数え方、単位して）、ハ（様子《ようす》、様《ざま》のこと）、ハイキタツ、ハカリ（数の単位）、ハカマロ、ハナフリ、ハニデコ、ハニムシ、ハタレ、ハタレカミ、ハタレキミ、ハタレネ、ハタレマ、ハタレノモノ、ハラミハツボ、ハスケ。

ハ（衣のこと）、（以下はハに関するコトバ）ミハ、カンミハ、ヰンハトノ、ハヒレ、ホメハ、ハフタヱ、メヲハフタヱノミハ、アメノハ、ツネノハ、コノカタハ、ハノカタハ、ムノカタハ、ソノカタハ、ミハモ、ヤマハトノミハ、オオナメマツルミハ、コアオイノミハ、カミノヨソヒノミハ、イセノミハ、ミヨノミハボコ、モハ、モハニイル、モハイリ、ユルシハハ、サクミハモ、シマハ、カフリミハ。

【ヒ】ヒウル、ヒカガミ、ヒナグル、ヒミノホノヲ、ヒモロゲ、ヒタル、ヒタルトキ、ヒタルノトキ、ヒツキノウル、ヒトイ、ヒトフル、ヒラベ、ヒル（昼ではない）、ヒレトル、ヒレス、ヒスギ、ヒスギノタネ、ヒスリ、ヒヨウル。

【フ】フコ（二子《ふこ》（次男のこと））、フクシ、フクシノヤマヒ、フクヰ、フツ、フツク、フツクモル、フツナル、フトノトコト、フトマガリ、フソヰノハト、フユ（冬ではない）、フユノカガミ。

【ヘ】ヘグヰ、ヘナミ、ヘツカガミ、ベラ（助動詞として）。

【ホ】ホ（年のこと）、ホオノハラヒ、ホオムシ、ホコユゲス、ホボソ、ホノカミ、ホノトキ、ホツキ、ホツミ（八月のこと）、ホツミハツヒ、ホツミノマツリ、ホツミノヲシウド、ホソタワヤ、ホワニ。

　ホツマ（神代文字のことではない）、（以下ホツマ〜）ホツマアソビ、ホツマウチ、ホツマクダリ、ホツマフミ、ホツマブリ、ホツマナル、ホツマナス、ホツマノリ、ホツマノマツリコト、ホツマノミチ、ホツマツタヘ、ホツマヂ、ホツマツカサ、ホツマヲシ。

【ナ】ナオミサノリ、ナグル（投《な》ぐる）、ナネナム、ナツミド、ナレタケ、ナレヤフ、ナロナ、ナゾラウ、ナワク。

【ニ】ニウヱ、ニガマダラ、ニギハヤカ、ニグル（逃《に》ぐる）、ニココロ、ニコト、ニフ、ニホユ、ニニミツル、ニニモナル、ニニヤスシ、ニノイノチ、ニノイワヒ、ニノヒカリ、ニノミチ、ニノミヤト、ニノタカラ、ニノサカヱ、ニノヨロシ、ニマ、ニミタカラ、ニモメグル、ニツク、ニヤシ、ニヱ。

【ヌ】ヌヱアシモチ。

【ネ】ネツキ、ネノツキ、ネツキユミハリ、ネツキモチ、ネシモ、ネセル。

【ノ】ノノ、ノテ、ノリウシ、ノリコチ、ノリムマシ、ノン、ノンテン、ノンス。

（次に掲げる〜ノリは今にないコトバと思う）

・ア行　アマツノリ、アマテルカミノノコルノリ、アメノノリ、アメノミマゴノノリ、アメノリ、アメミコノリ、アメツチノノリ、アツタノリ、アサヒノリ、イツチカミノリ、オクノリ、オソハレヌノリ。

・カ行　カミコトノリ、カドデノリ、カヨヘルノリ、コオヒタスノリ、コトノリ、コトノリス。

・ハ行　ハノリ、ハタノヲリノリ、ハラノノリ、ヒキノリ、ヒトナルノリ、ヒトノリ、フルノリ、ホギノリ、ホツマノリ。

・ナ行　ナオミサノリ、ノコルノリ、ノコシノリ、ノリノリ。

・マ行　ミオクリノノリ、ミクサノウツワノリ、ミクサノリ、ミチタツノリ、ミヤツクリノノリ、モトノリ。

・タ行　タカハタノリ、タケミナカタノノリ、タマガエシノリ、タリタスクノリ、チカラクラブルカミノノリ、ツチトハハノリ、トコタチノコトノリ、トコミキノノリ、トホコノリ、トツギノリ、トシノリ、トヨケノリ。

・サ行　サカホコノノリ、サカナノリ、サカノリ。

・ヤ行　ヤツクリノノリ、ヰタヰキノリ、ユルノリ、ヨメイリノサキノリ、ヨヨノリ。

【マ】マキヲサ、マクリ、マヒレ、マフツノカガミ、マノリ、マメハゴ、マチ、マト、マトミチ、マトノヲシヱ、マルケタ、マルヤ、マロ（〜マロとして金物の）、マロヒト、マサカニ、マス（数の単位）、マズ（古代の訛りコトバ）、マソ、マユミヌノ、マヲマユミ。

【ミ】ミイキ、ミウ、ミノカガミ、ミケタガ、ミクサヒツ、ミクサノカンタカラ、ミクサノミタカラ、ミクサユヅリ、ミクサノウケ、ミクサノウツワノリ、ミクサノカドイデ、ミグサノカンタカラミクサノミチ、、ミクサモノ、ミクサノリ、ミクサツカヒ、ミホカミ、ミムソヰヱ、ミモノハリ、ミモムソ、ミモムソガ、ミモムソタビ、ミモムソヰカ、ミモムソヰトメチ、ミタマゲ、ミタマノフユ、ミタタシ、ミチノシルベ、ミツボマナヰ、ミソ（味噌ではない）、ミソフ、ミソフアガタ、ミソフアガタノカミ、ミソフカミ、ミソフノカミ、ミソフノヒコカミ、ミソフノヌシ、ミソフノタミメヒコミソロノタツ、、ミヲシテ。

（道は今に伝わるが、次の～ミチはないと思う）

・ア行　アカゴノミチ、アノミチ、アメナルミチ、アメノミチオヨベバコロスミチ、アザムクミチ、イネナナミチノアワウタ、イモセノミチ、イモヲセノミチ、イセノミチ、ウタノミチ、ウマルルミチ。

・カ行　カミノミチ、カトリノミチ、カシマノミチ、キヌヲルミチ、キミトミノミチ、クニウムミチ、クニノミチ、クニシルミチ、コカヒノミチ、　コオサヅクミチ、ココストノミチ、コスヱサカエルミチ、コヱノミチ。

・ハ行　ハノミチ、ハタノミチ、　ヒツキノミチ、　ヒトナルミチ、ヒトミチ、ヒトミチ（一道）、フタカミノミチ、ホツマノミチ。

・ナ行　ナガラフミチ、ニノミチ、ネコヱノミチ。

・マ行　マトミチ、ミケノミチ、ミクサノミチ、ミハシラノミチ、ミソギノミチ、ミヲヤノミチ、モノイフミチ。

・タ行　タチヌヒノミチ、ツチカフミチ、トコヨノミチ、トノミチ。

・サ行　ガオカゾエルミチ、サキリノミチ、スズカノミチ。

・ヤ行　ヤマノミチノク、ヤマトコトバノミチ、　ヤメルオイヤスミチ、ヤヤシルミチ、ヰネナナミチノアワウタ、ヨカラヌミチ、ユキキノミチ、ヨツギノウタノミチ、ヨツギミチ、ヨロヒトノミチ、ヨヨノミチ。

・ワ行　ワカノミチ、ワガミノミチ、ヲサムルミチ、ヲサトイトケノミチ。

（～ミチとしてハタレの事）シムミチ、ハルナハハミチ、イソラミチ、キクミチ、ヰツナミチ、アヱノミチ、ムミチ。

【ム】ムカユ、ムハタレ、ムハシ、ムネカミ、ムネノハナ、ムネホ、ムネノトミ、ムネヲカミ、ムノヲシテムレクモ、ムマシ、ムユツコト。

【メ】メ（大陰《め》）メヲ、イメ、ミナメカミ、ウメ、アウノメヲ。

メ（陰《め》）メヲ、メヲノアイダ。

メ（寒気《め》）メヲ、ツキノメ、カツメカミ、メヲ、メノナメ、メノナサケ、ヒメ（一メ）、フメ（二メ）、ミメ（三メ）。

メ（女《め》の元になる物）、メノハジメ、メノメ。

メ（メ月（一〇月）のこと）、メツキ、メヅム、メツヱ、メヲノカミ、メヲノコ、メヲノミヲヤノカミ、メヲマツリ。

【モ】モハ、モハイリ、モハニイル、モハヲサム、モチウコ、モヂク、モトアケ、モトアケノモリ、モトオリ、モトクニ、モトホキ、モトナカスヱノミクラ、モトノイロツカサ、モトノヒトメグリ、モトノホシ、モトノモリ、モトノタカヒ、モトノタケ、モトモトアケ、モトモトアケノヤイロハタ、モトモトアケノミヲヤカミ、モトモリ、モトタミ、モトチ、モトチカラ、モトツクニ、モトツミヤ、モトツシマハ、モトスヱ

〇数字モ（百）が今の世にほとんど伝わったいない。「も」（百）が辞書にない。ヲシテ文書にはモは多く載る。例えば、モヨロ（百万）、モフソ（百二十）、ヤモヨロ（八百万）など。他は省く。

【タ】タ（右）、タカバカリ、タカハタノリ、タカタ、タハタカミ、タハネタノタネ、タノメ、タミノタラ、タミメ、タチカラ、タツフル、タラ、タラノヒ、タラチ、タラム、タスカガミ。

タ（長さの単位）、（以下タを含むコトバ）ヒトタケフタヰキ（アマテル神の身長）、ヒタケムタ（カシマ神の身長）、ヤタノヒトラ、ヤタ、ヤタカガミフタタ、、ヤタノツツタチ、ヰタイキノリ、コタソコ、ミタソコ、ナタサコ、ヒタソコ、ムタ、ソナタ（サルタヒコ神の身長）ミタ、ミタノアヱ、ヨタケヰタ。

【チ】ヂミチノリ、チタル、チリヒルメシ。

チ（「トメチ（長さの単位）」のこと）・・・（次のように使用）ヨソチ（四十チ）、モソヨチ（百十四チ）。

チ（「千」のこと）・・・チヰモ（千五百《ちゐも》）、チヰモアキ、チヰモウシ、チヰモノオタ、チヰモコ、チヰモノアシ、チヰモノカフベ、チヰモムラ、チヰモノコラ。

【ツ】ツウヂ、ツキノワ、ツクネ、ツクシヲシカ、ツボカナメ、ツボメオク、ツニテ、ツミド、ヅダ、ツヅネ、ツヅウタ、サツサツヅウタ、ツツガ、ツツガナス、ツツガス、ツヅノヲシヱ、ツヅツ、ツツヤ、ツルギトミ、ツルギヲミ、ツヱ。

ツ（西《つ》）、（以下ツ（西《つ》）を含むコトバ）ツサ、ツサノヲシ、ツノスケ、ツネ、キツネ、ツネスミノクニ、ツマクラ、ツノコカド。

（局は今に伝わるが、以下のコトバはないと思う）ツボネアヅカリ、キツサネノツボネ、ネノツボネ、アラツボネ、ソフツボネ、ソフノツボネ、ムツボネ、ウチツボネ。

【テ】テレバ、テン。

【ト】トミ（己《おのれ》（臣）のことを言う）、トメチ（長さの単位）。

ト（トの教ゑのト）、（以下、トを含むコトバ）トホコ、トトホコ、トホコノミチ、トホコノリ、トノカミ、トノミチ、トノミチビキ、トノチ、トノトミ、トノヲシヱ、トヲヤ、トンド、トンドホ。

トミ（臣《とみ》）、（以下、トミを含むコトバ）トミタミ、ミワノ

トミ、ミカサトミ、キミトミタミ、ヨノキミトミノミチ、ミクマノノトミ、ヨヨノトミ、ワガトミ、トミタミコマゴ、ウヱノトミ、ミチトミヒコ、ヒダリノトミ、トミヲキナ、コトミ、モロトミ、オモノトミ、カガミノトミ、カントミ、タノトミ、ミギノトミ、カグヤマノトミ、モロハトミ、ツルギトミ、インベトミ、ヲヤコノトミ、イホノトミ、ミウヱノトミ、モリノトミ、オオヱトミ、オクルトミ、ケクニトミ、ヲトミ、ウチトミ、トノトミ、アルトミ、ワタラヒトミ、モロトミ、トミラ、トミヤタリ、トミムタリ、トミソタリ、トミソフリ、ムネノトミ、ヰヱトミ、ウチミヤノトミ、トミヲキナ、ヲサノトミ。

【ラ】ラジ（助動詞。「ラン」の打ち消しであろう）。

【リ】リ（織物の本数の単位）。

【サ】ザイ、サガ、サガオカゾエルミチ、サガオヨム、サガヲミ、ザガイキ、サカメ、サコクシノフユノカガミ、サコクシロ、サコクシロウヂ、サコクシロウヂノミヤヰ、サハカ、サビラキ、サナメヱ、サツメ、サツサ、サツサツヅウタ、サツサモチヰ、サツサハラオビ、サヱ、サヲシカ、サヲシカド。サ（南《さ》のこと）、（以下、サを含むコトバ）サノスケ、サノウチメ、サノオシモ、サノトノ、サマクラ、サノコカド、サノミカド、サノカオリ、サネ。

【シ】シカド、シホノヤモアヒコ、シハカミホツマ、シハカミホツマノミヤ、シハスル、シナト、シナトノカゼ、シナトベノカミ、シナトマツリ、シヂ、シトナメ、シトナメクラ、シラヤノヲシテシレヲサ、シロマロ。

シム、（以下、シムを含むコトバ）シムノムシ、シムノアヤマチ、シムノミキ、シムノツクバヘ、シムノイタミ、シムノモノ、シムノハヂ、シムノマツリ、シムノフシヱ、シムノモチホギ。

【ス】スガハ、スベシカド、スメ（容聡本では小豆）、スス（歳のこと）。

スケ（后の位の一つ）、（以下、スケの付くコトバ）スケキサキ、スケツマ、オオスケ、オオスケキサキ、カリスケ、ヨタリノスケ。

スス（スス暦の単位）、（以下、ススの付くコトバ）ススオムスブカミ、スス（スス木のこと）、サクスス、ススナヱ、ススキ（スス木）。

スズカ、（以下、スズカ関連のコトバ）スズカノフミ、スズカノミチ、スズカノカミ、スズカノヲシヱ、スズクラ。

【セ】セミナ（六月のこと）、セミナツキ。

【ソ】ソヒカミ、ソヒノカミ、ソビラ。ソ（稲のこと）、ソナヱ。ソロ（栄養豊富な稲、稲穂とそれから取れる玄米、精米のこと）、ソロノトキ、ソロハフ。ソサ（国の名）、ソサクニ、ソサノヲ。

【ヤ】ヤホタマユラ、ヤノタミメ、ヤマサ、ヤマサカミ、ヤマサノカミ、ヤマトヲヲコノミタマカミ、ヤモト、ヤモトカミ、ヤモトノカミ、ヤモトハタ、ヤタカガミ、ヤタノカガミ。
ヤモ（八百《やも》）、（以下は八百《やも》～のコトバ）ヤモツヅキ、ヤモアヒ、ヤモヨロウヂ、ヤモヨロミチノミコトヒコ、ヤモヨロカミ、ヤモヨロタミ、ヤモヌシ、ヤモムソヨ、ヤモヨロカミ、ヤモリ、ヤモヨロクサ、ヤモカミ、ヤモツガフカミ、ヤモヨロ、ヤモヨロフミ、ヤモヒトクサ、ヤモノイケミゾ、ヤモヨソミホノアキアメカ、ヤモツヅキ、ヤモヨロトメチ。

【ヰ】ヰハ。ヰネナナミチ、ヰマスゴトク、ヰマスノミアヱ。

【ユ】ユグリ、ユグリナフ、ユゲシ、ユヅノツゲクシ、ユルノリ、ユルシハ。

【ヱ】ヱオゴロ、ヱラミ。

【ヨ】ヨニマスゴトク、ヨハキシ、ヨルナミ、ヨルノタネ、ヨロハタノムネ。

○ヨ、ヨロは数字の万の位や数の多いことなどを表す。例えばモヨホは百万年、ムヨトシは六万年、ヨロカミは多くの神、ヨロトシは万歳のこと。これらが今に伝わっていないので、辞書にない。この用例の数も多いが省く。ちなみに現在使われている万歳三唱の万歳はこのヨロトシを漢訳し漢読みしたものと思われる。

【ワ】ワ（地）、ワイタメ、ワナウレシ、ワナニヤシ、ワニ（船の一種）、ワニフネ、ワノアワウタ、ワノフタカミ、ワノソヒ、ワヂ、ワスキ。

【ン】ン（アワの歌の三九番目）、ン（助動詞として）。

（古代のヤマトには「ん」という文字も発音もなかったとされている。しかし、これは誤りで、ヲシテ文献には多くの「ン」の文字とンが入るコトバが存在する。発音は今と同じ。「ン」の助動詞だけでも二百～三百位載る。次のコトバにもンが使われている。カン、カカンノンテン、ハンベル、イカン、イカンゾ、ナンゾ、ナンド（国言コトバ）、ナンダ（涙）、チノナンダ、ナンヂ（汝）など。）

【ヲ】ヲ（中央のこと）、ヲブル、ヲタフ、ヲトミ、ヲシカ、ヲシカド、ヲシテ、ヲシモメ、ヲシテモリ、ヲシテトルモリ、ヲシス、ヲス、ヲヱス、ヲヲンカミ。

ヲヲ、ヲヲン～の付くコトバ。ヲヲカミ、ヲヲンカミ、ヲヲキミ、ヲヲコヌシ、ヲヲウチ、ヲヲウス、ヲヲス、ヲヲンミキ、ヲヲンツゲ、ヲヲマツリ、ヲヲンマツリ、ヲヲンメグミ、ヲヲンモリ、ヲヲンタカラ、ヲヲンタケ。

【他】他にも付録にあるように、我が国伝統の六十ヱトの六十通りの名がある。例えばツアト（六十ヱトの一四番目）、ツアヱ（六十ヱトの一三番目）、ツウヱ（六十ヱトの二三番目）など。またフトマニには百二十八通りのコトバによる歌が載る。アヤマ、アハラ、シヰサ、シナワなど。これらも辞書には載らない。これらのコトバはヲシテ文書に一度しか載らないコトバもあるが、何度も出るコトバも多い。

またこの後、「九、我が国独自の数の体系の存在」で取り挙げるが、神代の極めて優れた数の体系が今日に伝わらなかった。それらからなるコトバは、ヲシテ文献には見当が付かないくらい数多く載る。

　これらの一つ一つが高度な有機体ともいえる五七調の本文やワカの歌等の中で、他のあらゆる記事と絡《から》み合い、豊かな内容とともに格調高く記されている。これら全てのコトバを後世に造り、五七調の本文に織り込み、全体を見事な絵巻物に仕上げるのは不可能。従ってこれら数え切れない多くのコトバとそれから成るヲシテ文書は真書であり、かつ本物であると言える。

八、多くの意味の違いがあるコトバと語源の解るコトバの存在

　今に伝わっているが、意味の違うコトバが多く存在する。例えば「アメ（天）」、「ミチ（道）」、「カミ（神）」、「マツリ（祭り）」、「ミヤビ（雅）」、「イミナ（諱）」、「ホツマ（秀真）」「サシヱ（挿絵）」など。現代に伝わるより豊かで多くの意味を持つ。これは時代が変わり、コトバの意味も次第に変わってきたと考えるのが自然であろう。こういうこともホツマの真書を証するものの一つと思うので取り上げた。

　また今、解らなくなっているが、ホツマツタヘを読んで初めて語源の解るコトバが多数存在する。例えば「アヒモノ（四十物）」、「ハラカラ（同胞）」（先ほど説明済み）、「フヂの山（富士山）」、「ミヤコドリ（都鳥）」、「タツ（竜）」（注）、「シタタミ（細螺）」など。これらのコトバもなぜそうなのか、原書に述べられている。他にも「アツタ」、「イサカワ・イサ宮・イサナギ・イサナミ」、「イセ」、「イセノミチ」、「オオクニ柱」、「カモ」、「カモヰ」、「キミ」、「ヒノモト」、「ヒムカ」、「ヒムカフ国」、「ヒト」「ナコソ」、「タラチネ」、「ツルギ」、「シキヰ」、「シトミ」、「スズカ・スズカノミチ」、「ヤマト」など。これもホツマ真書を示すことと思う。

　更に何千とある全てのヤマトコトバの一つ一つに、なぜそのコトバになったのか理由があり、全てのコトバに語源があると考えられる。例えば「ヤマ（山）」「ハナス（話す）」「ウツクシ（美し）」など。ヤマはヤとマから、ハナスはハとナとス、ウツクシはウ・ツ・ク・シからなっている。これがコトバの語源なのである。まだ全てが解明されているわけではないが、少しずつ進んでいる。

　これらは今までの国語にはほとんど言われてこなかったことである。なぜそうなのかというと、ヲシテ文書の中で一音節語が多いことが挙げられる。例えば、アワは天地だが、アは天、ワは地のこと。メヲは陰陽だが、メは陰・女、ヲは陽・男のこと。キサヲサネは東西央南北で、キは東、ツは西、ヲは央、サは南、ネは北のことである。タラは両親のことであるが、タは父、ラは母のこと。

　またカは右の意味もあるが、「カ（光）」「カ（陽）」「カ（日）」「カ（香）」「カ（糧（かて））」「カ（赤）」「カ（所）」「カ（蚊）」などの意味もあり、他のア・イ・ウ・エ・オなどの音、コトバも一つ一つがいろいろな意味を持つ。数多くあるヤマトコトバはこれらの組み合わせで造られている。従って全てのヤマトコトバには語源が存在するということになる。

第三編の〈アワの歌〉に載せているように、アワの歌四八音は全ての源であり国語の基本である。現代使用されている五十音図にはいくつか間違いがある。そもそも五十音ではなく四八音が正しい。そしてア段などの各段が間違っている。例えばア段の「あかさたなはまやらわん」は間違いで、「アカハナマタラサヤワ」が正しい。また ヤ行、ワ行などの配列が間違っている。ヤ行は「ヤヰユヱヨ」（広辞苑は「やいゆえよ」）、ワ行は「ワンヲ」（広辞苑は「わゐうゑを」）が正しい。古代にないと言われているンは古代より存在した。これにより現代のや行、わ行、んなどの配列がすっきりする。ヤ行やワ行がなぜそうなのかは、アワの歌とヲシテの形を見れば誰でも解る。

このように、コトバの意味の違いや語源を教え、五十音図の間違いを指摘して、国語の基本を教えてくれる。これもヲシテ文書が本物であるという証の一つと考えられる。

（注）「タツ（竜）」については、ホツマ二六アヤ「ウガヤ葵桂のアヤ」の中で、第一〇代ワケイカツチ天神が第一一代天神の后、トヨタマ姫に詔する一節に述べられている。それによると「立つ」だけではなく、「経《た》つ」や、「断《た》つ」ことが重要である、とある。「竜」には「立つ」「断つ」「経つ」の意味がある。これも竜の漢字だけでは思いもつかない。トヨタマ姫はこれを悟り、后の位に戻る。そしてこれが今に有名な京都の葵祭と繋っていくのである。

九、我が国独自の数の体系の存在

我が国には神代《かみよ》より世界最高に合理的な独自の数の体系が存在していた。「世界最高」というのは、世界何百の言語と比較したということではなく、これ以上合理的な数え方は考えらないという意味で使用している。

数詞もあった。例えば三の発音はミであるが、ヲシテの一部を跳ねて数詞を表す。ヲシテは毌。これらはホツマツタヘの中で何百カ所も使われ、組み合わされ、数詞がないとホツマツタへは成り立たない程。後世に伝わっていない数詞の体系を縦横無尽に駆使し、五七調に整えて他の記事とも関連させ、格調高く文を織りなす。これだけでもホツマツタヘが真書であることを証明していると言える（注）。

数字の数え方は一（ひ）、二（ふ）、三（み）、四（よ）、五（ゐ）、六（む）、七（な）、八（や）、九（こ）、一〇（そ）、百（も・もも）、千（ち）、万（よ・よろ）である。基本はほとんど一音。そのため、その組み合わせは最も短く合理的となる。

例えば「八四三」を読み上げると「はっぴゃくよんじゅうさん」と一二音であるが、ホツマツタヘの我が国古来の数え方だと「八百四十三《ヤモヨソミ》」（ヤモヨソミ）と五音で五割以上速い。

三百六十五「さんびゃくろくじゅうご」は「ミモムソヰ」。世界中の言語の中でこれより合理的で速い数え方は考えられない。更に速くはそれぞれ「やよみ」、「みむゐ」。

　四則演算もあった。というのは足し算はあるので、それを逆算すれば引き算となる。割り算は原書に三六五日を「四つ三つ分けて　三十一なり」や「ワリアヒ（割合）」と言うコトバがあり、割り算は存在していたと思われる。これを逆算すればかけ算となる。

　また日読み、暦の専門職があった。ということはその関係者は、今の我々一般人より遙かに数字の扱いには慣れ、たけていたはず。暦の計算には数を多く扱う。「日本書紀暦日原典」「日本暦日原典」は何百ページに亘り数字が並び、数字の塊とも言える。

　直接の記述はないが、ホツマツタへに使われている数の使い方から導かれる世界最速の九九を紹介する。例えば「七×七=四十九」は「しちしちしじゅうく」と九音であるが、それを「七《ナ》×七《ナ》　四十九《ヨソコ》」（ナナヨソコ）と、たった五音で計算でき、四割以上早い。「六×六=三十六」は「ろくろくさんじゅうろく」であるが、「ムムミソム」。ホツマツタへの数の体系を現在に生かしたほうが良いと思う。

　こういう大変合理的で優れた文化を受け継がなかった。良い物を簡単に捨ててしまうという我々ヤマト人の悪い一面である。これは現代も含めて後世の人々よりヲシテ時代の人々のほうが合理的であったという一例である。

　ただ、ほんの一部は現代まで伝えられている。例えば「三十路《みそぢ》」「五十路《ゐそぢ》」「三十一《みそひと》文字」など。「ミソ」「ヰソ」「ミソヒ」などが古来からの伝統の数え方。そしてこれらがホツマ真書の証拠の一部である。

（注）参考までに、数字が多く載る箇所があるので載せる。ホツマ一六アヤ「孕み慎む帯のアヤ」。これは第三代大物主コモリ神がタケミカツチの姫でアメノコヤネ神の妻・一人姫に出産について語っている場面で、呼吸について述べている。

「万三千六八十」はヨロミチムハソなどと読む。

男《を》のイキス　万《よろ》三千《みち》六《む》（百）八十《やそ》
女《め》のイキス　万《よろ》三千《みち》百《も》八《や》（十）六《む》
御種得て　母に増す息
三百六十《みもむそ》の　明日は七百二十《なもふそ》
三日、千八十《ちはそ》　三十日《みそか》、万八百《よろやも》
三十八日《みそやか》に　万三千六《よろみちむ》（百）八十《やそ》
もとと増し　二万六千八百《ふよろむちやも》
四十六度《よそむたび》　増し止まりて

五七調で纏めるために、ムモヤソ（六百八十）をムヤソ、モヤソム（百八十六）をモヤムとしている。こういう数え方もする。

一〇、すべてヲシテで、五七調（五音七道）で記されている

文字=漢字であるならば、『古語拾遺』（こごしゅうい）に斎部広成《いんべのひろなり》が述べるごとく、「上古の代に　未だ文字有らざる」は正しい。しかし漢字ではないヲシテは存在した。ヲシテとは我が国が発明した文字のことである。ホツマツタへは全てヲシテで記されている。これが漢字や平仮名で書かれていたら嘘っぽいが、全てヲシテで、全てヤマトコトバ、五七調で書かれていることがホツマツタへの真書を証明する。

ヤマトの国は年の始に天君《あまきみ》（天皇）の御コトバ・詔から始まり、コトバを大切にしている。コトバや文字に対するこだわりや、我が国の国民性等々からして独自の文字を持たないほうが不自然。

カタカナには、ヲシテが一部ではあるが取り入れられている。また今使われているひらがなのミミズがのたうち回ったような字形よりはるかに優れ、今でも十分通用する。筆者も今使用している平仮名より、一万年くらい前より続く伝統のヲシテを使用したい。しかし今はまだ意味が全く通じないので平仮名を使用。

ヲシテは世界最高の古代文字で、その中でも飛び抜けて秀でている。形は解りやすく整然として美しく重厚で格調高い。そしてヲシテ自体もそうだか、全体の四十八ヲシテで形造られるモトアケには当時の思想、哲学など多くのことが込められている。ヲシテ文書の研究は四八のヲシテで始まり、四八ヲシテで終わるともいえる程。モトアケについては他の項参照。

また卄ネナナミチ（五音七道。五七調こと）は紀記の中の歌、万葉集、歌集、物語の中のワカの歌、五七調の散文から現代の俳句、ワカの歌、童謡、歌謡曲など多くの分野で伝わり、影響を与えている。ヤマトコトバは五七調にすると調子が良くなる。しかし、なぜ五と七なのか、その起源についての説明はどこにもない。しかし、ホツマにのみその理由が記されている。それは「アワの節」であると言う。アワの節とは天地・宇宙のリズムということであろう。これは日月地球の動きを表していると考えられ、つまり一二ヶ月のことと思う。五と七を足すと一二になり、これは一二ヶ月を表している。ただなぜ五と七なのか、六と六や四と八ではないのかは今後の課題。実験したわけではないが、やはり五と七が良いのであろう。アワの節が語られている場面は、二神の御子ワカ姫とハナキネの子供時代なので、今から約三千二百～三千三百年前と推定される。この時代には既に五音七道になっていたので、その起源は更に遡る。「アワの節」が語られるヲシテ文書はほとんど五七調で記されている。そしてその通りに今に伝わり、各方面に絶大な影響を与え続けている。

・・・・・・・・・・・・・・・・・・

「タカマ・モトアケ図」の神々

タカマ・モトアケ図の神々なので、タカマ・モトアケ図と共に本文に載せられるべきである。しかし、ヲシテ文書を全く知らない読者にとっては難解になるのではと思い、ここに分けて載せた。基本はアワの歌順。

前半と後半に分かれる。タカマ・モトアケ図の神々は前半。人に関わるイノチ、ココロ、ココロバ、ナカコ・タマナカコ、ミヤビ、タマ・タマカエシ、タマノヲ、シヰ、五《ゐ》クラ六《む》ワタなどは後半に載る。

このモトアケ・タカマ図に載る一つ一つの神々や名称は重要であるが、ヲシテ文書にはあちこちにちりばめられていて、全体を捉えるのは難しい。そこでこれらの用例を取り出してまとめた。ただし、内容の範囲は主にタカマ・モトアケ図関係のことである。タカマとアナレについては付説に載る。箇条書きのようになっているのは原文から取り出したためで、なるべくそのままにして、あまり手を加えないようにした。
※は筆者の考え、見解などである。各コトバが関連するので重なる箇所がある。重なっている所を一つにして他を省くと、各コトバだけを見る時に解りづらくなると思いそのまま載せる。同じ所だなと思う個所は飛ばしてもらえばと思う。

アイフヘモヲスシ八カミ・アナミの八カミ・アナミカミ

アイフヘモヲスシの八カミは、アワの歌八行の初めの音を繋げたカミである。アナミの八カミともいう。モトアケの元中末の三クラの内の中ミクラ。タマキネが移すタカマにアメミヲヤ、モトモト、アナミ、三十二カミを祭る。トヨクンヌたちと多くの子らが天に行きアナミの八カミと三十二カミに成った。

アナミカミがヒトのネ声を授ける。そして、キツヲサネの五クラとアミヤシナウの六ワタを整える。アテ（天（ア）の意志（テ）であろう）を守りネ声を授けるアナミカミである。
※アイフヘモヲスシ・アナミ神は人のネ声を司る。声は今日でも腹から出すというように内臓とも繋がっている。声を出せば五クラと六ワタも良くなり、またお腹の調子が良くなければ大きな声も出せない。内臓は食べ物を取り入れ消化し、命を繋ぐ大切な臓器である。五クラと六ワタが満たされ、よく働いて我々の命が保たれる。その食べ物もこの地上四方（キツヲサネ）にできるが、環境、水、気温、天候などの条件がうまく満たさ（アミヤシナウ）れないと良くはできない。したがってアナミ神は五クラ（キツヲサネ）と六ワタ（アミヤシナウ）に繋がる。

アウワ

アウワはフトマニ図の中心に載る。モトアケの中心である。ウツホ、カゼ、ホ、ミヅ、ハニの五つが混わり成ったカンヒトがアウワ現るミナカヌシである。ワカノウタのアヤ（本庄家ヲシテ文書）に載るアウワ二例の解釈は難しいところであるが、アウワを中心とするフトマニ図の四九ヲ、アワウタの四八音を言っているのであろう。

アウワというコトバ自体の意味は使用例が少ないために難

しい。私見では、ア（天）とワ（地）から、その間にあるあらゆる物を生（ウ）み、生み出し続ける存在であり、その全てであると思う。

※アウワはホツマツタヘには「アウワ」としては一例も載らない。ミカサフミ、タカマナルアヤに一例、ワカノウタのアヤ（本庄家ヲシテ文書）に二例載る。そしてフトマニ図。しかもミカサフミには「アウワ現る　ミナカヌシ」とある。また本庄家ヲシテ文書のアウワはフトマニ図の四九ヲ、アワ歌の四八音を言っていると思われる。そこには「アウワは声の　ヱナならん」とあるが、コトバの全ての音とヲシテはフトマニ図に含まれるので、これを「声のヱナ」と言っているのであろう。

　するとミカサフミの「アウワ現る　ミナカヌシ」において、ヲシテの誕生とミナカヌシは強く結びつく。また「ミナカヌシ　及びヱヒタメ　トホカミも　天に上がりて　星となす　アメトコタチの　神はこれ」とあり、これはヱヒタメトホカミとその中心・アウワのことで、アウワはミナカヌシともアメミヲヤともとれる。

　またホツマツタヘ、一アヤの「アワウワや」は、幼な子をあやしながらも、既に「ア（天）ワ（地）」と「アウワ」を話し伝え、教えていると思はれる。

アナミカミ・アナミの八カミ

アイフヘモヲスシの八カミこと。

アナレ

一、脳のこと。二、アナミ神のこともいう。補説「アナレについて」参照。

アミヤシナウ

十一（ソヒ）のキミはキツヲサネ（五）とアミヤシナウ（六）のことである。十一のキミは天に帰りサコクシロにて（アメノミヲヤの）ミコトノリにより皆ホシとなる。これはハラワタ、イノチ、ミケを守るウマシアシカイヒコチカミである。ウマシアシカイヒコチカミをワノミコトともいい、キツヲサネとアミヤシナウからなる。キツヲサネとこのアミヤシナウと八モトのカミのヱトにより六〇ヱトをつくる。

※六ワタのことでもあろう。

※タカマにてウマシアシカイヒコチカミはスキトノに祭られるので、このアミヤシナウもキツヲサネとともにスキトノに祀られる。またウマシアシカイヒコチカミは我々庶民の食料、健康、命を直接守ってくれる、国民にとっては身近でありがたい神である。アミヤシナウの神はキツヲサネとともにその一翼を担っている。

※アミヤシナウは編み養うであろう。編み養ふではなく、現代語と同じヲシテ遣いになっている。

アメノミナカヌシノカミ・アメナカヌシノカミ

　ミナカヌシとも。ミナカヌシはアイウエオ、ウツホ・カゼ・ホ・ミヅ・ハニが交わり成った。ウツホ・カゼ・ホ・ミヅ

・ハニの五つが交わり成ったヒト、カンヒトはアウワが現るミナカヌシである。クニタマ八面《やも》にヨロ子を生み、初にヲ海にヱ御子が継いだ。トの御子はハラ宮に住みヱ御子より受け治めた。それよりトの御子とヱ御子は代わる代わりに世を継ぎ天に帰るとミナカヌシ、ヱヒタメトホカミは星と成った。アメトコタチのカミ・アメノミコトという。ミナカヌシはア霧に告りて八面に行き、日月の道を教え広めた。その八面に生む人は星と成り、その星は人の種を成す。ミナカヌシよりヒトクサは分かれていった。

天地が成り生まれたミナカヌシが、二十世（フソヨ）に生んだ民たちは穴に住んでいたので、人らしい生活は出来なかった。ミナカヌシの百ハカリ世、天の巡りは百万《もよ》トメチであるが、生まれマカルも一巡りである。ミナカヌシよりヱの御代に増し減り、一度トの世にコトブキが代わり、クニミコトが四度変わったが、トコタチの御代は変わらず続いている。

トコヨ神の御子ハコクニの神がヒタカミの国のタカマにミナカヌシを祭る。トヨクンヌシもアメナカヌシのカミを祭った。

※トコヨ神の御子ハコクニの神がヒタカミの国のタカマにミナカヌシを祭り、トヨクンヌシもアメナカヌシのカミを祭る。そのためアメノミナカヌシノカミはクニトコタチの先祖であると考える。

※ミヲヤ神とミナカヌシは同じように述べられている。文字は人類最大の発明である。これは人類にとっての文字の大切さを的確に評価し表していると思う。

※アメノミナカヌシノカミが六千年〜一万年前にヲシテを発明した。我が国最古の土器は約一万六千年前なので、約一万年前であろうと考える。補説「ヲシテの源について」参照。

※トヨクンヌシが祭ったアメナカフシのカミは、アメナカヌシのカミではなかろうか。

アメノミヲヤカミ・アメミヲヤ・ミヲヤ

ヲシテ文書の「ミヲヤ」は次のような意味に分かれると考えられる。一、御親のこと。二、先祖のこと。三、天地、宇宙の創造者・アメノミヲヤカミのこと。四、アマテル神のこと。五、第一〇代アマカミ・ワケイカツチのこと。六、第一二代ミヲヤアマキミのこと。ここでは三について述べる。アメノミヲヤカミはアメノミヲヤ、アメミヲヤ、ミヲヤなどと記されている。

アメミヲヤが天地、宇宙を造り、ヨロ物を生んでいった。アメノミヲヤのヲヲン丈は八百万トメチ、身の光はモトモトアケのアマ恵みであり、地上に届く柱は透き通っていて、中の管から運ぶ息は人の息であり、さざ波も同じ。ミヲヤカミの息の月日の長短《ながみじ》かにより春秋をなす。アメノミヲヤが巡る音はホオコオ。

アメノミヲヤの成すイキにより宇宙が成った。アモトカミは初め水に油が浮かぶようであったが、ムネヲカミとミナメカミが現れ、それぞれヲは天となり太陽となり、メは地球となり月となった。アモトカミがはっきり現れて国の形の有様を成していく。そしてウツホ、カゼ、ホ、ミヅ、ハニの交わり成れるカンヒトが、アウワが現れるミナカヌシである。

クニタマ八方にヨロ子を産み、八御子のうちヱ御子とトの御子が代わる代わりに世を継ぎ天に帰るのを、(アメノミヲヤは)ミナカヌシとヱヒタメトホカミをホシとなした。アメトコタチノカミ(アメミコト)である。後に十一《そひ》ノキミ、キツヲサネとアミヤシナウも天に帰り、サコクシロにて(アメノミヲヤカミが)ミコトノリし、皆ホシと成した。このカミはハラワタ、イノチ、ミケを守るウマシアシカイヒコチカミ(ワノミコト)である。アメミコト、ワノミコトとクニトコタチよりの七代のカミは皆サコクシロよりのホシである。トヨクンヌたちと多くの子らも天に行きアナミの八カミと三十二カミに成った。

アメミヲヤである天の形は巌山(イワヲヤマ)であり、日月も国もハラ籠もり、その外は八重のニギテがある。モトアケの四十《よそ》九の元御クラにミヲヤカミが居て、そばの八方にトホカミヱヒタメ(八キミ・八モトカミ)が守る。次にアナミカミ(アイフヘモヲスシカミ)、末に三十二のカミ(三十二のタミメヒコ)の元、中、末の三クラがある。

エヒタメトホカミはそれぞれエモトカミ、ヒモトカミ、タモトカミ、メモトカミ、トモトカミ、ホモトカミ、カモトカミ、ミモトカミとして、八隅に居て春夏秋冬、十二ヶ月の季節を守っている。そして寒気(メ)と暖気(ヲ)をやわして、木の実、米、野菜、穀物、果物などの食料や葛、麻、綿、絹の衣類などの生産に関わる。国民に身近で有り難い神々である。

八モト神・トホカミヱヒタメがヱトのコトブキ(タマシヰを下すことであろう)を授ける。アナミカミがネ声を授け、三十二神が見た目(容貌)、体を成す。十六万八千《そむよろやち》のモノの守《も》りを得て、人が生まれるときにカミとモノによりタマシヰを結び、喜ばせる。十六万八千によるアオヒトクサ、人々はことごとくアメノミヲヤの賜であるので、守らないということはない。

フトマニの序文には次のようにも記される。フトマニの四十九ヲはモトモトアケのサコクシロのアメノミヲヤによる形である。そばのトホカミヱヒタメの八カミはヒトのタマノヲを含み降らせて永らへを結びやわす。アイフヘモヲスシのカミはキツヲサネと五クラ六ワタを整える。三十二のカミはヒトのミメ、形を日夜《ひよ》のマ(間)にマ(間)に守る。

ミナカヌシよりヱヒタメトホカミであったが、後にトホカミヱヒタメとなった。それはアメミヲヤがミコトノリしてヱ神は冬の守りを、ト神は夏のソロを守るようになり、(ト神は)長い間ヒトクサを潤した。それにより(アメミヲヤは)カミに準えてトノタマと名付け、トホカミヱヒタメとなった。

そのトノタマの国家理念、経営は二神のヤマトに通じる。

そこでさらに、トホカミヱヒタメをノトにするというミコトノリが行われ、ヤマトのノトになる。

トノミコトが百ハカリ治めた後、身は洞にタマシヰは神となりモトアケに帰るのを、ミヲヤカミはコトノリして星と成した。ミヲヤカミにより多くの人が生まれた、がよくは纏まらなかった。そこにクニトコタチがトコヨの道を教え、ノリ巡り、国を生んでいった。モトモトアケのミヲヤカミのいる裏には北の星がある。今も北三六度上に北の星がありトの神がいる。その裏が中柱立つ国の道である。

アフミ月（七月）には強い陽の気に二陰の気がようやく混じり合い風をなす。一年に一度、アフミ月のモチ（一五日）にはミヲヤカミと共にあるイキタマが元在る家庭に下りまた帰る。人は母親の胎盤からへその緒により栄養を受け、生まれる。その形に似た、蓮の地下茎、茎、葉の形のように、天より各家庭にイキタマが下る。そして生前のメヲトのようにメ（女親）とヲ（男親）が会うので、それを祝う。そしてタマが生きているかのように（生きタマ）、家族皆でメ（女親）とヲ（男親）と共にハスケ（蓮飯）を頂き、大いに祝う。またそれを実現してくれた天に向かい、ミヲヤカミに体全体を使い、歌い踊って大いに感謝し、そのイを受ける。

タマキネがモトアケをタカマに移しアメミヲヤ、モトモト、アナミ、三十二カミを祭った。アマテル誕生の前に、トヨケがイトリ山（カツラキ山）において、自ら禊ぎをして障るヨコガを除こうと、アメノミヲヤに八千度《やちたび》祈った。アメノミヲヤがヒル・日の輪のミタマを分け下し、アメノミヲヤのマナコよりなる日月とアモトカミ、三十二のカミの守る故、アマテルカミのココロが成り、子種が成ったと思はれ、アマテルカミが生まれた。そのため朝日の宮にカミを祭りアメノミヲヤに応えるのである。

ココトムスビがカカンなし、カスガワカヒコがミハシラを世継ぎミクラに御手結びアメノミヲヤを招き請うた。アメミヲヤはアアのやわしのツクハネを結びます。

※ウイの一息による宇宙の起源の記述は現代科学の宇宙論に似る。またミヲヤカミとミナカヌシは同じように述べられている記述がある。

※宇宙を創造したアメミヲヤは、モトアケの中心にいて、その後の宇宙の変化に関わり続ける。ミヲヤ神より生まれ増えた人々も、キミを中心に、自然と関わりながら、国造りをはじめ数多くの道を為し進歩発展していく。これがアメが成る道である。

※ヱヒタメトホカミの時代の、トノミコトの国家理念であるヒトクサを潤し、人心の安定を基盤とした国家経営は大変優れていた。「ト」とはそれまでは「ヱト」の「ト」であったが、トノミコトの絶大なる影響により、「ト」とは、全てが備わった、完璧という意味になった、と考えられる（第三編第一章参照）。

アメトコタチノカミ・アメミコト・九世のホシ

（ミヲヤカミは）天に帰るミナカヌシ及びヱヒタメトホカミを天に配りてホシと成した。これをアメトコタチのカミ、アメミコト、九世のホシという。

アメミコト、ワノミコト（ウマシアシカイヒコチカミ）、クニトコタチの七代のカミは皆サコクシロよりのホシである。

ユキの宮に九ホシ・アメトコタチを祭る。スキ殿にはウマシアシカイヒコチカミを祭る。二つ合わせ祭れば名もタカマという。

※先に触れたが、アメトコタチ神とウマシアシカイヒコチ神は記紀には載る。しかし肝心な内容はまったく載せていない。そしてこの二神はホツマツタヘにはなく、ミカサフミにのみに載る神である。

「我が神のヲす　ミカサフミ　ホツマツタヘと　割りウルリ」とあるように、ミカサとホツマは常に共存していた。その二書をそのまま残せば済むことである。そうすれば我が国の古来からの伝統は今に繋がった。しかしそうはならなかった。

アモトカミ

アモトカミはミヲヤカミとトホカミヱヒタメのことである。八モトカミはトホカミヱヒタメのこと。

アモトカミは初め水に油が浮かぶようであった。次にムネヲカミ（ヲ・陽）とミナメカミ（メ・陰）が現れそれぞれヲは天となり太陽となり、メは地球となり月となった。そしてアモトカミがはっきり現れ国の形や有様を成して、ウツホ、カゼ、ホ、ミヅ、ハニの五つが交り、カンヒトであるアウワ現わるミナカヌシが生まれる。

トヨケが祈り、アメノミヲヤのマナコよりなる日月とアモトカミ、三十二のカミが守る故に子種が成ると思えた。

人の妊娠五ヶ月目、アモトに日のアラミタマと月のニコタマを招き下して、これらと父母のヒの三つが交わりココロイキが成る。世の耳の垢はアモトカミの下すサヲシカが清め給う。建物の棟上げ時に、十三《そみ》カシハを供えるが、その内の八カシハはアモトカミに供えムネに据える。見送り時にはモトモトの八色旗を掲げる。

※次のホツマツタヘ、四アヤのアモトカミはミヲヤカミ、トホカミヱヒタメ、アイフヘモヲスシともとれる。

　　　アメノミヲヤの
マナコより　もるる日月と
アモトカミ　三十二の神が
守る故　　子種成ること
をおぼえます

※棟上げの時に、十三カシハを棟に据える。ア・ウ・ワ（三つ）と日、月（二つ）とトホカミヱヒタメ（八つ）で、合計十三。八カシハ、アモト（アウワとト

ホカミヱヒタメ）の内のトホカミヱヒタメの八カシハという
ことか。

　棟上げは　ツアエに祝ひ
　赤強飯《こわゐ》　十三カシハ天
　日と月と　八カシハアモト
　棟に据ゑ　　（ホツマ二二アヤ）

ウマシアシカイヒコチカミ・十一《そひ》ノキミ・ワノミコト・ワノ十一

　キツヲサネ（五クラ）とアミヤシナウ（六ワタ）のこと。この二つ・十一ノキミが天に帰りサコクシロで星となりて後の名。ハラワタとイノチとミケを守る。ワノミコト、ワノ十一、十一のキミ、十一カミともいう。スキトノに祭る。

※我々庶民の食料、健康、命を直接守ってくれる神であると考えられ、国民にとっては大変身近でありがたい神である。

※アメトコタチノカミとウマシアシカイヒコチカミは記紀には載る。しかし肝心な内容はまったく載せていない。この二神はホツマツタへにはなくミカサフミにのみ載る。

キツヲサネ　東西央南北

　古代語で東をキ、西をツ、真ん中をヲ、南をサ、北をネという。キツヲサネとは東西央南北で、中心と四方の方角である。

　クニトコタチカミのカンハラミにより、キツヲサネの五クラのカミが成りいでる。トコタチの子のトシノリのタマメカミが五クラ六ワタを生み上げる。日読みカミという。

　七世の内のアマツコトは祭るトホカミヱヒタメの八モトのカミが守り、国の祭りはキツヲサネと六ロ（アミヤシナウであろう）の十一カミが守る。このためにキツヲサネと六ロの十一カミを日々のミカマドのヱト守りカミと称える（キツヲサネとアミヤシナウとヱトより六〇ヱトがなる）。

　十一のキミであるキツヲサネとアミヤシナウも天に帰り、（ミヲヤカミの）ミコトノリにより皆ホシとなす。ホシとなるこのカミはハラワタ、イノチ、ミケを守るウマシアシカイヒコチカミという。アメトコタチのカミをアメミコト、ウマシアシカイヒコチカミをワノミコトという。

※トシノリのタマメ神は日読み神という。日読み、つまり暦の神である。クニトコタチ神とトシマリノタマメ神により、キツヲサネとアミヤシナウと八モトのカミのヱトから六〇ヱトを創り上げたのであろう。そのために日読み神という。

クニトコタチ・トコヨカミ・トコタチ

　我が国初代アメノカミである。トヨケカミのミコトノリには「我御代を知る　初の代は　クニトコタチぞ　・・・　」とあり。「キミはいく世の　ミヲヤなり」は我が国最古で唯一のトコタチカミのコトノリである。ミクサノカンタカラの内の一つはクニトコタチカミのカンヲシテである。

　クニトコタチは教えをタミに習はせてクニトコタチのカミとなる。クニトコタチがトコヨの道を教える。クニトコタチ以前の御代は変わったがクニトコタチ以降は変わらずに続く。クニトコタチの国がトコヨ国である。

クニトコタチは八方《やも》、八下りの御子を生み、皆その国を治める。これが国君の初めである。クニトコタチの八下り子は何クニサツチ、トホカミヱヒタメである。国に産む子は三下りのキミ・トミ・タミである。ミコ・ヒコ・タミ全てはクニトコタチの子末《こすゑ》である。

トコヨカミは木の実を東に植えてハコクニノカミを生む（その子がタカミムスビ）。クニトコタチの八下り子の一人がホツマ国にいて、ヒタカミのタカミムスビと国を統べてトコヨの国をはらみ、それをハラミ山とし、カグ山とする。

クニトコタチの世にはまだホコ（武器）は無かった、その故はタミが素直でノリを守ったのでホコが要らなかった。

クニトコタチの神の世に初めてムロ屋を造り民を生んでいった。またこれにより宮殿《みやとの》を創るようになる。

クニトコタチは大陸に渡り、カのクニサツチ、トヨクンヌシの三代により今の中国の礎を創る（「ヲシテ・変形ヲシテと漢字の源」を参照）。

五元素より成ったヒトはアメノミナカヌシのことだが、クニトコタチのように記されている箇所もある（ホツマツタヘ二アヤ）。

トコヨカミの子ハコクニノカミはヒタカミのタカマにミナカヌシを祭った。クニトコタチは天に行き、見るモトアケの守りを定めて二世を結びタマノヲを成すのを聞いた。

クニトコタチのカンハラミによってキツヲサネ・五クラノカミが成り出た。トコタチの子のトシノリタマメカミが五クラ六ワタ（アミヤシナウ）を生み上げる。日読みカミである。

トコタチは七代の内のアマツコトは、祭るトホカミヱヒタメの八モトのカミに守らせ、クニツマツリはキツヲサネと六ロ（アミヤシナウであろう）の十一カミに守らせた。

天に帰るミナカヌシ及びヱヒタメトホカミも、（ミヲヤカミは）天に配りてホシとなした。アメトコタチのカミである（アメミコト）。後に十一のキミであるキツヲサネとアミヤシナウも天に帰りサコクシロにて（ミヲヤカミが）ミコトノリして皆ホシとなした。このカミはハラワタ、イノチ、ミケを守るウマシアシカイヒコチカミである（ワノミコト）。アメミコト、ワノミコトとクニトコタチの七代のカミは皆サコクシロよりのホシである。

トヨクンヌたちと多くの子らも天に行きアナミの八カミと三十二カミに成った。九世の星はアメトコタチ、ワノ十一はアシカイヒコチ。トコタチより三代は三ホカミという。

クニトコタチがアメを祭っていたミケは木の実であろうか。

※クニトコタチ神とトシノリタマメ神により、キツヲサネ（五クラ）とアミヤシナウ（六ワタ）とトホカミヱヒタメのヱトから六〇ヱトを創り上げた。これによりクニツマツリを守ら

せた。

クニトコタチ神までに使用していた暦は、ミカサフミ・ナメトコノアヤやトシウチニナスコトノアヤにあるように一年をヱヒタメトホカミの八つに分けたものである。一二月の名は併用されていたと思われる。

クニトコタチ神とトシノリタマメ神はこれにさらに六〇ヱトを考案し、日ごとに細かく木の実、作物などを観察、管理し、食糧の増産に資した。これは大変うまくいったようである。食べ物は人間の五臓六腑、命に直結する。そのためウマシアシカイヒコチカはミケとミハラワタとイノチを守る。

タカマのユキの宮に九ホシ・アメトコタチを祭りスキ殿にはウマシアシカイヒコチカミを祭る。そしてウマシアシカイヒコチカミはクニトコタチ以降であるので、ユキ・スキが揃う祭りはクニトコタチ以降であると考えられる。

ちなみに隣のシナ国（中国）の二四節気はトホカミヱヒタメのそれぞれをさらに三つに分けて、二四節気にしたものであろう。

※クニトコタチ神のムロヤにより初めて人々は人らしい生活ができるようになる。我が国の建国時、クニトコタチの御代より約何百～二千何百年間は武器（ホコ）もなく、教ゑのみで国は治まり、平和が続いた。

※天成る道の時代順の使用例では「天成る道は　メもあらず
三代治まる」、「諸民も皆　妻定む　天成る道の　備わりて」が古い。これにより天成る道は既にクニトコタチの世には存在していたと思われる。

ホシ（星）

天地が開けてカミもメ（陰）ヲ（陽）も分かれ日も月も成り、九世のホシ（ミナカヌシとヱヒタメトホカ）はアメトコタチ、ワの十一（キツヲサネとアミヤシナウ）はウマシアシカイヒコチカミ、クニトコタチの三代は三ホカミとなる。

ユキの宮に九ホシ・アメトコタチを祭り、スキ殿にウマシアシカイヒコチカミを祭る。合わせ祭れば名もタカマという。

天はヒトのヱナのようである。日、月、星（ホシ）、人、皆天のヱナの内にある。外のタカマのハラ（原、腹）回りは一〇〇万トメチであり、ホシまでは一五万八千トメチである。タカマのハラの外はナ（名、無）もトコシナヱである。ヒトは天地をかたどっていて、目鼻などの感覚器官は日月ホシであり、五クラ六ワタも国の道である。モトモトアケのミヲヤカミが居ます裏には北のホシ（北極星）がある。今の世にも北三六度上にトのカミが居ます、その裏が中柱たつ国の道である。

ミナカヌシが八面《やも》に生んだヒトはホシであり、ホシは種を成し、これによりヒトが増えていく。ミナカヌシ、ヱヒタメトホカミが天に帰ると、（アメノミヲヤ神は）天に配りてホシと成したまう。これはアメトコタチの神・アメミコト・九ホシである。

ヱヒタメトホカミのトのミコトは百ハカリ治めた後、身は洞にタマシヰはカミとしてモトアケに帰りますのを、ミヲヤカミはコトノリをしホシとなしたまう、九ホシの中の一つである。故にハラ宮をト下の天の宮という。

後に十一のキミ・キツヲサネとアミヤシナウも天に帰りサコクシロにて（アメノミヲヤ神は）詔して皆ホシとなし給う。この神はハラワタ、イノチ、ミケを守るウマシアシカイヒコチ神・ワノミコトである。故にアメミコト、ワノミコトとクニトコタチより七代の神は、皆サコクシロよりのホシである。トヨクンヌシと多くの子等も天に行きアナミの八カミと三十二カミになった。

シモ月（十一月）の中（冬至であろう）の初ナメは九ホシを祭る。アフミ月（七月）のユミハリ（上弦の月。「七日月」「八日月」ともいう）の頃に、ユフとアサが採れるので、ヲトタナハタのホシ祭りをする。ホシを崇めて永（なが）らを得る。

ミクサノカンタカラは昔は御上が分け授けたが、なき故に、日の神の使いはミチヲミが、月の使いはアタネが、そしてホシの使いはアメトミが賜った。クニヌシの神の教えは、トヨケ神はサカホコのノリにより、天のホシの九クラを表す。カツヲ木は九本で、チ木は外を削ぐ、故に外（と）宮という。

スのナワ（縄か）のタマノヲのホシなので、天の祭りもホシを生むのであろう（タマノヲはホシとなる。タマノヲとホシの強い関係が伺える。フトマニのスナワの歌による）。

ミヅカキのニガマダラ・サ（南）の九門のうちの一つに、「ホシ照るのアは　ニの光り」（安聡本には〇とあり）とあり。メカケメをホシに準《なづら》えると、ホシの光は妻である月には及ばない。

※星は日、月とともにはるか昔から人類にとって身近な存在であった。そして神々は空を眺めここに取り上げているような雄大な世界を創造し、日々生活しマツリをとっていた。イニシへの神々やこれを理解する民は、現代人よりはるかに心が広く豊かであったと考えられる。

自然観、宇宙観が元素から宇宙全体まで壮大なのは、現実の世界が細かくかつ雄大であり、それを反映したものであるからであろう。

※田舎の、空気が澄み、月のない冬の夜空の満天の星を見て、感動しない人はあまりいないのではなかろうか。天候にも左右されるが、大気がよく澄んだ寒空の時に、それらが空全体で大きく動くのを見ると、自分や地球も宇宙の一つであると実感できる。時折流れ星も流れる。

大昔は空気は全く汚れてはいなかった。また人々の視力も今よりも遙かに良かった。マサイ族の視力は八・〇位あるものもいて、一〇キロ先のライオンの姿を見極められるそうだ。

また今の世では、肉眼で見える星の数は六等星までで、全天で累計約八六〇〇個。九等星までは全天で累計約一九万個、一〇等星までは全天で累計約五四万個だそうだ。ヲシテ文献に載る数字十六万八千《そむよろやち》個という数字もあながちいわれのない数ではなく、大昔の人々はこれくらいの星は見えていたのかもしれない。なお人の遺伝子の数は約二万二千位と言われている。

ミソフ神（三十二神）・三十二のタミメヒコ神

三十二神はモトアケの三クラ、元・中・末の内の末ミクラにあたる。トヨクンヌシの百々余る子は、神上がりした後に、アナミの八神と三十二神となった。三十二神は人が生まれるときに、人の見た目や形、つまり容貌を成し守る。

アワの歌四八音から、トホカミヱヒタメの八神とアイフヘモヲスシの八神を除いた三十二神のこと。三十二神は二文字が一組になり、一六組がそれぞれアイフヘモヲスシと関連する。三十二神の一六組みは、ヤマとハラ、キニとチリ、ヌウとムク、エテとネセ、コケとオレ、ヨロとソノ、ユンとツル、ヰサとナワである。この一六組みとアイフヘモヲスシの八音で八×一六＝一二八通りになる。この一二八通りの特殊なワカの歌で、あらゆることを占なうのがフトマニである。三十二神はアイフヘモヲスシの八神と供にこれに関わる。

モトアケ・モトモトアケ

アメノミヲヤの身の丈は八百万トメチ、身の光はモトモトアケのアマ恵みであり、地上に届く柱は透き通り、中の管から運ぶ息は人の息であり、さざ波もそうである。

アメミヲヤである天の形は巌山（イワヲヤマ）であり、日月も国もハラ籠もり、その外は八重のニギテがある。モトアケの四十九《よそこ》の元御クラにミヲヤカミが居て、そばの八方にトホカミヱヒタメ（八キミ・八モトカミ）が守る。次にアナミカミ（アイフヘモヲスシカミ）、末に三十二のカミ（三十二のタミメヒコ）の元、中、末の三クラがある。

モトモトアケのミヲヤカミのそばの八モト神・トホカミヱヒタメがヱトのコトブキ（タマシヰを下すことであろう）を授ける。アナミカミがネ声を授け、三十二神が見た目（容貌）、体を成す。十六万八千のモノの守りを得て、人が生まれるときに神とモノによりタマシヰを結び、喜ばせる。

モトモトアケのミヲヤカミが居ます裏には北の星（北極星）がある。今もこの上には三六度上にトノカミが居ます。

トノミコトが身は洞にカミとなりモトアケに帰ってきたのでミヲヤカミはトノカミを星と成した。九星の一つである。クニトコタチが天に行きモトアケの守りを定め、二世（この世とあの世であろう）を結びタマノヲを成すのを聞いた。タマキネはモトアケをタカマに移しアメミヲヤ、モトモト、アナミ、三十二カミを祭った。ネの月にはアユキとワスキの宮を造り、モトアケアワのカミを祭る。

フトマニの四十九ヲはモトモトアケのサコクシロでありアメノミヲヤによる形である。そばのトホカミヱヒタメの八カミはヒトのタマノヲを含み降らせてナガラへを結びやわし、アイフヘモヲスシのカミはキツヲサネの五クラと六ワタを整え、三十二のカミはヒトの体と形を司り日夜のマニマニ守る。
※アモト神はミヲヤ神とトホカミヱヒタメの八モト神のことである。八モト神はトホカミヱヒタメのこと。モトモトアケ、モトアケは元・中・末よりなり、その中のヲシテの四十九ヲがサコクシロと考えられる。
※アメノミヲヤそのものの大宇宙がある。そしてタカマがありその中のかなり広い空間にモトアケがあり、なぜか真ん中にアメミヲヤがいる。このモトアケは四十九《よそこ》の種から成り、元ミクラにミヲヤ神とその八方にトホカミヱヒタメの八神、次の中ミクラにアイフヘモヲスシ神、末は三十二のタミメヒコが取り囲む。元・中・末の三クラがある。

　更にモトアケと同じか、または凝縮した形としてサコクシロがある。サコクシロも四十九《よそこ》ヲから成る。サコクシロはアメノミヲヤカミによる形であり、そばにトホカミヱヒタメの八カミ、次にアイフヘモヲスシの八カミ、その次は三十二のカミが守る。

　空間の大きさとしては、大宇宙↓タカマ↓モトアケ↓サコクシロと思われるが、サコクシロはアメノミヲヤによる形とある。地上のサコクシロがサコクシロウヂであり地上のアマテル神の住み給う所である。そこにヲヲンカミとセオリツ姫が住みたまう。天上のサコクシロは代々の天神が住み給う所であろう。

モトアケの元ミクラに宇宙の大きさのミヲヤカミがいて、サコクシロ、モトアケはタマシヰの行き来するところでもある。数知れない多くのタマノヲが行き交う。そして八モト神は季節を司り、ミヲヤ神は宇宙のあらゆる生成、変化、再生などを司る。

　このためモトアケ、モトモトアケは整然とたたずむが、内部は極めて複雑であると考えられる。そのためモトアケとサコクシロが創る空間は四次元以上の高次元、または異次元空間であると思われる。これは現代数学の難解で高度な高次元空間などと似た思考、思想と共通性があるように思う。現代数学は現代物理学を支え、物理学は現代の我々の生活を支える。宇宙の法則でもあるので宇宙を支えているとも言える。
※人は大宇宙の中に存在する。そして人は宇宙、モトアケより生まれたので天地を象っている。天（タカマ・モトアケ）より生まれた人が天の教ゑにより、天に則り踏み行う営み、行いが天成る道である。

　実際に、魂は課題であるが、人を構成する原子の元を訪ねれば、ビックバン時やそれ以降に誕生した素粒子や原子などからできている。
※こういう深い思想に触れると、ヲシテの完成は一万年位前と考えられるが、それ以前にすでに何千年以上も前から、試行錯誤しながらヲシテを完成していく準備期間があったと想像させられる。

タカマ

タカマは補説「タカマとは」に述べるように、次の三つに分けられると思う。

（一）モトモトのタカマ。アのタカマ。

アメノミヲヤカミのヲヲン丈は八百万トメチ。アメはヱナのようなものであり、日・月・人などはアメのヱナの内にある。その外はタカマのハラ（原、腹）で、タカマのハラ回りは百万トメチある。星までは十五万八千トメチで、日までは八万トメチ、月までは四万トメチ。この外（タカマのハラの外であろう）は名（「無」も掛かるかもしれない）もトコシナエである。空もタカマのハラの内である。

ミナカヌシがアキリに告りて八方に行き、道を譲り、ア（天）の道やワ（地）の道が葦の如くに立つ故に、四十九のカミは天に帰り、元のタカマのハラに在る。そして、タカマのハラの四十九のカミが住まう所が、クシタマが詳しいサコクシロであると思う。

故に、次に述べるように、このようなカミガミを祭るハ（地上）もタカマであり、これにふさわしいスガ（清浄）の所もタカマに例えられる。

（二）ハ（地上）のタカマ。地上のタカマの現実に祭りを行う所。アマカミの主催する政府。スガの所もハ（地上）のタカマに例えられる。

ア、トコヨカミが生むハコクニノカミがタカマにミナカヌシを祭る。タマキネがモトアケをタカマに移しアメミヲヤ、モトモト、アナミ、三十二カミを祭る。九星をユキの宮に祭る、これをアメトコタチという。スキ殿にウマシアシカイヒコチカミを祭る。これを合わせ祭れば名もタカマという。タカマはヨロの国の形である。アマテルカミはタカマのハラのカンツカサである。

イ、諸カミはタカマにおいて国のマツリをハカル、これをカミ計りという。アチヒコとワカヒメとの婚姻や、コヤネとタケミカツチの一人姫の婚姻も国政に関わることなので、タカマに計り許しを受ける。アマテル神の岩戸隠れの時には、国家の一大事なので、タカマに計り祈った後にい出し奉る。タカマにてソサノヲを裁き判決を下す。ハタレ討ちの時には、諸カミがタカマにてカミ計りをしてハタレを打つ。必要であれば諸カミがタカマにてカミ計りをして、アマテルカミの御幸を願う。悪事を働くコクミ、シラヒトをタカマに呼ばしめて問い正し裁く。

ハタレネ、シラヒト、コクミ、オロチらを打ち納め、その趣をアメに告ぐと、タカマには弓《ゆ》弦《つ》を打ちならし、ウスメはその弦で奏で、大いに喜ぶ。

タカマは民のヱミス鯛である、糸を掛け巻く。タケミカツチがタカマのハラの仮宮で帯を賜る。オキツヒコはニハリの宮のミワタマシに、「ここもタカマノハラなれば～」と申す。

（三）アマテル神自身のこと。アマテル神はタカマのハラのカンツカサであるために、このようになったのであろう。

　アマテル神の御世にタカマにおける神計りが多く行われているので、アマテル神がタカマを整備したと思われる。また⊙⊙※神の⊙のヲシテはアモトと同じ形である。それが二つ使われ更にンによって強調されている。正にアマテル神にふさわしい称え名になっている。
※アメのみでタカマ（政府）として使用されていると思われる所もある。例えば「かのチゴを　アメに送れば　神の前ヱダ揃はねば　去らんとす（ホツマ一二アヤ）」、「我がカンバセも　あえ見えず　恥はずかしく　アメに請ふ（ホツマ一三アヤ）」、「いつしか姫も　孕むよし　アメに告ぐれば（ホツマ一六アヤ）」など、他もあり。これらによってもアメとタカマとの強い関係が窺われる。
※日本書紀に「高天原に生れます神の名を天御中主尊と申す」、古事記に「高天原に成れます神の名を天御中主神」とあるが、これらの「高天原」はホツマツタへの意図する意味と違う。
　また古事記に「高天原皆暗」「高天原動」などとあるが、ホツマツタへのこれらの漢字に対応する箇所には「タカマ」はなく、古事記作者の作文である。補説「タカマとは」参照。

　従って他の多くのコトバと同じようにタカマの意味を紀記は伝えず、ヲシテ文献によってのみ初めて現代に蘇る思想と言える。

トホカミヱヒタメ・八モトのカミ・八キミ・八カミ

　アモトカミはミヲヤカミであるアウワとトホカミヱヒタメのこと。八モトのカミはトホカミヱヒタメのこと。八キミ、八カミ、とも。

　ヱヒタメトホカミをトホカミヱヒタメという。その故はアメミヲヤ神がノリしてヱ神は冬の守りを、ト神は夏のソロを守り、永くヒトクサを潤しコトホギを延べる。そのために神に準えてトのタマと名付け、トホカミヱヒタメという。ヱヒタメトホカミはそれぞれヱモトカミ、ヒモトカミ、タモトカミ、メモトカミ、トモトカミ、ホモトカミ、カモトカミ、ミモトカミとして、八隅に居て春夏秋冬、十二ヶ月の季節を守っている。そして寒気（メ）と暖気（ヲ）をやわして、木の実、米、野菜、穀物、果物などの食料や麻、綿、絹などの衣類などの生産に関わる。我々にとっても身近で有り難い神々である。

　モトアケの四十九のタネの元ミクラ、ミヲヤカミのケタ隅に八キミ・トホカミヱヒタメが守る、次にアイフヘモヲスシ神、末は三十二のタミメ彦という元・中・末の三クラがある。

　ミヲヤカミのそばの八モトカミ・トホカミヱヒタメのヱトがコトブキを、アナミ神がネコヱを授け、三十二神が見た目と体の形を司る。そして十六万八千のモノなどの守りを得て、人が生まれるときに、カミとモノ、タマシヰを結ぶタマノヲと五クラ六ワタも成す。モノとタマシヰを結いやわし人のタマシヰを喜ばす。そして十四タテを備えて人と成す。

ミナカヌシのヱの御子とトの御子が代わる代わりに世を継ぎ天に帰れば、（アメノミヲヤは）ミナカヌシとヱヒタメトホカミを星と成した。これはアメトコタチの神、アノミコトである。アメミコトとワノミコト（ウマシアシカイヒコチカミ）とクニトコタチの七代の神は皆サコクシロよりの星である。

クニトコタチの八下り子が何クニサツチ、八モヌシで、トホカミヱヒタメに成りて、国に産む子が、三下りのキミ、トミ、タミである。クニトコタチのカン孕みによりキツヲサネの五クラの神が成りいでて、七代の内のアマツコトは、祭るトホカミヱヒタメの八モトのカミに守らせた。国の祭りはキツヲサネとアミヤシナウの十一神に守らせた。この故にトホカミヱヒタメのヱトとキツヲサネとアミヤシナウの十一神による六十ヱトをミカマドのヱト守り神と称える。

トホカミヱヒタメの国は道を延べる器物である。ココロに招けば上に現れてハタレを破るので障りはない。また見送りノリの時、トホカミヱヒタメの八モト旗を掲げる。

フトマニの四十九ヲはモトモトアケのサコクシロでありアメノミヲヤによる形である。そばのトホカミヱヒタメの八カミはヒトのタマノヲを含み降らせてナガラヘを結びやわし、アイフヘモヲスシのカミはキツヲサネの五クラと六ワタを整え、三十二のカミはヒトの体と形を司り日夜のマニマニ守る。

※八モトカミ、トホカミヱヒタメは地上においては、方位、気候、天候、暦を司り、天ではタマノヲを含み降らせる。タマシヰの帰るところでもある。フトマニ図のトホカミヱヒタメはアウワから内向きに描かれている。アモトカミはアメミヲヤとトホカミヱヒタメであり、特別に尊い神々であるのが分かると思う。

※冬至、夏至を基準としたヱヒタメトホカミ暦は太陽暦である。食料は日の光、気温や雨風などに大きく作用される。一年を冬至、夏至を基準に八等分した暦は理にかない、解りやすく、大いに頼りになったであろう。しかし、月は冬至、夏至とは直接には連動していない。このために太陽大陰暦の複雑さが生まれる。

なお、ヱヒタメトホカミ八つをそれぞれ三等分すると、一年は二四等分されて、二四節気になる。これはヱヒタメトホカミの八節気が大陸に伝わり発展して、ヤマトの国に逆輸入されたものである。また二四節気の考えが西洋に伝わり太陽暦であるグレゴリオ暦にも影響を与えたのではなかろうか。

サコクシロ　安聰本は「精奇城宮」と漢訳

ミナカヌシよりの四十九のカミは天に帰るとモトアケである元いたタカマのハラ（原または腹）に戻る。そこの四十九のカミが集まる宮がサコクシロ、と考えられる。サコクシロは「クシタマクワシ」である。フトマニの四十九ヲはモトモトアケのサコクシロでありアメノミヲヤによる形である。

ミヲヤカミは天に帰るミナカヌシ及びヱヒタメトホカミも（サコクシロにて）天に配りて星となした。これをアメトコタチノカミ、アメミコトという。十一のキミ・キツヲサネとアミヤシナウも天に帰り、サコクシロにて（ミヲヤカミの）ミコトノリにて星となる。これをウマシアシカイヒコチカミ、ワノミコトという。

またクニトコタチの七世の神は皆サコクシロより星となる。アツタ神はサコクシロの神の八テより道を受け生まれ、そして世を楽しむ。サコクシロよりココロのトのヒト・カミが生まれる。

地上のサコクシロがサコクシロウヂであり地上のアマテル神の住まうところである。そこにヲヲンカミとセオリツ姫が住みたまう。コヤネはミモ川近くにあるサコクシロウヂを改めてアマテル神の内つ宮とした。サルタヒコはサコクシロウヂ宮にアマテル神のタマモノを入れ（守り）時を待った。後にヲヲンカミのミタマゲが五十スス川のサコクシロウヂに渡まし、ここにミタケ柱を納める。アマテル神曰く「昔我が住む　サコクシロ　シキナミよする　イセの宮　永く鎮まり守るべし　トヨケの神と　モロ供ぞ」。

※サコクシロにて生まれ星になったのは、ミナカヌシ、ヱヒタメトホカミ、十一のキミ・キツヲサネとアミヤシナウ、クニトコタチの七世の神。

クシ・魂・詳しサコクシロであり、神々が住み給う所であろう。それはモトアケそのもの、あるいはモトアケの内である、と思う。

※アマテル神やセオリツ姫は神上がりすればモトモトアケに帰りサコクシロに住む。サコクシロウヂは地上にあるので、サコクシロウヂは地上のアマテル神の住まうところである。二八アヤの記述はアマテル神が神上がりしてからの状態を示唆している、と思う。

※サコクシロウヂのウヂは「ウチ（内）」または「ウ（大）・チ（霊）」の強調形であろう。ヂはチを強めたもの。サコクシロは「サ（清）＋濃く＋城」か。清く尊いタマシヰが集まる城。アマカミの住み給うシロ。

※サコクシロはモトアケと構造は同じである。そしてここは、天の神、天君が神上がりして後に住みたまう所であると思える。そして、そこからまた地上の天の神、天君と成りたまう。そのため極めて尊く神聖なところと考えられる。

またモトアケはトミやクニタミのタマシヰの行き来するところでもある。そのためモトアケ・サコクシロは高次元・異次元空間ではなかろうか。

※イセ神宮は特別神聖な社であるというのは、ヤマト人ほとんどが抱いている感情である。それはなぜか。それはイセ神宮がサコクシロであるからである。天上のサコクシロが地上に存在している唯一の社なのである。

ユキ、スキ、アユキノミヤ、ワスキノミヤ（対になっている

ことが多いので一緒に取り上げる）

ユキの宮に九ホシを祭る、アメトコタチという。スキ殿ににウマシアシカイヒコチ神を祭る。これを合わせ祭るのでタカマという。クニトコタチより続くカミの世はココロの良い循環であるユキキ（行き来であろう）の道が永く続いた。クニトコタチは天にユキ（行き）、モトアケの守りを定め、天と地の世を結びタマノヲを成すのを聞く。タマキネは八ヨロ年、ホシにむさぼる心はなく、ユキキの道をおぼえ知る。

二神と同じくタマとホコは国家の二柱に例えられる。トリヰの二つの柱は二神でもあり、タマとホコであり、二神がユキキ（行き来）するところでもある。

二神はウヒルギが生まれた年にウイナメヱを行い、アユキワスキに告げ祭る。「ユキよろし」はアマテルカミの誕生の場面でヤマスミが三度コトブク。この場面の「ユキよろし」はユキキノミチのうち、モトアケから地上に恙なくユクことであろう。

地上のユキの宮とスキの宮において、ヲヲンカミは自ら清払いをされた。ミ孫・ニニキネはニハリに帰り、ユキスキの宮にオオナメヱを行い、三クサの受けを天に答え宮に収めた。ウツキネ（第十一代天神）はニハリのタメシのごとく、ユキスキの宮にヲヲンマツリのオオナメヱを執り行い三クサの受けを天に応えた。

カモヒト（第十二代天神）は冬至る日に大祭りを執り行った。その時、アマカミと代々のスベラカミをユキスキの宮に祀り、山海とトミの著しき魂（コトタマ）はハニスキの宮のナメヱに告げてヒトクサのホギを祈った。タケヒト（第十三代天神）はネの月にアユキの宮とワスキの宮を造りモトアケアワの神を祀った。その時タネコとクシタマはマテにいて、ミケナへ祭りを申すヲミを勤める。

アユキワスキの祭り主がタマ返しをなすと、苦しむタマノヲも解けてムネカミ、ミナモトに行き、タマシヰを分けてカミとなり、尊き人の子として又生まれてくる。しかし、ユキスキはタマユラである。ニシコリの御衣はユキスキのオオナメヱの時の衣である。

※ユキスキとユキキの道とは関連があると思う。ユキ（行キ）スキ（ス来）の道ではなかろうか。ユキは「ユ（行）キ」。「スキ」は「ス」＋「キ（来）」か。天から地に下りまた天に帰る、巡りの道ことであろう。ココロの良い循環・行き来の道のこと。

※第十二代ミヲヤ天神・イミ名カモヒトの祀る「ユキスキの宮」はユキの宮とスキの宮である。他にも「ユキスキの宮」をユキの宮とスキの宮とあり、これは動かない。「ハニスキ」のハ二はワと同じだからワスキの宮のことであろう。

「アマカミと代々のスベラカミ」をユキの宮とスキの宮に祀る。ユキの宮はアユキの宮、スキの宮をワスキの宮とも言う。

そして山海と臣コトタマをハニスキの宮に祀る。神上がりしているとはいえ、コトタマの臣にとり大変名誉なことであると思う。

※ハラワタとイノチとミケを守るウマシアシカイヒコチカミ（キツヲサネとアミヤシナウ）はクニトコタチとトシノリタマメカミからであるから、ワスキの宮はそれ以降の祭りである。九星を祭るユキの宮はそれ以前からである、と考えられる。

　これより人のイノチ、タマシヰなどを取り上げる。

イノチ（命）

　ヲシテ文書に載るイノチの意味は、辞書などの今に伝わるいろいろなイノチと同じように使われている所もある。しかし、次に記すところは伝わっていない。

一、イノチが天より授かるタマとシヰを結ぶ。イノチは臓器でいうと、五クラのうちのタマナカコ（心臓）であり、タマナカコに宿る。ウマシアシカイヒコチカミはハラワタとイノチとミケを守る。

一、アマテル神の詔に「思へイノチは身の宝　諺もせな　ヨロ君も　一人イノチの変わりなし」とある。何千年、何万年も前からイノチは尊いものである、尊ぶべきであるというのが、アマテル神の教ゑであり、ヒノモトの国の伝統である。

ココロ、ココロバ

　「ココロ」と「ココロバ」は関連があるので合わせて取り上げる。辞書にもあるようにココロの意味が今にも多く伝わる。ここでは、ココロ、ココロバとモトアケ、アモト、日、月、地との関係を取り上げるが、これらは今に伝わっていない。これはヲシテ文書によって初めて明らかになることである。ココロはホツマツタヘ、ミカサフミ、ワカノウタノアヤ、フトマニに広く使用されている。

　ココロはナカコ（「ナカコ・タマナカコ」参照）に宿ると考えられる。ココロには色々な要素があり、それらをココロバという。ココロバは六端《はし》ある。

　ソロ（注一）は月（陽）日（陰）のウルナミ（注二）である。人は元、ナカコとココロバは日月である。従って月日のウルナミのソロなどを多く食した人が直ぐに真枯《まか》ると、元居た月日に帰る事が出来る（日と月はウヲセ（大陽）とウメ（大陰）から生まれ、その後アモトが現れる（注三）。ソロとナカコ、ココロバとの関係）。

　アモト（注四）に日（陽）によるアラミタマと月（陰）によるニコタマを招き下して、父母であるタラ（父はタ、母はラ）のヒとの三者が混じり人のココロにイキが成る（タラは地球に住むからココロは日と月と地球によって成るとも考えられる）。

　クニトコタチからトヨクンヌまでのカミの世には、ココロは地上にマスヨロ年のコトブキの周期で来て（スキ）留まり、つつがなく天に帰っていった（ユキ　注五）。人は永らえて世々を楽しみ、イノチが尽きると身はヨモツ（注六）にココロは天に帰り、また生まれる。そのように幾たびも世々を楽しむ。人の生まれるのは日の出であり、マカル（真枯る）ということは入る日である。トヨケカミがカツラキ山に禊ぎして八千度《やちたび》祈り、天神（御祖神であろう）がヒル（注七）を分け下し、アマテル神がココロを得たまふ。メヲを結ぶヒトココロが世に帰るとき、直ぐなればまた良く生まれるが、横欲しはまた世に帰ることがない。

うぐめく民に目も穢れ、民の悪しき訴えに耳も穢れるので、アマテル神は治め諭《さと》すココロバの六端《むはし》を濯ぐのである。治まる御代は、名の木が肥え、世の名声にココロバは凡そ濃く染まる。人々はそれに気を配り重んじる。

ウツホは天のココロバである、常に巡ってはいるが人には見えない。人のココロバはフクシが結ぶ。ココロバはオゴリ（驕り）に魅せられると欲しいという気持ちに占められてしまう。ココロバは移ろいやすいようだ。これぞと勇んで盗むのであろうが、そのココロバはミヤビによって五クラに告げられるので、ココロ休むということはない。

フトマニの歌の一つヲヨロ（注八）によると、ヲニヨロのココロは内のサコクシロより生まれる。二（ふた）ココロといい、ココロは二つあることもある。ココロはタマのヲのような使われかたをされている箇所がある。

注一ソロ　古代語　栄養豊富な稲、稲穂とそれから取れる玄米、精米のこと。

注二ウルナミ　古代語　作物は太陽の光により光合成をして栄養をつくり、主に夜にその栄養を蓄え実を作ったり成長する、と言われている。昼の太陽と夜の月による、それをもたらす力のこと。光合成とそれによってできる作物のヤマトコトバ。

注三　ミカサ文・タカマなるアヤに

　　ウヲセのムネは
日の輪なる　ウメのミナモト
月となる　アモト現れ

とあり、日と月が成った後にアモトがなる、と考えられている。

注四アモト　古代語　天の御祖神と回りのトホカミヱヒタメ八神のこと

注五　タカマ・モトアケ図のユキキの道のこと。ユキキとは行くことと来ることと考えられるが。

注六ヨモツ　ヨ・モ・ツのヨは夜。モは百で多いこと。ツはつづく（続く）こと。ヨモツとは暗闇が続くことで、お墓や古墳の玄室（げんしつ）や地下などのことと考えられる。

注七ヒル　日、太陽による力。その一つが人の子を産む力。ヒは日で太陽のこと。ルは動詞の活用語尾にも成っているように、活発なこと。ヒルで太陽の力が活発に発揮されること、発揮されている状態、力。

注八　フトマニ　のヲヨロ歌

ヲ　ヨ　ロ

ヲニヨロノココロハ

ウチノサコクシロウム

ヒトハカミカミハヒ

ト　ナ　リ

※ココロの「コ」とは小さく、近く、親しみやすい、などという意味がある。それが二つ続く。「ロ」はウロ（虚）、ムロ（室）などのように小さな空間である。つまりココロとは身のうちの小さな小さな空間という意味であろう。

※ココロとタマシヰ、タマシヰ、タマノヲの違い。タマノヲはトホカミヱヒタメの八モトから下され、またアモトに帰る。

ココロは人が生まれるとき、アモトが日（陽）によるアラミタマと月（陰）によるニコタマを招き下して、父母であるタラのヒとの三者によって人のココロにイキが成る。またココロには六端のココロバがある。

ナカコ・タマナカコ

「ナカコ」は漢字に「中子」「中心」などと訳され、例えば広辞苑には意味として九つ挙げられている。しかし、これから述べる意味は今の世に伝わっていない。

ヲシテ文献の「タマナカコ・ナカコ」の意味は次の二つに分けられる。一、人の臓器の一つで、五臓六腑のうちの心臓のことである。二、そこにはヰノチ、タマノヲ、ココロが宿る。その機能のこと。

ソロは月（陽）日（陰）のウルナミである。人は元、ナカコとココロバは日月である。従って月日のウルナミのソロなどを多く食した人が直ぐに真枯《まか》ると、元いた月日に帰ることができる（日と月はウヲセ（大陽）とウメ（大陰）から生まれ、その後アモトが現れる。ソロとナカコ、ココロバとの関係）。

タマナカコは天より授くタマとシヰを結ぶイノチである。タマナカコは心臓のことであるが、これらの機能のことも言う。心臓に流れる血を生む所はキモ（肝臓）である。心臓（ナカコ）はチ（血）を全身に巡らし、その血を生むところはキモ。そのため心臓（ナカコ）にはイノチが宿る（注一）。

ココロはタマナカコ・ナカコ（心臓）に宿る。人の考えていることは心臓の脈や関連する表情、動作などによって現れるので、心臓（ナカコ）にはココロも宿る。

渡るミヤビは物を知り、ナサケをナカコに通わせる。戸惑っている時、ミヤビがナカコに告げ、人を打つ時はその痛みを知る。人をそしれば恨み、器物を盗めば惜しみ、損なえば持ち主の心の痛みをナカコは知る。ココロバが悪しきワザをなせば、ミヤビはナカコにアワレを告げる。損なえばナカコは驚き、外観に現れる。

身のカガミが曇り錆びるとナカコが奪われる。そのナカコを磨く器がモトノモリ（元の守り）である。ナカコの形は鏡である。人々のナカコに合い求め、（心を）繋げて一つにするトのヲシヱは、末永く治まるタカラである（注二）。

五クラ六ワタを国の道に例えるとナカコはキミで、キモはトミ、ヨコシは民である。アマテルカミが見るところによると人のナカコについて弁《わき》えているのは一〇人中一人か二人である。

ヤサカニノマカリタマは、アマテルカミのクシヒルとして用いると、ナカコを真直ぐに保つ。ハタレ打ちの時に、手だての無いのを、カナサキはナカコは素直に保つこと、これがカンチカラを発揮する、と述べている。

クシヒコがアマテルカミよりサカホコとヤマトヲヲコノミタマカミの名を賜ふ時に、アマノコヤネは「キミのため（コモリと）ナカコ一つに　マメをなさん」と述べる（心と同じにもとれるがナカコのほうが重い）。御孫ニニキネはハラミ山に登り見てナカコを休めた。サホヒコが内宮のサホ姫に、キミをシイすためにヒボ刀を授く時、サホ姫のナカコがわななく（心臓がパクパクし、同時にナカコの機能が激しく乱れるということであろう）。

（注一）チ（血、霊）とイノチ（命）の強い関係。イノチというコトバはチを大いに永く（イ）、延べ広げる（ノ）ことであると思う。チが元である。人体に血が無くなれば命は尽きるということは、人類は何十万年前から分かっていた。

（注二）ヲシテ文書は極めて大切なことをサラリと記す。これもその最たる箇所の一つである。原文の現代読み下し文は

　　人のナカコに
アヒ求め　一つに致す
トの教ゑ　永く治まる
宝なり
　　　（ホツマ二三アヤより）

トの教ゑには限りなき多くの教ゑがある。それも国民のナカコが一つになることである。これが国家という生命体の核心である。この奥義は初代クニトコタチ神によって完成されて代々の天神が受け継ぎ発展させてきた。この奥義はあまりに深いと思われるので、この全体像については今後の課題とする。

人類の歴史はクニトコタチより六千年経過しているが、ヲシテ文献に鑑みて、今以てまともな国家とは思えない国々が、まだまだ世界には多いのである。

※ナカコはタマナカコともいう。人の臓器でいえば心臓のことで、タマ、タマノヲ、ココロ、ヰノチの宿る所。

※タマノヲは「タマ」の「ヲ」である。モトアケにタマノヲをなす。タマノヲはタマシヰを結びまた分ける。モトアケはタマとシヰの元、在るところ、拠り所。タマノヲは天に帰り、またトホカミヱヒタメがタマノヲを含み降らせる。そのタマとシヰを体内で結ぶのがタマナカコ・ヰノチという考えである。

つまりタマノヲとタマナカコ・ヰノチは同じような役割を

司る。タマノヲとヰノチの宿るところがタマナカコである。枯れると天に帰りタマとシヰに分かれてカミとなる。誤るとタマノヲはアモトに帰れずタマとシヰは世に迷う。

ミヤビ

辞書には「宮廷風であること。上品で優雅なこと。風雅。風流。」などとある。ヲシテ文献のミヤビの意味は、元は一つであると思われるが、主に次の二つに分かれる。一、夫、妻、子、家族内の思いやりのこと。二、知識、ナサケ、アワレ、ワルサなどを五クラ、タマナカコに知らせる役目を司る。目付の役割。

一は解りやすいと思うので、二について述べる。人のミヤビはナサケ枝である。天より授かるタマとシヰを結ぶのはイノチであるタマナカコで、そこに流れる血を生むのはキモである。ミヤビは（色々な情報を）臓器に渡り伝え、（人は）ものを知る。これによりナサケはナカコに通う。

戸惑っている時、ミヤビがナカコに告げるので人を打つ時はその痛みを知る。人をそしれば恨み、器物を盗めば惜しみ、損なえばそれにちなむ人の心の痛みをナカコは知る。ココロバが悪しきワザをなせば、ミヤビはナカコにアワレを告げる。人が人を打ち、殺そうとするのを見れば、これを除こうとする思いが起こる（これもミヤビによる）。アワレエダは人が転ぶのも起こそうとする、まして我が身であればミヤビによって何の疑いもなく身は修まるが、ココロバがオゴリを聞いてしまうと、欲しいという気持ちに占められてしまう。また、ここぞと勇んで盗もうとするココロバは、ミヤビより五クラに告げるので心安らぐということはない。

鋭く偏り過ぎてなるハタレ共が、悪しきワザをなしても、アマテル神にはこれを早く除こうとするミヤビが起こる。この働きは松や茅のニベ（注）のように大変強いものである。そしてこのミヤビがなければ身も枯れてしまう。また人の五クラ六ワタも国の道であり、ナカコはキミ、キモはトミ、ヨコシは民で、ミヤビは目付として、五クラ六ワタに悪さを告げる。

（注）ニベ　ニベ科の海魚のうきぶくろから製する膠（にかわ）。鯉《こい》・鰻《うなぎ》・鮫《さめ》などのうきぶくろからも製する。粘着力が強い。にべにかわ。ここでは松や茅の脂《やに》のこと。

※ミヤビは伝達の役割を担うが、ミヤビが無ければ身も枯れてしまう、という人体にとり真に大切なものである。また単なる伝達だけでなく、物事を弁えて伝える。

タマ

「たま」の意味を辞書で引くと「たましい」としかない。ヲシテ書ではタマとシヰやタマノヲ、タマシヰなどを分けて述べているところもあるが、タマのみでタマシヰ、タマノヲに使われているところも多い。現在伝わっているコトバもこれによるが、タマとシヰだけの意味については今によく伝わっていない。

伝承として、民間には盆踊りなどで伝わる。タマをマツルということはヲシテができる前から、何万年、何十万年も前から続いていると思われる。人の死は人類とともにあるため。

アモトに招く日のアラミタマ（注一）と月のニコタマとタラのヒの三つが交わりてココロイキが成る。天（日）、地（月、あるいは地そのもの）と父母のヒが招く三つのアナ（「穴」または「ア（天）」＋「ナ（成）」のこと）は、生まれるタマシマ（タマノヲ、タマシヰが在る、付くところ）の通う道である。

イサナギは世継ぎ子を産まんと日を積み、マテ（真手、両方）の日月のマスカガミになづらえ祈り、日月よりミタマが体のチリケ（注二）のアヤ所に入る。男の子が生まれるのは、ヒノタマのヲが巡りてメを包むためである。女の子はツキミタマのメが先ず巡りてヲを包む。

「クシタマくわし　サコクシロ」のクシタマは、サコクシロに住む最高位のタマで、サコクシロはクシ・タマがくわしい所（注三）。サコクシロはサ（清）・コク（濃く）・シロ（城）と思う。またイキタマ、イキメタマは生きている、または生きているのを見ているような（メ・見）、（陰（女）、陽（男）の）タマであろう。

タマシヰはタマとシヰからなる。タマとシヰは天より授かり、タマナカコはこれを結びタマシヰとする。つまりタマナカコは「玉・ナカコ」で心臓の意味もあるが、「タマ（魂）・ナカコ」でもある。タマナカコにはタマノヲも宿る。

うらやむ者に噛まれ、乱れたタマノヲは守る子孫がいない、従ってそれを祭る宮もない。宮がなければ子末も祭らず親の教えなども守らないという悪循環に陥る。しかしタマガエシをするとタマは元のタマノヲに収まりヲも融けて宮に入ることが出来き、祭られ、子末も良く収まる（注四）。

タマガエシをしなければ長い間苦しむことになる。苦しむタマノヲもアユキ、ワスキの祭り主に頼みタマガエシを行えば、融けてムネカミ・ミナモトへ戻り、タマとシヰが分かれカミとなり、また尊きヒトとして生まれる。しかし、ユキスキはタマユラである。

もし、悪者であるヨロ者を切ることになってしまい、タマノヲが乱れているのを、主たるタマを元在るところに正しく戻せば、タマノヲも元に戻りカミとなる。すでに死んでいて、タマノヲが乱れていて元に戻らないのを、タマをタマノヲに正しく戻せばタマノヲも元に戻り、次にはヒトとして生まれてくる。

乱れたタマは天に上がらず止まっている。それが八ホタマユラであろう。アチスキタカヒコネはそれに例えられたので怒った。ソサノヲのタマは乱れてしまった。タマが乱れればタマノヲも乱れる。コリタマは偏り凝り固まってしまったタマ。タマ断ちは、タマを断てばタマがヲに帰りようがない。

ココトムスビ・カスガ殿はタマ返しを為す奥ノリもコヤネ

に授ける。カスガ・コヤネはミカサ社にて、タマ返しの教ゑによるマツリによって、国が良く治まったのでカレ（枯れ）も無い。

サルタヒコはアマノコヤネ神よりタマ返しの文を授かる。ウダ、スミサカ、オオサカ、カワセサカ、ミオに罪人のシヰが留まりヱヤミを為す故に、オオカシマとオオタタネコがタマ返しノリを祭る。故にシヰは天に上がりヱヤミも消えその地は明るくなった。タマ返し玉は十《と》クサ宝の内の一つである。

タマだけでタマシヰ、タマノヲと同じように使われることも多い。ミタマはその人やその神そのものである。スベラギのミタマは、スベラギ自身、スベラギが広く深く及ぼす力、ミイツということであろう。アマテル神のミタマゲは、ミタマ・ケであり、ミタマを入れる箱で、アマテル神ご自身のこと。トのタマはトノミコトのミタマで、トノミコト自身。ハナヒコのサキミタマは先・ミタマであろう。

タマには心を込めるというように、心のような使われ方もされる、だがココロよりは重い。またいろいろなものにもタマがある。コタマは木霊であろうか、木にもタマがある。タツのミタマ、タツにもタマがある。フナタマとして船にもタマがある。ソロマナ三つのタマはソロ、マメ（豆）、ナ（菜）の三つのタマシヰ、タマノヲであろう。

「タマユラ」は今の世にも使われる「たまに」や「たまたま」などと似る。タマがゆらゆらしている様であろう。「あらたまの年」はアラ（天ら、生ら、新）タマで、年というタマがまた生まれること。またはアラタマる（改まる）であろうか。改まる（アラタマる）は名詞アラタマの動詞。

（注一）アラミタマ　日のア・ラ・ミタマのアラは荒ではなく天ら、生ら、新であろう。よみがえる新しいタマ、タマノヲ、タマシヰであると思う。

（注二）チリケ　身柱・天柱。灸点（きゅうてん）の名。えりくびの下で、両肩の中央の部分。ぼんのくぼ。後の時代に灸法が取り入れたコトバであろう。

（注三）くわし　今に伝わる意味は「繊細な美しさがある。こまやかで優れている。うるわしい。微細にわたっている。心遣いが行き届いている。」（古語大辞典・小学館）など。

（注四）タマガエシ　タマノヲは⊙で、ヲシテの中の点がタマと思える。タマ返しとは、タマをそこに戻し帰すこと。

※タマノヲはムネカミ・ミナモトへ戻り、タマとシヰが分かれカミとなり、また尊きヒトとして生まれる。タマとシヰはモトアケより下される。するとシヰはタマノヲに付き含まれモトアケに戻り、また下されると考えられる。

タマノヲ　（前のタマとも重なる）

アメノミヲヤ神のそばのトホカミヱヒタメのヱトがコトブキ、八神が人のタマノヲを含み降らせて、永らえを結びやわす。アナミ神（アイフヘモヲスシの八神）がネコヱを授け、三十二神が見た目と形を成す。そして十六万八千《そむよろやち》のモノなどの守《も》りを得て、人が生まれるときにカミとモノ、タマシヰを結ぶタマノヲと五クラ六ワタも成す。そして十四《そよ》タテを備えて人と成す。

クニトコタチは天に行き、見るモトアケの守りを定め二世を結び、地にて百ヨロのホギを過ごし、天に行きてタマノヲを成すのを聞く。二神のタマノヲをとどめる宮がツクシのヲトタチバナのアワキ宮である。ヲ（ここはワカヒト）のヱナをネに納めると良く守り、災いがあってもシナを変えて防ぎ払って和らぎ、タマノヲは永く留まる。クシヒコはタマノヲを入れて、自らミモロのヤマのホラにアメノサカホコを提げながら入り、世々を守る。

人を楽しませる、かのホシをうらやむ人が噛む故に、タマノヲが乱れ、シヰの苦しみがケモノとなってしまう。人を惑わすホシ（欲し）も人は打たないが、タマノヲに覚え責められ、それは永く続く。うらやむ者に噛まれ、乱れたタマノヲは守る子孫がいない、従ってそれを祭る宮もない。宮がなければ子末も祭らず親の教えなども守らないという悪循環に陥る。しかしタマガエシをすると、タマは元のタマノヲに収まり、ヲも融けて宮に入り祭られ、子末も良く収まる。タマガエシをしなければ長い間苦しむことになる。苦しむタマノヲもアユキ、ワスキの祭り主に頼みタマガエシを行えば、融けてムネカミ・ミナモトへ戻りタマとシヰが分かれカミとなり、また尊きヒトとして生まれる。しかし、ユキスキはタマユラである。

食べ物を誤るとタマノヲは元に帰れずタマとシヰが迷い苦しむ。また時来ぬ枯レは苦しみてタマノヲは乱れ、天に会うことができない。齢を保ちて天に上がる時は楽しみ真枯るのである（注）。

（注）　次はアマテラシマスヲヲン神の詔である。

　　時来ぬ枯れは
苦しみて　タマノヲ乱れ
天《あ》に会へず　ヨアヒ保ちて
天に上がる　時は楽しみ
真枯るなり

（ホツマ一五アヤより）

この一五アヤ名は「御食《みけ》よろづ成り染めのアヤ」で、ここは主に食事とタマノヲの関係について述べている箇所である。「時来ぬ枯れ」は誤食が続くことによる早枯れである。

※トホカミヱヒタメがタマノヲを含み降らせて、タマとシヰを結ぶ。タマナカコは天より授くタマとシヰを結ぶヰノチである。タマナカコは心臓のことであろうが、この機能もいう。つまりタマノヲとタマナカコ・ヰノチは同じような役割を司る。タマノヲとヰノチの宿るところがタマナカコである、と考えられる。枯れるとタマノヲは天に帰りタマとシヰに分かれてカミとなる。誤るとタマノヲはアモトに帰れずタマとシヰは世に迷う。

※タマのみでタマシヰ、タマノヲに使われているところも多

い。

タマシヰ（タマ、タマノヲとも重なる）

　モトアケの四十九のタネの元ミクラ、ミヲヤカミのケタスミに八元の神・トホカミヱヒタメが守りコトブキを、次はアナミ神・アイフヘモヲスシ神が人のネコヱを授け、末の三十二のタミメ彦が見た目と形を成す。元中末の三クラがある。十六万八千のモノが添いて、人が生まれる時に、モトツ神とそのタヱ（妙）守りがタネを下してモノとタマシヰを結いやわしタマシヰを喜ばせる。カミとモノ、タマシヰを結ぶタマノヲと五クラ六ワタも。そして十四タテを備えて人と成す。脳、クラワタ、神経、ネコヱ、そして見た目のナリはミメ神が司る。タマとシヰは天より授かり、これをを結ぶのはイノチであるタマナカコである。

　苦しむタマノヲもアユキ、ワスキの祭り主に頼みタマガヱシを行えば、融けてムネカミ・ミナモトへ戻りタマとシヰが分かれカミとなり、また尊きヒトとして生まれる。しかし、ユキスキはタマユラである。鳥や獣の肉食を誤ると、例え命は惜しまないと言っても、血は汚れそのためにタマノヲも乱れて元に返らないので、タマシヰが迷い苦しむ。

※タマのみでタマシヰ、タマノヲに使われているところも多い。

シヰ

　シヰはタマとともに天より授かる。そしてタマとシヰはイノチによって結ばれ、タマはタマナカコに、シヰはムラトに宿る。タマノヲが乱れるとシヰも苦しむ。またシヰは疫病などの悪さもする。アヂ、イロメ、ヨコシマもシヰによって作用する。タマシヰとしてタマと共に作用する。タマシヰ参照。

※シヰは移ろいやすいようだ。

※タマにも述べたように、タマノヲはムネカミ・ミナモト（モトアケ）へ戻りタマとシヰが分かれカミとなり、また尊きヒトとして生まれる。タマとシヰはモトアケより下される。これによるとシヰはタマノヲに付き、または含まれモトアケに戻り、また下される、と考えられる。シヰのみで天に上がると記されている箇所はない。

五《ゐ》クラ六《む》ワタ

　ヲシテ文書により、五クラ六ワタには次の三つの意味があると思う。一、人の内臓、五臓六腑のこと。二、五臓六腑が司る働き、諸機能のこと。三、キツヲサネとアミヤシナウのこと。

　アイフヘモヲスシノカミはアワの歌でありネコヱを司る。アイフヘモヲスシは八文字、八方角でもある。アイフヘモヲスシノカミは五クラ・キツヲサネとも関わり、正しく声を出せば内臓の五クラ六ワタを健やかに整える。アワの歌を歌うと五クラ六ワタのヲ（安聰本には「五臓六腑命門」とあり）をネ声に分けて活性化し、身の内の巡りが良くなり、病にもかからなくなるので長生きをする。

クニトコタチによりキツヲサネ（東西央南北）から五クラノカミが成る。クニトコタチは、七代のマツリゴトはトホカミヱヒタメの八モトのカミに守らせ、クニツマツリはキツヲサネとアミヤシナウの十一カミ・ウマシアシカイヒコチカミに守らせた。キツヲサネとアミヤシナウと八モトのカミのヱトにより六十ヱト暦が成る。このヱト暦は食糧確保、増産に大変貢献した。故にウマシアシカイヒコチカミは国民のミカマドのヱトの守り神と称えられた。

トコタチの子のトシノリタマメカミが五クラと六ワタを生み上げる。そして日読み神をアメより下した。内臓の五臓六腑は人のイノチを守っている。食べ物も人のイノチを守る。食べ物は地上のその場所と四方（キツヲサネ・五クラ）色々な所で、いろいろな物に養われて（編み養う・アミヤシナウ・六ワタ）育つ。そのためキツヲサネとアミヤシナウはハラワタ、イノチ、ミケを守ると考えられる。日読み神ということは、トコタチと共にトシノリノタマメカミが、トホカミヱヒタメのヱトと五クラ・キツヲサネと六ワタ・アミヤシナウにより、六十ヱトをつくりだしたということであろう。

五クラ六ワタは国の道と同じであるとして、国における役割とその関係について例え述べられている。ナカコ（君）、キモ（臣）、ヨコシ（民）、フクシ（カキ・カマエ）、ムラト（ナラス）、ワタ添えて、ミヤビはメツケ（目付け）として悪さを告げる。いさんで盗んでも、ココロバはミヤビにより五クラに告げるため、ココロが休むということはない。

棟上げ時には赤い御強（おこわ）を、キツヲサネの五クラに五カシハと、トシノリタマメと六ワタ・アミヤシナウに七カシハを供える。これにはアミヤシナウ・キツヲサネとトシノリタマメの関連性が窺える。

父であるコモリ神よりコ（蚕）飼い、絹織り、裁ち縫いの道の教ゑを得たタガのアサ姫は、ヤマトヲヲコノミタマカミを祭って、食と衣の道である五クラを治し、御衣《みはさ》差し作り裁ち縫ひの道を教える。

ネ月（十一月）の末の弓張りのカミノリ粥は黒豆一、大麦《うむぎ》一、小豆《すめ》一、米《よね》七の割合でウケミタマと五柱に供へ祭る。年越えには大麦一、小豆一、米六の割合でトシノリ八マサカミに供え、七草には五クラを治し五クラの神に感謝し、モチ（満月・一五日）の六ワタ祭りには米と小豆のカミアリ粥を戴く。ツチキミのシムの祭りにはマメスメ一（あるいは大豆一、小豆一）、大角豆（ささげ）一、米七、計九（あるいは計一〇）のミシル粥をつくり天の九《こ》の神を祭る。

※人はお腹の五臓六腑に食べ物を取り入れ命を保っている。この極めて大切な食料確保は気温の変化、日照の過不足、火山活動、噴煙などによる自然条件に左右され、ミナカヌシの御代から大きな問題であったのは想像できる。ミナカヌシはヱヒタメトホカミやキツヲサネなどにより、四季や方角を元に国民に食糧増産の指導をしたと思われる。

さらにクニトコタチ神とトシノリタマメ神によって、ヱヒタメトホカミによるヱトの二つの要素にキツヲサネの五クラとアミヤシナウの六ワタを加えた六〇ヱトによる日読みが考案され、細かく日ごとに食料増産の指導や管理などができるようになる。トシノリタマメ神はヒヨミ神（日読み神、つまり暦の神）ともいう。

食料は季節（キツサネ）、土地の場所（キツヲサネ）や地味、水、日照、風、温度などによって変わってくるので、これらの加減が大事である（アミヤシナウ）。クニトコタチより七代のマツリゴト（中央のマツリであろう）はトホカミヱヒタメの八モトの神に守らせ、国つマツリ（地域、地方のマツリ）はキツヲサネとアミヤシナウの十一カミ・ウマシアシカイヒコチカミに守らせた。国つマツリは日読み暦を使って国を治めた。

クニトコタチとトシノリタマメの六〇のヱト暦は食糧確保、増産に大変貢献した。故にウマシアシカイヒコチカミ（キツヲサネとアミヤシナウ・五クラ六ワタ）はミカマドのヱトの守り神と称えられた。

これは大変うまくいき、国民に大変喜ばれ感謝されたようである。アオヒトクサ（国民）はことごとくアメノミヲヤの賜であるので、守らないということはないということが、コトバだけではなく実践され続けている。イニシへより天神と臣たちは国民のためにいかに食料を確保するかに苦心する。国民は、神社に食料確保のため、心を砕く神々に感謝し初穂を捧げる。神社に捧げる神饌には長い歴史と深い意味がある。

タカマのユキの宮に九星・アメトコタチを祭る。スキ殿にウマシアシカイヒコチカミを祭る。アメトコタチはミナカヌシとヱヒタメトホカミのことで、ウマシアシカイヒコチカミはキツヲサネとアミヤシナウの十一の君である。ウマシアシカイヒコチカミはハラワタとイノチとミケを守る。

次の記述は、アメノミナカヌシ、ヱヒタメトホカミ、クニトコタチより続く天神と国民との繋がりをよく表していると思う。ネ月の末の弓張りのカミノリ粥、年越え、七草、モチの日の記述。建物の棟上げ時の記述。ツチキミのシムの祭りの天の九の神を祭る記述。

今も神前に色々な神饌を供え祭っている。なぜ神前に神饌を供えるのか。これははるかイニシへより続く伝統を今に伝えるものである。

ホツマ二二アヤの国民の身近なミカマドのヱトの守り神には深い意味と歴史がある。御カマド（竈）がつつがなく豊かであるということは、日々生活の源である食料が安定して豊かであるということ。これはマツリの基本。民の食料問題はイニシへより現在、未来へと続く我が国の大きな課題である。現代世界の大問題でもあり、地球に人口が増え続けるため、将来の人類の大問題といわれている。

※ミカマドのヱトの守り神はミナカヌシの時代に遡ると思

う。ヱヒタメトホカミのヱトであるため。また食料は人類とともにあり、立派なカマド以前にも火で焼いたり煮たりはしていた。

カマドは現代ヤマトでは台所のコンロなどとなるが、まだ地方では使用することもある。何気なくあるカマドにも実は深い意味と歴史がある。また初穂や神饌も同じく、人々がヤマト列島と供に生きてきた歴史が込められ、ミナカヌシ時代まで遡ると思われる。

カマド、初穂、神饌など、ヲシテ文書に記されている通りに現代に伝わり、使用され、行われているのである。

※モトアケの中でみると、七代のマツリゴトは八モトのカミ、クニツマツリ（国つ政治《まつり》）はアイフヘモヲスシと三十二神と関係がある思われるが。

※文化や文明も大事が、まずお腹（五臓六腑）を満たし命を繋ぐことが、なにより我々国民にとっては必要なことである。ウマシアシカイヒコチカミ・五クラ六ワタやワスキの宮は、国民には有り難く、より近く親しみやすい神、宮であるといえる。

付録

一、系図　（折り込み）

系図一　クニトコタチ神からアマテル神まで

系図二　アマテル神・オオモノヌシを中心とした系図

この系図により重要な多くのことが見えてくる。イサナギ神の父神はアワナギ神であり、曾祖父が第四代天神・ウビチニ神である。またイサナミ神の父神は第五代タカミムスビ、イミ名タマキネ、トヨケ神であり、先祖はクニサツチ神、初代クニトコタチ神である。

一夫一婦制と一夫多妻制は人類の永遠の大問題で、現代も神代も同じ。系図の第四代天神のウビチニとスビチニの世より一夫一婦制となり幸いをもたらし、この制度が続くが、第六代天神のオモタルとカシコネの間に御子がないという国難に見舞われる。これにトヨケ神、その御子イサコ姫（イサナミ）、タカヒト（イサナギ）や全国の諸神が中心となり対応する。混乱を避けるためであろう、当初はイサナギ・イサナミ神の一夫一婦制を踏襲するが、次のアマテル神の時代に一夫多妻制となる。

トヨウケ神はアマテル神の祖父に当たり、ワカヒトのイミ名の名付け親である。そしてワカヒト（アマテル神）は若くしてヒタカミに渡り、トヨケ神はワカヒトに毎日進講する。なぜイセ神宮にアマテル神と共にトヨケ神が祀られているのか、これらによっても解ると思う。またトヨケ神は第五代タカミムスビのことだが、タカミムスビの名は代々継ぐ。これが伝わらないためにどのタカミムスビ神なのか解らず混同し混乱している。これは大物主も同じ。

カナサキ氏、ムナカタ氏、アヅミ氏の先祖はシマツヒコで、それ以前の繋がりは記されていない。ただその古さからしてクニトコタチ、クニサツチの子孫と思われるが、サルタヒコ神のように更に遡るかもしれない。すると現代の志賀海神社の代々の宮司は阿曇氏なので、阿曇氏の先祖は約四千年〜六千年以上まで遡ることになる。また住吉神の本拠は住吉大社、住吉神社であり、その神社から住吉神の姫御子・アキツ姫がアマテル神の后となる。またムナカタ神を祭るべき宗像大社からムナカタ神の姫御子・オリハタ姫とトヨ姫がアマテル神の后となり、トヨ姫はクマノクスヒを産む。つまりムナカタ神は、熊野の神社に祭られている熊野久須毘命の母方の祖父に当たるわけである。宗像大社と遠く離れた熊野の神社には実は大変強い繋がりがある。また住吉大社、住吉神社、宗像大社、志賀海神社などは二神時代からなので、ヲシテ文書上、我が国で最も古いほうの神社に属するのである。

他にも色々と取り上げるべき箇所は多いが、何といっても最大の注目すべきことはアマテラシマスヲヲン神が男神であり、正后と十二人の后がいることであろう（当初は后一二人）。紀記はこれを隠し、かつ先に生まれた兄弟のワカ姫をアマテル神に仕立てあげ、いかにもアマテル神が女神であるかの如

系図一　クニトコタチ神からアマテル神

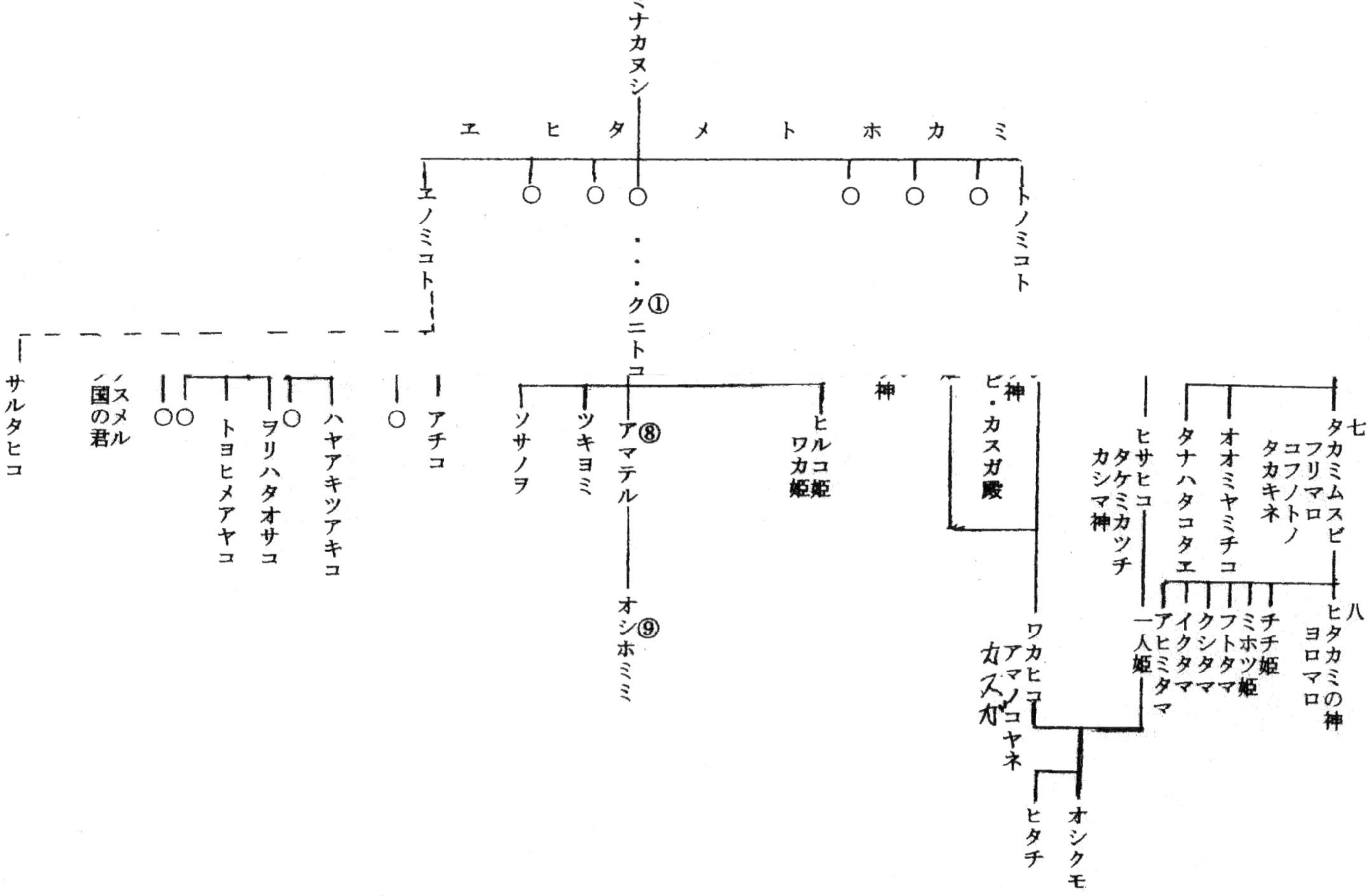

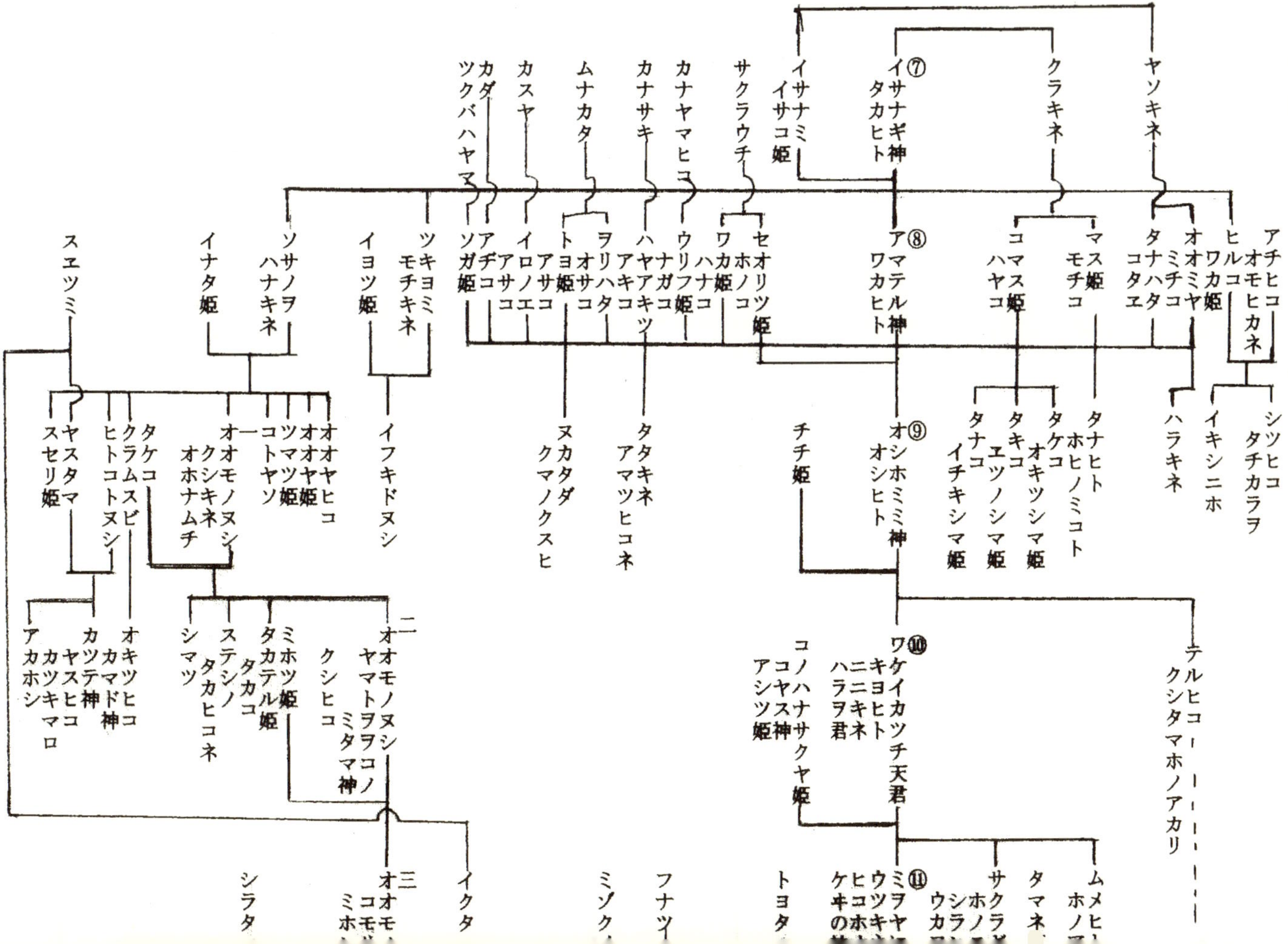

系図二　アマテル神、オオモノヌシを中心とした系図

く巧妙に細工した。系図はアマテル神が男神であることをハッキリ示す。また男神と解ってしまうために、アマテル神の膨大な教ゑを残さなかったのは我が国歴史始まって以来の最大の失政であった。

またアマテル神を女神に仕立て上げるために、一三人の后、その親神、偉大なワカ姫などの名前、出自、由緒などが消されてしまった。正后であり第九代オシホミミの天神の母神はサクナダリセオリツ姫である。イミ名はホノコで、妹はワカ姫、イミ名はハナコである。父神はハラミ山を本拠とするサクラウチ神で、サクラウチ神はアマテル神の左と右の大臣を務めた大神である。またサクラウチ神の子孫であるアシツ姫（コノハナサクヤ姫）は第一〇代ワケイカツチ天君の后である。住吉大社、住吉神社、宗像大社の他にも、カナヤマヒコ神を祭る南宮大社、ツクバハヤマの本拠と思われる筑波山などもアマテル神の后の出身地なのである。

二、ヱト表

[illegible]は[illegible]（東西央南北《きつをさね》）と[illegible]（編《あ》み養《やしな》う）と[illegible]（兄弟《えと》）の組み合わせよりなる。[illegible]の五通り、[illegible]の六通り、[illegible]の二通り、この三つをづらしながら掛け合わせる。五×六×二＝六十である。

例えば初めは、キツヲサネ、アミヤシナウ、ヱトの各々最初の一字を繋げてキアヱ。次はヱトのトを用いてキアト。ヱトは交互に変わっていく。次はキツヲサネの二番目のツ、アミヤシナウの二番目のミ、それとヱトのヱによりツミヱ。次はツミトとなる。六〇番目の最後はネとウとトによりネウトになり、六一は初めに戻ってキアヱから始まる。つまり全く無駄がなく、見事な構造になっている。

アスス暦の元年をキアヱとして順番にこのヱトを付けていく。平成三〇年はアスス二七三五年。二七〇〇＝六〇×四五なので、アスス二七三五年は＝二七〇〇年＋三五年。三五番目のヱトはヲウヱとなる。従って平成三〇年はアスス二七三五年で、ヱトはヲウヱとなる。本書の「はじめに」のヱトはこれによる。次のページにヱト表を載せる。

ヱト表

一	キアヱ
二	キアト
三	ツミヱ
四	ツミト
五	ヲヤヱ
六	ヲヤト
七	サシヱ
八	サシト
九	ネナヱ
十	ネナト
十一	キスヱ
十二	キウト
十三	ツアヱ
十四	ツアト
十五	ヲシヱ
十六	ヲミト
十七	サヤヱ
十八	サヤト
十九	ネシヱ
二十	ネシト
二一	キナヱ
二二	キナト
二三	ツウヱ
二四	ツウト
二五	ヲアヱ
二六	ヲアト
二七	サミヱ
二八	サミト
二九	ネヤヱ
三〇	ネヤト
三一	キシヱ
三二	キシト
三三	ツナヱ
三四	ツナト
三五	ヲウヱ
三六	ヲウト
三七	サアヱ
三八	サアト
三九	ネミヱ
四〇	ネミト
四一	キヤヱ
四二	キヤト
四三	ツシヱ
四四	ツミト
四五	ヲナヱ
四六	ヲナト
四七	サウヱ
四八	サウト
四九	ネアヱ
五〇	ネアト
五一	キミヱ
五二	キミト
五三	ツヤヱ
五四	ツヤト
五五	ヲシヱ
五六	ヲシト
五七	サナヱ
五八	サナト
五九	ネウヱ
六〇	ネウト

三、月の名

ヲシテ文書の中には今に伝わる月の名は全て載る。それは

一月　ム月
二月　キサラギ
三月　ヤヨイ
四月　ウ月
五月　サ月
六月　ミナ月
七月　フ月
八月　ハ月
九月　ナガ月
一〇月　カンナ月
一一月　シモ月
一二月　シハス

他にも異名の月の名も存在する。例えば八月をホツミ月、カンナ月をメ月。またヲシテ文書は五根七道（五七調）であり、この制約のためであろう、月の名を縮めた呼び名も載る。例えば二月をキやキサ、九月をナ月など。七月をアフミ月というが、こちらはフ月より語数が多い。このようなヲシテ文書に載る月の名を次に掲げる。

一月　ム月　ハ　ハツ　ハツハル
二月　キサラギ　キ　キサ　キサラ
三月　ヤヨイ　ヤヨ
四月　ウ月　ウ
五月　サ月　サ
六月　ミナ月　ミナ　ミナツ　セミナ　セミナツキ
七月　フ月　フ　フミ　アフツキ　アフミ
八月　ハ月　ホツミ　ホツキ
九月　ナガ月　ナ　ナガ　ナツキ
一〇月　カンナ月　カンナ　カミナ　カナツキ　カミナツキ
　メ　メツキ
一一月　シモ月　シモ　ネシモ　ネ　ネツキ　ネノツキ
一二月　シハス　シワス

シモ月は冬至の月である。イニシヘでは、一年の内一番日が短い時に季節の力が蓄えられると考えられていた。木の元は根（ネ）であり、根がなければ木は成り立たないのと同じ。冬至があるシモ月は一年の根である。そのためシモ月はネ月に名付けられたと思われる。冬至を過ぎると直ぐにヲ（陽気）が生まれる。そして、ネ月の前の月にはメ（陰）が最大になる（ウメ）。そのため一〇月はメ月とも呼ぶ。メ月はどんな古語辞典にもない。第二編の二図で、ネ・ヱ元神の隣がメ元神である。

一二月の呼び名は、ヲシテ文書の中では、シハスとシワスと記されている。シワスは発音しやすいが、私はシハスが一二月を良く表していると思う。「シハス」という動詞の連体形「シハスル」と已然形「シハスレ」がホツマ一六アヤと年

内になす事のアヤに載る。「シハス」という動詞はヲシテ文書だけに載る古代語でどんな辞典にも載らない。ただ二例のみで意味を断定しづらい。しかし「シハス」のコトバの構成要素からその意味を推測できると思う。

シは動詞の活用語尾になっているように活発な状態を表す。動詞「す」の連用形でもあり、意味はいろいろあるが、動きを表す。ハスも終止形止めの名詞形とすれば、「す」はここにも使用されている。ハスは「馳（ハ）ス」というコトバがあるように、こちらも大変活発な動きを表す。ハはム月をハ・ハツ・ハツハルなどと呼ぶように初（ハじ）め、始（ハじ）まる意味を表す。

これらからすると、「シハス」は季節のエネルギーの満ちたネの状態から切り替わり、ヲの陽気がほとばしり始める状態を表していると考えられる。二図に載るように、シハス月は「ヒ・ウ（一ヲ）」が起こる月でもあり、ネより季節が始まる月である。シハスはそれを表す月の名であると思う。

従って、今言われているシハス月の語源「師が東西に忙しく走り回るため」は全くの見当はずれである。また漢字の師走もあまり当たらない。

ヲシデ文書に載る月名の最も古い箇所は第四代ウビチニ天神の時代である。「ヤヨイ三日に　花も実も　百々なる故に　百々の花」（ホツマ二アヤ）。ウビチニ時代、今から約三千六百年前には既に当たり前のように月名は使用されていた。従って月名の起源はさらに遡る。

またメ月、ネ月、シハス月の名付けかたを見ると、月の名はモトアケのエヒタメトホカミと関連すると考えられる。モトアケはミナカヌシの時代なので今から約一万年前で、その時点で月の名は作られたか、使用されていたと思われる。またそれまでに使用されていた話しコトバを文字にしたということも考えられる。一万年前といっても、ヤマトの季節はヤマト列島と共に三百万年以上前からあるので、ヤマト列島からすると新しい。我が国のあらゆる歴史は今考えられているより遙かに古い。そして、これら季節に関わる月の名と月名にまつわる行事などの文化が、ほぼヲシテに記されている通りに今の世に伝えられ、人々の生活の中で使用され、生き続けているのである。

・・・・・・・・・・・・・・・・・・

補説一　タカマとは

タカマはいくつかの意味に分けて使われていると思われるので、それを辿ってみた。

タカマの三つの意味

ミカサフミ・タカマナルアヤより、

天はヱナ　日月人皆

天のヱナ　外はタカマの

ハラ回り　百《もも》ヨロトメチ

により、天のタカマの大きさは、百ヨロトメチである（注）。これが天のタカマの大きさと考えられている。

またタカマのホツマツタへの年代上の初見はホツマツタへの二アヤ・天七代トコ御酒のアヤに記される

トコヨ神　木の実東に
植えて生む　ハコクニの神
ヒタカミの　タカマに祭る
ミナカヌシ　橘植えて
生む御子の　タカミムスビを
諸たたゆ　キノトコタチや（ア）

である。クニトコタチの御子ハコクニの神はヒタカミのタカマにミナカヌシを祭った。ハコクニの神はヱのミコト、トノミコトやトシノリタマメ神と兄弟である。トホカミヱヒタメの内の一人と思われる。ハコクニの神の世には既にタカマがあった。

アメノミナカヌシがヲシテを完成したと考えられ、ヲシテは四八音なので、既にアメノミナカヌシの代からモトアケ図はあり、クニトコタチの代にも存在した。モトアケはアウワ、トホカミヱヒタメ、アイフヘモヲスシ、三十二神からなる。ハコクニの神がタカマに祭ったミナカヌシはミナカヌシを中心としたモトアケ四十八の神々であるともとれる。これはワカノウタのアヤ（本庄家ヲシテ文書）では、アウワのみで四八音のモトアケ図を指していると考えられるため。

クニトコタチとトシノリタマメ神により、モトアケのトホカミヱヒタメの八神だけの暦にさらに六〇ヱトが創られ、日ごとの暦が作られた。一二ヶ月も同時に存在していた。六〇ヱトはキツヲサネとアミヤシナウとトホカミヱヒタメのヱとトの組み合わせである。キツヲサネとアミヤシナウは、五クラ六ワタの項で触れたが、アイフヘモヲスシの八神と三十二神とも重なる。そして、九星・アメトコタチはユキの宮に祭り、民のハラワタとイノチとミケを守るキツヲサネとアミヤシナウからなるウマシアシカイヒコチ神は、スキの宮に祭る。これを合わせ祭るのでタカマという。ミカサフミ・タカマナルアヤに

ユキの宮　九星を祭る
スキ殿に　アメトコタチと
ヒコチ神　ウマシアシカイ
名もタカマ　合はせ祭れば

とある。

九星、アメトコタチによるユキの宮の思想はクニトコタチ以前にあったと思われる。そしてウマシアシカイヒコチ神はクニトコタチ、トシノリタマメ神以降なので、スキの宮はクニトコタチ、トシノリタマメ神からである。トシノリタマメ神はクニトコタチの御子なのでクニトコタチも存命している

と考えられる。これによりクニトコタチの代にはユキの宮、スキの宮が存在した。

（ア）によると、これらがハコクニ神のタカマにも受け継がれた。というのは、当時トコヨ国全体は今に較べ大変に交通の便が悪く、そのためにトコヨ国の内のトホカミヱヒタメの各国は独立性の高い分国体制で治めたためと思われるからである。

それでは次の五代タカミムスビ、タマキネが「モトアケを移すタカマ～」とはどういうことであろうか。ホツマツタヘ四アヤより（アナミは長弘本による。補説「アナレについて」参照）

　治む五代の
ミムスビの　イミ名タマキネ
モトアケを　移すタカマに
アメミヲヤ　モトモトアナミ
三十二神　マツれば民の
トヨケ神　東の君と
道受けて　オオナメ事も　（イ）

既に見たようにタマキネの代まではアメミヲヤ、モトモト、アナミ、三十二神などのモトアケの神々は存在していて、各クニサツチとその子孫たちによって祭られている。（イ）にはタカマに「移す」前に「モトアケ」とあり、モトアケがあることが前提になっている。

（ア）のタカマにもモトアケがあり、そこに記されているミナカヌシというのはミナカヌシを中心としたモトアケの神々と思われる。ミナカヌシがヲシテを完成したと考えられ、四十九《よそこ》ヲのカミガミの体系は既に存在していた。このモトアケは（ア）にあるようにすでにタカマに祭られていた。ではタカマに祭られているモトアケをタカマに移すとはどういうことであろうか。移すということであるから場所を移すということは考えられるが、それだけではないのではないか。

トヨケはト・ヨ（世）・ケ（食）で、食料の安定を元とした教えによる太平の世を表している、と思う。「民のトヨケ神」といわれていることからして、民の食料の安定生産、供給を中心とした文化的で公平、公正な政治を行ったと思われる。初代タカミムスビは「諸たたゆ」といわれているので、第五代タカミムスビ・タマキネはこの政策を更に実行し成功を収めたのではないだろうか。

この政治を実際に行う中心が「モトアケを　移すタカマ」である。（イ）にある「マツれば」は神々を敬うことの他に政治を行うの意味が含まれていると思われる。つまり五代タカミムスビ・タマキネは、モトアケを敬い祀るのは同じであるが、その重心をより強く天（ア）から地（ワ、ハ）に移したのではなかろうか。

実際にタマキネがヒタカミにおいていかなるマツリを行ったのかは、具体的に記されている箇所はなく類推するしかない。しかし当時、ヒタカミは我が国の最先進地であった。アマテル神の留学先であり、タマキネの姫イサコはイサナミの后であり、ヒタカミ出身の神々がヤマトの各地を治めていく。

そして第七代イサナギ天神はヒタカミとタマキネの政策を大いに参考にした。モトアケの中心アウワはキミである。イサナギ、イサナミの二神はメ（ワ）ヲ（ア）一体となり大活躍する。イサナギはア、イサナミはワとして、アワによって多くのものを生み（ウ）出す。また八マサ神はトホカミヱヒタメの大いなる力を期待されて定められた職制であると思う。トホカミヱヒタメが八マサ神として国揺り、鳴る神、群雲、火穢れ、火術《ほわざ》、井の水の絶え、大水による洪水などから民を守る。二神のアワ歌の普及も、モトアケのアナミ神・アイフヘモヲスシ神による地上の政策とも取れる。

アマテル神も二神の政策を継承し更に発展させる。ホツマ一一アヤに「我二神の　道お為す」とある。このようにモトアケの神々の力を現実のマツリ（政治）に戴き生かすというのが主に（イ）に記されていることであると思う。これは地上に天が成り道になっていく状態を表す。タマキネはクニトコタチより続く我が国の伝統を初代タカミムスビより受け継ぎ、更に発展させた。

タカマでの神々のマツリは、神々が神々に囲まれて神計りをするという、今の我々には気の遠くなるような話である。そこには利権、私利私欲などはなく、最高の政治がなされる。伝統に基づく公平、公正で権威ある政策にはヒタカミ内の各指導者、民たちも従う。それによって力は結集され、食糧は安定して生産、増産され文化も発達し大いに栄える。そのためにアマテル神が留学に行くというほどの我が国の先進地となった。

第四代天の神ウビチニ、スビチニの世には天成る道にも変化が起き始め、六代オモタル、カシコネの世には「民鋭きすぐれ　もの奪ふ」という状態になってしまう。ごまかしや力による反抗ということが起きる。天成る道の危機である。ヒタカミにもこういう問題はあったと思われるが、ヒタカミ国は良く対処していく。

先祖や神々を敬い行うことをマツリというが、政治のこともヤマトコトバでマツリという。タマキネによる、神代から伝わるマツリの大改革、これが主に（イ）に述べられていることであると思う。

ミカサフミ、タカマナルアヤにアマテルカミのコトバ「かれカミマツル　ハもタカマ」とある。タマキネによる政治の大いなる改革、これは伝統に則ったマツリである。天で見守るアのタカマの神々も地上の争いのない豊かな繁栄を望んでいる。クニトコタチより伝わる、タマキネの伝統に則ったマツリは後の天神のマツリに大いに影響を与え、それが伝統になっていく。

第七代天の神イサナギはクニトコタチ以来の正統を継ぐと

共に、ヒタカミのマツリと自らの出身地アメカガミ神以来のマツリも加え、更に発展させる。アマテル神はトヨケや二神の全てを受け継ぎ、さらに発展進歩させた。天（タカマ、モトアケ）が成る道である。

アマテル神は二クサのカン宝にヤタの鏡を加え三種《みくさ》のカン宝にする。そしてアマテル神は、トの教ゑを含む三種のカン宝を天の如くただ崇めるだけではなく、その教ゑをよく学んで正しく生かすように、実践するようにと篤く説く。「親ココロ　細々篤き　トの教え」（ホツマ一七アヤ）をよく学び「もの知るとても　動めかで　トの導きに　入らざらんおや」（一七アヤ）、「これも三種の　ウツワノリ　あらでいかんぞ得ざらんや」（一七アヤ）とある。そのためアマテラシマスヲヲン神は「タカマのハラのカンツカサ」（ホツマ二二アヤ）といわれ、「タカマ」（ホツマ七アヤ）そのものと記されている。

以上見てきたように、タカマは

（一）ア（天）のタカマ

（二）ハ（地）のタカマ、スガの所

（三）アマテラシマスヲヲン神自身のこと、

と三つの意味に別れる。

（注）トメチは古代の長さの単位のことで、その内容はミカサ文・タカマなるアヤに記されている。太陽や星までの距離が載り今の光年のように捉えられているので、光年のような古代の宇宙単位と思われる。既に長さの体系は存在していて、一トメチ＝三八サト＝三八×三六マチ＝三八×三六×一〇フム（歩）＝一三六八〇歩である。

そしてミヲヤカミの大きさは八百万トメチ、タカマのハラ回りは百万トメチ。星までの距離は一五万八千トメチ、太陽までは八万トメチ、月までは四万トメチと考えられていた。

正確性はともかく、宇宙の距離を測ろうとしていたのはスゴイ。この考えを発展させていくと今の宇宙単位、光年となる。このアヤはアマテル神がタマキネに聞いたことを語っているので、アマテル神が聞いたのは今から三千三百年前頃と推定される。この時代には既に存在していたので、これより更に遡るということは十分考えられる。

ちなみに、太陽の直径は一一五〇トメチ、月は七〇トメチ内。地球の直径は一一四トメチで円周は三六五トメチと記されている。円周＝直径×πなので、これから円周率が求められる。π＝円周÷直径なので、この公式に数字を入れて計算すると、π＝三六五トメチ÷一一四トメチ＝三・二〇一四五四三九で、約三・二である。円周率は約三・一四一五九なので、誤差は約〇・〇五九八六で、三・一四一五九の僅か〇・〇一九パーセントである。実用的に利用するのであれば問題ない誤差なのではなかろうか。

第一編第二章の「一〇、我が国独自の数の体系の存在」やこれらの事実などにより、我が国の数学史も書き換える必要があると思う。

タ・カ・マのそれぞれの意味について

次にタカマの一つ一つの表す意味について考えてみる。タ・カ・マについてである。タカマの意味としてまず思い浮かぶのが「高間」・「高真」であるが、他にも色々な意味が込められているようだ。

「タカ（高）」・「マ（間）」の「マ（間）」は「空間、所」である。祭壇に祭る場合の高い所、また天を祭る高い所と言う意味。「高」は「タ」「カ」で、「タ」には「治」、「父《た》」、「多」、「左《た》」などや、活用語尾は付くが「立つ」、「経つ」、「建つ」、「足す」などの意味が考えられる。「カ」は「光」、「香」、「糧《かて》」、「右《か》」、「赤」、「「所」、「日《か》」、「カミ（神）のカ」など。また「マ」は「真」の他にも、「祭る」、「アマ」、「ホツマ」、「マゴ（孫）」、「マテ（両手）」、「まる（丸）」、「まり（椀）のマ」などのマや、活用語尾が付くが「播《ま》く」、「巻《ま》く」、「舞《ま》ふ」、「待《ま》つ」、「増《ま》す」などのマの意味がある。

ちなみに「マ」には「真」と正反対の「魔」の意味もある。「ガ」や「ズ」などに使われる濁点の意味は、一、使われているヲシテを強調する。二、ヲシテの正反対の意味を表す、三、言いやすさのため、いわゆる語呂あわせのため（この用法が一番多い）。「カ」「ス」の反対を表すのには濁点を付ければ良い。「マ」も付ければよいが発音のしようがない、そこで「マ」そのままで、正反対の意味を持たせる。「ナ」も同じ。「ナ」はいっぱい詰まっている状態を表すが、これだけで何も無い、と言う意味もある。「魔」の意味は二によるが、今取り上げているタカマには「マ」の濁点、つまり「魔」は含まれない。

タ・カ・マのタ・Ⓨはホツマツタヘ一七アヤに「タのヲシテ　三ひかり丸の　内にいる」とある。またミカサフミ・ナメコトノアヤに「輪の中に　三光りの足　中に満つ　これ神形」、トシウチニナスコトノアヤに「三つ（三つヲ（陽））たり治む　タモト神（メツタリはミツタリ、タモトガメはタモトガミであろう）」とある。カ・⦶もそれぞれ「形明るきカモトカミ」、「円かの中の　御柱は　カの神形」と記される。

タ・カのヲシテの「○」は「丸」、「輪」、「円（まど）か」、などとして捉え、「丫」は「三光り」、「三つの暖気・光り」、「｜」は「光り」、「御柱」として捉えられている。マ・⊕のヲシテについては記されていないので、これらから想像するしかない。「○」はこれと同じ。「⊕」の「｜」がない「⊖」は、天に普く光が行き渡っている状態を表す。従って南を表す。そこに「｜」が付いたのが「⊕」のヲシテである。「｜」を光りと見ると、サンサンと照らしている光がまとまって降りている所、光が凝縮して降り注ぐ所、そのために天に向かって照り返すことも考えられる。「｜」が「一」の下向きに伸びているのでワを意識していると思う。「｜」を御柱としてみると、特別な柱がある場所でその柱を行き来する、とも想像できる。

タ・カ・マの一つ一つのヲシテがア段で、これは天の形の円と同じ。またタ・カ・マと発音するときの口の形が似るので発音も意識しているかもしれない。タカマはタマ（魂）の行き来するところでもあるが、タ・カ・マの中にタ・（カ）・マとタマが含まれ、分子のようにタとマをカが結び付けているようにも思える。

またフトマニ図を見ると、アウワからこちらを見て左がカ、右がタであるが、ヱヒタメトホカミの時代は、アウワから見て左はタ、右はカと考えられる。左のタ、右のカはここからきているのであろう。

左（タ）のトミ、右（カ）のトミはアマテル神からのようだが、アウワをキミに例えると、これはフトマニ図に似る。キミを中心に、タのトミは左回りに三六〇度キミを守り、カのトミは右回り三六〇度キミを守る。タのトミはトホカミヱヒタメ、カのトミはアイフヘモヲスシや三十二神にあたる。フトマニ図のトホカミヱヒタメのヲシテは内向きであり、アイフヘモヲスシと三十二カミは外向きになっている。

タカマは三文字、三音である。左（タ）にはユキノミヤ、右（カ）にスキノミヤ、マをミヲヤカミ、アマカミと見るとハのタカマの形と同じ。今に伝わる大嘗祭の悠紀殿（ゆきでん）は東方に設けられる。北から見ると左・タにあたる。主基殿(すきでん)は西方に設けられ、右・カである。

また三クサのカンタカラはモトアケの元、中、末の三と同じ数である。四クサや五クサではなく、三クサであり、タカマの三と同じである。

今のところこれであると断定できないが、これらの意味の内の組み合わせか、あるいはタカマの広さからして、全てを含んでいるのかもしれない。

紀記はタカマを漢訳して伝えていない

次にタカマ、タカマのハラが、漢訳され紀記にどのように記されているのかを見てみよう。ホツマツタヘを素直に漢訳し紀記に載せるという当たり前の作業をしさえすれば、タカマの意味（一）、（二）、（三）の歴史と伝統が現代にも伝わっているはずであるが。

ホツマツタヘとミカサフミには「タカマ」、「タカマノハラ」は二七箇所載る。ホツマツタヘが二一、ミカサフミが六。そのうち「タカマ」としては二〇、「タカマノハラ」は七。日本書紀、古事記にこれらがどのように漢訳されたか見ようとしたが、ホツマツタヘの「タカマ」「タカマノハラ」に対応する箇所の漢訳は紀記とも見いだせない。無いのだ。しかも他の関係ないところに勝手に使われている。しかしその使い方は（一）が多く、しかも不正確な漠然とした「アメ（天）」という意味合いに使われている。

ヲシテ文書では、天全体は御祖神の領域で八〇〇万トメチであるが、その内タカマのハラ（腹、原）回りは一〇〇万トメチまでである。さらにその中に重要なモトアケもあり、天君の宮というべきサコクシロがある。紀記ともにこれには全く触れていないので、紀記の「高天の原」は正確でない。

例えば日本書紀の神代上の本文ではなく、一書の第四に「高天原（たかまのはら）に所生（あ）れます神の名（みな）を天御中主尊（あまのみなかぬしのみこと）と申す」（以下日・一などとする）、また伊弉諾尊の時代の一書の第六に伊弉諾尊が「天照大神は、以て高天原（たかまのはら）を治（しら）すべし」 日・二）とある。

古事記では本文初めに「天地初めて發（ひら）けし時、高天（たかま）の原に成れる神の名は天之御中主（あめのみなかぬしの）神」（以下古・一などと略す）。さらに伊邪那伎命が天照大御神に「汝命（いましみこと）は、高天（たかま）の原を知らせ」（古・二）。また天の岩戸隠れの下りに「爾（ここ）に高天（たかま）の原皆暗く芦原中國（あしはらのなかつくに）悉（ことごと）に闇（くら）し」（古・三）、「爾（ここ）に高天（たかま）の原動（とよ）みて、八百萬（やほよろづ）の神共に笑ひき」（古・四）、「故（かれ）、天照大御神出で座（ま）しし時、高天の原も葦原中國も、自（おのづか）ら照り明りき」（古・五）などとある。これらは、先程述べたように、全てホツマツタヘの「タカマ」に対応しない場面で使用されているものである。つまり紀記作者による作文と考えられる。

アメノミナカヌシは、ヲシテ文書によると、初代クニトコタチ神に連なり、実在の神であり生まれたのは地上と考えられる。ウツホ・カゼ・ホ・ミヅ・ハニが交わり成った。そのため神上がりした後に、タカマに行き星となりヱヒタメトホカミと共にアメトコタチの神となった、と記されている。また「アのタカマ」とはタマシヰ、タマノヲが行き来をする所でもある。（日・一）、（古・一）の「高天原」の使われ方とは次元が違う。

またホツマツタヘ二二アヤに「タカマのハラの　カン司アマテラシマス　ヲヲンカミ」とある。これは（日・二）、（古・二）に一見似ているが、紀記ともにこの記事が載る場面はホツマツタヘと全く違う。「アのタカマ」の中心にはアモト神があり、アメノミヲヤ神が詔をすると考えられるが、ここはイサナギがアマテル神に詔をする所ではない。また「高天原を治し」てなにをするのであろうか。具体的に国や国民を良く治めることが君のマツリであるが。紀記ともに単純に他に載る高天原（つまり単なる空や天）と同じ意味に使っているだけのことと思われる。（古・三）は地上の芦原中國（あしはらのなかつくに）に対し、ただ単純に空・天が暗くなったということ。（古・四）は一見本来のタカマに似るが、そこはタカマではない。この箇所はアマテル神が岩戸から出てきた時の記述で、そこは岩戸と思われる。（古・五）の「高天の原」も「葦原中國」に対する「高天原」であり古事記作者の作文で、「高天の原」は単に空のような所の意味ととれる。

ヲシテ文献の「ハのタカマ」はマツリを行う神聖な場所で天神、臣たちが集まる。ソサノヲの乱暴、狼藉からアマテル神は「ハのタカマ」からイワムロに逃れたのである。そのイワムロから出し奉り、朝廷・タカマにてトミ達の協議によりソサノヲを捕え懲らしめ、まだ足りないのでソサノヲは殺されそうになる訳である。

（古・三）・（古・四）・（古・五）の「高天原」には本来の「ハのタカマ」という意味はほとんど意識されていない。（古・三）、（古・五）にあるように地上の「芦原中國」に対する「高天原」なのである。

また「芦原中國」についても、ヲシテ文書に「アシハラ」と「ナカクニ」はあるが、この「あしはらなかつくに（葦原中國）」というコトバはない。勝手な造語と考えられる。また紀記ともに「高天原」と原の漢字を当てているが、ホツマツタヘでは腹の意味も持たせているところがある。しかし、紀記共これについてはまったく触れてない。

このように、ヲシテ文書のタカマ、タカマのハラと記紀の「高天の原」の意味の違いを、深く一つ一つ比較検討する作業ができるという次元ではない。記紀は単純であり見当はずれがほとんどで、しかもあまりに浅すぎる。

辞書には「高天原」として「天上界。日本神話中の聖地で、神々が住んだところ。天照大神が支配する天上界。」、「日本神話で、天つ神がいたという天上の国。天照大神が支配。」などとある。これらは紀記の影響であろうし、紀記以降の文献の大勢を反映しているものであろう。

このように本来の「タカマ」の三つの意味の内、（二）はまったく伝わらず、（一）の、しかもその一部しか今に伝わっていない。（三）についても「天照大神が支配する天上界」では意味合いが違う。

また古事記に「高天原」の読みを「高の下の天を訓みてアマと云う」とあり、これにより「高天原（たかまのはら）」を「たかあまのはら」の変化した語や「たかあまのはら」の約とある。これはタカマの「マ」は「あ・ま（天）」の下部分であるから、「天」と単純に漢訳しているようにも思える。しかし「天」は元々高い所にあるのに「高い天・高天」ではおかしい。誤りと言っていいだろう。

このように神聖なタカマや神々やこれににまつわる重要な伝統などはほとんど現代に伝わっていないと言っていいだろう。タカマの深い意味と思想はヲシテ文書によって初めて現代に蘇るのである。

紀記に宇宙を創造した「アメノミヲヤカミ」がまったく漢訳されていないというのは信じがたい。どんな辞書にもこの意味での「アメノミヲヤカミ」は載っていない。「アメのミナカヌシ」「アメトコタチ」「ウマシアシカイヒコチカミ」「クニトコタチ」などは紀または記に漢訳されてはいるが、重要な内容はほとんど伴っていない。「タカマ」についてもいま見た通りである。

またタカマには、モトアケ・タカマ図やコトバの解説にあるように、これらの神々などが関連する壮大な神々の体系がある。この宇宙観・世界観・循環の思想はミナカヌシ以降に成ったと考えられるが、その源はそれまで何万年、何十万年という先祖たちの営みを反映しているものである。これらはこのヤマト列島で我々の先祖達が営々と築き上げてきた我が国の根本思想であり宝である。これらも紀記はほとんど載せず伝えていない。紀記はこの尊い伝統を断ち切ってしまった、と言っていいだろう。

タカマより見える紀記の目的

当初ここで終わりにするところであったが、さらにホツマツタヘ、日本書紀、古事記の三書について述べることになる。というのは日本書紀に載る最後の天皇、持統天皇の諡号《しごう》に「高天原廣野姫天皇」(たかまのはらひろのひめのすめらみこと)と高天原が使われているためである。

紀記がホツマツタヘをねじ曲げた記事を今に伝えていることは、ホツマツタヘ、日本書紀、古事記の三書の比較をある纏まった部分でも試みれば、誰でも解ることである。ただこう言えるのは第二四代ヤマトヲシロワケノアマキミ(景行天皇)の記事までで、今のところ、それ以降は残念ながら紀記を参考にせざるを得ない。これはホツマツタヘはヲシロワケの世で終わっているためである。

神書であるホツマツタヘを素直に一字一句そのまま漢訳し、それを後世に伝えればよいことであるのに、なぜこの当たり前のことをしなかったのか。紀記共にアマテラシマスヲヲン神を巧妙に女帝にすり替えているが、そのためであろう。ホツマツタヘの核心であるアマテル神の教ゑを漢訳して残せば、アマテル神が男神と解ってしまう。また他のヲシテ文献も残せばアマテル神は男神と分かる。そのためにホツマツタヘで最も重要で膨大なアマテル神の詔や教ゑをすべて伝えなかったと思われる。

アマテル神はアメノミナカヌシ、クニトコタチから続くヲシテ文明の完成神であり、これに基づく創造神である。アマテル神の教ゑは天成る教ゑ、トの教ゑそのものであり、名だたる多くの神々がヲヲン神と慕う大神なのである。紀記はアマテル神さえも怖れぬ仕業を行ったことになる。神さえも怖れぬ仕業とは正にこのことだろう。そのために今の世には、公にはヲシテ文献は伝わっていないことになっている。

日本書紀の記事は女帝である持統天皇で、また古事記は女帝、推古天皇で終わっている。「推古」は「いにしえの道徳をおしいただく」であり、「持統」は「正統、伝統を保つ、守る」と言う意味があろう。朝間ヒラク氏が指摘しているように、伝統ではない女帝に敢えて「推古」や「持統」などを付けて正当化しようとしている。

また紀記が撰上された世は女帝の元明、元正の代であり、その後も孝謙、称徳（孝謙天皇の重祚）という女帝の花盛りの時代であった。さらに今述べたように日本書紀の最後の記事の持統天皇の和風諡号は「高天原廣野姫天皇」で、その中に高天原が入れられている。この「高天原」は単なる権威付けであろう。

これらにより、なんとしてでも女帝を正当化したいという意図が見て取れる。ホツマに比べ、あまりに内容が乏しく違う紀記を著した大きな理由の一つは、神代からの伝統ではない女帝を擁護するためであった、と言える。そのために、今回取り上げているタカマやそれにまつわる神々は勿論のこと、計り知れない多くのことを犠牲にしてしまった。何万年何十万年かけて創り上げてきた伝統、文明を自ら断ち切ってしまったと言わざるをえない。

ホツマツタへの不正確で、デタラメな記事を日本書紀、古事記として残したその政策は、我が国何万年の歴史の中で最大の失政である。そして約千三百年前に行われたこの仕業は、我が国歴史上最大の戒めとして、永遠に伝えていくべきことである。しかし、成務天皇以降の歴史などはヲシデ文書が残っていないので紀記などの漢字文献に頼らせざるを得ない。

アスス二七三一年（平成二六年）カンナ月

・・・・・・・・・・・・・・・・・・・

補説二　トリヰ（鳥居）とは

深いトリヰの意味が伝わっていない

神社にお参りに行くと必ずあるのがトリヰ（鳥居）である。日の本全国数知れずある。しかし不思議なことに、なぜトリヰ（鳥居）があるのか、そもそもトリヰとは何であるのか、伝わっていないためよく解っていない。広辞苑には「神社の参道入り口に立てて神域を示す一種の門」とあり、これに付け加えて、その構造と種類が載るだけである。

「神社の参道入り口に立てて神域を示す一種の門」はイニシヘでもその通りであろう。ヲシテ文書には「トリヰ」としてホツマツタヘ二一アヤに三例、ミカサフミとフトマニに各一例ずつ記されている。ホツマツタヘ、ミカサフミは「割りウルリ」とあるように、一緒に伝わったいたはずである。ホツマツタヘを漢訳するときに、ミカサフミも一緒に、そのまま素直に漢訳して後世に残せば、トリヰのなんたるかは後の世に伝わっていた。

しかし、他の多くがそうであるように、トリヰについても、紀記は我が国の伝統を伝えなかった。そして紀記共に、御孫のトリヰが記されているホツマツタヘ二一アヤは、トリヰはおろか、たった一字も伝えていない。これから述べるトリヰの存在は、ヲシテ文書により現代に蘇ることである。

ヲシテ文書に載るトリヰ

ホツマツタヘの二一アヤにトリヰとして三例記される。ヲシテ表記は安聰本、長弘本、長武本（内閣文庫本）とも中内丹である。ミカサフミ、フトマニも同じ。ヲシテ文書の漢訳は、ホツマツタヘは鳥居、政を攝（と）る、花表、居を攝（ただ）す。ミカサフミ、フトマニはそれぞれ花表である。

ミカサフミに載るトリヰ（ア）

ミカサフミにはヒヒメミヲノアヤの最後の方に載る。

ツハモノが　柱に較ぶ
故問へば　ヲキナ答えて
タマはタテ　ヌキは潤す
ホコもタテ　ヨコマ滅ぼす
二柱　行き来トリヰの
二神と　聞きて各々
ヲシテ染めけり

タカマにマツリを計る後に、ツハモノヌシが二神の生む一姫三男神を問い、カナサキが答える。これはそのアヤの最後に述べられている。ツハモノはアマノコヤネの父であり、ヲキナはカナサキである。ツハモノヌシが問ふたのは一姫三男神を産んだ国の二柱であるイサナギ・イサナミがトリヰの二柱に較べられることで、当時からトリヰの二柱が二神に例えられていたのが解る。

カナサキの答えにヌキ、二柱、トリヰとあり、ここでは主にこれに付いて質問している。タマはヤサカニノマカリタマのことで御ヲシテ、トの教ゑのことである。タマはナカコを真っ直ぐに保つ。マツリは織物に例えて述べられることが多く、タテは縦糸のことでもある。タテは次のヌキと共に、八筋を正しくして、身を修め、八民を治めること。これにより民に潤いをもたらす。このタテの柱は宮から見て左側のトリヰの柱である。

ヌキは縦糸に、杼《ひ》を使い横糸を通すこと。また緯《ぬき》で抜き糸のことでもある。織物はしっかりした縦糸に横糸を通すことによって織り上がる。また横糸を抜き通すことにより、織物を織り綾もつくれる。マツリも縦横しっかり治めれば、民を潤し楽しませることができる。

トリヰは貫（ぬき）によりトリヰ全体がしっかり固定される。しかし、世の中には直《す》ぐなる天成る道、トの教えに逆らう者がいて、それをヨコマ（横魔）という。右のタテの柱はホコでもある。教えてもなお逆らう者は、やむを得ずホコによりヨコマを滅ぼす。

そして第七代天の神イサナギとイサナミが住み給う処は宮殿《みやとの》で今の神社の本殿にあたる。天神はモトアケのアウワ、ミヲヤ神にあたる。そのため、神社とはモトアケや、神社によってはサコクシロに例えられる。

そこから日の本各地に御ユキ（行き）し、またキ（来）て休む。二神はヤマト中積極的にトの教ゑによる国造りを行い、そのために多くの御ユキを行う。トリヰの行き来（ユキキ）をくり返す。またトリヰ自体は大変目立つが、敢えてそのように建て、目立つようにしたと思われる。トリヰは二神の積極的な姿勢と共に、トとホコによる教ゑ、国造りを内と外に宣言している。

二神は天より降り国を治め、天に帰られる。そこはモトアケでありサコクシロであるが、地上においては天神の住み治める宮殿であり神社の本殿である。そこからトリヰを行き来しヤマトを治め守る。そのために、イサナギとイサナミを「行き来トリヰの　二神」という。

因みに、現在全国に神社の数は何万とあり、それぞれ格式がある。神代の昔には、クニトコタチの代のように、元々、社は実際に天神がそこに住みマツリを行うマツリの中心地、ハのタカマであった。それが国と国民が増えるにつれて次第に全国に広まる。従って各地の神社はハのタカマに関係し繋がると考えられる。そしてハのタカマはアのタカマに繋がる。

二神は国造りのためになるべく多く御幸をして、国神や民にトの教ゑによる国造りを為し、教ゑても逆らう者には矛も用いる。トリヰを数限りなく行き来をする。これは二神がトリヰにより、天である社と地の国々を行き来（ユキキ）することと同じである。また二神はモトアケより来て諸国の国造りを為し、神上がりをしてモトアケに行く。しかしその後もトリヰに例えられる教ゑや矛により、国々や民は守られ存続していく。つまり二神は神上がりするが、トリヰには二神の魂が宿り、国民や国々を守っているということになる。これが「行き来トリヰの　二神」の意味するところではなかろうか。

トリヰは敢えて目立つように設計され、その存在を内外に示す。勿論、神域も示す。国々や国民が増えると教ゑが届きかねて、これが神代から大きな問題であった。しかしそれでも、トリヰは確固と内外を見続けるという意志をハッキリ示し、神代から現代も未来も見守り続ける。

フトマニに載るトリヰ（イ）

フトマニには、ヲナワの歌に載る。

ヲナワ
ヲの縄のユフはサ
ルタの慎まやかトリ
ヰに程を掛くるカ
サ縄

「ヲの縄」の「ヲ」はアモト（ミヲヤカミとトホカミヱヒタメ）のことであると思う。ヲであるアモトより縄を結う（ユフ）如く、あらゆるものが生み出される。「ナワ（縄）」の結ひ方は左綯《ひだりな》えと右綯えの二通りがあるそうだ。しめ縄は三本の縄を編み込んで作られる（この三にも注意）。また、しめ縄の型には大きく分けて、左末右本、左本右末とがあり、一般には左末右本である。これは社殿に向かって右を上位とし、綯い始めを右にすることによる。これは社殿から鳥居を見れば左上位で伝統に合う。左はヲ（陽）で右はメ（陰）、縄はこれらを結ぶ。これはヲ（陽）とメ（陰）により生み出すとも捉えられる。

「ユフ」はいろいろな意味があるかもしれない。まず縄を「結ふ」こと。また「ユフ」は葛布《ゆふ》と音が同じ。すると「ヲの縄」の材料は、後世は稲が主流であろうが、葛を使用したものかもしれない。葛は何百万年前以上からヤマト列島と共に山に自生する植物で、衣類の材料であり食料である。他に、葛布であるから拝殿幕の意味も含まれているかもしれない。マツリ（政治）は機織りに例えられる。経て糸と横糸を良く通し安定させ、模様を作るが、これはしっかりしたマツリにより民を楽しませることを表す。

「サルタ」の神は特別な神である。三尾大明神本土記に「猿田彦の命の先祖はすなはち豊国主尊の三男・国底立命なり」とある。クニトコタチの八御子、トホカミヱヒタメの子孫である。ただ私はサルタ神の特別長い寿命やヱ御子のヲ海などの記述から、ミナカヌシの八御子のヱヒタメトホカミの子孫ではないかと考えている。

サルタの神は天成る道を良く心得ておられ、アマカミを真に良く補佐しているのはホツマツタへの所々に記される。「慎まやか」はこのことを述べている。「ホド（程）」はサルタ神の天への程（ホド）良い貢献と、サルタ神御自身の身のホドを良く弁えておられていることを表す。また雨・風の節のホド合いが良いようにという願いも掛かる。カサ縄は二柱に掛かり渡されている。これは、その二柱に願いを「掛ける（掛くる）」ことも表すのかもしれない。

「カサ縄」は笠縄で、トリヰに渡される注連縄（しめなわ）のことであろう。シメ縄と言うコトバはフトマニの歌シナワに載る。そのためカサ縄はシメ縄で、笠のように人の上にあることをいうと思う。

記されてはいないが、笠木より上はア（天）で柱の立つ地面は当然、ワ（地）である。カサ縄は数多くの藁から成り、その一つ一つの藁も無数の細い繊維から成る。そして縄に編まれているので渦を巻いている。それがヲ（陽）とメ（陰）に渡され、ア（天）とワ（地）の間に浮いている形である。

カサ縄は三筋の縄から造るのでこれはモトアケの元中末に似る。そのため、そこから創り出される万物を意味すると考えられる。それが上方に横に渡されカサ縄と命名されている。

これは国民の生活を潤し、カサとして日照りや長雨などの自然災害と悪政から民を守ることを表す。また、それによって輝き（カ）、栄える（サ）えることも含む。そしてカサ木と共に社に参拝する民を笠のように守る。拝殿幕も良きマツリ（政治）と生活の安定、民を楽しませることを目指す。

しめ縄の材料として稲や麻などの藁や、葛の茎を煮て抽出した繊維が使われるそうである。稲は食料、麻は衣類、葛は食料と衣類。しめ縄と拝殿幕は国民の生活の基礎、衣食住のうちの衣と食を表し、トリヰの多くは木でできているので住の材料と同じ。つまりシメ縄、拝殿幕とトリヰは国民の生活の基礎、衣と食と住の材料も表している。

ホツマツタヘに載るトリヰ（ウ）

ホツマツタヘには二一アヤ「ニハリ宮ノリ定むアヤ」に、宮造りと共にトリヰについて記されている。

ミヅ垣を　年四つに分け
戸（ト）は十日　一方《ひかた》に九門
ニガマダラ　一二三《ひふみ》に記す

より、次に載せるワカの歌までがトリヰに関わる記述であると思う。

鳥より先に
知る神の　シマはトリヰぞ
これ神の　御子に教ゑて
労りを　知らねば神は
トリヰぬぞ　ホツマをナメて
トリヰなりける

全体の引用はかなり長くなるので一部を載せる。「キツヲサネ」の内⊙のヲシテはその形のように、アモト神であり、内を守る。キツサネにそれぞれ九門あり、全てで三六〇を表す。民の状態や、あらゆることを宮にいて時間的、空間的に三六〇度全て知ることができる。つまりニハリの宮のミヅ垣は悪政を行ってはならず、そうであってもその情報は全て知ることができることを内外に宣言するものであると思う。フトマニに似る。

キツヲサネは、トコタチの子のトシノリタマメ神が五クラ（キツヲサネ）六ワタ（アミヤシナウ）とヱトより、六〇ヱトを考案して日読みとする。そのためタマメ神は日読み神と言われる。二神は、之に加えさらに八マサ神（八大臣）を任命し、具体的かつ積極的にマツリを行い、アマテル神に受け継がれる。天の御孫・キヨヒト御子はこの伝統を受け継ぎ、さらにしっかり根付かせようと押し進める。

宮の神域の門になるべく高い高屋を設け、そこに伝統の八マサ神を祭る。そこは民のカラ枯れ（空枯れ）をフき払う（吹き払う）シマであり、重要な部署である。そこを守る責任者はワカクシマドとトヨマドである。ワカクシマドとトヨマドは、民を守るために、門の高屋を本拠に、キヨヒトが管轄する国々全ての民の生活を知り、あらゆる声を聞き取る。

その象徴として常に庭鳥（トリ）を飼っている。民の正当な訴えは素直な庭鳥（トリ）に全て伝わり知ることができる。門の高屋は今ある神社の楼門《ろうもん》のことであろう。

なぜ神社に楼門があるのか、これによる。神は高い所から常に見渡すことにより、この庭鳥より更に先に知ることができる。そこがトリヰである。またシトミ（蔀）により臣のトの教えが通っているかどうかを見極める。従って御孫が管轄する国々の国神は、もし身勝手な悪政を行えばその声は必ず君に伝わり、言い逃れすることはできない。

マツリは民一組から成り立つので、善政を行うためには、民の生活を良く知っていなければできない。それには国神は民への労りを身を以て知らなければならない。そうでなければ、マツリを摂って居ることにはならず（摂り居ぬ）、トリヰがあっても無き如くであり（トリヰぬ）、鳥がいても只の鳥であり（鳥居ぬ）、もはや神といってもただの鳥や犬（トリとイヌ）と同じようなものである。ここをミマゴは強く戒めている。ホツマを良く知り体得してこそのトリヰなのである。「嘗（な）める」は、辞書に「味わう」、「十分に経験する」などとあるように、身に浸みて体得するということである。

「トリヰなりける」の「トリヰ」の安聰本の漢訳は「攝居」で、「トリ」に「攝」を当てている。「攝」の字義は「とる。すべる。ととのへる。ただす」。「ヰ」には「居」。

「トリ」に付いては、まず考えられるのはマツリを摂るということである。「トリ」は摂る（トル）の連用形止めの名詞である。なぜ「トル」であろうかと考えると、ここにも「ト」が使われている。トの教ゑのトである。「リ」は連用形なのでし続けるということ。するとトリヰとは、トの教えによるマツリが良く行われ続くべき所となる。

そして「トリヰ」を掲げるということはマツリをトル側にも責任を伴う。マツリをトルためには民の労りを良く知り、ホツマを嘗めることが必要である。御孫はこれを神の御子たちに戒め、かつ指導している。ホツマ国発展は御孫を中心にこの神の子たちにより隅々にまで成し遂げられていく。天の御孫は宮造り全体についてもそうであるが、トリヰについても神代からの伝統を受け継ぎつつもさらに深め、進歩させている。

トリヰとは

以上によりトリヰのコトバの意味としては、神が宮に居て、トの教ゑによるマツリを摂り続けることである（摂り居）。また、鳥が居る所でもある（鳥居）。そして、トリヰの存在は、トの教ゑによるマツリを行うことを内と外に高らかに知らしめるためである。勿論、境界も表す。そのために重要なことは、民の労りを知り、ホツマを嘗《な》めることである。

トリヰの各要素の意味は次のようになる。笠木より上はア（天）を意味し、地面はワ（地）を表す（これはヲシテ文書には特に記されてはない）。

トリヰの二柱は二神を表す。そして、トとホコにより、ヤマトにトの教ゑの通るのを永遠に見守り給う。

宮から見て左の柱はミクサノカンタカラの内のト・タマを表す。右の柱はホコを表す。

ヌキ（貫）は左右の柱を結び、マツリを縦横しっかり治めることを表す。またヨコ魔はホコにより滅ぼす。

カサ木（笠木）は笠として民を守り、光り輝き（カ）、栄える（サ）マツリの実現を表す。

カサ縄（しめ縄）は笠木（天）と地面（地）、左の柱・ヲ（陽）と右の柱・メ（陰）の間にあってモトアケから生まれる万物を表す。そして横に張られているので、笠のように長雨、日照り、悪政より国民を守り、万物により潤すことを表す。またカサ縄はサルタ神のつつまやかさ、タカマへの貢献などを表す。

拝殿幕（ユフ）はマツリの縦横をしっかりして、豊かさを生み出し、民を楽しませることを表す。

そしてトリヰ、シメ縄、拝殿幕などで国民の衣食住を表す。トリヰは基本的にはわずか四つの要素（両柱、笠木、貫）から成り立っているが、その中に宇宙の広さがあると思われる。神代の神々はモトアケ図を中心とする宇宙観がガッチリ入っていて多くのことがそれらに基づくが、トリヰも同じであろう。四要素であるが、笠木、貫を横と見れば、二柱と横で三とも考えられる。するとこれはモトアケの三と同じになる。そしてトリヰにはアワ、メヲ、モトアケ、ユキキなどが込められている。

トリヰの現代表記は鳥居である。今の世はトリヰのそばになぜ庭鳥を飼っているのかもよく知られていない。また単に鳥が居るから鳥居であるという漢字であり、実際このように受け取られてもいる。そのため鳥居の表記ではトリヰの意味のほんの一部しか表現していない。トリヰやトリ居でも良いと思うが、これは三文字である。漢字で二文字ということであれば、安聰さんの攝居が良いのではなかろうか。摂居（トリヰ）という音の中に鳥居（トリヰ）も入る。摂の字義の内「とゝのへる。ただす。」は、マツリを摂る神自らも、とゝのへる、ただす義務が含まれる。

トリヰの起源について

（ア）の登場人物はツハモノヌシとカナサキ。（イ）はアマテル神とサルタの神。（ウ）は後のワケイカツチのアマミ・キヨヒトのニハリ宮の時代。従って年代順には（ア）、（イ）、（ウ）という順と思われる。（ア）でトリヰを二神に例えているので、少なくとも二神の時代には既にあったようだ。

トリヰにはトの教ゑによるマツリを摂ることを内外に示す。マツリはクニトコタチの時代には行われ、さらに一部は遡りアメノミナカヌシより既に行われていたかもしれない。（イ）には、アメノミナカヌシのヱ御子の子孫と考えられる二百八ヨロホのサルタの神がトリヰと関わる。そのためトリヰの起源も二神の時代よりさらに遡る可能性がある。

また山など自然物を御神体、依代《よりしろ》としてその前に摂居が立てられている。自然はヤマト列島と共に約三百万年以上前から存在する。我々の祖先である人類が自然と共に何万年、何十万年と暮らし、自然を敬う。そして後にそういう場所に摂居を建てるようになったと思われる。そうであれば摂居の思想の起源は何万年前からということになる。

アスス二七三二年（平成二七年）ヤヨイ

・・・・・・・・・・・・・・・・・・・・・・

補説三　神社とは

神社に行くと気が引き締まり、また清々しい気持ちにさせてくれる。多くの人が同じであろうが、私も幼い頃よく神社で遊んだものである。神社は全国に約八万社あると言われているが、その起源はよく解っていない。しかし、ヲシテ文書にはその起源が記され、その通りに現在日の本中に約八万社の神社が存在する。神社とはそもそも如何なる所なのであろうか。

現代とヲシテ時代の神社

神社とは広辞苑に「神道の神を祀るところ。一般には神殿と付属の施設から成る。やしろ。おみや。もり。」とある。ヲシテ文書では神社はミヤとヤシロのことであるが、トノ（殿）のことでもある。

このうち現代ではトノ（殿）は神社とは言わないようだ。しかしヲシテ文書にはミヤトノとあり、また「オオトノ」、「ニシトノ」、「ヤヒロノトノ」、「サノトノ」、「スキトノ」、「ミワノトノ」、「タガトノ」、「タダスノトノ」などとして載る。これらの「トノ」を「ミヤ（宮）」に変えても意味は通る。実際「ニシトノ」に対し「ニシノミヤ」、「スキトノ」と「スキノミヤ」、「タガトノ」と「タガノミヤ」は登場するし「オオミヤ」も載る。ただミヤトノのトノをミヤにしたのではミヤミヤとなってしまう。

トノの語源は神がミヤにいてトの教ゑをノ（述）べる、ノ（宣）る、ノ（延）べることであろうと思う。そのためにミヤ・トノとなる。そしてトノだけで、ノル人や建物になっていったのではなかろうか。後にマツリを行う場所が宮か専用の建物に移っていく。そのために殿は人や人が住む館、邸宅の意味となる。辞書の神社の意味はなくなる。

ジンジャ（神社）はカミのヤシロを漢字にして漢読みしたものである。現在全国にある何々神社は明治期に官制を設けたことによるそうだ。全国のヤシロを官幣社、国幣社、府県社、郷社、村社、無格社などに分ける。その時にジンジャ（神社）と言うコトバが一般的に定着した。

これは延喜式の神社の制を習ったものであろう。神社を延喜式神名帳では「かみのやしろ」と呼ぶ。しかしヲシテ文書では「かみのやしろ」は一つも載らない。かろうじて「カミノヤ」がたった一例載るのみで、ミヤ、ヤシロ、トノ、ミヤトノなどが多く載り、圧倒的にミヤが多い。私が調べたヲシテ文書の概数はミヤが約二一六例、トノが三七例、ヤシロが二九例である。ミヤ、トノとも人にも使用されているが、それらを除いた数である。

この後述べるように、全く同じではないが、主に神社はミヤのことであり、ヤシロ、トノ、ミヤトノでもある。起源は別であるが、神代ではミヤ、ヤシロ、トノ、ミヤトノはあまり厳密には区別されていないようだ。ヤシロのことをミヤと記されているところもある。例えば「ミヅハメのヤシロ（ホツマ二六アヤ）」と「ミヅハミヤ（ホツマ二七アヤ）」、「カモのヤシロ（ホツマ三七アヤ）」と「カモノミヤ（同じくホツマ三七アヤ）」。先ほど述べたようにミヤとトノとの共通性もある。ただヤシロは現代の意味に残るように主に建物について記される例が多い。

現代の神社とヲシテ文書のミヤ（神社）との大きな違いの一つは、現代の神社は祭神としてほとんど神上がりした神を祭るが、ヲシテ文書のミヤでは、ほとんどが神が現実にそこでマツリを執っていた。勿論神上がりした神を祭るミヤも存在するが。

現代の神社に伝わらない起源、意味

現代辞書に載るミヤ、トノ、ヤシロなどのコトバにヲシテ時代の意味の多くが今に伝わる。しかし、ミヤには現代に伝わらない幾つもの重要な意味がある。一つが神社の起源であり、もう一つが神社とタカマ・モトアケとの関係である。

ミヤ（神社）の起源

今までミヤ（宮）やヤシロ（社）やミヤトノ（宮殿）や国民の住む家屋などの起源が全く伝わっていなかった。ミヤやヤシロは今の神社のことである。従って、残念ながら、日の本全国に存在する何万という神社の起源が分かっていない。それがヲシテ文書によって初めて現代に蘇ることになる。

（一）
ヤ造りの　ノリはアマテル
神の世に　天の御孫の
詔　ヲコヌの神の
領きて　ニハリの宮の
宮造り　ノリを定むる
その神は　クニトコタチの
神の世に　仐のタミメ（注）より
ムロヤなる　先づ地《は》お均し
杉柱　棟お桂に
結ひ合わせ　茅葺き住みて
木の実食《は》む　教ゑお民に
習はせて　クニトコタチの
神となる　これより先は
天地の　なりて生れます
ミナカヌシ　二十世《ふそよ》に生める
民クサの　穴に住まへば
人ならず　クニトコタチの
ムロヤより　ミヤトノ造る　（ミカサ文ハニ祭りのアヤ）

（二）
　　　我聞くイニシ
神のヤは　仐のタミメより
ムロヤ建つ　また⊖のタミメ

ヤシロなる　今ミヤトノに
民お治す　　　　　　　（ホツマ一七アヤより）

（三）
ヤ造りの　元はトコタチ
仐手結び　ムロヤ造りて
民お産む　後⊕手結び
ヤシロなる　これに居まする
今のミヤ　　　　　（ホツマ二一アヤより）

これらによると、「クニトコタチの神の世に　仐のタミメより　ムロヤなる」「ヤ造りの　元はトコタチ仐手結び　ムロヤ造りて」で、先ずクニトコタチの神によりムロヤがなる。これが神社の起源で、今から約六千年前と推定される。そして、「⊕のタミメ　ヤシロなる」「ムロヤ造りて　民お産む　後⊕手結び　ヤシロなる」により、ムロヤが成り程もなくヤシロがなる。（二）によりヤシロが成りその後にミヤトノが造られたともとれる。（三）もヤシロが成りその後ミヤとなり、ミヤとミヤトノは同じと思われる。

　ヤシロは建物そのものや建物を中心とした小規模の建物群であり、ミヤトノやミヤは規模が大きい建物群で、これの最たるものが後世の宮城である。順序はムロヤ→ヤシロ→ミヤトノ、ミヤである。そして、後の時代にヤシロ、ミヤトノ、ミヤの区別はあまり厳密でなくなるのは前項で述べた。

　ヤマト建築や神社の起源に付いては、今まで余りよく分かっていないが、それは紀記などがホツマツタへなどをよく伝えなかったためである。しかしヲシテ文書には何ケ所も記され、その通りに日の本中に数知れない伝統家屋や神社が存在しているのである。

（注）タミメ　タミメ♉冊弔はタ♉・ミ冊・メ弔と分けられると思う。♉は「三光丸の内」などとあり、光が良く入り充実した状態を表す。冊は御・美などの美称、又は見。弔は見た目で、形、状態を表すと考えられる。従ってタミメは充実した状態・形を表す。内容が充実し、力がみなぎっているので生み出す力も備わる。ヲシテの持つ力を表す特別な表現と考えられる。

　（三）には「仐手結び」「⊕手結び」とあり、これは「仐のタミメ」「⊕のタミメ」と同じであろう。仐というヲシテに備わり発せられる尊い力で、そこからムロヤが成る。「⊕のタミメ」、「⊕手結び」によりヤシロが成り、ミヤトノに発展していく。また「仐手結び」「⊕手結び」とあり、これは印相のことで、我が国にも古来より独自に印を結ぶことは行われていたということになる。

　因みに、これはクニトコタチの神の世には既にヲシテが存在していたことを表している。ヲシテによりムロヤを造り、人々は人らしい生活ができるようになり、クニトコタチのありとらゆるヲシテによる教ゑによって国造りがされトコヨの国が成る。建築だけでなく、ムロヤ、ヤシロはクニトコタチ神とヲシテの偉大さを現わしていると思う。

神社（ムロヤ、ミヤトノ）とモトアケ一　モトアケの分祠マツリの中心

神社の起源が今に伝わっていないが、神社とタカマ・モトアケの関係も現在まで伝わらなかった。

クニトコタチの神よりムロヤ、ヤシロ、ミヤトノなどが創られ、多くの教ゑによってクニトコタチは初代天神となるが、既にヲシテは用いられていた。ヲシテは今から約一万年前にアメノミナカヌシによって創始され、クニミコトが何回も代わりクニトコタチにも受け継がれていった。そしてヲシテはモトアケそのものである。

クニトコタチがヲシテよりなるモトアケを祭っているのは、トコタチの八下りの御子がトホカミヱヒタメになることやトコタチの御子ハコクニの神がタカマにミナカヌシを祭っていること、またクニトコタチの七代の神が皆サコクシロよりの星であることなどによって明らかである。

そしてクニトコタチ神はヤシロにタカマとモトアケを祀り、そこに自ら住みマツリを行った。ミヤトノは生活、信仰、政治などあらゆることの中心地である。タカマ、モトアケもあらゆる中心であり大変尊く、神聖なところである。従ってそれを祭るミヤトノも尊く神聖なのである。タカマ・モトアケ図にあるように、天神と天神がマツリを摂る宮殿はハのタカマであり、ハのタカマはアのタカマと繋がる。これが神社の起源である。

その後トコヨ国全国のトホカミヱヒタメの国に伝えられ、第三代トヨクンヌシの時代には全国百二十のミヤが増え広がり、トヨケ、二神時代には千五百ヶ所のヤシロとなる。その後も代々の天神が受け継ぎ、全国に国造りが進み、多くの御子も生まれ、多くの臣や国神達も増えていく。それとともにミヤやヤシロやミヤトノも増えていく。つまり、日の本中何万の神社はアのタカマとハのタカマの分祠である。各神社には格や由緒があり、古さ新しさ、大小などの違いがあり、そのためタカマとの結びつきの強さは様々である。しかし説明した通り、いかに数が多く、複雑でもタカマ・モトアケは整然と繋がることができる。

神社とモトアケ二　御霊、トリヰ、参拝、おみくじ、絵馬、お百度参りなど

補説「トリヰ（鳥居）とは」に述べたように、トリヰは「行き来トリヰの二神」に例えられる。神社の本殿はその二神が住み暮らし、マツリを執る宮殿にあたる。そこは天のタカマ、モトアケを祭り、その中心は天の御祖神であり、地のタカマ、モトアケの中心は天神である二神である。元々、神社の本殿はタカマ、モトアケに例えられる。トリヰはその境界であり、タカマ、モトアケによる天成る道のマツリを高らかに内と外に宣言する。

神社の多くは祭神が祭られている。ホツマツタヘに載る多くの宮は、現実に活躍中の神が多いが、現在の神社は神上がりした神を祭ることが多い。神が神上がりすると神の御霊はモトアケに帰り地上を守り給う。そしてまたこの世に生まれる。モトアケは魂が行き来するところでもある。そのために神社に神上がりした神を祀る。

アのモトアケは極めて複雑であるが整然としている。日の本中何万とある神社も名称、古さ、大きさ、位、勧請のあるなし、由緒、祭神、神事等極めて複雑である。しかしイセ神宮を中心に整然としている。数多くの神社の御霊も天のタカマ、モトアケに繋がっていると考えられる。そして神社はタカマ、モトアケであると考えられたために神社にはトリヰなどによる領域があり、その領域の中の本殿は尊く神聖なのである。なぜ神社は神聖なのかはこれによる。

神社に参拝するときに、まずトリヰの前で立ち止まり一礼するが、これはトリヰにいかなる意味が含まれているかを考えれば真に理に適っている。そして手水舎（ちょうずや・てみづや）で清めてから参拝するが、本来は近くを流れる小川で全身、身も心も清めてから参拝するのだそうだ。さらに神主さんにお願いするとお祓いまでしてくれる。人はモトアケより生まれ、生まれたときにはアカはないが、生活しているとチリやアクタが付く。そのためモトアケに近づくためには身を清めお祓いをするのである。モトアケに繋がる神社は神聖な領域なのである。

また天のモトアケからは宇宙、自然、人社会の全てのものが生み出され、変化、再生される。同じく天神の住まう宮殿は全国のあらゆる物事の中心地であり、本来各国の宮はその国のあらゆる中心地であった。例えば政治、経済、行政、司法、警察、農業、林業、漁業、建築、手工業、養蚕、織物、商い、健康・医療、効き薬、結婚、出産、お宮参り、生活相談等々。これらが神社に実在する祭神を中心に神の道に則り行われていた。モトアケやタカマからは万物が生み出される。全てが生み出されるから、より良く成れと神前に参拝者がお祈りする。もしかしたら、それをモトアケが聞き届けるかもしれないし、参拝することによってその目標に前向きに立ち向かうことが大きな力になる。そのために神社に参拝すると、御利益として天下泰平、平和、五穀豊穣、大漁、家内安全、無病息災、縁結び、夫婦円満、安産、厄除け、商売繁盛、財運上昇、不老長寿、生命力上昇、知力増大、鎮火、産業発展などのありとあらゆる願いが叶うとされるのである。

神前ではお祈りするが、絵馬はそれを書き記す。元々の絵馬の源について、アマテル神に馬を奉る記事がホツマに載っている。

時にツキスミ
オオクマド　蹄・青駒
奉る

〜

黒駒お
奉る
　　黄金蹄の
　　タカギが引けば
　　　　　　（ホツマ一九アヤより）

実際に神は移動の時に馬を使用していた。そのためにその馬を献上したのである。現在でいえば足代わりの車を献上するようなものであろう。これが絵馬に変わる。

おみくじはモトアケによって生み出されるあらゆることの運命の行き先を知ろうとするものと考えられる。それを知ることによって変えられるものは変えるように努力し対処する。フトマニやニガマダラに似るのでこれらが起源であろう。タカマ、モトアケに繋がる神社でこれを頂くのは、古来の伝統を伝えている。神社で頂くのが神代からの伝統である。

神社のお百度参りについては、ホツマツヘの作者オオタタネコ神が関わっている記事がホツマツタヘに載る。

神前のお参り、お祈り、絵馬、おみくじ、お百度参りなどは、クニトコタチ神時代からの神代の国民と神社とモトアケの伝統を今に良く伝えていると思う。

神社と神社神道

広辞苑によると神社神道とは「全国の神社や神の祭祀組織の信仰を中心とする宗教。明治以後、特に教派神道と区別するために用いられた語。」とある。江戸時代、神仏混合政策を強いられ、明治期より色々な過程を経て現代の神社神道が行われている。そしてこの現代の神社中心の神社神道がホツマツタヘに載る神代からの伝統を受け継いでいる。

ホツマツタヘ三一アヤ「直り神、三輪神のアヤ」の中で、第一三代カンヤマトイワワレヒコ天君（神武天皇）が、アスス九九年カヌナガワミミ御子（後の第一四代綏靖《すいぜい》天皇）を世継ぎ御子になし、その後神上がりした。神武天皇には宮崎宮時代のアビラツ姫との間に生まれたタギシミミ御子（生まれはアスス五一年）と、橿原宮の正后タタライソスス姫との間にカンヤヰミミ御子（生まれはアスス八三年）とカヌカワミミ御子（生まれはアスス八四年）がいる。カヌカワミミとタギシミミは三〇歳以上離れている。

ところが、神武天皇が崩御した後に、タギシミミが勝手にマツリを執ろうとし、更にカンヤヰミミ御子とカヌカワミミ御子を殺害しようとした。これの先、タギシミミは神武天皇の存命中に后のイスキヨリ姫を犯そうとした。そのためにタギシミミ御子は討ち取られた。そしてカヌナガワミミの御子は第十四代天君に、カンヤヰミミ御子はイホの臣となり十市に住み、ミシリツ彦と名を変えて、討ち取ったタギシミミ御子を「神の道」により祭る。

　　トイチに住みて
イホの臣　ミシリツ彦と
名お変えて　常の行ひ
神の道　兄が祭りも
ねんごろにこそ
　　　　　　（ホツマ三一アヤ）

この「神の道」が行われた年数は今（平成二八年）より二六〇〇年前である。現在の奈良県・大和国十市郡には多坐弥志理都比古神社（おおにますみしりつひこじんじゃ）が鎮座する（注）。紀記とも「神の道」を訳していないため、神社と神の道の関係が今にはっきり伝わらない。ホツマでは「神の道」が記されているため、神社における「常の行ひ」が「神の道（神道）」であると解る。

そして神上がりした神を祭る神道はこの遙か先より行われている。例えば神上がりしたイサナギ神はアワチの宮に隠れる。

イサナギは　アツシレたまふ
ここおもて　アワチの宮に
隠れます　　（ホツマ六アヤ）

「あつしる」は重病になること。現在の兵庫県淡路市・淡路国に伊弉諾神宮が鎮座し、伊弉諾大神が祀られている。アマテル神の時代になっているので今から三千二百年前と推定される。紀はこの記事に触れているが、神の道との関係は分かりづらい。記は人ごとにように書いているのみ。これより前には神上がりしたイサナミ神は現在の三重県・伊勢の国有馬に納められ、今に至るまで祀られているが、これも神の道に則ることであろう。トヨケ神は洞に入り神となり、その上に社を建て朝日神として祭られている。その行いは神の道であると思う。

　　　洞お閉ざして
隠れます　その上に建つ
朝日神　君懇《ねんご》ろに
祭りして　　（ホツマ六アヤ）

また三輪神社も三輪山を御神体として祭る。これはヤマトヲヲコノミタマ神の御霊を祭る神道が続いていることを顕している。

　　　ミモロの山に
洞掘りて　アマの逆矛
さげながら　入りて静かに
時お待つ　直ぐなる主お
見分けんと　スグナ印しの
スギ植ゆる　　（ホツマ二三アヤ）

それ以前の歴代の天神や重臣達も神上がりした後は永く祀られ、それが神の道である。このように神道の意味の一つ「神上がりした神を敬い崇め続けること。現在のいわゆる神社神道にあたる。」は少なくとも初代クニトコタチの建国時より現代に続いてきたと考えられる。

（注）ここを紀は「吾はまさに汝の助けとなり、神祇（あまつやしろくにつやしろ）をつかさどりまつらむ」。記は「僕はなが命をたすけて、忌人（いはひびと）となりて仕え奉らむ」。紀記とも「神の道」が書かれていない。そしてホツマの記される「トイチ」「ミシリツ彦」が書かれていない。し

かし、ホツマ通りに「十市郡」に「ミシリツ彦神社」として祀られているのである。

神社とヲシテ文明

神社本殿の起源は、約六千年前と推定される初代クニトコタチ神のムロヤやヤシロであるが、これらはそれまでの竪穴式住居より成ったものである。竪穴式住居は土器時代以前何万年、何十万年から続く石器時代に遡る。トリヰも、サルタヒコ神との関わりにより、約一万年前のアメノミナカヌシ時代に遡るかもしれない。材料は約三百万年から続くヤマト列島に育つ木である。これらの建築物が発展しながら現代まで続き存在し続けている。

神主さんの装束の内、絹織物はヱヒタメトホカミのトのミコトの時代には存在しているので、今から約一万年前に遡る。麻や葛布による装束はそれ以前からなので一万年以上前に遡る。石器時代にも衣類は身につけていたはず。途中大陸からの影響も加わっているかもしれないが、製造技術や製品などの伝統がその時代から現在まで続いている。

神社で神饌などに使用される陶器の起源は約一万六千年前に遡り、さらに石器時代の石製品に遡る。それが今に続いている。そして神社建築や器などに使われる漆の栽培は約一万二千六百年前からで、現在もそのまま使用されている。

神饌は約三百万年以上前から存在するヤマト列島より続く海山の幸や、アメノミナカヌシやクニトコタチ時代から人が自然に手を加え栽培した作物などである。

神社によっては火起こし神事の行事が継承されている。火の使用は人類の歴史と共にあるので、少なくとも何万年以前からであろう。火起こし神事は、その文化を今に良く伝えていると。神社は利水の良い所に建てられていることが多い。水や火は太古より生活に欠かせない。

神社には神木があり、神主さんや氏子は神域の植物や動物などの自然を大切にしている。これら何気ない自然の木や草花の起源は何億年前に遡り、約三百万年位前に形作られたと云われるヤマト列島と共にある植物である。トリヰや本殿などはほとんどが木が材料であり、これはヤマト列島の自然と人類の共生、調和の伝統を表している。

神上がりした御霊を祭る神社は多いが、霊魂は人類の歴史と共にある。人類の歴史は、出土する化石によって違ってくるが、今は三〇〇万年から四〇〇万年位と考えられているようである。盆の行事はこれが源と考えられ、盆踊りは日の本中に毎年盛大に行われている。魂はモトアケを行き来するが、モトアケ思想はミナカヌシ時代からで、神社はこのモトアケと繋がっていると考えられる。モトアケ思想もそれまでヤマト列島で培ってきた何万年、何十万年の思想の上になった。神社に祭る神様も色々あるが、自然や行き来に関わるものはタカマやモトアケの行き来に関係すると考えられる。

我々ヤマト人は三百万年以上前から存在するヤマト列島と

共に共存してきた。木草もそうであるが、動物も環境さえ整っていれば地球上どこでも生存できる。ヤマト列島と共に生活してきた人類が我々の先祖である。ヤマト人はこのヤマト列島と共にある。

クニトコタチ神より続く天皇家の古さは人類最長で世界に比類が無い。全国の神社の神主さん達も古い家柄の人が多い。例えば鹿嶋神宮の権宮司は七十代目、籠神社の当主は八十二代目。またホツマ六アヤのイサナギの詔に「またシガ海にシマツヒコ　次オキツヒコ　シガの神　これはアツミに祀らしむ」とある。志賀海神社の宮司さんは代々阿曇氏であるので約三千四百年間続いていることになる。

その神主さんは祝詞を奏するが、祝詞に使用されているヤマトコトバはヤマト列島と共に育まれてきたものである。祝詞はモトアケの構成要素四十八のヲシテよりなる。ヲシテは約一万年前に発明されたと推定される。ヲシテ創造の思想は人類が何万年、何十万年、ヤマト列島と共に育んできた思想の上になったものである。それ以来、ヲシテによるヲシテ文書は神社の神庫に代々大切に保管されてきた。出雲大社には八百万冊もの膨大な文書が保存されていたといわれる。「イツモは神の　道の元　八百万文お　隠し置く」（ホツマ三四アヤより）。その文書にはあらゆることが記されていたはずである。これら全てにヲシテ文明が記される。現実に全てヲシテで記されるホツマツタヘは滋賀県高島郡安曇川《あどがわ》町西万木《ゆるぎ》の日吉神社の神庫より発見された。全国の古い神社の神庫にはまだヲシテ文書が残されている可能性がある。

神社や神社を中心に民間でも数多くの行事、神事が行われる（第一編「今にも伝わる年中行事や神事など」参照）。一つ一つが尊く貴重な文化である。鬼遣らひ、初日祭り、四方拝、七草、トンド祭、雛祭り、ミナ月の祓等々。それぞれ起源は違うだろうが、何千年続くと思われる行事、神事も多い。中には何万年遡ると思われる神事もある。例えば鑽火（きりび）神事は、人類と火に関わることなので、その起源は何万年前であろう。また花見はホツマに「ムメ（梅）の花見」、「サユリ（小百合）の花見」、「ココナ（菊）の花見」と記されていてヲシテ時代には行われていた。自然との関わりの行事なので更に遡ると思われる。

いままで見てきたように、神社は約三百万年前から形造られたヤマト列島の自然と共に人類が造りだしてきた文化をそのままの状態で残し続けている神域である。そして日の本の国は、ヲシテ文明がヤマト列島と共に約一万年前より現代まで途切れることなく続く世界唯一の国であり、神社はその中心地なのである。

神社と信仰

現代のハのタカマは天皇陛下が住まう皇居であり、皇居には初日には何万という人々が集まり、毎日何千人という人々が皇居を訪れる。家庭では神棚を持つは家も多く、神棚や祠を持つ会社も多い。そして全国各地の神社の初詣数はのべ約一億人と言われており、有名な神社には平日でも参拝者は絶えない。一部に、信仰心がないとも言われているようだが、古来よりヤマト人は信仰心を持ち、これは神代からの伝統である。

紀記などにはモトアケに付いては全くなく、神社、神棚などの起源も書かれていない。しかしヲシテ文書には、紀記、旧事紀やどんな書物にも書かれない信仰の対象であるモトアケ、タカマが記され、タカマと天皇、神社、神棚の関係と起源も記される。つまりヲシテ文書に記されている通りに、国民は神代より信仰心を保ち続けているのである。

神社はモトアケ、タカマと繋がる。そのため神社は我々の魂が行き来する所と考えられる。そして魂は父母とタカマより生まれると考えられていた。神社の縁結びの神様が男女を結び、子供が産まれると家族揃って、初宮参りや七五三のお参りをするが、これもこのことに由来すると思われる。神社にお参りして子供の誕生を感謝、報告し健やかな成長を願う。そして人が亡くなると魂は天に帰り、またタカマと父母から生まれる。そして生活をするにつれ汚れがたまるので、神社に行き神主さんに汚れを清めてもらい、生まれた時と同じ正常（清浄）な状態にいようと勤める。神社は遙か神代から続く信仰の中心地なのである。

神社と平和

神社には格があり位がある。また新しさ古さ、大小など様々で神社ごとに由緒がある。従ってモトアケの影響力、強さも様々ある。しかしモトアケは異次元、多次元空間なので何十万箇所に時間や空間を越えてあらゆる形で繋がることが出来ると考えられる。

そしてモトアケは神聖、清浄で穏やかな平和の領域である。神聖さ穏やかさは平和でないと保たれない。つまり神社とは平和な場所なのである。神社に行くと身が引き締まるとともにホッとする。それは神社が穏やかで平和であるからである。そして神社に関わる諸々は全て平和に関連する。それはタカマ、モトアケは万物の創造、変化、再生に関わり、神社はタカマ、モトアケと繋がっているためである。ただ平和を犯す者には断固対抗することになる。

神社の源は初代クニトコタチからで約四千〜六千年前と推定される。それ以来平和は国家、神社の大きな柱の一つである。忘れられているが、建国以来我が国は平和国家であり、その中心の場所は天君の住まいである宮殿とヤマト各地の神社である。

現代はますます国際的になりヤマトは世界各国との結びつきがますます深まっていく。そのため神社はヤマトの平和の中心地であるが、世界平和の中心地とも言える。ヤマト各地の神社は建国以来六千年の平和思想を受け継ぐ。世界で平和を望まない人はいない。そして個人的なことで参拝する人々も多いと思うが、神社への参拝は日の本と世界の平和を願うことに繋がるのである。

アスス二七三三年（平成二八年）フミ月

・・・・・・・・・・・・・・・・・・・・・

補説四　ヲシテの源について

日頃ヲシテに親しむ人は誰でもヲシテはいつ頃、何神によって創られたのか疑問に思うことであろう。それをたどってみた。

現在我々人類の歴史は三百万年から四百万年位と考えられているようである。出土する化石によって変わってくる。この人類の歴史を一年に例えると、今から一万六千年前はつい一昨日、また五千年、一万年前と言っても昨日の出来事となる。土器、文字等の発明は文化、文明の発達と深い繋がりがあるが、そういうものも人類の歴史の中ではつい昨日の如く非常に新しい出来事であると言える。

我々の住むヤマト列島は緯度のちょうど良い所にあり、はっきりした四季があり、雨も程よく降り、近くで親潮と黒潮も交わる。海の幸、山の幸が豊かで変化に富んでいる。先史時代から現代に至るまでの世界を見回すとき、食料採集文化として、縄文文化ほどゆたかなものは他に見当たらないといわれている。島国であるこのヤマト列島は世界最古の文化・文明を育む豊かなゆりかごであった。我が国で出土している世界最古の磨製石斧は約三～四万年前といわれている。アジア大陸では、はるか後に中石器時代に当たる紀元前約九千年になって北西ヨーロッパや西アジアで局部磨製石器が出現する。我が国の土器の出現は約一万六千年前であり世界最古である。また漆の栽培は約一万二千六百年前で、副葬品として約九千年前のもの（北海道南茅部町　垣の島B遺跡）が発見されている。

こういう環境の中で「ヲシテ」は創られていった。ヲシテは世界最古の文字であると考えている。というのはヲシテは人類のコトバの最も原始的で基本的な一つ一つの音が元であり、それを繋げてコトバを造り、文章にし、成り立っている。またヲシテは、漢字や他の全世界の多くの言語に影響を与えている。しかし今の日本語はとにかく、ヲシテは他の言語の影響を受けていないからである。

このあとから本論に入るが、その前に二、三関連することに触れておく。その一つは、その前から続いていて皆が解っていることだが、偉大な天君はその天君が初代であるかの如く、語られることがある。そうすることによってその天君を称えるということもあると思う。例えば我が国の近代は明治天皇から始まり、今上天皇は明治天皇から数えると四代目である。第一三代神武天皇は現代では初代とされ、そこから代数が数えられている。タケヒトの世は大きな節目であり大いなる時代ではあった。世の乱れを治めた一二代ミマキイリヒコの世は「初国」と称えられた（ホツマ三四アヤ）。イサナギは国を生んでいったと記される（ホ三アヤ・イサナギ自らのコトバ、他にホ一八アヤ、フトマニ序一参照）。クニトコタチの前にもクニミコトがいたが、タマキネに「我御代を知る　初の世は　クニトコタチぞ」（ホ六アヤ）と言はれている。ミナカヌシはアメノミヲヤの如く称えられている。

この五つ　交わり成れる
カンヒトは　アウワ現る
ミナカヌシ　国球《くにたまやも》八方に
ヨロ子産み　〜
〜　天に帰れば
ミナカヌシ　及びヱヒタメ
トホカミも　天に配りて
星となす　（ミカサフミタカマナルアヤより）　（ア）

次にクニトコタチの大まかな年代にも触れておく。アスス暦は正確であるがスス暦から正確の年数は推し量るのは難しい。そこでアスス暦のアマキミの在位年数から類推することにする。アマキミの在位年数は一三代カンヤマトイワワレヒコより二三代イクメイリヒコまでを調べると、最短は一六代オオヤマトヒコスキトモの在位年数三四年、最長は一八代タリヒコクニで在位年数一〇二年。ここは単純に平均在位年数ではなく、アマカミ一二代以前は長生きであった、そこでアマカミ一二代以前の平均の在位年数は一番上の約一〇〇年であるとして計算しても無理はないであろう。タケヒトの代は五八年からであるが、アスス元年から一代一〇〇年で逆算していくと初代のクニトコタチの在位年数は三九三〇年〜三八三〇年となり、クニトコタチの活躍は今から約四〇〇〇年位前ということになる。ただし四代ウビチニからメヲ一人ずつの神でその通りであろうが、三代トヨクンヌ以前は特別な記し方になっている。またミカサフミ四アヤに「トコタチの三代は変わらず 百ハカリ世」とある。トヨクンヌシ以前は代の呼び名は一つでもそれを何人かで継いでいたという可能性はある。

また、ヒトについてホツマツタへ、ミカサフミでは人類であっても心のねじ曲り凝り固まった者や人らしい言動、文化を伴っていない者などはヒトとは言わない。それはホ・八アヤ「それはヒトかや　如くなり」、「魂返しせば　ヒトならん」などやハニマツリノアヤ「穴に住まへば　ヒト成らず」などで窺い知れる。

それではこれからヲシテの起源をたどっていく。まずイサナギ・イサナミは民のコトバを直そうと考えてアワノ歌を日の本中に教え広めた。ホツマ五アヤに

二神の　オキツボに居て
国生めど　民のコトバの
フツ曇り　これ直さんと
考えて　五根七道《ゐねななみち》の
アワウタを

とあるによる。しかし、ヲシテをこの世に顕したとは記されてはいない。ヲシテが完成したのは遙か以前である。ホツマ二アヤに

　　時に天より
二神に　ツボは芦原
千五百空き　イマシ用ひて
しらせとて　トと矛賜ふ

とあるように、二神はアメよりトとホコを賜っている。この後フタカミはクニトコタチ以来の伝統トの教ゑを中心に、アワノウタを教え広め国造りをしていく。七代イサナギ・イサナミの世は大きな節目であった。その時にはすでにホコは必要であったが、教えの中心はトの教ゑであった。この中こそ、文としてヲシテにより記されたもので、クニトコタチより代々受け継いできたものである。また二神は天よりフトマニによる助言も受けているが、そのフトマニはヲシテで記されていたはずである。トの教ゑについては

　　人のナカコに
相求め　一つに致す
トの教ゑ　長く治まる
宝なり　（ホツマ二三アヤより）

「一つに致す　トの教ゑ」により「長く治まる」ことにより、我が国はクニトコタチより代々続いている。極めて高度な「教ゑ」であり、それを代々伝えていくのであるからして文章であろう。また

　　御祖の授く
三種物《みくさもの》　クニトコタチは
カンヲシテ　アマテル神は
ヤタカガミ　オオクニタマは
ヤヱガキと　常に祭りて　（ホツマ三三アヤより）

この「カンヲシテ」は「ト」であり「トの教ゑ」で、文として記されているはずである。ヲシテの意味は一、文字。二アマカミの御印。三、トの教ゑのこと。四、ミコトノリ・詔勅。五、称号。六、文のこと。七、花ヲシなどに使い分けられていると思う。ここではこのうち文字、トの教ゑ、文などを取り上げている。さらに

イニシ神　作り授くる
トホコあり　トは整ふる
ヲシテなり　（ホツマ一七アヤより）

これらによって二神の教え広めたアワノウタより前にヲシテは存在していた。トの教ゑはクニトコタチより代々受け継いでいる。そして、それはヲシテで記された文章である、といえる。

トの教ゑとトコヨノ道を完成させ実践したのはクニトコタチであるが、文字が発明されてからこれほど完成されたものは一〇〇年や二〇〇年ではできないのではないか。イニシへのゆったりした時間の中では人類最高の奥義とも言えるトの

教ゑが完成するのに文字ができてからすくなくとも最低千年や二千年という単位の年数は必要であった、と考える。試行錯誤五千年以上かかったといっても不自然ではない。というのは前述のように今から一万六千年前の土器が出土している。土器作りというのは共同作業の高度の文化である。また漆の栽培は約一万二千六百年前であり、その副葬品も出土している。これまた今にも続く高度な文化、製品である。今から六千年位前に文字ができたとすると、そういう高度な文化を持った人々が一万年間、コトバの道具であるところの文字に関してなにもなかったというのは長すぎる。ヲシテはゆっくり醸成されて、土器の発明から六千年かけて造られていった、と考えても短かすぎると言うことはないだろう。すると文字の発明は今から一万年くらい前ということになるが。

クニトコタチ以前にも、クニトコタチの先祖たちであろう、クニミコトが何代も治めていた。ミカサフミコヱ十二ノキサキタツアヤやハニマツリのアヤなどに、ミナカヌシよりクニトコタチまでかなりの人数が世を治めていたのが窺える。その他ホツマツタヘには二、一四、一八アヤなどに、ミカサフミには他にキツ四チのアヤ、タカマナルアヤなどにミナカヌシの記述がある。

これらの中で、アメノミヲヤ神による天地創造の下りは現代のビックバンにも似ていて驚かされる。神代といってもまさか見たわけではなく、深い自然観察、思考の上に創り出されたものであり科学的である。だが、これらのヒトの祖先と記されるミナカヌシの記述は趣が違う。というのは、全ての生物はもともと人類も含めて社会性があるのだ。生物の種は単独ではあり得ない。現在世界の人口は何十億人、それぞれ無数のつながりがあり、国家も作っている。イニシヘにはこれほどの人口数はなかったが、一万年、十万年前でも、例え百万年以上前でも人類が一人ということはなく、規模の大きさに違いはあるが、必ず社会を作っている。その時代なりに複数の人々が暮らしているのだ。ミナカヌシの記述がいつ頃に成ったかに拘わらず、また言い伝えであっても、どの時点でも規模の違いはあれ必ず人類の社会は存在していた。自然観察については我々より遙かに鋭く優れていた古代の人々はよく分かっていたと思う。元々立派な人が文字を持ち、文を造り、代々知識を重ねていくと、自ずとあらゆる文化が進み豊かになり子孫も増え栄えていく。ホツマツタヘ、ミカサフミに載るミナカヌシ誕生の記述は、人類の誕生に準えて文字を持ったヒトの誕生を意図したものではないだろうか。ミナカヌシを「ヒト」「カンヒト」「カミ」と記している。人類がヒトらしくあるためには文字とそれに伴う文化が必要であろう。ヲシテ文献を読んで、この文字という偉大な発明に大きく関わったのはミナカヌシであった、と私は考える。

文字は人類史上最大の発明である。文字の発明は当時の人々にとってもことさらに大いなる出来事であったであろう。

それを人類の誕生やミヲヤ神に準え称えたのではなかろうかいるはずであるが、ヲシテ文献の中でその箇所はミナカヌシしか見当たらない。ヲシテは五つの基本となる図形「ウツホ、カゼ、ホ、ミズ、ハニ」と他の要素からできている。この五つの基本図形と他の要素も、ワなどのヲシテの菱形を四角形と見れば、点、線、三角形、四角形、丸の初等幾何の基本的な五個の図形からできている。ミナカヌシはアイウエオ、ウツホ・カゼ・ホ・ミズ・ハニの五元素から成った、と記されている。ホツマ一八アヤより

（ア）参照）。その大いなる出現の記事はどこかに記されて

　　地と天に分けて
アイウエオ　ウツホ、カゼ、ホと
ミズ・ハニの　交わり成れる
ミナカヌシ　八面に生める
人は星　　星は種なす

ハコクニノカミはミナカヌシを祭っている（ホ二アヤ）。ホツマ一五アヤでトヨクンヌシが祭るアメナカフシはアメナカヌシかもしれない。クニトコタチも同じと思われる。初代天神・クニトコタチ神はミナカヌシに連なる。現代も皇室は御コトバを大変大切にしておられる。世界最古の文字を発明した天皇家は我が国とともに世界で最も古くから文化・文明を創り発展させ今日に至っているのである。

・・・・・・・・・・・・・・・・・・・・・・・・・

補説五　ヲシテ、変形ヲシテと漢字の起源

漢字は我が国に取り入れられてから計り知れない影響を与えている。今も日常に使われヤマトのコトのハとも相性が良い。ヤマトコトバと、中国で生まれ発達したと言われる漢字とは何か関係があるのであろうか。

ヤマトコトバは一つ一つのヲシテからできている。動詞や形容詞は活用語尾が付き変化し、助動詞・副詞などが加わり、それらをテニオハで繋ぎ文となる。つまりヤマトコトバの文は基本的には一つ一つのヲシテより成り立っている。アワノウタ四八文字を基に、その組み合わせによりできている。その中でなぜ変形ヲシテは作られたのであろうか。それは主に意味の違いを表すためである。例えば「⊙」を、星座の左回転、左渦巻きにして「天」を表し、対応する「⟐」を右渦巻きにして「地」を表し、「Ⅲ」の「冂」の中に三角を入れて「火」を表し、「丫冂」の中の縦棒の三本の間に点を振って「乳」などを表す。

ヲシテは基本的には一音一字多義である。多義であるのはたった四八字であるため一字一字にいろいろな意味を持たせている、持たせざるを得ない。例えば「ヒ」は「太陽」「日」「火」「氷」「樋」「(曾孫の) 曾」など、「タ」は「治」「父」「多」「左」「田」「誰」など。また動詞の語尾は付くが「立つ」「断つ」「経つ」「建つ」「足す」など。変形ヲシテは作られなかったが、「カ」は「光」「陽」「香」「糧 (かて)」「右」

「赤、「蚊」「所」「日」などに使い分けられている。変形ヲシテはこれらのうちの一つなのである。変形ヲシテは意味を際立てよう、分けようとしている訳であるが、数ある意味の内のほんの一部でしか作られなかった。つまり、発展段階の途中であったとも言える。

今見たように「ヒ」・「タ」・「カ」などや他のヲシテの意味にもほとんど一字の漢字が当てられる。それでは二音節以上のヲシテではどうだろう。例えば「ハナ（花・端・鼻・離る・放す）」「カミ（神、上、髪）」「アシ（足・葦・悪し）」「イキ（息・生き・イキ（長さの単位）」「ハシラ（柱・いろいろな使われ方をされている）」「カタチ（形・いろいろあり）」など。意味の違いも含めて二音節以上のものも一つの漢字で表せるものが多い。ヲシテでは一音一字の意味の違いのほんの一部を変形ヲシテにしているが、二音・二文字以上のコトバについてはほとんど手付かずである。しかしこれらはすでに一つのコトバとして固定されているものである。ヲシテは基本的には四八字であるが、ヲシテの一音節も含め二音節以上などの全てのコトバの意味は数え切れないほど多い。それではそれらの一つ一つの意味の違いを全て変形ヲシテにしたらどうだろう。それこそが漢字ではないだろうか。まるで漢字はヲシテの発展形を先取りしているような相性の良さである。これが我が国が漢字を取り入れた理由の一つであると思う。

ヲシテは象形文字であるとともに指事文字でもあると思う。これらは漢字の基本であるという。変形ヲシテはより象形文字的である。ヲシテは全て二つの要素の組み合わせであるから会意文字的でもあり、ヲシテの五元素「⊙」「⊡」「◬」「⊡」「⊡」は形・発音を表すとも考えられるから、形声文字の要素も含まれる。漢字は部首だけの文字もあるが、基本的には部首と他の要素の二つの組み合わせからなっている。ヲシテは二つの図形の組み合わせからできている。漢字は一字多義が多いが、一音一字多義もありヲシテと似ている。このようにヲシテと漢字には共通点が多いのである。

ところで朝鮮半島、中国はどのくらい離れているのであろうか。対馬から韓国釜山までは約五〇キロ。中国へ行くには我が国から朝鮮半島の西岸沿伝いに行くのが安全であろう。しかし五島列島の福江島から上海までは直線で約七〇〇キロである。福江島から滋賀県高嶋市まで直線で約七三〇キロ。出雲大社から岩木山神社までは直線で約九〇〇キロ、車では約一五〇〇キロの道のりである。たまたま平成二六年七月一九日付け新聞の夕刊の記事があり、新潟県糸魚川市の山田修さんが「海のヒスイロード」をたどる旅にでる。五月七日に新潟県上越市から出発。七月一九日、山内丸山遺跡に到着予定であるという。丸木船の代わりにシーカヤックを使用。「縄文人たちは帆走もしていたかもしれない」と推測しているという。また「縄文人は、現代人に想像がつかないほどの体力と技術、そして自然を読み取る力があったのだろう」とも。上越市から山内丸山遺跡まで車で約七七〇キロで、福江島から上海までより遠い。ウケステメは二度以上大陸とヒノモトを行き来している。

次に漢字の起源である甲骨文字、金文などにヲシテの痕跡を探ってみた。参考図書は『甲骨金文辞典』上下巻、水上志静夫著、雄山閣出版を使用。この辞書に載る甲骨文字、金文、篆文《てんぶん》などは素朴な絵文字の象形文字が基本であり「上」や「下」、「未」や「末」、「本」などの指事文字は極めて少ない。すでにほとんどが会意文字、形成文字であり、二文字を合わせて一文字にした合字が多い。六書（指事・象形・形声・会意・転注・仮借）のうち仮借文字は当て字のことなので、五書（指事・象形・形声・会意・転注）で考えて良いだろう。ただ転注文字に付いては諸説あり。数多くある甲骨文字や金文の中にヲシテの影響を受けているなと思える字形がいろいろある。

たとえばヲシテそのものとしては「⊙」、「左渦巻き」、「己」、「⊡」、「巾」、「⦶」、「Ⅲ」、「⊕」、「田」、「内」、「亼」、「朿」、「右渦巻き」など。ヲシテの要素としては「冖」、「己」、「口」、「Ⅱ」、「十」、「丅」、「二」、「丄」、「丅」、「╳」、「菱形」など。

甲骨文字や金文などの「○」は日の意味でヲシテと同じ。「口」はヲシテでは土、国なども意味していると思われるので共通点があると思う。なかでも「冂」が下、上、右、左向きと自由奔放に使われていたり、「神」の文字につかわれている金文の右側の上下二つの渦巻きは印象に残る。ただし数多くある文字の中の一部としてである。

またヲシテの発音と漢字の発音と似ているな、と気付く事があると思う。例えばヲシテの「イ（意）」と漢字の「意」、「カ（日）」と「火」、「キ（気）」と「気」、「タ（多）」と「多」、「ヲ（央）」と「王・オウ」など。クニトコタチ、カノミコト、カのトヨクンヌシの時代には大陸は多民族、多部族で色々なコトバの発音がすでに入り乱れていたことは想像できる。今に残る漢字の発音はそういうものを取り入れていったものであろう。

ヲシテと似ている発音と意味を「甲骨金文辞典」の中からいくつか取り上げてみる。「ア」について、「娶」の発音は漢音、呉音とも「ア」と「カ」で、「上にのせる・上にくわえる・高くあげる」意を表し、ヲシテと関連する意味になっている。漢音について広辞苑には「日本漢字音の一つ。唐代、長安（今の西安）地方で用いた標準的な発音を写したもの。遣唐使・留学生・音博士などによって奈良時代・平安初期に輸入された」。呉音（ごおん）は「日本漢字音（音読み）の一つ。奈良時代に遣隋使や留学僧が長安から漢音を学び持ち帰る以前にすでに日本に定着していた漢字音をいう。漢音同様、中国語の中古音の特徴を伝えている」だそうである。私はただヲシテの音と漢字の音を比べたいだけだが、次第にこいう知識にも触れざるを得なくなってくる。「位」は漢音、呉音とも「ヰ」と「イ」で「ひとが正立して動かず立ち留まって動かない」、「ひとがある特定の位置にしっかりとたつ」などの意味でヲシテの「ヰ」と共通する。「央」は呉音の一部が「オウ」で「まんなか・中心点」の意を表す。「王」は漢音、呉音の一部が「オウ」で「偉大なる人物、きみ、君主」。これらはヲシテ「ヲ」にそっくり。「气」は後世の「気」・「氣」の原義字で、字形は人が呼吸するときに吐き出される形に象る、漢音は「キ」。意味は「中にいっぱい充満して籠もっているものが外に出る。息」でヲシテの「キ」と同じ。ヲシテの「ハ」は「葉」「端」「地」など広げる、広がる意もある。「播」の漢音、呉音とも「ハ」で「まく、ちらす、広く平らにひろげる」などの意がありヲシテの意に似る。「大」は漢音「タイ」、呉音「ダイ」、意味は「大きい」などで、ヲシテの「タ」と「イ」を繋げたのに似る。「イダイ（偉大）」はさらに繋げたものである。ヲシテの「イ」には「大いなる」という意味があり、「偉」の意味と同じ。ヲシテ「ワ（地）」とまったく同じではないが、「瓮」は漢音、呉音とも「ワン」で字義が土器製の丸く中央がくぼんだ容器である。他もあり。

また山中襄太氏の著書『国語語源辞典』には、日本語と中国古語（漢字音）の発音の類似例として二〇〇余りのコトバが載る。また世界中どこでもそうだが、飛び抜けて新しいもの、すばらしいものにはその名前を付け残す。クニトコタチ、カノミコトは、大陸の地域の豪族だけの政治社会に初めてクニ（国）という最先端の政治機構を持ち込み実際に政治を行った。「クニ」という言葉の発音は「国（コク）」に残っているのではないだろうか。クニトコタチ、カノミコトによる「トノヲシヱ」は「徳（トク）」として独自に発展したと思われる。史記によると、三皇五帝には徳が備わっている、また徳を修め備わっていないと皇帝になれない。カノミコトの「カの国」は「夏（カ）の国」であり「漢字（カンジ）」のカであり、今の中国の国名、中華人民共和国の「華（カ）」の発音に残されている。

中国最古の王朝と伝承される夏の実在が次第に明らかにされつつある。二里頭《にりとう》遺跡発掘責任者、許宏博士によると、「考古学の見地からは二里頭が中国最古の王朝の都であることは明らかである。二里頭は中国の最初の核心とも言うべき存在である。ほとんどの研究者はここが文献に出てくる夏王朝の都だと考えている。二里頭は夏王朝なのです」。クニトコタチやカノミコトまでの大陸には国家と言う概念はなく、従って国家もなく各地の豪族が地域ごとに治めていた。それを国家として大陸に実現したのがカノミコトであったと思われる。

武力ではなく、国民の食料の安定生産、供給を基盤とした、文化的な政治組織による国家運営は、クニトコタチが完成させたのであり、それはカノミコトにより受け継がれた。その影響力は広大で、渤海湾、遼寧省から四川省、福建省、広東省や千六百キロを超えたベトナム北部・ソムレン遺跡にまで及んだ。それは平和的な儀式、祭祀に使われた銅爵（どうしゃく・青銅製の酒器）の鉛成分の鑑定や玉璋（ぎょくしょう・儀式に使用した玉器）と同じ型の出土品などによって証明されている。

クニトコタチ、カノミコトは偉大である。その文明はカ（夏）の国からさらにシルクロードなどの古道により、インド、中東、エジプト、ギリシャなどに伝わっていったとしても不思議ではない。

夏は紀元前約二、〇〇〇年頃から紀元前一、六〇〇年頃までの約四〇〇年間存続。夏を滅ぼした殷は紀元前一、六〇〇世紀頃から紀元前一、〇四六年まで。殷を倒した周は紀元前約一、〇四六年頃から紀元前二五六年まで。甲骨文字はほぼ紀元前一、四〇〇年～前一、一五〇年の約二五〇年間の殷の時代のものである。青銅器の表面に鋳込まれた、あるいは刻まれた金文《きんぶん》は紀元前一、三〇〇年頃から紀元後二〇〇年までの、約一、五〇〇年間のもので各時代にわたる。私が推計したトホカミヱヒタメの時代の一つは、今から約三、八〇〇年から三、九〇〇年前であり、中国最古と言われる夏王朝の時代と重なる。私は中国最初の古代国家、夏はカノミコトが建てた国だと考えている。それはホツマツタへ一五アヤに

トコタチの　八方を巡りて
西の国　クロソノツミテ
カにあたる　名もアカカタの
トヨクンヌ　世々治むれど
年を経て　道尽きぬるを

とあるによる。クニトコタチも大陸に渡りその後トコヨの国に帰っているようだ。

文字を青銅器の表面に鋳込む技術は門外不出であり、篆書《てんしょ》は天子の使う文字と言うことで、筆画の大変厳格なものであった、そうである。古代になるほど文字は王権と深い繋がりが出てくる。吉凶を判断する甲骨文字も国事に関する占いのようだ。中国王朝は数多く変わっているが、滅ぼした王朝の文化は利用する、そうせざるをえない。殷時代の甲骨文字も夏の時代の文字に対する考えや文字そのものを利用したと思われる。周を倒した秦の始皇帝も、それまでの文化、正統の統治者の夏子（カシ・夏王朝の子孫）の仕組みを巧妙に利用し、国造りをし、領土を拡大していった。

大陸にクニトコタチやカノミコト、トヨクンヌシによりカの国が創られ受け継がれた。当然その時にヲシテやヲシテ文明が伝えられた。そしてこれらが大陸で独自に発展した。ヲシテは漢字になり、他の文化も独自に発展する。大陸には我が国によく似た陰陽説、五行説、干支、二四節気、暦、節句などが存在するのはそのためだ。シナ国に我が国と同じこれらが存在すること自体がホツマツタへの真書を証明する。そ

れらが独自に発展して、後にまた我が国に伝えられた。
ヲシテと漢字、我が国の文化と中国文化の似ているのはそのためである。漢字の元はカノミコトとトヨクンヌシが創ったか、それに大いに関わったと考えられる。

二里頭遺跡から文字はまだ出土していない。我が国もそうだが、文書は紙のようなもので代々伝えていったと思われるので残りづらい。ヲシテのテは、テ（手）で書き、テ（手）からテ（手）に伝えるという意味もあるのであろうか。そういう意味では二里頭遺跡は我が国の遺跡と似ている。しかし、大陸の文化も取り入れられて文字が出土するという可能性はある。

我が国の国語、国学、古代史、政治などを学ぼうとする人はまずヲシテ文献から始めるべきだが、古代漢字研究者もヲシテ文献は必修であろう。私は二五年以上前から、ヒノモトに入ってきた我が国と共通の中国文化は、逆輸入したものであろう、と言ってきた。これに漢字も付け加えることになる。漢字はクニトコタチはじめカノミコト、トヨクンヌシの三代が残してくれた遺産である可能性が高い。

『甲骨金文辞典』からの類似文字

『甲骨金文辞典』は甲骨文字、金文、古璽文などから引用している。そしてヤマトからシナ国へのヲシテの伝搬を考えた場合、これら古代漢字の年代はあまり重要ではなく、シナ国に古代漢字が存在することが重要である。これら古代漢字を見ると、年数の経過によりほぼそのままのヲシテもあるが、ヲシテやヲシテの要素は既に他の部品と共に漢字の中の一つのデザインとして使用されている例が多い。しかし、漢字全体はヲシテの陰陽と五行の大系を受け継ぎ発展していく。

アスス二七三一年（平成二六年）フミ月

図六

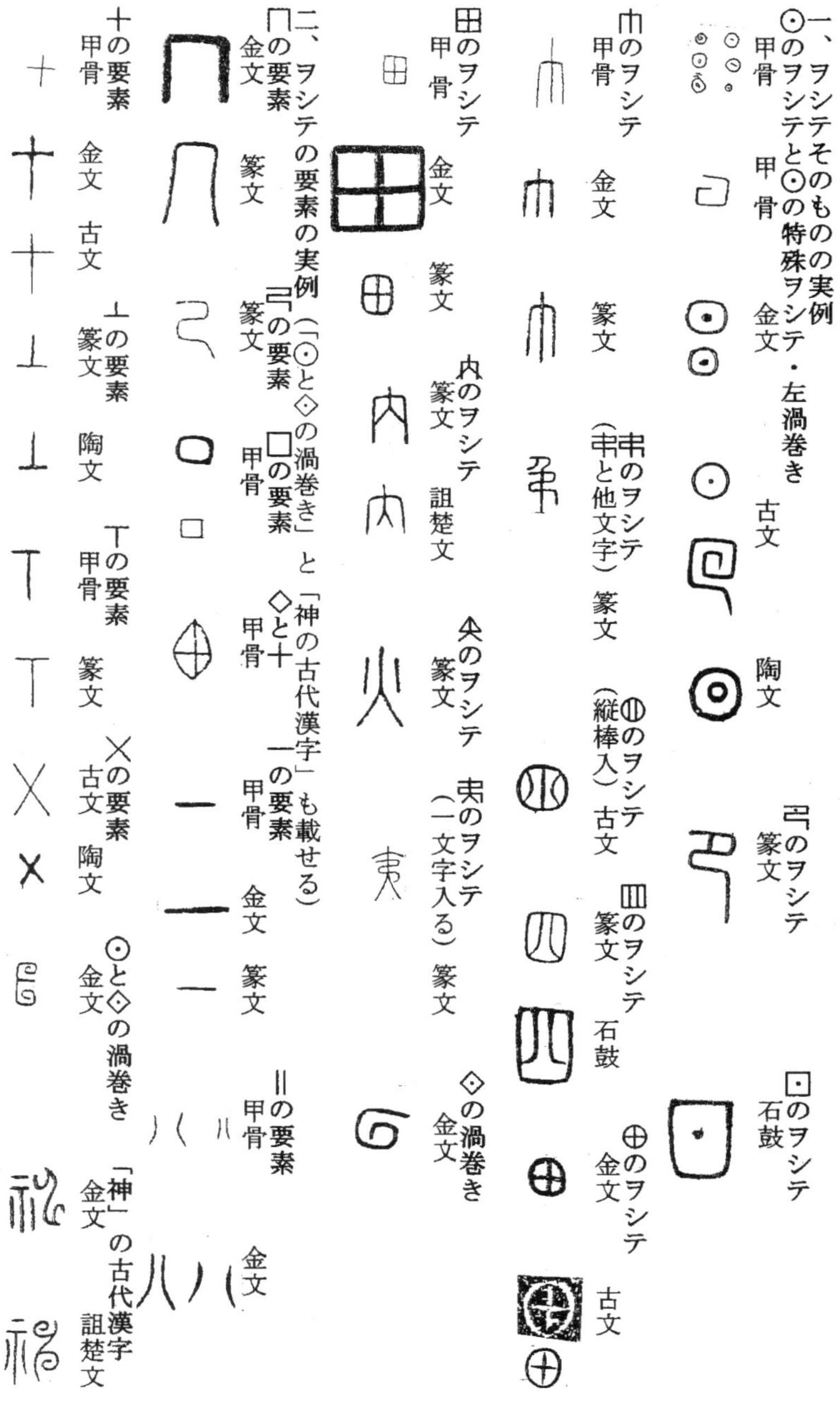

二、ヲシテの要素の実例（「⊙と⟐の渦巻き」と「神の古代漢字」も載せる）

三、省略するが、他にもヲシテやヲシテの要素が他の文字と共に使用されていると思われる文字がかなり存在する。

補説六　ヤマトコトバ・ヲシテと世界の言語との関係

　ヒノモトもますます国際的になってきたということであろう。ラジオ、テレビなどで流される外国のコトバや風習などに気付かされることがある。例えばドイツ人の名前などに使用されるブッフバルトのブッフはブナの木のこと。キシリトールのキシリはギリシャ語で木（キ）のことであるそうだ。フィンランドの子供達が夏に森で作る隠れ家をマヤという。「真、屋」であろうか。またインドのヨガの最高境地を「サ・マ・ディ」と言うそうだ。ヲシテの「⊖（サ）」には南の意味があり、太陽が最高に高い位置を表す。トルコ最高の建築家シナンの最高傑作のモスクは丸を八の模様が囲み、八の柱に支えられているそうである。これはトホカミヱヒタメに似る。ヲシテと漢字の関係は前回に述べた。それではヲシテと他の世界の言語との関係はどうであろうか。

　それではさっそくヤマトコトバと他の言語の共通性をみることにする。山中襄太氏の著書「国語語源辞典」「続国語語源辞典」には夥しいほどのヤマトコトバと世界の類義発音の同義語が載る。次は主にそこから抜粋したものである。

一、「あめ（天）」（ａｍｅ）の項では、バビロニア語、アッシリア語ａｍａ（天）。スメル語ａｍ（天）。マルキサス島語（マルケサス諸島のことであろう）ａｍａ（天、光）。ラップ語、ノルウェー方言ａｌ（ｂ）ｍｅ（天、空、悪天候）。スウェーデンのリュレオ地方方言ａｌｍｅ（天、悪天候）。ウォグル語（ボグル語のことか。マンシ族、ウラル語族のウゴル語系に属する言語（ボグル語））ａｌｍｅ（天）など。他にも古代エジプトの太陽神・アメン神やキリスト教などに使われる「アーメン」も「あめ（天）」そっくりだ。

一、「きる（切る、斬る、伐る）」（「刈る」も載せる）は英語（ｋｉｌｌ）。モン語（モン族とは東南アジアに住む民族）ｋｕｔ（斬り放す）。クメール語（カンボジア語）ｋａｔ、ｋａｐ（切断する）。スティエン語（スティエン族、ベトナムとカンボジアの民族）、バナール語（ベトナムの民族）ｋａｔ、ｋｏｈ（切断する）。朝鮮語ｋｋａｌｌ（刀）、ｋａｌｌｋｉ（剪る）、ｋａｌｋａ～（分析）。トルコ語ｋｉｒｋｍａｋ（切る）、ｑｉｓ（切りつめる）、ｋｅｒｔｉ（切れ目）。モーコ語ｋｉｒｕｃｈｏ（切る）、ｋｅｒーｔｉー（切る）、ｋｉｓａ（切りつめる）、ｋｉｌｌｉ（刀）。フィンランド語ｋｏｌ（切る）。モン・クメール語（モン・クメール語派はインドシナ半島とその周辺で用いられる一群の言語）ｋａｔ、ｋｅｔ、ｋｕｔ。ムンダ語（ムンダ語派はインド東部からバングラデシュにかけて九〇〇万人ほどの人々が用いている一群の言語）ｇｉｒｉ等々。スメル語ｋｕｄ、ｋｉｄ（切る）、ｇｉｒ（短刀）。サンスクリット語ｋｈｕｒ（切る）。ギリシャ語ｋａｒｔｏｓ。ラテン語ｃｕｒｔｕｓ（切られたる）。ドイツ語ｋｕｒｔ。英語ｃｕｔ（切る）、ｃｕｒｔ（切られて短き）など。

一、「サク（裂く）」は、朝鮮語ｓａｋｉｔａ（刻む）。満州語ｚａｋａ（隙間、裂け目）。ツングース語（東シベリアからロシア沿海州・中国東北部に掛けて分布している言語）ｓｕｋａｄａｍ（切りつける、打つ）。モーコ語ｓｕｋｅｌｅｋ（斧で刻む、切りつける）。チャガタイ語（ティムール帝国ではペルシア語と並んでチャガタイ語が公用語であった）ｓｏｋｍａｋ（突く、刺す、刻む）。チュヴァス語（チュヴアシ語のことか　チュヴァシ共和国）ｓｕｋ（切りつける）。ヤクート語（ロシア連邦，レナ川流域に分布するチュルク語）ｓｕｇａ（斧）。フィンランド語ｓａｋ、ｓｚａｋ（裂く）。ウォグル語ｓａｋｅｍ（切る、刻む）。漢字の中で削（サク）・炸（サク）など参考。トルコ語ｓａｋ（裂くこと、割ること。名詞）。レプチャ語（インドと中国に挟まれたシッキム（現在　はインドの州）で話されている言語）ｓａｋ（裂く）。シャン語（言語分類的にタイ語と近い関係にある言語）・ラオス語ｓｉｋ（裂く）。クメール語ｓａｋ（入れ墨する、皮をはぐ）。ニコバル語（ニコバル諸島）ｓｏｋ（裂く）。バナール語（バナール族　ベトナム，カンボジア，ラオスの旧フランス領インドシナ地域に住む山岳少数民族の総称）ｓａｋ（殻をはぐ）。インド・ヨーロッパ語にｓｅｑ～（切る、切り裂く）という語根があって、それから古代スラブ語ｓｅｋｏ（カットする）、ラテン語ｓｅｃａｒｅ（カットする）、ｓｅｃｔｉｏ（切断）、英語ｓｅｃｔ（分派）、ｓｅｃｔｉｏｎ（切開、断片）、ｓｅｃｔｏｒｉａｌ（肉を裂くに適した、食肉獣の肉裂き歯）などが派生する。

一、他にも数多く掲載されている。

一、漢字については、「日本語と中国古語（漢字音）との類似例」に約二〇〇例が載る。

「アメ」は「ア」と「メ」から、「キル」「サク」はそれぞれ「キ」、「サ」と活用語尾ル・クから我が国で造られたコトバであり、外国の影響は受けていない。つまり「アメ」「キル」「サク」など↓諸外国語という図式が成り立つ。明治二八年生まれの山中襄太氏はホツマツタヘを見ていない。従ってその内容は玉石混交である。もしヲシテ文献を読み、ヲシテの構造を理解していたなら、精度が何倍、何十倍も増していたと思う。しかし、ヲシテと世界言語の共通性を見極めるのには参考になる。

今は便利な世の中になり、インターネットのグーグルの翻訳ではヤマトコトバを入力すると世界八〇以上の言語に翻訳され、中にはその音を読み上げてくれる。それを参考に我が国の一音節語と世界の言語を比較してみた。

一、ヲシテ文書に載る「サ」（ｓａ）は「南」の意味がありいろいろのコトバに付いて用いられる。ヲシテ「サ」の形は太陽の最高点の水平軌道を表していると思われる。そのためそのまま太陽も表す。「みなみ」（南）はアイスランド語「ｓｕｏｕｒ」。ノルウェー語「ｓｏｒ」。デンマーク語「ｓｙｄ」。

ドイツ語「suden」。ラテン語では「South」。イタリア語「sud」。スペイン語「sur」。インドネシア語「Selatan」など。「太陽」はクロアチア語では「sunce」。ジャワ語「srengenge」。アイスランド語、スェーデン語、スペイン語「sol」。ドイツ語「sonne」。チェコ語「slunce」。ラテン語「Solis」。ラトビア語「saule」。ルーマニア語「soara」。英語「sun」。太陽をアラビア語で「シャンマサ」と発音。

一、禁止を表すヤマトコトバ「ナ」（na）については、英語「not」。アイルランド語、ウェールズ語「ni」。アルバニア語「nuk」。イタリア語「non」。ラテン語「nec」。オランダ語「niet」。スェーデン語「inte」。ラトビア語「nav」。スペイン語「no」。チェコ語・クロアチア語「ne」。ドイツ語「nicht」。ハンガリー語「nem」。ルーマニア語「nu」。ヒンディー語「ネイ」。タミル語で「ニウライ」。ロシア語では「ニエ」と発音。英語の「not～」の構造は「ナ～ソ」とよく似ている。

一、「ヒ」（火）（hi）については、インド・ヨーロッパ系のギリシャ語「pyr」。ドイツの古語では「fiur」、現代語「feuer」。アングロ・サクソン語「fyr」。英語「fire」。フランス語「feu」。ゴート語「fon」。イスパニア語「fuego」。イタリア語「foco」。以上は「国語語源辞典」より。マレー語、インドネシア語「api」。フィンランド語「palo」。ポルトガル語「fogo」。カタロニア語、ルーマニア語「foc」。韓国語「ファンジエ」。タイ語で「ファイマイ」。ヒンディー語「ファク」、ギリシャ語で「フォテイア」と発音、など。

一、「カ」（ka）については、ホツマツタヘに載る「カの国」はユーラシア大陸の人々、地域にかなりの影響を与えたようである。今の中国に「カ」の国があったためと思われる。「中華」、「中華人民共和国」、「華、漢民族が自国を呼ぶ称」など「華」が使われており「カの国」そのものである。辞書には、「夏」「華夏」を「シナの古い自称」とある。また「大韓民国」の「韓（カン）」は「カ」を強調したものか。「カの国」はわが国伝統のトの教え（文）により人々の生活に多くの影響を与えた（化・カ）のであろう。そこで「カの国」・「カ」はそのもので文化、文明となったと思われる。文化を英語では「cultuer」。アルバニア語「kultuer」。ロシア語「культура」。ウクライナ語「Культура」。エストニア語「kulutuur」。トルコ語「kultul」。ドイツ語「kultur」。ブルガリア語「култура」。モンゴル語「соёл」。ノルウェー語「cultuer」。イタリア語「cultura」。オランダ語「cultuur」。ラテン語「cultuer」。タミル語では「カワラルペ」、アラビア語は「ファルカファ」と発音。また「日本語はヘブライ語と類似した単語が優に三〇〇〇語を超えて存在している」そうだ。ヤマトコトバの構造や意味が分かればさらに増えるであろう。一つの言語だけでこれだけ存在する。世界中何千とある全ての言語をヲシテの発音・意味・構造などの視点から調べて比べれば、数え切れないほどの影響を各言語に与えていると思われる。

これらによりさらにヲシテ↓諸外国語の図式はハッキリする。水は高い所から低い所に流れていく。世界で最も原初的なコトバや文字であるならば時間はかかるが当然世界に形を変えつつ広まっていく。我が国で発明されたヲシテは世界古代文字の中で飛び抜けて完成され、秀でている。そして古い。今我々が毎日使っている平仮名よりもはるかに優れる。ヲシテが完成されたのは六千年前～一万年前と推定しているが、それまでに何千年の準備期間があり、それらもまた広まったということも考えられる。

今は飛行機、テレビやインターネットなどの発達で情報の伝達は極めて早いが、大昔は各地の文化の伝達はのんびりゆったりしたものであったろう。それでも千年、二千年という単位の時間があれば我が国から世界中に伝わる。ヤマトコトバ、ヲシテ文明が中国に伝わっているのはすでにホツマツタヘに記されている。その先、中東、エジプト、ヨーロッパ、インドなどはシルクロードなどの古道により広まったのだろう。アフリカ大陸はエジプトくらいまでで、南アフリカまでは届かなかった。コトバが伝わるということは、これに伴いもろもろの文化や政治体制、宗教なども伝わっていくということであり、それらを取り入れながらその地域は栄えていく。

これら数多くの世界言語は関係ないという方が不自然に思われる。ヤマトコトバと世界言語との共通性をみると、ヤマトコトバはどこから来たのか解らないとされているようだが、その通りである。なぜならヤマトコトバはヤマト列島で発明されたからである。これもヲシテ文書によってのみ明らかとなることなのである。

常日頃はコツコツと地道にヲシテ文書と向きあっているだけであまり意識はしないが、ヲシテの世界観というのもまた重要で必要なことなのである。ヲシテは我が国の宝であるが、世界の宝でもある。こういう考えが国民に広く知れ渡っていたなら、ヲシテ文書の焚書とも思われる我が国開闢以来の最大の失政もなかったであろう。

アスス二七三一年（平成二六年）フミ月

・・・・・・・・・・・・・・・・・・・・・・

補説七　「八百万の神（やおよろずのかみ）」と「ヤモヨロカミ」

時々、テレビやラジオなどで「八百万の神」と言うコトバを聞く。八百万の神は、漠然とした多くの神々などの例えとして語られ、現代のヤマト人の思想にかなり影響を与えているようだ。読者も関心があると思う。

しかし、八百万の神自体が不思議なコトバで、意味もヲシテ文書の伝統と外れ、深い意味が全くと言っていいほど伝わっていない。

八百万の神

なぜこのようになったのか。その原因は古事記のようだ。小学館『日本大百科全書』の「八百万神《やおよろずのかみ》」の項に「神道(しんとう)で数多くの神々の存在を総称していうもので、実際の数を表すものではない。文献上の初見は『古事記』上巻の「天(あま)の岩戸」の段にある「八百万神、天(あめ)の安(やす)の河原に神集(かむつど)ひ集ひて」である。このほかに同様の総称として八十諸神(やそもろかみたち)、八十万神、八十万群神(もろがみ)などが『日本書紀』『万葉集』などにみえる。いずれも「八」が多数を意味し、本居宣長(もとおりのりなが)は『古事記伝』で「八百万は、数の多き至極を云(いへ)り」と述べている。」とある。

そもそも「やおよろずのかみ」というコトバ自体が不思議なコトバなのである。

「万」のことはヲシテ文書では「よろ」という。八百万の発音の基本は「やもよろ」でよいと思う(注)。ただ不思議なことにこれまた現代に万の位「よろ」が伝わっていない。つまり辞書に「よろ」で万を意味するコトバがない。またヲシテ文書の「よろ」の意味は数字の万でもあるが、数え切れない程多くの、という意味にも使用されてる。そして「ヨロヅ」というコトバはホツマツタヘにも登場するが、ヤモ(八百)と一緒には使用されていない。このように、「やおよろずのかみ」というコトバはヲシテ文書にはない。大変奇妙なコトバなのが解ると思う。

(注)「八百万」の「百」について。ホツマツタヘ安聴本の読みが「モ」と「オ」とあり、一定していない。またヲシテの形もいろいろあり。全ての用事例を見たわけではないが、「乇・百」の読みの基本は「モ」なので、筆者はこれでよいと思うが。

ヲシテ文書の「ヤモヨロカミ」

それではヲシテ文書の中から、「八百万の神」と似ている「ヤモ万神《よろかみ》」を挙げる。「ヤモヨロカミ」はホツマに三例、フトマニに一例記されている。

この時に　ヤモ万神も
諸民も　教ゑお聞きて
八千度《やちたび》に　子種得ること
定まりて　千度敬ふ
ノトコトぞこれ　　　(ホツマ一四アヤより)(一)
　　　　ニハリの宮の
御渡まし　天の御孫の
詔　守りお給はる
オキツヒコ　カシキのユフの
ミテグラに　ヤモ万神の
カン集へ　タカマのハラの

カン司　　ホギ奉る
ノト中に
　　オオタタネコお
　　　　　　　　　　（ホツマ二二アヤより）（二）
イハヒ主　オオミワの神
ナガオイチ　オオクニタマの
イハヒ主　普くふれて
神崇め　神名帳《かみなふみ》為す
神部して　ヤモ万神お
祀らしむ　ゑ病みむけ癒ゑ
ソロ実り　民豊かなり　（ホツマ三三アヤより）（三）
　　受けてアマテル
ヲヲン神　ヤモ万神に
詔　このフトマニ
四十九ヲは　モトモトアケの
サコクシロ　天の御祖に
よる形　　　　（フトマニ序文より）（四）

以上である。

ヤモ（八百）とヤモ（八方）

現代はあまり用いられないが、ヤモには八百の他に、八方の意味があり、ヲシテ文書では八方が多く使用されている。

例えば、

　　クニトコタチの
トコヨ国　八方八下《やもやくだ》りの
御子産みて　皆その国お
治めしむ　これ国君の
初めなり　　　　（ホツマ二アヤ）
　　各々御子お
五人《たり》産む　八方《やも》の世継ぎは
トヨクンヌ　　　（ホツマ二アヤ）
六代の継ぎ　オモタルの神
カシコネと　八方《やも》お巡りて
民お産む　　　　（ホツマ二アヤ）
　　アウワ現る
ミナカヌシ　国球八方《くにたまやも》に
万子《よろこ》産み　（ミカサ文タカマなるアヤ）

など。なぜ八方に八を使用しているのか。これらの例を見ても解るように、天神を中心とした記述になっているためである。

アのタカマの中心は天御祖神であるが、ワのタカマの中心は天神である。そして八方はモトアケであるトホカミヱヒタメの方角を表す。つまり東西南北と北東、東南、南西、西北の八方である。

先に挙げた（一）、（二）、（三）、（四）も天神や天君に関連した記述の中で使用されている。つまり、ヤモ万神は八方万神でも意味は通じる。八方のそれぞれの万神の意味になる。

更に八百万神《やおよろずのかみ》は、なぜ八の数字が使用されているのろうだか。六百、七百や九百でもよさそうなものだが、これらの事例はないようだ。従って例え八百としてもモトアケの八元神の影響を受けていると思われる。

またヤモには八方と八百が係っているともとれる。そして、八の百万神では数字が多いように思うが、意味は通じる。

これが現代に伝わっていない意味の一つである。つまりヤモやヤモ～のコトバは元々、モトアケや天皇に関わる記述に使用されるコトバなのである。もう一つよく伝わっていないコトバがあり、それは神である。

ヲシテ文書の神とは

本文第二編より現代の神との違いは、

一、多くのカミガミが実在した。
一、伝わらないタカマ・モトアケに関わるカミガミの存在
一、壮麗で壮大な身近なカミガミの体系がある
一、アマキミ（天皇）はカミであり、カミ上がりして後もカミとなる
一、カミガミは神聖なタカマにてマツリ（政治）を行っていた
一、ヒトはカミ、カミはヒトである

などであり、次も神に関わることである。

「ヲシテ文献を読んでいて、ヲシテ時代の自然界や人の神の捉え方は次のような印象を受ける。ヲシテ時代の人々は自然現象や人や物事の本質をよく観察して、そこに宿る力を何々神と名付けて敬う。具体的な理由がある。

例えば宇宙を創造した神はアメノミヲヤ神である。なぜ神なのかハッキリした理由があるわけである。またこの世界は気体（ウツホ）、液体（ミヅ）、固体（ハニ・ツチ）、火・熱（ホ）、そしてこれらを混ぜ動かす力（カゼ）の五元素から成り立っている。一つも欠けるとこの世界は成り立たたず、我々もこの世に存在しない。ハッキリした実体を伴う。そのためにミヅはミヅの神、ハニはハニ神、ホはホの神、カゼはカゼの神という神名を付けその神々を敬い尊ぶ。このように基本的には、具体的に実体のともなう力を神として敬う」（第二編より）。

天神や重臣や国神など、カミの使用例は実在の神々が多い。これは君や重臣が神の力を秘めて、実際にそのような働きをするから～神と呼ぶのである。

家を神として敬っている場面もある。それはホツマ二一アヤのムロヤの神である。

　　時にタクミは
ムのタミメ　そのノトコトは
天地の　開くムロヤの
神あれば　ヱヤは弱かれ
主は永かれ

クニトコタチまではムロヤが無く、人らしい生活ができなかった。クニトコタチにより、ムロヤから民の家やミヤトノ

（宮殿）ができる。そして多くの教ゑにより、トコヨ国がなっていく。室屋により国民が人らしい生活が出来るようになる。家がなくては我々は生活が出来ないという切実でハッキリとした理由がある。そのためにムロヤの神なのである。森羅万象何にでも神が宿るというのとは違う。

このように、ヲシテ文書に多く載る神の意味は八百万の神の神には、ほとんど伝わっていない。かろうじて自然の中の神は残っているかもしれないが、神の捉え方がヲシテ時代に比べ的確ではない。あまりにボーっとし、ぼやけている。

「ヤモヨロカミ」と「八百万の神（やおよろずのかみ）」の違いのまとめ

以上から、ヤモヨロカミと「八百万の神（やおよろずのかみ）」にはいろいろな違いがある。

「やおよろずのかみ」と全く同じコトバはヲシテ文書にはない。また「八百万の神」からは八方の意味はほとんど想像できない。「よろず」は「ヨロヅ」として載るがヤモヨロカミの中では使用されていない。そしてヤモ（八方）ヨロカミは天君（天皇）と供に使用されるべきコトバである。更に神の捉え方がヲシテ時代とかなり違う。このように「八百万の神（やおよろずのかみ）」とヲシテ文書の「ヤモヨロカミ」とは大きな違いがある。

アスス二七三三年（平成二八年）サ月

・・・・・・・・・・・・・・・・・・・・・・・・・・・

補説八　「ウスヰの坂」　ウスヰの坂は群馬県と長野県の境である

はじめに

ホツマツタへの中には、ホツマに載る地名の所在が現在ハッキリせず意見の分かれる箇所がある。その一つ「ウスヰの坂」を取り上げる。現在ウスヰの坂、つまり碓氷峠の所在は群馬・長野県境と神奈川県にある峠の二カ所に分かれる。ホツマツタへ研究者の考えもこの本文の最後に示すようにこの二カ所に分かれる。結論から述べると、「ウスヰの坂」は群馬と長野県境であるが、その理由を述べる。

またホツマに載るコトバが現在漢訳して使われているがその漢字が誤訳であるものがいくつもある。今回取り上げるのは、ウスヰの坂に関連するアツマの漢訳とその意味である。「アツマ」を漢訳して「吾妻、吾嬬」とし、千年以上前から今に至るまで各地の地名に残るが、実は「天（ア）ツマ」であり、「吾妻、吾嬬」は誤訳であった。

またこれに関連して「アツマアワヤ」の意味とカグノミハタ、ホツマツタへ、ミカサフミの三書とウスヰの坂の関係も取り上げる。ホツマツタへのこの箇所は紀記にも載るが、多くの違いがあるのでこれにも触れる。

今回「ウスヰの坂」と「アツマ」などを同時に取り上げたのはヤマトタケが「ウスヰの坂」に上る前に「アツマモリ」の塚をなし、ウスヰ峠の上で「アツマアワヤ」と嘆いたためである。そのためいろいろ関連して取り上げることになった。それではまず「ウスヰの坂」についてから述べていく。

ホツマツタへのウスヰの坂について

ヤマトタケの東征は天成る道の教えの説得、説明、確認の旅である。ヲシロワケのアマキミのミコトノリに「天成る道に　まつろはず」「恵みになづけ　ホツマなし　かたましものを　カンつ世に　まつろはせよ」（ホツマ三九アヤ）とある。またこれより以前第二十二代ミマキイリヒコ天つ神の世に四方に「ノリ教ゑしむ」ためにヲシを遣はし、ホツマ国はタケヌナガワケがホツマのヲシとなる。しかしこれを聞かず戦いを挑んでくる敵にはイクサをせざるを得ない。ヱミシやヱゾらの手勢はうち負かす。しかし、シマズやミチノクらはついに説明、説得した。ミチノクたちのように、各地の多くの指導者も天成る道が理解されず誤解している。今の時代のように交通網、情報網は発達していない。そのための教え、説明、説得の国巡りなのである。

ミチノクを説得したヤマトタケたちは敢えて海路ではなく陸路をとる。それも各地の国神への説明のためであろう。ツクハ山、サカオリの宮、サカムの舘という経路をとっている（第一次国巡り）。その経路、道路などの情報はタケウチ、モトヒコ、カトリトキ彦、オオカシマや行き先々の豪族などを通じて得たと思われる。由緒あるツクハの宮は東関東の内陸の重要拠点である。ツクハ宮の奥にはウツの宮、その先にはフタアレ（二荒、日光）宮が控える。ウツの宮とフタアレ宮の国神はこの時にツクハ宮にてヤマトタケ一行を出迎えたか、ツクハ宮より連絡は取れていると推察する。

ツクハ宮よりサカオリ宮の間はポッカリ空いているためヤマトタケは後にここに社を造らせる。正面にフジの山を望む由緒ある山梨県のサカオリ宮は甲府盆地にあり、関東平野とシナノ国を結び、そこからフジの山の裾野を東にも西にも抜けて大磯、三島、スルガなどの太平洋沿岸に行ける拠点である。

次の国巡り（第二次国巡り）である大磯から、ウスヰの坂・追分の経路までをホツマツタへに沿ってみていく。ホツマ三九アヤ「ホツマ討ちツヅ歌のアヤ」より。

　　　これソサノヲの
オロチおば　ツカリヤスカタ
神となし　ハヤスフ姫も
アシナツチ　七姫祭る
例しもて　形見をここに
塚となし　名もアツマモリ
大磯に　社を建てて
神祀り　ここに留まる
ハナ彦は　我が先御霊《さきみたま》
知ろしめし　川合《かわあひ》の野に
大宮を　建てて祭らす

ヒカワ神　　戦ウツワは
チチブ山　　キサラギ八日に
国巡り　　まつらふ印
カグカゴを　　屋棟《やむね》に捧げ
事納め　　ホツマの世々の
習わせや　　ウス井の坂に
ヤマトタケ　　別れし姫を
思ひつつ　　東南《きさ》を望みて
思ひやり　　形見の歌に
取りいだし見て
さねさねし　サカムのオノに
燃ゆる火の　ホ中に立ちて
問ひし君はも
これ三度　　アツマアワヤと
嘆きます　　アツマの元や
追分に　　キビタケヒコは
コシヂ行く　　国サカシラを
見せしむる

サカムの舘に入り、ヲトタチバナ姫を祭り、大磯に社を建て神を祀りここに留まるヤマトタケは、我が先御霊を知る。そして川合ひの野に大宮を建てヒカワ神を祭らせるように計らう。ツクハとチチブ間はかなり距離があるため、そのほぼ中間の南側、関東平野より少し入った大宮には社を建てる必要があったと思われる。現在ここに式内社（名神大社）、武蔵国一宮の氷川大宮神社が鎮座する。祭神は須佐之男命、稲田姫命、大己貴命。ここは富士山と筑波山を結んだ線と、浅間山と冬至の日の出を結んだ線の交差地点に位置するそうである。「川合ひ」というのはここで荒川と入間川が交わるためであろう。大宮は、先程述べたように、ツクハ宮とサカオリ宮を結ぶ直線上、関東平野の南側の中心に配置されている。川幅がヤマト最大である荒川の水源はチチブの山々であり、チチブ神社がある。ここは西埼玉県の山岳地の中心地であり、大宮神社とサカオリの宮を直線で結んだ北方にあたる。戦ウツワはチチブ山に納めているのでチチブの国神はよく信頼されていたのが窺われる。

オオイソの社にしばらく留まり、ヤマトタケは更に、天成る道を知らせるため、国々を巡る旅に出る（第二次国巡り）。先に津軽はシマヅミチヒコに、ナコソより北はミチノクに、ヒタチ、カヅサ、アワはミカサカシマに、カヒ、スルがはオオトモタケヒに、ミサシ、サガムはカグモトヒコに給わる。ヒタチのツクハ山は下野に近い。そのためウツの宮やフタアレ（日光）にも影響力があったと思われる。そのツクハにはすでに行っている。地図を見てもらうと分かるが、一次国巡りから残る地域は北関東のカミツケの国とその先のコシ国、シナノの国、さらにその先のキソ、ヱナ地方などである。つまり、国巡りの行き先、地域はしっかりした計画の元、行われているのである。

ウス井の坂を越えるのに、経路が載っていないが、群馬県の前橋、高崎地区から安中、松井田より碓氷峠を越えていったと思われる。少し長くなるが、その理由を以下に述べる。

まず、ウス井峠周辺は古来より、「碓日評（こおり）」「碓氷郡」や「吾妻郡」などが載り、近世、現在も碓氷峠、碓氷郡、碓氷村、碓氷川、碓氷神社、吾妻郡、吾妻町、吾妻川、追分けなどの地名がが残る。また北国街道、東山道、中山道なども あり、ヤマトタケ、キビタケヒコの時代の地形のままである。「（ヒシロの世四一年）キサラギ八日に 国巡る」とあり、ヲシロワケ天君（景行天皇）はアスス暦七八八年に即位したので、ヒシロの世四一年はアスス八二八年。今年はアスス二七三二年なので（平成二七年現在）、今から一九〇四年前に、ヤマトタケはウス井の坂を越えた。そこからさらにウス井の坂の西、追分よりコシ国とシナノの国に別れる。追分宿は、現在の長野県北佐久郡軽井沢町追分にある中山道の宿場で、中山道と北国街道（北陸道）との分岐点である。北国街道を行けばコシ国に行き、中山道を行けばスワからキソを通り、オハリ（尾張）に行ける。追分に抜けるのに前橋、高崎地区より南の下仁田から和美峠からも行ける。しかし敢えて前橋、高崎地区まで行きそこから碓氷峠を越えたと思う。それは前橋、高崎地区の豪族への天成る道の確認のためと思われる。


コシ国、シナノの国に隣接する北関東の群馬県には、ヤマト最大の利根川が流れ、烏川、ウス井川、鏑川、アツマ川など多くの支流が県内を潤し水資源に恵まれている。特に利根川水系には八ダムがあり、その内、五ダムは東京都を始めとする首都圏へ上水道を供給し、首都圏の水がめと言われる。

また高崎、前橋地区は関東平野の北にあたり、平地が多く農業に適している。さらに碓氷峠の東、高崎市周辺は現代もそうであるが古くから交通の要衝である。古代の東山道は信濃の佐久郡より碓氷峠、そして高崎、前橋地区を抜けて宇都宮、白河関、多賀城方面へと続く。後の時代、高崎市を通過する中山道は、坂本よりウス井峠を登りその先の追分けで北国街道と中山道に分かれている。そして高崎は越後への最短距離、三国街道の始点でもある。三国街道は上州（群馬県）高崎で中山道から分かれ、三国峠を越えて越後に入り、サドへの港である出雲崎に至る街道で、ほぼ現在の国道一七号に相当する。また高崎より大戸宿を通り鳥居峠に抜けて北国街道にも行ける。ウス井峠のある安中市の東隣が高崎市、その隣は前橋市。前橋市はもと厩（うまや）橋と書いたことからも東山道の駅があったと思われ、そこは前橋市元総社町付近一帯と推定されている。ヤマト一広い関東平野の国々にとって、関東平野の北にある高崎、前橋地区は越後、信濃などの北の玄関にあたり、東の宇都宮方面にも通じる。つまり高崎、前橋地区は東西南北の主要な街道の交差点、要衝である。そのため古来より交易が盛んで人々の往来も多い。平地、水資源にも恵まれ農業にも適地である。当然、文化も栄える。

前橋の東には縄文土器も発見され、その東にヤマトに旧石器時代の存在を証明した岩宿遺跡がある。群馬県の縄文時代の遺跡も多く、現在、群馬県で人々が生活しているほとんどの場所に縄文人が暮していたと言われる。群馬県内でも古代遺跡が注目されだしたのは、相沢忠洋（あいざわ ただひろ）氏が岩宿遺跡を発見してしばらくしてからであり、それまでは遺跡があっても、道路工事や開墾などはそのまま進められていた。

高崎市、前橋市周辺にも多くの旧石器時代からの遺跡が発掘されている。例えば滝澤石器時代遺跡（赤城山西麓、勢多郡赤城村滝沢見立、旧石器時代、縄文時代早期～晩期、弥生時代～平安時代）、赤城升形遺跡（旧石器時代、前橋市苗ヶ島町）、若田原遺跡群（縄文時代前期～古墳時代、高崎市若田町）、棟高辻久保遺跡（縄文時代～昭和、旧前橋飛行場跡・高崎市菅谷町付近）、倉渕村長井石器時代住居跡（縄文時代後期　高崎市倉渕町権田）、日高遺跡（弥生時代後期(二～三世紀頃）高崎市日高町）など。

古墳は県内で一万基以上が造られたと想定されている。そのため「埴輪王国」と呼ばれ、日本における埴輪研究の「メッカ」とされる。国宝・国指定重要文化財の埴輪全四二件のうち一九件（四五％）が群馬県から出土。高崎市にも古墳群がある。また群馬県に南隣する埼玉県の行田市には稲荷山古墳（稲荷山古墳出土鉄剣）がある。日本大百科全書（小学館）には、「上野国内には旧石器文化発見の端緒となった岩宿遺跡のほか、縄文、弥生文化にも特色がみられるが、古墳は約一万基の存在が推定され、その規模、副葬品などから古代東国文化の中枢であったことが知られる」とある。

これらによりヤマトタケの時代にも北関東の平野部には一大勢力があり、有力な豪族たちがいたのは間違いないだろう。ホツマに特別取り上げられていないのは取り上げる必要がなかったためと思われる。ヤマトタケ一行が足を運び天成る道を確認するだけでよかった。そのためにそこまで行ってから碓氷峠に向かった。そして当時から碓氷峠は重要な所であったようだ。その碓氷峠周辺は大変特殊な地形であり、それが人々の生活や軍事などに多くの影響を与えている。

ウスヰの坂を取り巻く地形

一、ヤマト列島上のウスヰ峠

ヤマト列島を見ると中部地域、関東周辺からクの字に折れ曲がっている。この地域は中央地溝帯、大地溝帯とも呼ばれ、これはヤマト列島を横断し、西縁は糸魚川静岡構造線（糸静線）、東縁は新発田小出構造線及び柏崎千葉構造線とされる。碓氷峠周辺はこの中にある。またヤマト列島を東西に中央構造線が走り、これも碓氷峠周辺を通過する。また碓氷峠周辺はユーラシアプレートと北米プレートの境界に近く、これらとフィリッピンプレートが交わる北側にあたるそうだ。

ヤマト列島は今から約一千五百万年前頃からユーラシア大陸と分離しはじめ、約三〇〇万年前頃にはほぼ今のヤマト列島の形になったそうだ。ヤマト列島はプレートの移動とそれによる火山活動でできた島であるが、碓氷峠周辺はその活動が顕著な地域である。上毛三山と言われる赤城山、榛名山、妙義山は火山活動でできた山で、碓氷峠のすぐ近くには妙義山がある。その南に碓氷峠の姫街道上の本宿を中心にした、現在の阿蘇のような約一〇キロに亘る本宿カルデラがある。そして追分の北側には世界有数の活火山、浅間山が現在も活動中である。この浅間山から流れる溶岩により、この地域は壊滅的な被害を被り、噴煙の風向きによって大打撃を受ける。漢字文献に残る大噴火は一一〇八年（天仁元年）と一七八三年（天明三年）に起き、ともに大爆発、大規模な火砕流、溶岩流が発生した。ヤマトタケの時代から天仁大噴火までにもう一、二回位、大きな噴火があったかも知れない。天仁元年の溶岩流は浅間山を南北に流れ、南側にある今の追分宿あたりや西側の御代田町の東半分を覆い尽くした。これを追分火砕流という。その厚さは平均で八メートルにも及ぶそうである。従って大まかな地形は変わらないが、ヤマトタケたちが通った追分がピンポイントで今の追分とは断定できない。ほぼ同じであろうとは思われるが。

また碓氷峠の北、群馬県と長野県の分水嶺である鼻曲山（はなまがりやま）の近く、霧積山《きりづみやま》から南の荒船山にかけては霧積・荒船隆起帯と呼ばれ、現在も年に一ミリメートルずつではあるが、隆起しているそうである。碓氷峠もこの上にあるので、約二千年前のヤマトタケの時代は今より約二メートル低かった。碓氷峠は標高は約一二〇〇メートル、高崎市の標高は約一〇〇メートルなので、単純に計算して今の碓氷峠ができるまでに約一一〇万年かかったことになる。

二、ウスヰ峠の地形

ウスヰ峠周辺の地形は中央分水嶺が南北に長いため、いくつもの峠が存在する。国道一八号線上の碓井峠は近代のものであり、他に旧碓井峠、入山峠、和美峠、内山峠、田口峠、余地峠、十国峠などがある。また東の群馬県側と西の長野県側の高低差が激しく、長野県側に行くと高原になっている。そのため峠を隔てて東西で気候も違う。ウスヰ峠の西は、夏は涼しく快適であるが、冬の寒さは厳しい。長野県は「日本の屋根」といわれるように標高の高い山々がそびえる。ホツマツタヘに「シナノは寒く」とあるが、このことを言っている。碓井峠、入山峠は中央分水嶺のため群馬県側の川は利根川に合流し太平洋に流れ、長野県側の川は信濃川、千曲川としてヤマト海（日本海）に流れる。このようなウスヰ峠の特徴を理解するのには鉄道が解りやすいと思う。横川から軽井沢に行くのにトンネルが掘れない。軽井沢が高原のせいである。そしてあまりに急勾配で危険なため、アプト式鉄道を採用せざるをえなかった。アプト式鉄道とは「スイス人アプト（1850 ~ 1933）の発明した特殊な鉄道。急坂を上下する時、すべりを防ぐため軌道の中央に歯を刻んだレール（ラックレール）を設置し、車両に取り付けた歯車とかみ合わせて滑りを防ぐ。」

三、ウスヰの坂はどの峠か

いくつかある峠はいずれも信濃に抜けて越後にも木曽にも行ける。ただホツマに「追分」とあるので、ウスヰの坂はまずこの内の旧碓井峠、入山峠、和美峠に絞られると思う。群馬県を通過する中山道から長野県に抜けるのには中山道の姫街道がある。それは大宮と高崎の中間で、群馬よりの埼玉県本庄から西に行き、下仁田を通り、追分方面に行く上州姫街道、下仁田より佐久市に抜ける信州姫街道がある。和美峠は上州姫街道上にある。これらの街道はヤマトタケの時代に存在していたかは不明である。ただやはり国巡りの目的を考えれば、下仁田より北の豪族も考る必要があり、経路は前橋、高崎地区を経過して横川、碓氷、追分けと思う。現在の前橋市に東山道の駅があったと考えられ地名も残っている。するとホツマツタへに記されているウスヰの坂は横川より分かれる旧碓氷峠か入山峠（今は廃道）のどちらかに絞られる。

次のページに「ホツマ・ウスヰの坂　関係図」あり。

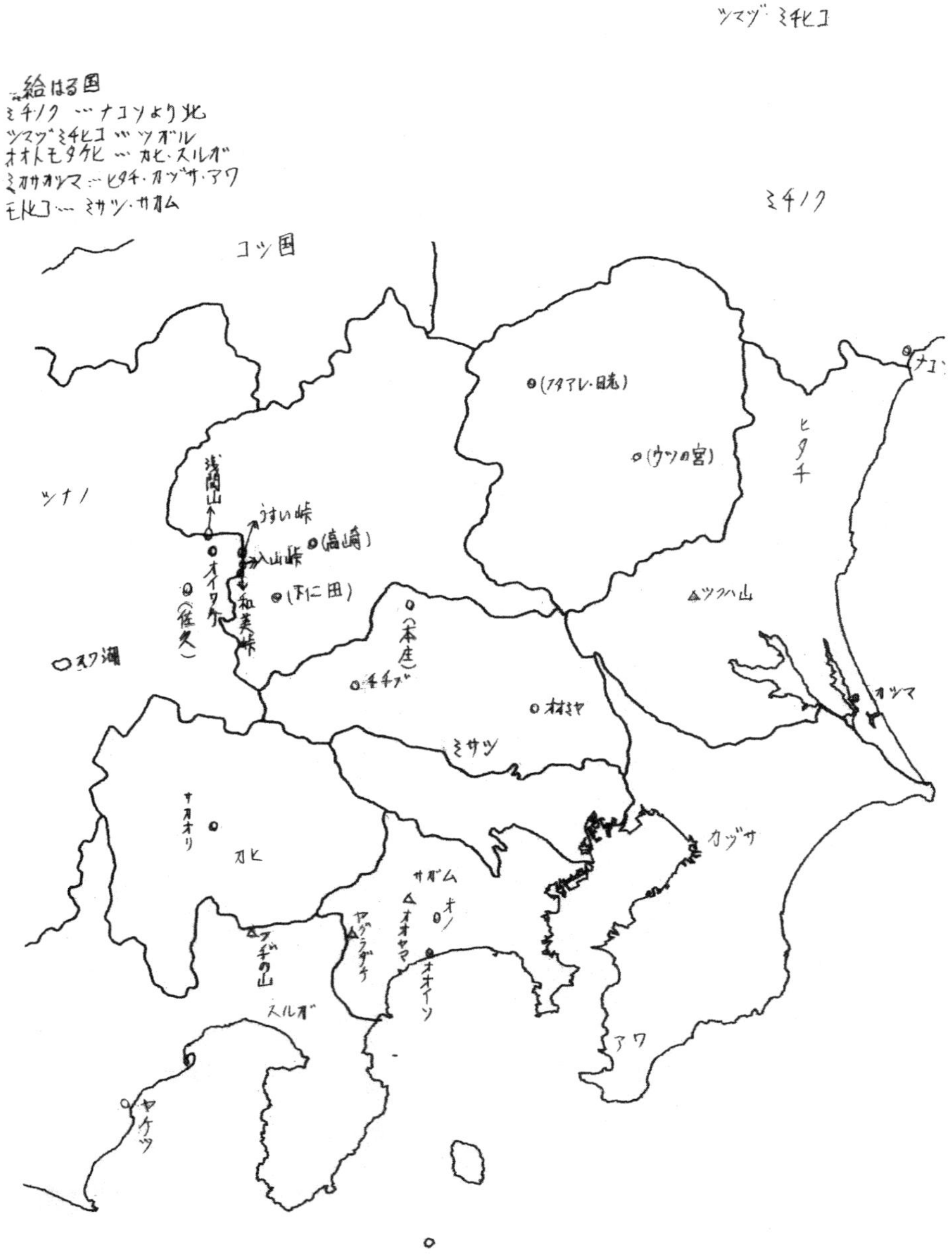

図七　ホツマツタヘ　ウスヰの坂関係図

入山峠の古代祭祀跡の発見

入山峠について江戸時代、天保年間の編纂とされる安中志に

信濃国境村境
観音堂　馬頭観音石像也。俗に数珠石観音と云。軽井沢の原へ出口なり

とあり、当時から入山峠に遺跡があるのは気付いていてはいた。数珠石といっても仏教は一切関係ない。そして初めて考古学的に調査発掘を行ったのは山崎義男氏であり、それは昭和三〇年である。出土物はガラス玉、臼玉、円板・双孔円板、剣形品、刀子形、未製品、鉄製品、土器、土師器、須恵器、石鏃（せきぞく）などである。

次に昭和四三年に長野県教育委員会、そして昭和四四年には大場磐雄氏や一志茂樹《いっししげき》氏らによって更に調査発掘された。山崎義男氏が発掘する以前にも、地元の人たちには馬のお守りなどとして良く知られていて、かなりの数の遺物が持ち去られている。いずれもかなりの数の遺物が発掘されているので、全体では相当数の遺物が眠っていたということになる。

年代については、「入山峠のものは年代的には四世紀後半から六世紀にかけてのものといわれている。これは東山道が官道として制定される以前のことであるが、その時すでに東山道の前身となる道がここにあり、それが東国と大和を結ぶ幹道であったに違いない」（松井田町誌より）。この記述はホツマツタヘに合致する。

昭和四四年の入山峠発掘の調査団長として参加した大場磐雄氏は神坂峠も発掘している。大場磐雄氏によると、「入山峠は信濃と上野との国境にあり、峠頂の遺跡は群馬県松井田町と長野県軽井沢町にまたがっている。標高一〇三五米を有し図に示したように矢ヶ崎山と潜岩の鞍部をなし、神坂峠と類似し、ここに立てば上野側に妙義・赤城等の諸山が一群に収められ、信濃側では秀麗な浅間山が目前に聳えて、景観もまた捨て難いものがあり、古代の峠路としては最適の地理的条件備えている」。出土物については「（入山峠の遺物の）形状等については神坂峠発見品と大差はない。特に臼玉が多いことは神坂峠においても同様であった」。神坂峠は信濃国と美濃国の境。山崎義男氏の最初の発掘によって碓氷峠の歴史の画期を迎える。碓氷峠には現在の碓氷峠と旧碓氷峠があり、旧碓氷峠は明治時代まで官道として使われていた。

入山峠と旧碓氷峠の地形の比較

ヤマトタケ、キビタケヒコ一行が今から一九〇四年前にウスヰの坂を上った（平成二七年現在）。当時はウスヰの坂は今より約二低mかった。しかし、他も二m低いので全体的な地形は変わっていない。入山峠と旧碓氷峠、碓氷峠は群馬県側の鉄道で有名な横川駅がある横川から分かれている。横川駅の西隣が碓氷峠鉄道文化村で、そばにに碓氷の関所跡がある。旧碓氷峠方面から流れる碓氷川と入山峠側の入山川もこ

こで合流し、碓氷川となって烏川に交わり、さらに利根川に合流し太平洋に注ぐ。横川駅の標高は約三八七m。旧碓氷峠は約一一九〇m。碓氷峠は約九六〇m。旧碓氷峠は碓氷峠よりも更に二三〇m高い。入山峠は約一〇三五mである。横川との標高差は旧碓氷峠は八〇三m、碓氷峠は五七三m、入山峠は六四八m。旧碓氷峠と入山峠との差は約一五五mである。

旧碓氷峠は、中山道第一の天険として、東海道の箱根峠と並び称せられたほど険しい峠である。私は碓氷峠のある一八号線と入山峠への碓氷バイパスを車で通ってみたが、碓氷峠は、入山峠のほうが標高が高いにも拘わらず、入山峠よりははるかに険しい。入山峠を通過する碓氷バイパスはゆったり山を登っているという感じであるが、碓氷峠は崖を登るという感じである。横川からのカーブ数が碓氷峠は一八四カ所に対し入山峠はたった四八。そして碓氷峠の道は急カーブ、U字カーブが多く道幅が狭く、普通車がやっと通れるような箇所もある。休日ではあるが、普通トラック、大型トラックに一台も会わなかった。この碓氷峠よりも旧碓氷峠は更に二三〇mも高いのだ。碓氷バイパスはカーブもゆったりして、道幅も広く、片側が二車線の追い越し車線のある箇所もある。大型トラックには何台も会う。このように旧碓氷峠、碓氷峠側と入山峠側では地形が明らかに違う。

この差は横川より坂本までゆったり上っていて、旧碓氷峠の分岐点でもある坂本の先から急激に上り坂になっているためと思われる。旧碓氷峠の勾配は国境から坂本宿までが一／一二．二に対し、碓氷峠の勾配は国境から坂本宿までが一／二九．七であるそうだ。一／一二．二の勾配は垂直に一米上がるためには一二．二m進むことで、旧碓氷峠のほうが標高が高いのでが勾配がきつい。

また軽井沢駅に行くのに碓氷峠はほぼ平坦であり、入山峠からはなだらかに下っている。それに比べ、熊野神社のある旧碓氷峠からは二五〇mも下る。軽井沢駅の標高は九四〇m。実際行ってみると、旧碓氷峠に鎮座する熊野神社の近くはかなりの急勾配であるのが解る。この急峻な旧碓氷峠を江戸時代には官道としていた。

高崎・前橋方面に抜けるのに入山峠があり、さらに和美峠からは下仁田・富岡に抜けられ、江戸へ行くには近道である。和美峠は上州姫街道と呼ばれ江戸時代、入山峠とともに使用されていた。上り下りの険しい旧碓氷峠を官道としたのは敢えてそうしたとしか思われない。軍事のためであろう。

碓氷峠・旧碓氷峠方面、霧積川の横川よりほんの少し行ったところに霧積橋がかかっていて、説明書きがある。そこには「碓氷関所時代、現在地霧積橋よりやや上流に川久保橋が架けられていた。この橋は、正しくは碓氷後関所橋と呼んで中山道を結んでいたが、橋桁の低い土橋であったため増水時になると度々流失した。関所設立当初は軍事目的を優先したからである。橋が流失すると川止めとなり、旅人や書状などの連絡は中断された。このため、関所には、大綱一筋、麻綱一筋が常備されていて宿継ぎ御用綱として使われ書状箱を対岸に渡すことに使われた。細い麻綱を投げ渡して大綱を張り、大綱に竹輪を通して麻縄を操り、丁度ケーブルカーのようにして書状箱を渡したという。川止めとなっても増水の危険を冒して渡河する人もいた。なかでも参勤交代の大名行列は日限も予定されているので渡河を強行したという。大名の渡河に際しては、番頭も河原に罷り出て見届けた。」とある。増水時になると度々流失するような橋桁の低い土橋を敢えて架けていたわけである。国民がより便利になることをするのが伝統のマツリであるが、武力で国を治めるということはこういうことを国民に強いるという一例である。

なお、碓氷峠を通る旧一八号線は交通事情のためバイパスを造らざるを得なくなり、測量の結果、入山峠道が主なルートに決まり、できたのが現在の碓氷バイパスである。碓氷の名が付くが通る峠は入山峠で、昭和四六年一一月開通。碓氷バイパスはほとんど古い入山峠道に沿っているという。地元の人々はより良い道を太古より知っていたわけだ。

入山峠に向かう集落の遺跡

一志茂樹氏によると、「なお、旧碓氷峠経由路線環境と入山峠経由のそれとにおける考古学的出土遺物についてみるに、前者には、これまで何等の発見もないのに、後者にあっては、峠の頂上から磨製石斧一個と黒曜石及び硅岩《けいがん》の破片が出土しており、入山渓谷では、峠から二粁下った最初の部落である赤坂、つづいて重田・遠入・若宮・原と縄文式遺物が出土しており、とくに重田はこの谷での最も大きな集落址と推考され、石棒も数片出土し、土器片は豊富に出土しているが、土器編年からは賀曽利E式が多く、次いで堀之内式、僅かに賀曽利B式が認められるとのことである。また、土師器は赤坂をはじめ各地に出土し、遠入からは彩色のある高坏脚、復元可能な櫛目のある坩（カン・「つぼ」のこと）を出土しているなど、この峠が縄文式文化時代から引続き通路として用いられていたことが実証され、峠の頂上から石製模造祭器が発見されても不思議ではないのである。」

これはヤマトタケ、キビタケヒコ一行がこの峠を通過する前から入山渓谷には集落があり、峠が使用されていたことを思わせる。ホツマツタへの記述からもヤマトタケ、キビタケヒコ一行は既に使用されている街道を通っていたわけである。「オヒワケ」は既に存在していた。ということは後に北国街道、中山道などと呼ばれる街道の原型が既にそこにあった。地形から考えても峠は遥か太古から存在していた。そしてこの遺跡の記述もホツマの記述に合う。

各氏によるイニシへの碓氷峠は入山峠説

次に各氏の古代のウスヰの坂は入山峠説を紹介する。

一、昭和四四年の入山峠発掘顧問である一志茂樹氏は

「以上、縷々論じてきたことでおよそ想像されるように、

入山峠が最初の碓氷峠であることは、ほぼ確実とみてよいと考える」

一、昭和四四年の入山峠発掘団長の大場磐雄氏は、

「以上のように入山峠の遺跡はその地形及び遺物の内容から見ても神坂峠に類似し、古道に相当していることは疑いがない。現在の碓氷峠という熊野神社の所在地は、地形から見ても、また周囲の景観からしても最古の峠とは相違があり、同所に熊野神社が奉斎せられたのは中世頃からのものであろうと考えられるから、古東山道の碓氷坂は入山峠であると推定を下すことが妥当であると考えられよう。」

一、「碓氷峠」の著者、萩原進氏はその著書の中で、

「碓氷郡松井田町入山の入山川と遠入川の合流点が約五〇〇米で、そこからは坦々たる勾配となっているから、そこを基点としてみると、群馬県側は峠との標高差が約五〇〇である。碓氷峠（一二〇〇）と信濃線横川駅（約四〇〇）との標高差は、実に八〇〇であるから、自然法則に従えば、入山峠の方が通行が容易である。この道が古くに主道であったという推定は、入山峠の古代祭祀跡の発見によっていっそう確かめられる」とし、遺物については「旧東山道の道と思われる地点のうち三カ所から古代祭祀跡の遺物が発見されている。他の二は神坂峠と雨境峠で、入山峠と共通した模造品とS字状口縁をもつ甕《かめ》が出ていることで、ともに東山道の古い交通を物語るものである」とする。

一、筆者（加部）の感想

群馬県の碓氷郡、長野県の軽井沢町の歴史は古く、何万年、何十万年前から人々は生活していた。遺跡などから考えて、アメノミナカヌシ時代にも人々は生活していた。その後はおそらくクニサツチ、トヨクンヌシやその子孫が国を治めていたのだろう。

今から一九〇五年前というのは、碓氷郡、軽井沢町の歴史の中ではそれほど古い時代ではない。入山峠、和美峠が地形的に主要道であるが、入山峠が自然現象など何らかの原因によって通行できなくなった場合には険しいが、旧碓氷峠も必要になる。碓氷郡を通過しないのであれば下仁田回りの和美峠道でもよいわけだ。

ヤマトタケの時代にはウスヰの坂も追分も存在していいたし、漢字名ではないが北国街道や中山道も存在していた。その後、東山道の時代には高崎、前橋地区より下野や陸奥に行きやすいので入山峠越えが主要道であり、戦国時代や江戸時代には軍事上、険阻な旧碓氷峠を敢えて主要道にした、ということであろう。

熊野神社

旧碓氷峠には熊野神社が鎮座する。社の中央で長野県と群馬県に分かれ、中央が本宮である。長野県側が熊野皇大神社、群馬県側が熊野神社。中央の本宮（両県に鎮座）の祭神が伊邪那美命、日本武尊。熊野神社（新宮）の祭神は速玉男命。

熊野皇大神社（那智宮）の祭神は事解男命。この神社を説明の都合上、熊野神社と呼ぶことにする。

似たような境界で、長野県と群馬県の県境にまたがる四阿山（あずまやさん）の頂上に「上州宮」「信州宮」とよばれる二つの小祠が祀られていて、その中間が国境線となっているそうである。なお四阿山は吾妻山・吾嬬山などとも呼ばれている。因みに勿来海水浴場の近くの勿来の関跡にも同じような国境があった。

熊野神社は複雑な経過をたどって今に鎮座しているようだ。熊野神社は式内社ではない。「安中志」には「嶺の熊野大権現三座、本宮伊邪那美命、新宮速玉男命、那智宮事解男命、上野国・信濃国鎮座」とあり、日本武尊の名はない。また神社の由緒記に日本武尊はあるが、内容はタケヒトの時代のヤタノカラス、イサナミのクマノ、キソ谷のヒルなどの記事が入り、残念ながらまぜこぜになっている。

熊野神社は式内社の長倉神社ともいわれる。しかし鍵を握ると思われる、長倉公園内にひっそり佇む式内社・長倉神社の古文書は、天明三年（一七八三）、浅間山大噴火の際焼失してしまう。ただ長倉神社の祭神は誉田別命、息長足姫命、玉依姫命である。

軽井沢には平安時代に制定されたという長倉牧があって、今でも広く長倉の地名が残る。入山峠の軽井沢側の地名は長倉で、それが追分まで続いている。東山道の長倉の駅はこの道上であると思う。ナガクラの地名は、ヤマトタケがウスヰの坂を越えて一泊して出かけるところを、二泊、三泊と長く留まったために長・クラ（座）となったのかもしれない。

熊野神社には銅鐘が新宮に収められ、そこに次の漢字が彫り込まれている。

奉　施入臼井到下今

熊　野　大　鐘　事、

正応五年壬辰卯月八日

右志者、為松井田一結衆

一二人現当悉地成就也、

正応五年は一二九二年である。臼井到下（うすいとうげ）と記される。そして今熊野とあることにより、この時に熊野を勧請したのであろう。

また由緒記、「安中志」などによると、熊野社（注）をはさんで、群馬県側の横川の手前にある松井田町新堀の鳥井坂と長野県側の軽井沢町の鳥居原に熊野社遙拝のための大鳥居が立てられて、神輿の休憩地であったということである。鳥居原の先には追分がある。これは新田義貞（一三〇一―一三三八）の寄付によるものであるようだが、この地域にはもともとこの謂われ、由緒があったのであろう。このためヤマトタケの時代は入山峠より直線的に追分けにいったと思われる。

以上から、古くより入山峠は地元住民により峠の神として祭られていた。そこにヤマトタケ一行の通過、歌のことなどにより立派な祠が造られる。あるいは一行を記念して改められる。そこに一二九二年頃に熊野社を勧請し、そのために銅鐘が奉納される。その後、一三三〇年頃に熊野社（入山峠）に新田義貞による大鳥居や社領の寄付があった。入山峠にはその時にはまだ熊野社があったわけである。その後、旧碓氷峠に主要道が移るに従い、移転したものと思われる。

（注）この神社は当初入山峠にあったと思われる。軽井沢町の鳥居原は入山峠と追分を直線で結んだ線上にある。

万葉集の歌など

ヤマトタケが
さねさねし　サカムのオノに
燃ゆる火の　ホ中に立ちて
問ひし君はも
これ三度　アツマアワヤと
嘆きます　アツマの元や

と歌ったのは今から一九〇四年前（平成二七年現在）であるから西暦に換算すれば、今年が二〇一五年なので、西暦一一一年となる。万葉集巻（七五九年以降）十四に上野の国の二十二の相聞歌が載る。これは相模国、常陸国、武蔵国などの諸国のなかで一番多い。そのうちの一首、「日の暮れに　碓氷（宇須比）の山を　越ゆる日は　背（せな）のが袖も　さやにふらしつ」。また巻二十に防人の歌として「ひなくもり　碓日（宇須比）の坂を　越えしだに　妹（いも）が恋しく　忘らえぬかも」とある。ヤマトタケの「さねさねし～」の歌もそうだが、これらの歌も入山峠で歌われたと思われる。

他に在原業平（八二五～八八〇）、宗良（むねよし／むねなが）親王（一三一一～?）、松尾芭蕉、小林一茶、与謝野蕪村などが、ウス丰の坂を行き来し、浅間山に因む歌や俳句を詠んでいる。

民謡にはウス丰峠や追分に因む信濃追分がある。信濃追分は民謡の王様と呼ばれる江差追分の源流と言われる。信濃追分は信州追分の宿で歌われた座敷歌で、そのもとはウス丰峠を越え行く馬子唄であろう。この「信濃追分」が越後に伝わって「越後追分」となり、さらに日本海沿岸を北上して，その間に「酒田追分」（山形県）、「本荘(ほんじょう)追分」（秋田県）など各種の節回しの追分節を生み、天保(一八三〇－四四年)のころに北海道に定着して「松前追分」「江差追分」となった（世界大百科事典 第二版による）そうだ。旧碓氷峠は必死に崖を上り下りするという勾配であるが、入山峠路はカーブも大きくゆったりしていかにも馬子歌が似合う。「信濃追分」の元歌の馬子唄は入山峠路で古来より歌われていたと思う。はるか神代から馬は使われ、ヤマトタケ・キビタケヒコ一行も馬や馬子を使用したと思われる。信濃追分の歴史も今いわれている以上に古い可能性がある。

絵画では谷文晁が「日本名山図会」の中で浅間山を描いて

いる。浮世絵では安藤広重・池田英泉の「中山道六十九次」の中で、坂本・軽井沢・沓掛の駅・追分宿が描かれている。また亜欧堂 田善（あおうどう でんぜん）の「浅間山図屏風」などの作品がある。

追分、碓氷の関所

長野県北佐久郡軽井沢町大字追分には追分宿があり、追分宿郷土館がある。その近くに追分の分去れの道しるべの碑がある。国道一八号線の傍らなため車がひっきりなしに通る。

しかし、この碑近くには昔の風情が残る。その碑に「さらしなは右　みよし野ハ左にて　月と花とを　追分の宿」とある。追分は中山道と北国街道の分岐点である。追分宿は江戸時代には広大な本陣があり、計一二二軒の旅籠屋、茶屋、商店、その他の職人などがいて大いに賑わった。ただここは、既に述べたように浅間山の天仁の大噴火による追分溶岩流をまともに受けた。その厚さは平均で八メートルにも及ぶ。そのためホツマツタへに載るオイワケがピンポイントでここであるかは解らない。しかし、追分溶岩流も限定的であり、それ以外の周りの地形はほとんど変わっていないことから、その近くで大きな間違いはないと思う。この追分でヤマトタケはナカヤマ道（中山道）によりキソヂに向かい、キビタケヒコはコシヂ（北国街道）に分かれる。我サキミタマを悟ったヤマトタケは、ここを通過しこの年に神上がる。

碓氷の関所跡は入山峠道沿いの国道一八号・碓氷バイパスと旧国道一八号が交わる横川にある。碓氷関は足柄関とともに東国では特に重要視されていた。碓氷関の設置は意外に古く、類聚三代格（るいじゅさんだいきゃく）に載る昌泰二年（八九九年）。その後、時代の推移により廃止、設置の後、武力により日の本を制圧した徳川家康により軍事的に管理され明治まで続く。

紀記による記述

今取り上げているホツマツタへのウス ヰの坂にまつわる記述が紀記にどのように漢訳され残されているであろうか、見ていくことにしよう。まず日本書紀から。

「蝦夷既に平（む）けて、日高見國より還（かへ）りて、西南（ひつじさるのかた）、常陸を歴（へ）て、甲斐國に至りて、酒折宮に居（ま）します。時にヒトモシて進食（みをし）す。是の夜、歌（みうた）を以て侍者（さぶらひひと）に問ひて曰（のたま）はく、

新治　筑波を過ぎて　幾夜か寝つる

諸（もろもろ）の侍者、え答へ言（まう）さず。時にヒトモせる者有り。王（みこ）の歌のに続けて、歌（うたよみ）して曰（まう）さく、

日日（かが）並（な）べて　夜には九夜　日には十日を

即（すなは）ちヒトモシの聡（さとり）を美（ほめ）たまひて、敦（あつ）く賞（たまひもの）す。則ち是の宮に居（ま）しまして、靫部（ゆけひのともの を）を以て大伴連の遠祖（と

ほつおや）武日に賜ふ。

是に、日本武尊（やまとたけるのみこと）の曰（のたまはく、「蝦夷の凶（あ）しき首（ひとども）、咸（ことごとくに其のツミに伏（したが）ひぬ。唯信濃國・越國のみ、頗（すこぶる）未だ化（みおもぶけ）に従うはず」とのたまふ。則ち甲斐より北（きたのかた）武蔵・上野を轉歴（めぐ）りて、西（にしのかた）碓日坂（うすひのさか）にイタります。時に日本武尊、毎（つね）に弟橘姫（おとたちばなひめ）を顧（しの）びたまふ情（みこころ）有（ましま）す。故（かれ）碓日嶺に登りて、東南（たつみのかた）を望（おせ）りて三たび嘆きて曰はく、「吾嬬（あづま）はや」とのたまふ。故因（よ）りて山の東の諸國を號（なづ）けて、吾嬬國（あづまのくに）と曰ふ。是に、道を分（くば）りて、吉備武彦を越国に遣して、其の地形（くにかた）の険易（ありかた）及び人民（おほみたから）の順（まつろひまつろはぬ）を監察（み）しむ。則ち日本武尊、信濃に進入（いでま）しぬ。是の國は、山高く谷幽（ふか）し。アヲき嶺（たけ）萬（とほく）重（かさな）れり」。

ホツマツタへと日本書紀を比べてみると、ホツマはナコソよりニハリ、ツクバに行き、そこからサカオリに行く。しかし紀はツクハは載せず、日高見國より常陸を経て甲斐国の酒折宮に到っている。経路はほぼ合っている。そこで歌のかけ合いをする。そして紀はホツマにあるサカムの舘、大磯の滞在や重要な「サキミタマをしろしめす」などは載せない。そのためヤマトタケ一行はここから「武蔵・上野を轉歴（めぐ）りて、西（にしのかた）碓日坂にイタ」る。紀の「則ち甲斐より北（きたのかた）武蔵・上野を轉歴（めぐ）りて」は脚色である。更に武蔵は大磯から見れば北であるが、甲斐からは東である。大磯の出来事が抜けたのでこうなったとも考えられる。しかしホツマツタへにこのようには記されていない。考えられる経路ではあるが。そして「西（にしのかた）碓日坂（うすひのさか）にイタります」は、「西」の文字の付け足しがあるが、ホツマ「ウスヰの坂に」に対応する漢訳になっている。そして「さねさねし〜」の歌も載せず、「吾嬬はや」は不正確である。「追分け」は載せていないが、「道を分（くば）りて」がこれに対応する。「吉備武彦を越国に遣して、其の地形（くにかた）の険易（ありかた）及び人民（おほみたから）の順不（まつろひまつろはぬ）を監察（み）しむ。」は脚色はしているが、ほぼホツマ通り。そして「日本武尊、信濃に進入（いでま）しぬ」の文言も、ホツマに記されてはいないが、経路は合う。

この箇所の日本書紀の内容は、ゴツゴツとした文章の流れと奇妙なヤマトコトバが大変読みづらく、ホツマの内容の省略、付け足しが多い。経路だけに限ってみると、新治・筑波と大磯を省略してあり、これを付け足せば一応つながる。そしてかろうじて碓日坂には行き、そこより吉備武彦が越国に、日本武尊が信濃に行くのは合っているが、ホツマの豊富な内容に比べ、大変薄い内容である。そして抜けている箇所はあるが、次に述べる古事記のようにホツマの内容の前後の入れ替えはない。

次に古事記は、

「其れより入り幸（い）でまして、走水の海を渡りたまひし時、其の渡（わたり）の神浪を興して、船を廻らして得（え）進み渡りたまはざりき。爾（ここ）に其の后、名は弟橘比賣命白したまひしく、「妾（あれ）、御子に易（かは）りて海の中に入らむ。御子は遣はさえし政を遂げて覆（かへりごと）奏（まを）したまふべし。」とまをして、海に入りたまはむとする時、管（すが）畳八重、皮畳八重、キヌ畳八重を波の上に敷きて、其の上に下り座しき。是に其の暴浪（あらなみ）自ら伏（な）ぎて御船得進みき。爾に其の后（きさき）歌ひたまひしく、

さねさし　相武（さがむ）の小野に　燃ゆる火の　火中に立ちて　問ひし君はも

とうたひたまひき（5）。故、七日の後、其の后の御櫛海邊に依りき。乃ち其の櫛を取りて、御陵（みはか）を作りて治め置きき。

其れより入り幸（い）でまして、悉に荒夫琉（あらぶる）蝦夷等（えみしども）を言向（ことむ）け、亦山河の荒ぶる神等を平和（やは）して、還り幸（い）でます時（2）、足柄の坂本に到りて（1）、御粮食（みかれひを）す處、其の坂の神、白き鹿（か）に化（な）りて来立ちき。爾に即ち其の昨（く）ひ遺したまひしヒルの片端（かたはし）を以ちて、待ち打ちたまへば、其の目に中（あた）りて乃ち打ち殺したまひき（8）。故、其の坂に登り立ちて（4）、三たび嘆かして、「阿豆麻波夜（あずまはや）」と詔云（の）りたまひき。故、其の國を號けて阿豆麻と謂ふ（6）。即ち其の國より越えて、甲斐に出でまして、酒折宮に坐しし時、歌曰（うた）ひたまひしく、

新治　筑波を過ぎて　幾夜か寝つる

とうたひたまひき。爾に其の御火燒（みひたき）の老人（おきな）、御歌に續（つ）ぎて

歌曰（うた）ひく、

かがなべて　夜には九夜　日には十日を

とうたひき（3）。是を以て其の老人を誉めて、即ち東（あづま）の國造を給ひき。

其の國より科野國に越えて（7）、科野の坂の神を言向（ことむ）けて、尾張國に還り来て、」。

古事記の記述の特徴は、奇妙なコトバ遣いなどもあるが、ホツマツタへの記事があちこち飛んでいることである。まず、ヲトタチバナ姫が畳を何枚も敷いて「入水」する。このすぐ後に、ウスヰの坂で歌うべきはずの、初句が四音の「さねさし～」の歌が歌われる。それより「蝦夷等を平（やは）」し、

そこからツクハには行かず、足柄の坂本に行く。ここの足柄はホツマではこの前に載る「アシガラ山に　攻め到る」の記事であり、この箇所は紀記ともに漢訳していない。それがここにいきなり入り込む。ホツマツタへの「アシガラ山に　攻め到る」後に、また足柄に行く必要はない。その後、蛭の話になるが、これは後のキソヂの話で、それが前もってここに出る。ホツマの「君は知ろして　蛭一つ　はじけばまなこ撃ち殺す」に対応する漢訳は、日本書紀にはあるが、古事記にはない。次の「「阿豆麻波夜（あずまはや）と詔云（の）りたまひき。故、其の國を號けて阿豆麻と謂ふ。」はホツマのウス井の坂での嘆きであるが、ここに書かれる。そこからこんどは「甲斐の酒折宮」に行き、「新治～　」の歌の掛け合になるが、ここは本来ならば、「蝦夷等（えみしども）を～平和（やは）」してニハリ、ツクハに行き、その後に書かれるべき箇所である。また「足柄の坂本に到りて」から「故、其の國を號けて阿豆麻と謂ふ」までがここに挿入されているともとれる。しかし、この挿入されている部分の中でも前後が違う。また、「是を以て其の老人を誉めて、即ち東（あづま）の國造を給ひき」は違う。ヒトボシヨスナが賜ったのはタケダ村である。「東（あづま）の國造」の「あづま」は早すぎる。ヒトボシが歌ったのは酒折宮であり、そこから大磯に行ってからウス井の坂に向かう。「東（あづま）」という言葉は、ホツマツタへによれば、アツマモリ（形見おここに塚となし　名もアツマモリ）が最初で、ウス井の坂の「アヅマあわや」、「アヅマの元や」より広まったと思われ、それ以前の酒折で使われているのは早すぎる。さらに酒折宮から「科野國」に向かう。これはホツマのウス井の坂より、ヤマトタケが、シナノキソヂに行く下りの記事である。このように大変ややこしい。デタラメも甚だしい。

ホツマツタへの順序は（1）、（2）、（3）、（4）、（5）、（6）、（7）（8）であるが、それが（5）、（2）、（1）、（8）、（4）、（6）、（3）、（7）となっている。一つとして続いているところがなくバラバラである。どうしたらこうなるのか、今後これが一つの研究課題になる。試みにこの古事記の内容をホツマの順に列べてみると、

足柄の坂本に到り（1）、

其れより入り幸（い）でまして、悉に荒夫琉（あらぶる）蝦夷等（えみしども）を言向（ことむ）け、亦山河の荒ぶる神等を平和（やは）して、還り幸（い）でます（2）。

即ち其の國より越えて、甲斐に出でまして、酒折宮に坐しし時、歌曰（うた）ひたまひしく、

新治　筑波を過ぎて　幾夜か寝つる

とうたひたまひき。爾に其の御火燒（みひたき）の老人（おきな）、御歌に續（つ）ぎて

歌曰（うた）ひく、

かがなべて　夜には九夜　日には十日を

とうたひき（3）
故、其の坂に登り立ちて（4）
歌ひたまひしく、
さねさし　相武（さがむ）の小野に　燃ゆる火の　火中に
立ちて　問ひし君はも
とうたひたまひき（5）
三たび嘆かして、「阿豆麻波夜（あずまはや）」と詔云（の）りたまひき。故、其の國を號けて阿豆麻と謂ふ（6）。
其の國より科野國に越え（7）
御粮食（みかれひを）す處、其の坂の神、白き鹿（か）に化（な）りて来立ちき。爾に即ち其の昨（く）ひ遺したまひしヒルの片端を以ちて、待ち打ちたまへば、其の目に中（あた）りて乃ち打ち殺したまひき（8）

省略、不完全なところはあるが、粗筋でホツマツタヘに近くなる。古事記の原文よりよほどましだ。これらの並びをバラバラにして（5）、（2）、（1）、（8）、（4）、（6）、（3）、（7）にすると古事記になる。

このように古事記は、日本書紀のように省略、付け足しなどに加え、不完全な漢訳の部分の前後を不自然に入れ替えている。そのため経路も、蝦夷から足柄、酒折、そして酒折から科野國と、ホツマと違っている。重要な「我が先御霊　知ろしめし」は勿論書かれず、ヤマトタケの「国巡り」の意図も考えられていない。まるでハサミで切って適当に貼り付けたかのようである。とても日の本の国造りの源になる国書という内容ではない。どうしたらこうデタラメになるのか、これを誰が行ったのか。このことを追究することが今後の研究課題である、というような残念な内容である。

ホツマタヘから現代へ、ホツマ真書の証明

ホツマツタヘによればトヨクンヌと御子は一二〇人であった。そして、オモタル、トヨケの時代には千五百氏に増える。律令制下の郡の数が約五五五なので、その約三倍というかなりの数である。ということは、いわゆる縄文時代には全国を千五百のクニトコタチの子孫達がおのおの治めていた。日の本を四五国とみれば一国あたり約三三人となる。

上野の国もクニサツチ、トヨクンヌやその子孫達が治めていたと思われる。上野の国の地名の一部が具体的にホツマツタヘに登場するのはこのウスヰの坂、アツマのみである。ミチノクやシマヅ、クマソ、サホヒコ、タケハニヤスなどのように天成る道に大いに逆らえば、ホツマツタヘに取り上げざるをえない。取り上げられないということは静かに地道に天成る道を守り役割を果たしていた、と考えられる。

追分よりキビタケヒコと別れたヤマトタケはキソ路よりミノに抜けるが、その途中、存在したであろうスワやヱナなどの国神のことは記されていない。しかし、苦しめるシラカなどの記事はやや詳しく記されている。ホツマの記述、おびただしい古代遺跡数、後の律令国家の上野の国の待遇などから、目立たないが、コツコツと天成る道に従っていたことを窺わせる。

また榛名《はるな》という地名は全国に群馬県にしかない。従って榛名神社や榛名山周辺がホツマツタヘ八、一七アヤに登場するハルナハハミチの本拠である可能性もある。ハルナハハミチは地方の豪族で、かつてネのマスヒトにソサノヲの詔を持ち出され、たぶらかされてアマテル神に刃向かった。捕らえられたが、この事情が認められ、その後、タカマの殿上を許され、アマテル神との問答もホツマに記されている。そして大神の教ゑやトの教ゑを良く守り、任された国造りに励み続けたようだ。ちなみに延喜式には、上野国は当初は上国だったが、弘仁二年（八一一年）に大国に昇格。天長三年（八二六年）には上総国・常陸国とともに、国守に親王を任ずる親王任国となっている。

ヤマトタケとキビノタケヒコ一行は大磯よりウス井の坂に至り、追分でコシヂとキソヂに分かれていく。特別に荒立ったことは何もなく、おそらく天成る道の確認だけであったのだろう。ミチノクはカグモトヒコには連携を誘い断られ、北関東の豪族にも断られたようだ。ヲシロワケアマキミ、ヤマトタケとは友好関係にある。そうでなければヤマトタケ一行はウス井の坂は越せないし、争いがあればホツマに記される。またウス井・アツマ・オヒワケの地名も大切に後世に残している。噂などによる疑念もヤマトタケに謁見することによってスッキリ晴れる。とすれば豪族の首長たちはヤマトタケと謁見し同行、一行の持てなし、道案内などいろいろ便宜を図る。峠の坂もお供をする。その峠は入山峠であろう。その時には薄日の坂も追分もあったと考えられる。そこでヤマトタケはいっとき止まり、ヲトタチバナ姫の形見の歌を歌い、姫を偲ぶ。コウス御子がしばし留まり（居（井）て）、歌を詠む。そのためウス井（碓居）であるが、ウスヒ（薄日）と発音がほぼ同じである。井とヒやイなどは混同しやすく、これはヲシテ文書の中でも見られる。ウスヒとウス井は奇遇であるが、これについてはホツマには記されていない。

ウス井の坂の上野国側の地域は後に碓氷郡となっている。そして、アツマの名は、シナノ国とその東の国を分ける東国の地名となる。安聰本には「故に袍圖模（ほつま）を改めて阿圖模國（あつまくに）と曰ふ本縁なり」とある。また、ウス井郡に北接する地域がアツマを戴き後に吾妻郡となったのではなかろうか。碓氷郡と吾妻郡は親しい関係があるようだ。またオヒワケはそのまま今に伝わり、コシヂは北国街道となる。

ウス井について、ホツマツタヘへのヲシテ表記は安聰本、長弘本、長武本（内閣文庫本）ともウス井で同じ。漢字表記は飛鳥京跡出土木簡に「碓日評（こおり）」とあるのが初見。日本書紀は碓日坂、碓日嶺。古事記には無し。万葉集は宇須比。延喜式、続日本紀は碓氷郡。和名類聚抄に碓氷と書き、読みは「宇須比」。他に臼井峠、臼井坂、笛吹峠、竿吹峠、春居峠などがある。熊野神社の銅鐘は臼井到下。

入山峠を含む軽井沢周辺は霧が発生しやすい。群馬県側から何百米も高いので、上昇気流は雲となり霧となる。私が行った時も横川から入山峠方向を見ると雲がかかっていた。中央分水嶺である旧碓氷峠や入山峠は軽井沢よりさらに高所なので霧が発生しやすい。霧は軽井沢の名物で、標高の高い峠道は気温の変化の大きい時や雨や曇りの時に良く出るそうだ。軽井沢は霧が多く、年平均一二〇日〜一五〇日以上も霧に包まれる年もあり、七月に二三日、八月に二〇日のこともあったという。ヤマトタケが通過するまでの入山峠の名はウスヒ・薄日（つまり日が薄いこと）の坂であったのではなかろうか。

その峠をコウス御子が通り、しばしヰ（居）て歌を詠んだ。その後は是に因みウスヒがウスヰになったとも考えられる。そしてウスに臼、碓ウスヰであろうがヒとヰは紛らわしい。ヤマトタケのイミなどの漢訳が多いのはこのためであろう。ヤマトタケは双子名はハナヒコで、名をコウス御子と言う。后ハリマノイナヒヲイラツ姫が臼はたに餅花を為しである。そのために小臼（コウス）と名付けた。しかて双子を産む。し薄日もよく峠の情景、性質を現している。万葉集の歌、「日の暮れに　碓氷（宇須比）の山を〜」、「ひなくもり　碓日（宇須比）の坂を〜」も薄日と置くと意味が良く通る。

ウスヰの坂にちなむアツマの表記、読みは以下のようである。日本書紀「吾嬬」。古事記「阿豆麻」。貞観四年（八六三年）の太政官符に「吾妻郡」。延喜式（九二七年完成）は「吾妻（あかつま）」。和妙抄は「阿加豆末」とする。しかし、アツマのアを「吾」とするのは誤りである。アを漢訳するとすれば「天」であろう。アはアメやアメナル道などのアである。

木簡「碓日評」出土の飛鳥京は飛鳥時代の京跡である。飛鳥時代は、一般には推古朝（五九三〜六二八）前後から大化改新（六四五）までとするのが普通であるそうだが、これをさらに天智朝（六六二〜六七一）ごろまで下げて考える説も美術史家の間で行われており、さらに時代を下げて平城遷都（七一〇）までを飛鳥時代とみる説もある。古事記は和銅五年（七一二）、日本書紀は養老四年（七二〇）の撰。つまり記紀の撰上の前から「碓日評（こおり）」が使われていたということになる。碓日評が後に碓氷郡になった。そして吾妻も太政官符（八六三年）、延喜式（九二七年）には登場し現代まで続く。すると、吾妻評、吾妻郡なども飛鳥時代には存在していた可能性もある。

イニシへよりウスヰとアツマという地名が対で存在し現代まで続く。近くのオヒワケも同じでコシヂなどの地形も同じである。ホツマツタへ通りに地名が今も残り、地形もほぼ合っている。これもホツマ真書を証明する一つである。

ヤマトタケはその年に神上がりする。ヤマトタケに謁見し、お供をしたであろう地元の国神やその一行、関係者は「ウスキ」「アツマ」や「オヒワケ」などの名を大切に敬い、後世に残したのではなかろうか。

「アツマアワヤ」を読む

「アツマ」は「吾ツマ」ではなく「天ツマ」である。それでは「天・妻」であろうか。「天・妻」も含まれるが他の意味も込められているようだ。それをホツマツタヘによりヲトタチバナ姫が入水される場面から見ていく。ホツマ三九アヤ「ホツマ討ちツヅ歌のアヤ」より

時ヤマトタケ
大磯を　カヅサへ渡す
イクサ船　漂ふ風を
鎮めんと　ヲトタチバナは
へに上り　「アメツチ（天地）祈り
我が君の　イツをヤマトに
立てんとす　我君のため
タツとなり　船マモラ（守ら）んと」
海に入る　諸驚きて
求むれど　遂に得ざれば
波なぎて　御船着きけり
（略）
「これソサノヲの
オロチおば　ツカリヤスカタ
神となし　ハヤスフ姫も
アシナツチ　七姫祭る
例しもて　形見をここに
塚となし　名もアツマモリ」
大磯に　社を建てて
神祀り　ここに留まる
ハナ彦は　我が先御霊
知ろしめし　川合の野に
大宮を　建てて祭らす
ヒカワ神　戦ウツワは
チチブ山

解りやすくア、ツ、マモラとアツマモリに横線を引いた。「アツマモラ」は未然形で、「アツマモリ」は連用形止めの名詞形になる。この場面は不完全に紀記に載るが、この箇所は記紀にない。アは天のことであり、ツマは妻でヲトタチバナ姫の意味も含まれるがア（天）・ツ（地）・マ（守）も含むと思う。

ここもそうだが、アツマアワヤの場面も公の場であるので、ア（天）ツ（地）マ（守）が主で、そこに今は無き姫・天妻を添えるというほうがヤマトタケの立場上合っていると思う。この度の東征は誤解され、失われそうな天成る道を教え諭すための行軍である。それなのに吾妻森では、吾が妻で、私的なことだけになってしまう。

ヲトタチバナ姫をこういう形で亡くしたヤマトタケの悲しみは計り知れず、我々庶民には理解が及ばない所もある。かつてイサナギがイサナミを失ったときも、我々には想像もできない程大変悲しんだ。しかし余りにオオヤケのことばかりでは神や人らしくない。アツマモリには何ともいわれない微妙なバランスが込められていると思う。

なおアツには篤く、熱く、厚くという意味もある。そうするとアツマモリは篤く守るになり、この場面に合う。そしてツを助詞として捉えるとアツマはホツマの構造に似る。さらにアは天で天にいる妻であるが、ツやマはヲトタチバナ姫の大いなる働きは天に繋がる働きという意味もあるかもしれない。またアツマとアツタ、ホツマも似ている。

ヲトタチバナ姫の決意と行動は船に乗っていない全ての味方に伝わった。そしてヤマトタケ軍の恐るべき戦意と行動は敵軍にも鳴り渡ったのではないだろうか。それ以降、ウスヰの坂を越えるまで戦闘は起きていない。

そもそもこの度のイクサ立ちはホツマ、ヒタカミが天成る道にまつろはない所から始まる。そしてヲトタチバナ姫は父タジマモリと祖父カグモトヒコとの友好関係により、この度のイクサの先鋒としてカグモトヒコと共に小野の城を固める。しかし、ヱミシによる小野の城攻めによりまさに焼かれ死ぬところをヤマトタケたちにより救われる。そして船が遭難に遭うと自ら命を投げ出してヤマトタケ一行を守る。父のタジマモリは、カグの木を求めにヒタカミ・ホツマを回り、第二十三代イクメイリヒコ天君の後を追い神上がりした。そしてヲトタチバナ姫は守り神となり夫ヤマトタケを守り、ホツマ国を守り、天成る道を守る。イサナミ神をも思い起こさせるような行動力である。

父タジマモリの先祖は新羅の君の子・アメヒボコ。二代モロスケはイクメイリヒコの臣でタジマモリは五代目。ヲトタチバナ姫は父タジマモリと母ハナタチバナ姫（カグ君・カグモトヒコの姫）の姫御子。父のタジマモリと姫のアツマモリとはよく似る。

ヲトタチバナ姫は正に命を懸けてヤマトタケを守り、ホツマ国を守った。これはヤマトタケや重臣は良く理解して、ウスヰ坂周辺の国神にも既に鳴り渡っている。ウスヰの坂は中央分水嶺であると同時にヒタカミ、ホツマ国とシナノ国との境界である。ウスヰの坂を越えるということは、ヒタカミ、ホツマの行軍を守ってくれたヲトタチバナ姫とも別れることでもある。

　　　　ウスヰの坂に
ヤマトタケ　別れし姫を
思ひつつ　東南《きさ》を望みて
思ひやり　カタミの歌に
取りいだし見て
「さねさねし　サカムのオノに

燃ゆる火の　ホ中に立ちて
問ひし君はも」
これ三度　アツマアワヤと
嘆きます　アツマの元や

ここのカタミの意味は、すでに亡くなってしまったが、生前の姫を歌った姫を思い出させる歌のことであると思う。従って「さねさねし～」の歌はヤマトタケの歌でこの中の「君」はヲトタチバナ姫のことであろう。キサ（東南）には氷川大宮神社があり、その先には上総沖の波が荒い太平洋の外海となる。

この場面は「さねさねし～」の三度の歌により、ヤマトタケの姫に対する私情が強く出されている。ヲトタチバナ姫の命がけの行動は周りのお供の人々も良く承知している。従って「アツマアワヤ」のアツマともども私的にツマ（妻）がより強く出されても不自然ではない。そのほうが人情的であり親しみがもてる。

しかし、先に述べたようにア・ツ・マの意味もあり、さらにアツマのあとにアワヤとある。「ワガツマアワヤ」になっていない。このアワヤは次に「嘆きます」とあるように詠嘆の意味も含まれる。しかしどうもこれだけではないようだ。

ホツマツタへの中でアワのみで感動詞と思われる箇所はあまりない。しかし、古語辞典には「感動したり、驚いたりしたときに発する語」として載るのでこのコトバは古くからあるようだ。また辞典には「あわや」もあり、「危急の時に驚いて発する声。」、「すんでのところ。危うく。すわや。」などとある。ホツマツタへに「アワヤ」は七、二三、三三、三四アヤとこの場面の五例載る。この内、三三、三四アヤは同じものでこれは「危急の時に驚いて発する声。」、「すんでのところ。危うく。すわや。」であろう。七アヤのアワヤは難解である。前後にアワが載るのでこれにヤがついたもと思われるが、このアワは天地と父母であろう。単なる感嘆詞だけではないと思う。残る二三アヤのヤに参考になる意味が含まれているようだ。二三アヤのアワヤは難しい部分もあるが詳しく説明されている。

それ八重は　昔二神
国しらす　物言ふ道の
アワ歌の　アは天と父
ワは母ぞ　ヤは我が身なり
このアワヤ　喉より響く
ハ二の声　国をしらする
種なれば　アワはアワ国
ヤは八方の　アオヒトクサの
名も八民　ヤは家居なり
タは治む　ミは我が身なり
アワ国の　ヤ（社）にいて八島
しらすれば　ヤは八つならず

百千万　　重ぬる節の
ヤヱ垣ぞ

ヲトタチバナ姫はアマカミの御子・ヤマトタケの妻の位であるので、二神やオオモノヌシとは違う。しかし、国を守るということに関しては似ている。「ヤは我が身なり」はすでに神となったヲトタチバナ姫にも例えられる。そしてアワヤは「国をしらする種」であるので、これもヲトタチバナ姫に共通するものがある。

ヲトタチバナ姫にはヤマトタケとの間に御子七人がいる。その御子を後にし、小野の城に下り、さらにイクサ船より神上がりする。一つにはヤマトタケは国境であるウス井の坂でその姫への別れの心情と功績を最大限歌ったものと想像される。そのために二三アヤのアワヤも含まれていると思う。そして悲痛なこの歌を三度歌ったこの年にヤマトタケも神上がりするのである。そしてヤマトタケの遺言によりホツマツタへ、ミカサ文、カグの文が成っていく。ウス井の坂は国の境界であるが、色々な意味で時代の分岐点を象徴する重要な場所であろうと思う。

紀はほつまの（あ）（い）（う）の箇所を載せずいきなり「吾嬬者耶」とする。「吾嬬」のみでは意味が限定され、まったく広がりようがない。そして、ただ自分の妻のことだけではこの場所と場面ではまことに似つかわしくなく不自然である。さらに元々「ア」は「吾」ではない。記は「さねさし相武の小野に〜」と「阿豆麻波夜」がバラバラに書いてある。また五ネ七ミチの歌になっていないし、ワが抜けている。

ヤマトタケはヲトタチバナ姫を亡くし、アツマモリを為し大磯に社を建て、神を祀る後に我サキミタマを知ろしめす。天成る道が廃れたためにこのような状態になったわけで、その時から武力ではない方法でアマテル神の時代のようにできないか、深く思いを巡らし始めたのではなかろうか。ホツマツタへはアマテル神の教えが中心である。この時よりカグミハタ、ミカサフミ、ホツマツタへ三書の構想が始まったと考える。ミカサフミにはヤマトタケの遺し文によりカグミハタ、ミカサフミ、ホツマツタへが作られたと記されている。いかにするかの答えがこれであり、アワヤの国をしらする種はこの三書のことであるとも考えられる。

するとウス井の坂でヤマトタケはヲトタチバナ姫への深い悲しみと功績を歌うと同時に、国難をなくすにはいかにするかをも歌った。アツマモリの塚をなし大磯に社を建てて神を祀ってからしばらく経つ。すでにその構想は固まっていても不思議ではない。後世の全てのトミやタミも二度とこのようなことがないようにすることが、亡くなった臣下や姫への最良の弔いとなる。それらが凝縮してアツマアワヤに込められているのではなかろうか。

ヤマトタケはこの年にノホノにて神上がりする。オオトモタケヒはすんなり都に帰っている。ヤマトタケはヲシロワケ君の御子であるが、ヤマト一の最強な武人でもある。そしてヤマトタケにはキビタケヒコや歴戦の屈強の精鋭も控えていた。イフキ山へは都に帰ってからも行ける。既にヲシロワケ天君の第一位の最愛の御子であるヤマトタケがそのまま都に帰っていたら、間違いなくは第二五代天君になっていただろう。するとヒカワ神がアマカミになるという形になる。なぜヤマト一のツハモノが「剣解き置き」「神路にニギテ無く」なのであろう。周りの歴戦の護衛はどうしたのであろう。これではあまりに無防備で敗れに行くような状態である。遺し文より一五年後にホツマツタヘとミカサフミは奉呈されているので、じっくり準備して行われたと思われる。

「碓氷峠、神奈川県足柄」説は誤り

碓氷峠が「神奈川県足柄下郡箱根町宮城野」であるという説があるようだ。しかし、これは古事記による説であり、ホツマツタヘが発見される前の見解である。古事記のホツマツタヘに対応する記述は見ての通りであり、ホツマツタヘとあまりに違う。

また碓氷峠が神奈川県であるとは角川書店の「日本地名大辞典」にもまったく載らない。元々ここにはなかった地名であるため、古来より地名にまつわる伝統がなく、根付いていないのもそのためである。碓氷峠の足柄説は古事記の誤った内容に基づくのは明らかなので、この説は間違いであると断定する。

なおウィキペディアに「これ（入水した弟橘媛を偲んで、「吾妻はや」と三回嘆いたという伝説）は現地（神奈川県足柄下郡）に当初からあった伝説ではなく、近代の歴史学者・久米邦武が明治時代に唱えた説によって結びつけられたもの」とある。

ウス卄の坂の諸説

ウス卄の坂がどこなのか、諸説あるので次に載せる。

一、月刊「ほつま」二九、昭和五一年六月号より、「日本武尊の本国よりの帰路に就いては、古事記は下手な歴史小説家のプロットにも似た例の勝手な筆法で古伝の順序を倒錯し、書記は、ウスヒノサカを上野碓氷峠としたが、実は相模の足柄山の碓氷峠が真実である」。

月刊「ほつま」七三・七四、昭和五五年二月・三月合併号より、「云ふまでもなく、ホツマではタケノ命が越えられたのはウス卄ノサカ、即ち今日の箱根の碓氷峠であると思はれるのに、書記はこれは「碓日坂」とし、今の群馬県の碓氷峠にもってゆき、古事記は「足柄の坂下」などといつもながらに改竄してしまった」。

※月刊「ほつま」四九、昭和五三年二月号の「ヤマトタケノ命東征から神上りされるまでの全行程」の手書きの地図にはチチブ山からスワ湖に経路の矢印があり、その間にウスヒ峠とあり。

二、月刊「ほつま」七三・七四、昭和五五年二月・三月合併

号より、「碓氷峠といふのは、宮城野の諏訪神社の横（仙石原より）の所」。、

※「宮城野」とは神奈川県足柄下郡箱根町宮城野のことである。「月刊ほつま」だが、これは箱根子涌園の石沢沈雄氏の説である。

三、「ホツマで読むヤマトタケ物語」より、「ヤマトタケさんの涙のウスヰの坂は、箱根の宮城野から、仙石原に抜ける古道に位置しています。現在では、箱根の温泉街を見降ろす小峰に大きな石碑が建てられて、大磯のヲトタチハナヒメの海岸線を今も見守っています」。

四、「釈注・ほつまつたゑ下巻」の中でヲシテ「ウスヰノサカ」を「碓氷の坂」と読み下し、注に「群馬県碓氷郡松井田町と長野県北佐久郡軽井沢町との境にある峠」とあり。

五、検証ホツマツタヱ四四号の「ホツマ討ちツヅ歌のアヤ」の訳文の中より、「さて、碓氷峠を越えた追分で君は随伴してきた吉備タケヒコを越路に向かわせ、越邦の動静を見てくるよう命じられた。（省略）。追分で吉備タケヒコと別れたヤマトダケは一人西に向かわれれた」。

アスス二七三二年（平成二七年）ミナ月

・・・・・・・・・・・・・・・・・・・・・・・・・・・

補説九　「アツマ」は「天《ア》ツマ」である

普通に使用されている地名漢字が、本来の意味とは違って使用されているのが幾つも見受けられが、その一つを取り上げる。それは「吾妻」である。

元々アは天などの意味をを持つ。これは辞書にはなくヲシテ文書によって初めて知ることができる。しかし、数多く載るヲシテ文書の中で吾に間違えやすい箇所がいくつかある。その一つが「アツマ」なのである。そして今日「吾妻」と誤り、これが続いているのは日本書紀によるところが大きいと思われる。そして元々アには吾の意味はないので、吾の意味の使用は廃れ消滅する。しかし吾妻は地名なのでそのまま残ったと考えられる。

ヲシテ文書の「ア」の意味と「ア（天）～」のコトバ

辞書には「ア」のみで「天」の意味が載らない。「ワ」で「地」の意味も載らず、従って「アワ」で「天地」の意味が今日に伝わっていない。これらはヲシテ文書によって初めて蘇るコトバである。ヲシテ文書に載る「ア」のみの意味は、一、原始宇宙のこと。二、現宇宙。三、アメノミヲヤ神。四、アモトカミ。ミヲヤカミと八《や》モトカミ。天命。五、アのタカマのこと。六、モトアケ。七、サコクシロのこと。八、天地の天のこと。地に対する天。九、ハのタカマ。朝廷。一〇、アメナル道のこと。一一、アマテル神のこと、一二、アマカミのこと、などに別れると思う。またこれらの意味の重なると思われる箇所もある。

また「ア（天）～」によるコトバもいろいろ載る。例えば「アア」、「アイ」、「アイキ」、「アウ」、「アウヌ」、「アウワ」、

「アキリ」、「アハレ」、「アヒ」、「アフユ」、「アナミ」、「アナレ」、「アネ」、「アノイノチ」、「アノツミ」、「アノヒツギ」、「アノミチ」、「アノミヤイリ」、「アノメツケ」、「アノモノ」、「「アノアワウタ」、「アノサキリ」、「アキリ」、「アマ」、「アミコ」、「アメ」、「アモト」、「アツタ神」「アチ」、「アテ」、「アラミタマ」、「アスス」、「アシロ」、「アユキ」、「アヱ」、「アヲ」、「ウヌア」、「ミウノア」、など。「アマ」と「アメ」だけでもかなりの数が載る。そしてこれらのほとんどが辞書に載らず、今に伝わっていない。

このように数多く載る「ア」や「ア〜」には、当然ながら、「吾」という意味はない。その中で「ア（天）〜」を「吾」に間違えやすい箇所がいくつか存在する。その内の一つが「アツマ」なのである。これらはヲシテ文書の内、ホツマツタヘの中にあり、ヲシテ研究者の中でも間違えやすい。そのため、間違えやすい箇所を一つ一つ見ていくことにしよう。

ホツマツタヘに載る間違えやすい箇所

一、まず初めの箇所はホツマツタヘ七アヤ「遺し文サガをタツアヤ」に載る

カグの木　枯れても匂ゆ
萎れてもよや　アガツマ　アワ
アガツマアワヤ　萎れてもよや
アガツマ　アワ　（一）

である。この場面は岩戸隠れしたアマテル神を神計りして、オモヒカネ神がい出し奉ろうとしてこの歌を歌っているところ。

この「ツマ」に関連して、三六アヤに、トヨケが「民の父」であり、「君母の子を　恵むノリかな」とあり、アマテル神は民の母と捉えられている。タマキネはアメの星の九クラを現す卜宮に例えられ、地上には母のようにこまごまと民を慈しむ現人神のアマテル神がおられる。九クラの民の父に対して、民を子供にように気遣う母という意味である。

この時、アマテル神は岩戸の中に籠もらざるをえない状況に陥っている。そこで岩戸の外にいないはずの「ア（天）が妻」の歌が歌われる。そのため、これはどうしたことかと岩戸を開けた所を、タチカラヲによりい出し奉るということと思う。キミ笑み細く窺ったのは、アマテル神の好奇心であろう。オモヒカネ神が深く計った一つがこの点ではなかろうか。この歌はオモヒカネの歌であり「ア」を「吾」とすると、「私（オモヒカネ）の妻」では意味が解らず通らない。

二、次に紛らわしい箇所は　ホツマツタヘ九アヤ「八クモ討ち琴作るアヤ」より

イナタ姫して
オオヤヒコ　生めばソサノヲ
ヤスカワに　行きて誓ひの
男の子生む　ア勝つと言えば

の「ア勝つ」の「ア」である。

これは七アヤ「ネに到る後　子を産まん　女《め》ならば穢れ　男《を》は清く　これ誓いなり　～　我穢れなば　姫を得て　共恥見ん」を受ける。ここの「ア」は「吾」に間違えやすい。七アヤのソサノヲの一方的な誓いが良いかどうかは別として、ソサノヲは子供が男の子であるか女の子であるかはアメ次第である、ということは理解している。

であればここの「ア」は「吾」ではなく、そのアメに勝つ、アメに選ばれると言っているのではなかろうか。その結果、私の方が正しいともとれる。また「ア」にタカマやアマテルも含まれているかもしれない。ソサノヲはまだ完全には悟っていないため、タカマやアマテルに対抗心が残っている。我こそ天にかなう、ということであろう。

人のタマシヰ・タマノヲを下すのはアモト神なので、ここの「ア」はアモト神のことである。またはタカマとアマテル神のこと。「吾勝つ」であれば「ワカツ」にすべき所であるが、原文は「アカツ」である。

三、同じく九アヤ

アモにふる　アガ蓑笠ゆ
シムのミキ　ミチヒはさまで
荒ふる恐れ

難解の歌であるが、ここで問題にしているのは「アガ」で、この「ア」はアメミヲヤ、タカマ、ハのタカマである朝廷、アマテル神など、いろいろな意味が含まれていると思う。これらに逆らった大罪が「アガ」の「ガ（罪）」である。その結果がソサノヲが今身につけている「蓑」と「笠」と続く。ここも「アガ」が「吾が」であれば「ワガ」となるはずであるが、原文は「アガ」である。

四、一三アヤ「ワカ彦イセ・スズカのアヤ」より。

　　　家を治むは
兄なれど　病めるか親に
叶はぬは　弟に継がせて
アコとなせ

第三代トヨユクンヌ天神の代よりキミ・トミ・タミと別れ、天成る道が備わっていく。その民の家々が末永く続くのは天成る道、イセの道に繋がることである。天成る道は民一組からして重要である。天なる道の天は民の家々と繋がっているのである。家を継ぐためにはその家の主と妻により、天から子供を授からなければ家を継げない。家を継ぐ者は特別にアメ（ア）より授かる子（コ）、アコと呼んで重んじたと思われる。ここも「我が子」であれば「ワコ」でいいわけだ。

※安聰本は「嫡子（アコ）」。

五、二九アヤ「タケヒト・ヤマト討ちのアヤ」より。

カンカゼの　イセのウミなる
イニシへの　八重這ひ求む
下民《したたみ》の　アコよアコよ
下民の　い這ひ求めり

討ちてし止まん

この場面は、タケヒトがニギハヤヒに対して、ソサノヲの故事を持ち出し、ニギハヤヒがいかなることを行っているのかを歌い、強く諌めている場面である。「下民のアコ」がソサノヲでありニギハヤヒと考えられる。この「ア」はアマカミであり、「コ」はアマカミの子や子孫のこと、そして下民になった者でソサノヲでありニギハヤヒのことである。

今ニギハヤヒはソサノヲと同じように、天君の位を求めようと下民のような身分から言い張っている。確かに天君の子孫であることは認めるが、その言動、行動は既に下民と同じであり、その下民が天君の位を求めうごめいているのと同じであり、遺憾千万であるということ。「よ」は助詞であるが、「よよ」とあるので「代々」「長きに渡って」ということでもあろう。「八重這ひ求む　下民の」は七アヤ「遺し文サガお経つアヤ」に載るソサノヲを例えた文言そのままであるので次に載せる。

　　　　八重這ひ求む
下民《したたみ》の　さすら遣らひき

六、三五アヤ

　　　　曰く新羅の
君のアコ　名はアメヒボコ

この「アコ」の「ア」は天で、アコは新羅の天（王）の子のこと。アメヒボコはその子か子孫。

七、三九アヤ

　　　　形見をここに
塚となし　名もアツマモリ
大磯に　社を建てて
神祀り　ここに留まる　（あ）
同じく三九アヤ
これ三度　アツマアワヤと
嘆きます　アツマの元や　（い）

補説八で述べたように、（あ）の「アツマモリ」は「ア（天）ツ（地）マモ（守）リ」、「アツ（篤）マモリ（守り）」、「ア（天）ツマ（妻）モ（守）リ」など、（い）の「アツマ」は「ア（天）ツ（地）マ（守）」、「ア（天）ツ（続く）マ（真）」、「ア（天）ツマ（妻）」などが考えられる。

いずれにしろアツマの「ア」を「吾」とするのは誤り。「吾」ならば、原文は「ワツマ」や「ワガツマ」になるべきである。「ア」を漢訳するとすれば「天」であろう。

紀記などの記載

紀記には、今述べた一～七までの漢訳はどのようになっているだろうか、比較してみた。

一　ホツマのこの記述に対応する箇所は紀記ともない。

二　紀はなく、記あり。ホツマ「ア勝つと言えば」に対し記は「自我勝云而(おのづかわれかちぬといいて)」。

三　ホツマのこの記述に対応する箇所は紀記ともなし。

四　紀記ともなし。

五　ホツマのこの記述に対応する箇所は記はなし。紀は、ホツマの「ア子よよ　ア子よ」の箇所を、万葉仮名のような漢字六文字で、「アゴヨ、アゴヨ」とあり。

六　ホツマのこの箇所に対し、紀は「僕（やつこ）は新羅国の主（こきし）の子なり」。記は、とんでもない箇所、応神天皇の世に「又昔、新羅の國主（こにきし）の子有りき。名は天之日矛（あめのひぼこ）と謂ひき」とあり。ホツマ「アコ」に対する紀記の漢訳部分が、「ア（天）」を連想させるとも思えるが、読みが「こきし」、「こにきし」では何のことか解らない。

七　ホツマ（あ）に対する箇所は紀記ともなし。ホツマ（い）「これ三度　アツマアワヤと　嘆きます　アツマの元や」の箇所を紀は、「三たび嘆きて曰はく、「吾嬬《あづま》はや」とのたまふ。よりて山の東の諸国を號《なづ》けて吾嬬国《あづまくに》と曰《い》ふ」とあり。記は、「三たび嘆かして、「阿豆麻波夜《あづのはや》」とのりたまひき。故、其の国を號けて阿豆麻《あづま》と謂ふ」。

以上である。これらを比較して、ホツマのワを我や吾に誤っているは古事記、日本書紀である。これがアを吾に誤る源であろうと思う。

またアツマの地名を吾嬬国としているのは日本書紀である。七の紀の誤りの影響力は大きいと思われる。

「アツマ」の漢字表記の年代順は日本書紀（七二〇年）「吾嬬」。貞観四年（八六三年）の太政官符に「吾妻郡」。延喜式（九二七年完成）は「吾妻（あかつま）」。これによっても、「吾妻」「吾嬬」の地名がが定着していったのは、日本書紀によるところが大きいと思われる。その地名の漢字の誤りは今日まで続いている。

「ア（吾）」の変遷、そして消滅

ヲシテを漢字に変えた時代に、「ア」のコトバやヲシテを誤って「吾」としてしまったと推察される。「天」を「吾」に誤ると、「ア」には元々アメという尊い意味があるので、印象が良くなる。これが、誤っても使用された理由の一つであろう。

しかし、もともと「ア」には「吾」の意味はないので、一時の混乱はあったが、次第に廃れていった。小学館の『古語大辞典』の「あ（吾・我）」の項に、「「わ」と「あ」の使用状況をみると、上代の万葉集では「あ」九五に対して「わ」一四七例、中古の古今和歌集では「わ」だけで「あ」はみられず、源氏物語では「わ」が五〇〇例に対して「あ」は五例で、すべて「あが」という形である。「あ」は上代に栄えたが中古にはほぼ消滅した」とある。

アスス二七三二年（平成二七年）ミナ月

・・・・・・・・・・・・・・・・・・・・・・・

補説一〇　カカンノンテンとは

ホツマツタへの中にはまだよく解らないコトバ、箇所がまだ多くある。その中の一つ、カカンノンテンを取り上げる。

カカンノンテンの用例

カカンノンテンはホツマツタへのみに載る。オオカシマによるホツマツタへの上奏文、五アヤ、八アヤ、十二アヤ、十四アヤに二例、二八アヤ、三六アヤと全てで八例である。「カカンノンテン」として用いられているのは三例、「カカン～ノンテン」が三例、「カカン～ノン～テン」が二例。「カカンノンテン」の他に「カカンなす」・「カカンして」や「ノンなして」、「テンなして」などに使い分けられているのも一つの特徴である。

カカンノンテンのコトバそのものの意味

カカンノンテンのコトバの意味から考えていく。カカンノンテンは「カカン」、「ノン」、「テン」からなる。共通の「ン」の意味は朝間氏の説、「その前の一音節語を強調する働きを持っている」である。朝間氏の神鳥ミミズク説には反対であるが、これは合っていると思う。「カカ」は「カ」を二つ重ね「カ」を際だたせている。「カ」には色々な意味があるが、ここではヒカリ（光）などを表す。頭の中の光、ひらめき、である。漫画などの中でいいアイデアが思い浮かぶと、ともったランプなどが描かれることがあるが、あれである。実際迷った末に良い考えが思い浮かぶと心や頭が明るくなった気がする。①のヲシテは上から丸に光が差している。参考になるコトバに「カンガエル（考える）」や「カガウ」（カガ得）がある。カンガエル（考える）は「カンガ」＋「得る」ことである。「ン」は強調、「カ」は物事の陽、光の面。「ガ」はその反対で物事の陰、影である。大空に浮かぶ半月に例えると、月の光っているところが「カ」（陽）で、影の部分が「ガ」（陰）である。「ン」により強調される「カ」と「ガ」、そしてこの全体を得ることがカンガエル（考える）ということである。物事の表を中心に裏のことも考え、その全体も考慮すること。「カガウ」（カガ得）も同じ。「カカ」は「カ」が二つ重なり「ン」により更に強めている。この世で最高の考え、政策ということである。

「ノン」の「ノ」には「野（ノ）」、「告（ノ）る」、「延（ノ）ぶ」、「乗（ノ）る」などとあるように、「ノ」のみに広がる、広げる、覆う、などの意味がある。田のヲシテは国、四方、地などの四角に十文字の字形により、満ちている様を表す。辞書に載る助詞の「の」の意味にも当てはまると思う。今取り上げているカカンノンテンの中の「ノ」は、心の中で、またはコトバにして「述（ノ）べる」、「告（ノ）る」ということである。この世に述べ、告《の》ることにより教えを広め、広げるということ。「テ」は「手（テ）」、「手（テ）だて」であり、手段、実行、政策、それによってなった結果を表す。羊のヲシテは流動的な液体にさらに三方の要素が加わることにより、柔軟で融通性がある性質を表す。接続助詞としての「て」にも様々な用法がある。「ノ」も「テ」も「ン」によりさらに完璧さを強調する。

以上によりカカンノンテンの意味とは、考えに考え、それをしっかり述べ、そして実行する、これらを完璧に行うことである。

タカマにおいては最高の政策を立案し、キミがこれをミコトノリし国々に広く伝え、しっかりその政策を実行すれば、必ず良きマツリが行われる。また、このように全てが揃い完壁に行われている状態をカカンノンテンという。

カカンノンテンとモトアケ

モトアケの四十九《よそこ》の元御クラに御祖神がいて、そばの八方にトホカミヱヒタメ（八君・八元神）が守る。次にアナミ神（アイフヘモヲスシ神）、末に三十二の神（三十二のタミメヒコ）の元、中、末の三クラがある。八元神・トホカミヱヒタメがヱトのコトブキ（タマシヰを下すことであろう）を授ける。アナミ神がネ声を授け、三十二神が見た目（容貌）、体を成す。また八モト神は天御祖神の八隅に居て春夏秋冬、十二ヶ月の季節を守っている。

地上のタカマの元御クラは天君なので左の臣と右の臣も中御クラ、末御クラにあたると考えられる。ホツマツタヘ一四に、「ココトムスビが　カカンなす」、「カスガワカヒコ　御柱お　世継ぎ御クラに　御手結び　天の御祖を　招き請ふ」とあるので、これは天の御祖神を招く儀式である。それによりアマテル神が、臣や民を前にして、世継ぎや跡継ぎについて語っていく。⦶のヲシテのように天より天の御祖神を招く。これはカカンで、タカマの中心アマテル神にあたる。すると左の臣タニノサクラウチはノン、右の臣オオヤマカグスミはテンにあたると考えられる。

またモトアケの八元神・トホカミヱヒタメが春夏秋冬、十二ヶ月の季節を司っている。八元神は元御クラなのでカカンノンテンのカカンにあたる。ホツマ上奏の歌に「カカン為す　春の等しく　巡り来て」のカカンは、八元神や元御クラを歌っていると考えられる。

カカンノンテンがモトアケを表すコトバであればモトアケでよいわけである。なぜカカンノンテンなのか。それは、カカンノンテンはモトアケから発揮される強い作用とその結果を表すコトバと考えられる。モトアケは天の御祖による形そのものであり、一方カカンノンテンは天の御祖神による強い影響力を表す。それはカカンノンテンの三要素の各要素にンが全て入り、強調していることによる。これにより、御祖神の地上の実現を強く表す。

実際にハのタカマに君がいて、君と左右の臣達により神計りが行われ、詔が発せられてマツリが行われていく。国造りもこれに基づいて行われていくが、国造りは大変大がかりな事業で大きな意志が働いていると思われ、この意志がモトアケによる作用と考えられる。

カカンノンテンと天成る道

カカンノンテンと天成る道は似ている。その違いはカカンノンテンの方がより具体的であるかもしれない。これはカカンノンテンのコトバの構造が三要素からなり、各要素が強調されていることからも窺える。

君により詔が発せられ、それは臣により国々に伝えられ指揮される。それを現実に実行に移すのは全国の民である。この場合「カカン」は君であり、「ノン」は臣、「テン」は国神や民にあたる。

天成る道とは、天のタカマ、モトアケが人々の社会に作用し、それに則り人々が行うべき道のことである。トの教ゑとはそれをコトバにしたものである。トの教ゑの政策を政治に生かす場合、トの教ゑは「カカン」であり、それをアワの歌により教え伝えることは「ノン」であり、それにより成った国はヤマトの国である。これは「テン」に当たる。そして天成る道が完璧に行われ、実現している状態をカカンノンテンという。

カカンノンテンとヒトの行動の起源

我々人類は、約三〇何億年前に出現した生命の性質を受け継いでいる。そして脊椎動物でもある人類は今でも、魚類や爬虫類と同じように中枢神経による原始的な本能を基本にして、各々の身体を守り日常の生活を過ごしている。その後、人類は脳を更に発達させ、考え（カカン）、計画し（ノン）、実行（テン）するなどの行動を進化させて行く。

ヲシテが完成したのは六千年以上前で、約一万年前後と考えられる。そのヲシテが完成する以前には何千年かの試行錯誤があったはずである。さらにその前にはヲシテ成立に影響を与えた原始的な合図やコトバがあった。カカンノンテンというコトバができたのはヲシテが完成してからであるが、ヒトが行動するときの三要素、考え・計画・実行（カカンノンテン）の起源は何十、何百万年という古さがあるので、カカンノンテンの源にもそのような歴史を含むと思われる。

カカンノンテンは人類の基本行動を簡潔に、力強く、調子よく七文字にまとめたものである。カカンノンテンの響きは調子が良く一度聞いたら忘れない。連語の最高傑作の一つで、コトバの芸術であると思う。かつ内容に大変永い伝統と深く重い意味が込められている。

また、モトアケ思想より人の行動のほうが遙かに古い。従ってヒトが行動するときの三要素がモトアケ思想に影響を与えたということも考えられる。

カカンノンテンと自然・宇宙の三原則

カカンノンテンの三要素は他の多くのことと関わる。宇宙誕生とモトアケのアウワ。モトアケの元中末、君臣民、君と左・右の臣、三クサノカン宝、トリヰの左右の柱と貫などは三要素からなる。

他にもヲシテ文書には取り立てて記されていないが、宇宙や自然の物質は主に固体、液体、気体でできているし、時間は過去と未来であり、我々の生きている空間は三次元空間であり、人は父と母から生まれる。

なにやら哲学的な話になってきたが、どうやら古代の人々はこれら宇宙の三原則などはハッキリ意識していたと思われる。こういうことは現代でも一般的には問題にされない。ヲシテ文書に教えられることは多い。ただこれは空想の世界ではなく、現実に存在する事実であり真実である。これも神代の人々の、自然に対する観察眼の凄さであり、科学的な見方、考え方を表す一例であると思う。

少し付け加えると、宇宙、自然、人間などに関わる法則をただ見通していただけではなく、それらを大変敬い、親しんでいたということである。この敬いの心が世界に広がれば、現代人類が抱える大問題のほとんどは解決するのではなかろうか。

カカンノンテンの意味

カカンノンテンの起源は古く、古くから使用されているためにいくつかの意味に分かれている。そしてホツマの重要な箇所で使用されている。またカカンノンテンが分解されて使用されたり、各意味を融合したり、例えに使用したりと、自由自在に使われている。これはカカンノンテンの意味が完璧に理解されているからと思われる。

今まで述べたカカンノンテンの表す意味をまとめてみた。

一、ヒトの行動の三要素のこと。考えに考え、それをしっかり述べ伝え、実行すること。これらを完璧に行うこと。

二、モトアケ、タカマ、国政のこと。①モトアケのことで、元、中、末の三クラのこと。元御クラがカカン、中御クラがノン、末御クラがテンにあたる。②タカマのこと。カカンが天君、左の臣がノン、右の臣ははテン。③国政のこと。カカンは天君、ノンは臣、テンは国神や民。

三、天成る道が完璧に行われ実現している状態。全てが揃い完璧に行われている状態。

①トの教ゑによるマツリが完璧に行われること。トの教ゑはカカンであり、それをアワの歌により教え伝えることは「ノン」であり、それにより成った国はヤマトの国で「テン」に当たる。

②最高の政策を立案し（カカン）、キミがこれをミコトノリし国々に良く伝え（ノン）、しっかりその政策を実行すれば、必ず良きマツリが行われる（テン）。

ホツマツタヘの使用箇所

カカンノンテンの使用箇所を載せるが、主にカカンノンテンを中心に見ていく。

一　まずオオカシマ神の奉呈文より

カカン為す　春の等しく
巡り来て　磯のマサゴは
岩となる　世々ノンテンの
ホツマ文かな

「カカン為す　春」。季節の春はモトアケのトホカミヱヒタメが司るためカカンが使用されている。御祖神のいるモトアケは自然の変化、進化や再生を司る。またカカンに天神のことも掛かっている。これを受ける「世々ノンテン」は、ホツマツタヘには天神によるマツリ（ミコトノリ（ノン）と政策の実行（テン））の全てが記されているということであろう。

モトアケによる自然の変化・再生のカカンノンテンと、人による政治などのカカンノンテンの意味が重ねられ、述べられている歌と思う。

二　次は五アヤ「ワカのマクラコトバのアヤ」より

　　　禊ぎに民の
整ひて　イヤマト通る
アシ（足、葦）引きの　千五百の御田の
ミヅ穂なる　マトの教えに
カカンして　ノンアワ国は
デンヤマト　引きて明るき
葦原の　歌も悟れよ

トの教ゑ（カカン）をアワ歌により国民に良く伝え（ノン）、指導して、成った国がヤマトの国（デン）である。アワ国は特別アワの歌が効力を発揮した国のことであろう。

マクラコトバのアヤなので、「マトの教えに　カカンして　ノンアワ国は　デン」までが、「ヤマト」に掛かるマクラコトバとも考えられる。

三　次は八アヤ「タマ返しハタレ討つアヤ」と一二アヤ「アキツ姫天ガツのアヤ」に載るサツサツヅ歌。

　さすらでも　ハタレもハナゲ
三つ足らず　カカン為すガも
手だて尽き　かれノンテンも
アにき（聞・効）かず　日月と我は
アワも照らすさ

天のカカンノンテンをガ（我）の塊のようなハタレ（ここはハルナハハミチ）が行っても天は聞き入れないし、天には通らず効かないということ。アマテル神が例え諭している。ここのカカンは誤ったハタレの考えと政策、ノンテンはハタレによる独りよがりの国民に対する命令とその実行を国民に求める悪政のこと。

四　一四アヤ「世継ぎ宣るノトコトのアヤ」

　　　カカンノンテン
揃ふ時　左はタニノ
サクラウチ　御世の桜の
均し歌　右はオオヤマ
カグスミの　トキシグ・カグの
祝ひ歌　ココトムスビが
カカンなす　カスガワカヒコ
御柱お　世継ぎ御クラに

御手結び　天の御祖お
招き請ふ　大物主が
ノンなして　ヨロギミホヒコ
ユフ花に　八色ニギテの
カミ勧む　ヒトコトヌシが
デンなして　カダキヤスヒコ
ヌサグシデ　四十九の花に
木の実なる　アグリお得んと
諸拝む

　このアヤはアマテル神が、タカマの重臣や諸神、御子達、国民を前にモトアケに関わる世継ぎや跡取りについて詔している場面である。冒頭に「天地も　内外《うちと》もスガに　通る時」とあるので、アマテル神が自ら行うマツリの全てが理想的に行われている状態である。イセの道が成っている。そのために「カカンノンテン　揃ふ時」とある。

　この場面の行事は今に伝わっていないので、具体的にどういうことが行われているのかは今後の課題である。しかし、天の御祖神、八色ニギテ、四十九の花などにより天のタカマのモトアケについて記されているの確かである。そして地上のタカマにはアマテル神をはじめ、重臣が勢揃いしている。その中でアマテル神によりモトアケに関わる世継ぎや跡取りの詔がされ、この尊い詔により世継ぎや民の家継ぎが営々と為されていくことになる。

　天のタカマの天の御祖神は、アウワとしてあらゆることに関わる。そして八モト神・トホカミヱヒタメがヱトのコトブキ（タマシヰを下すことであろう）を授ける。アナミカミがネ声を授け、三十二神が見た目（容貌）、体を成す。十六万八千（ソムヨロヤチ）のモノの守《も》りを得て、人が生まれるときにカミとモノによりタマシヰを結び、喜ばせる。

　そのため「ココトムスビがカカンなし」、その御子カスガワカヒコが「天の御祖お　招き請ふ」たのはアマテル神である。タカマ全体も天の御祖神の形であるが、八色ニギテはトホカミヱヒタメ、又はアイフヘモヲスシ神であり、この場面の「ノン」にあたる。人の魂が整う儀式であろう。これは第二代大物主と後の第三代大物主ヨロギミホヒコ親子が司る。そして「テン」に相当する三十二の末御クラの儀式を行い、四九の神の全てが揃い「四十九の花に　木の実なる」。人が生まれる。これはヒトコトヌシとカダキヤスヒコ親子が司る。ヤスヒコはこの儀式の後に、アマテル神より「(赤子を）取り上ぐことお　術となせ」と、カツテ神のヲシテを給うのである。テンとカツテに同じテが使用されている。

　この儀式には親子の臣が司り、この場面の問題としている跡継ぎがよく叶っていることを表している。

五　次は二八アヤ「君臣遺しノリのアヤ」と三六アヤ「ヤマト姫神鎮むアヤ」である。二アヤともほぼ同じであるので、ここでは二八アヤを載せる

またサルタ　昔授くる
サカホコギ　美しきスズ
ハイキタチ　カカンノンテン
時待ちて　　道現せよ

このアマテル神の詔によって、後にイセ神宮ができるわけで、大変重要で、深い意味が込められている箇所である。カカンノンテンの意味は、その条件が全て揃ったならということであろう。

紀記には漢訳されていない

カカンノンテンは多くの重要なコトバと同じく、紀記にはまったく載らない。そしてどんな辞書にもない。そのために今まで我々はカカンノンテンというコトバを知らなかった。カカンノンテンという大切な思想はホツマによってのみ初めて知ることができるのである。そしてここでも紀記は我が国の重要で尊いカカンノンテンというコトバとその意味、伝統を断ち切ってしまったのが解る。

アスス二七三二年（平成二七年）　ウ月

・・・・・・・・・・・・・・・・・・・・・・・・

補説一一「コトワザもせな」について　イノチ（命）の尊重

ホツマツタへの中にはまだ良く説けていない箇所も多い。解っているようでもさらに意味の深い所もある。その内の一つを取り上げる。

それは一五アヤの中の

（ア）　「思へ命は
身の宝（一）」　コトワザもせな
「万君も　一人命の
変わりなし（二）」

である。一見解りやすそうであるが、「もせな」が引っかかる人は多いのではないだろうか。ここはアマテル神が命について述べている重要なところである。まず「〜モセナ」は安聰本、長弘本、長武本とも同じであり、写本伝来上も間違えやすい所ではなさそうである。

その構造は「モ（副助詞）」＋「セ（「動詞「ス」の命令形「セ」）」＋「ナ（禁止の終助詞）」と分けられると思うが、ヲシテ文献の中ではこの一例しかない。似たような例として二四アヤに

（イ）　兄弟しかと聞け
国民を　我が物にせな

が載る。「〜ニセナ」である。このほかに「ナ〜ソ」以外の禁止の終助詞「ナ」はホツマツタへに一〇例、フトマニに一例載るが、ナの上の動詞の活用形は終止形である。古語大辞典（小学館）には、「な、終助詞、活用語の終止形（ら変は連体形）に付く、禁止の意を表す」とある。今でも「走るな」とか「大声で話すな」（終止形＋ナ）とかに使われるこの終助詞はヲシテ時代から今の世に受け継がれているのが解る。しかし、命令形＋ナはこの二カ所のみである。（イ）の「我

が物にせな」の「セ（命令形）」は「ス（終止形）」に変えても意味は通じる。ただ慣用的な「セ」ではなく、命令形をうち消すことにより強調しているように思う。次に（ア）の「～モセナ」の「セ（命令形）」を「ス（終止形）」にしても意味が通じるであろうか。諺を述べ、それをするなとは一体どういうことであろうか。それは諺にするように、しかも、それだけで終わってはいけない、その通り行わなければならないと言っていると考える。この二つのことを述べるための「モ」なのである。「あれもこれも」などの「も」である。広辞苑の副助詞の項に、①どれか一つに限定せず同種の物事を列挙するのに用いる、②二つ以上の類似した物事を含んでいることを示す、とある。諺は（二）とも思えるが今の我々からすると（一）も諺である。こちらも重い。「モ」により（一）も（二）もそうであると思う。

　以上を踏まえて拙訳を試みると「常に思えよ、命は身の宝であるぞ、また「ヨロ君も　一人命の　変わりなし」も諺として慣れ親しみ末永く伝えていくように。しかしこれらも諺だけで終わっては決していけない、実際に行わなければいけないのだ。」となる。つまり「～モ」は掛詞の一種であろうがそれが二重に掛かる。それがさらりと述べられていて全体が一つの無駄もなく力強い、そして五根七道の響きで調子がよい。この一節は我が国のカンタカラ、トノヲシエの内の一つであると思う。この教えが伝わり守られていたらどれだけ数多くの尊い命が救われたか。この言葉について色々な角度から研究し、他の政策とも照らして国策の一つに据えるべきである。

　ちなみに「諺もせな」を安聰本は、「諺の試みにも毒を食らふこと勿かれ」と漢訳。鏑邦夫氏の釈注「ほつまつたゑ」ではヲシテ通り「諺もせな」のみで注はなし。今村聰夫氏の訳文には「諺にもあるように」とある。

　「～ニセナ」「～モセナ」は後世にその用例がないことから、これがヲシテ文献真実の証明の一つになると考える。日本書紀、古事記にはまったく載らない。

・・・・・・・・・・・・・・・・・・・・・・・・

補説一二　「アナレ」について

　ヲシテ文献には我々の肉体や心に関わるコトバが多く載っている。しかし不思議と脳についての記述が見あたらない。その中でホツマツタヘ一四アヤ「世継ぎノルノトコトのアヤ」に記されている「アナレ」は「脳」のことではないだろうかと私は考えている。このアヤの内のアナレを含む次の小節は、いかにしてモトアケの四十九の種が関わり、ヒトが生まれるのかを述べている。安聰本によると

　　　　　天に帰れば
アメミヲヤ　天の形は
巌山　日月も国も
ハラ籠もり　外《と》は八重ニギテ

モトアケの　四十九のタネの
中御クラ　ミヲヤ告げ治す
方隅《けた》に　八キミトホカミ
ヱヒタメぞ　次アイフヘモ
ヲスシ神　末は三十二の
タミメ彦　元中末の
三クラあり（一）　十六万八千《そむよろやち》の
モノ添ひて（二）　人生まる時
元つ神　その妙守《たゑも》りが
タネ下し　モノとタマシヰ
結ひやわす（三）　アナレ、クラワタ
シム、ネコヱ　ナリはミメ神（四）

まず「（ミナカヌシが）天に帰れば　アメミヲヤ」から「元中末の　三クラあり」（一）で一区切りである。次に人が生まれるときの説明が記される。「十六ヨロ八千の　モノ添ひて」（二）があり、「ヒト生まる時」から「モノとタマシヰ結ひやわす」（三）までが一くくり。その結果が「アナレ、クラワタ　シムネコヱ　ナリはミメ神」（四）である。（二）は（一）に付属する説明であると同時に（三）に掛かっていく。（三）の「ヒト生まる時」の「元つ神」はアメミヲヤかアモト神であろう。「妙守《たゑも》り」はアナミ神と三十二神で、アモト神と共に種を下して、それらと「十六ヨロ八千の　モノ添ひて」が加わり、「〜モノとタマシヰ　結ひやわす」訳である。（一）（二）（三）と次第に人に成ってゆく。この場面は諸ヨロ民も聞いているので解りやすい文の構成にしていると思う。

これによって成ったヒトの、詳しい結果が（四）に述べられているわけである。それは脳（アナレ）と五クラ六ワタ（クラワタ）と神経系（シム）とネコヱなどのヒトの内部器官で、見た目などの外観（ナリ）はミメカミが司る。タマシヰなどはクラに含まれる。つまりヒトの外観と内側の諸器官を述べていると思う。

アナミ神とはアイフヘモヲスシの八神ことである。もし仮に「アナレ」をアナミ神とすると、すでに述べている「アイフヘモヲスシ神の中クラ」や「妙守り」と重なり、また述べるということになる。しかもアナミカミのみ、ということで不自然である。アナミカミは「ネコヱ」を司り、「ネコヱ」は「クラワタ」とも繋がっているので、次の「クラワタ」とも重なってしまう。「シム」の次の「ネコヱ」とも重なる。また「シム」とアナミ神との関係を述べている所はない。そして、（四）の中のコトバの並び方はアナミ神に一番近い「ネコヱ」ではなく「クラワタ」であり、次に「シム」があり、「ネコヱ」はその後である。このように「アナレ」をアナミカミとみるには文章の流れに不自然さがあると思う。

「アナレ」の「ア」は「天」で上、「ナレ」は「熟《な》る」（下二段活用）の連用形止めの名詞形であろうか。人の上、つまり頭に成ったもの、つまり脳。脳はヒトの一番上にある首、頭（かふべ）の中身である。コトバの構造がア（天）タマ（玉）・頭と似る。

しかし、ヲシテ文書には不思議なことに「アタマ」というコトバはない。頭のことをクビ、カフベという。このクビはモトアケ・タカマ関係のコトバの中には出てこないので、あまり意識されていないのかと思えるが、そうでもない。「クビはキミ」として、大変重要視されている。五臓六腑や魂も重要であるが、クビ（頭）には視覚、聴覚、嗅覚、味覚や思考など重要な器官が集中している。

次に「アナレ」と「アナミ」の使用箇所をホツマツタヘの安聰本、長弘本、内閣文庫本（長武本、以下長武本）とミカサフミ、本庄家ヲシテ文書にみてみる。ホツマツタヘでは安聰本と長武本は同じで「アナミ」は二例、「アナレ」は二例。長弘本は「アナレ」は三例、「アナミ」は一例。それと「アナレ・阿並」はミカサフミタカマナルアヤに一例。本庄家ヲシテ文書に「アナミ・阿竝」として一例。

ホツマツタヘ

	安聰本	長弘本	長武本
四	アナレ・阿並	アナミ	アナレ
一四	アナレ・亜均	アナレ	アナレ
一七	アナミ・阿並	アナミ	アナミ
一八	アナミ・阿並	アナミ	アナミ

ミカサフミ　　　　アナレ・阿並
本庄家ヲシテ文書　　　　アナミ・阿竝

安聰本・長弘・長武本とも一七アヤ、一八アヤは「アナミ」で同じである。安聰本の「アナレ」は今取り上げている一四アヤと四アヤとミカサフミ・タカマナルアヤにある。しかし、四アヤとミカサフミの漢訳は「阿並」で、一四アヤのみ「亜均神」とあり、わざわざ「アナレノカミ」の振り仮名が付いている。四アヤとミカサフミは「アナミ」で良いと思うが、「アナレ」と記している、しかしその漢訳が「阿並」である。ミカサフミは三輪安聰氏が伝える文書であり、ホツマツタヘも合わせて数えると、「アナレ」が三例で「アナミ」が二例と「アナレ」の方が多い。しかしその漢訳は「阿並」が五例で「亜均」（十四アヤ）が一例である。伝本にすでに「アナレ」と「アナミ」の混同があったのだろうか。長弘本は一四アヤのみ「アナレ」で、他は「アナミ」で分かりやすい。しかし小笠原長弘の甥の小笠原長武本は安聰本と同じである。本庄家ヲシテ文書の「アナミ」の漢訳は「阿竝」なので「阿並」と同じ。安聰本、長弘本とも一四アヤの「アナレ」を特別視しているのが感じられる。そして一四アヤの文の流れは先ほど説明したように他の「アナミ」と違う。

以上によって、「アナレ」の意味は、一、脳のこと、であるが二、アナミ神のこともいう、ということになる。

このようにいろいろこみいっている。従って研究者によって一四アヤの「アナレ」とその前後の解釈もいろいろ違ってくる。
一、安聰本では「魂（タマ）ト魄（シヰ）ト結（ユ）ヒ和（ヤワ）セテ壽命（イノチ）を授ケテ之ヲ守ル亜均（アナレ）ノ神」。
一、昭和六〇年六月の「月刊ほつま」一三七号に、「世継ぎ祈（の）る祝詞（のとこと）のアヤ（梭（ひ）の十四）を読む」の読み下し文と口語訳を掲載、その中から抜粋する。
三輪安聰本が発見されたのは平成四年五月なので、これは松本氏が出版した長弘本による。口語訳は「この子種の宿る基に物が副うてようやく子種となる時に、本つのそのタヱモリが、子の種を降して物とタマシヒとに結い合わせる。つまりアナレはクラとワタとシムとネコヱになり、ナリワはミメカミとなって子種ができ上がる」。長弘本では「ナリワ」の「ワ」のヲシテは右回りの渦巻きになっている。
一、「ホツマ辞典　漢字以前の世界へ」の平成十一年八月七日、第一版第二刷の「アナレ」の項には、「トホカミヱヒタメとアイフヘモヲスシを総じて、アナレ或いはアナレカミという。」とある。
一、「ほつまつたゑ　上巻」の現代読み下し文には「天並神」と漢訳し、これに「あなれ」の振り仮名を振る。自身の解説はなく、安聰本・秀真政伝紀の「（秀真政伝紀）亜均神。魂（タマ）ト魄（シヰ）ト結（ユ）ヒ和（ヤワ）セテ壽命（イノチ）ヲ授ケテ之ヲ守ル亜均（アナレ）ノ神」を載せる。
一、「検証　ホツマツタヱ第十六号」の現代語訳に「人が生まれるときには、先ず御祖神が八元神の中から指名した当番神によって、人の核となる種が降されます。当番神となった八元神によって、生まれて来る人の運命とか性格がほぼ決まるのです。この種を元に、天並神と三十二神は臓腑、循環器、神経系、そして発声機関（器官か）等の設計を行い、鬼神が魂と魄を結い和すお針子の役割をします」とする。
日本書紀、古事記には、一四アヤ全ての漢訳は載らず、したがってこの小節に対応する漢訳は全く無い。

アスス二七三一年（平成二六年）シモ月

・・・・・・・・・・・・・・・・・・・・・・・

補説一三　「カモ」と「ニ」について

この一文は賀茂別雷神社、賀茂御祖神社、高鴨神社などに使われているカモについての注釈であるが、長くなるため設けた。なぜ賀茂別雷神社や賀茂御祖神や高鴨神社などにカモの社名があるのか。また、なぜそこにその社名の神社が存在するのか。更にカモには思いもつかない助詞のニやメヲトとも関連がある。順を追って進めていく。

第四代天神ウビチニとスビチニ神

我が国の初代天神クニトコタチからの四代目天神はウビチニで、女神はスビチニである。三代天神トヨクンヌまでは特定の后は定まっていなかったようだが、ウビチニ・スビチニより后が定まる。この時から臣下達も妻を入れ、国民も各々妻を定め生活するようになる。ホツマ二アヤ「天七代床御酒のアヤ」より

この時に　皆妻入れて
八十続き　諸民も皆
妻定む

この出来事を顕彰したお祭り、行事が雛祭りなのである。紀記はこの関連の記事を載せなかったため、雛祭りの起源が今まで解らなかった。しかしホツマツタヘに記されているとおりにイニシヘより今に伝わり、現実に毎年日の本中に広く行われている。今当たり前に夫婦で家庭を築き暮らす国民生活の源はこの二神より始まったのである。今から約三千六百年前頃と推定される。我が国のあらゆる歴史が今言われているより遥かに古いが、雛祭りの起源もこのように古い。この出来事はカミ（上・神や臣）からシモ（下・国民）に到るまで大きな幸いをもたらした。

紀記や旧事紀には神名しか載せていないが、ウビチニ、スビチニ二神は偉大な神であった。妻を入れたことによって天成る道を更に前に押し進めることになる。二アヤに「天成る道の　備わりて」とある。ウビチニ・スビチニの二神の国民を教え導くマツリは、初代クニトコタチ以来の伝統である。そして全国民の幸せを願うという御気持ちは、今上天皇陛下にも引き継がれているのである。

二神の幼名はモモヒナギ、モモヒナミで、婚礼時に寒川を浴び禊ぎを行う。この時袖が濡れ（ヒヂ）て二神ウ・スの二心が全きに備わったので二神の名をウビチニ・スビチニ神という。

明日三朝《みあさ》　寒川浴びる
袖ヒヂて　ウスの二心
全きとて　名もウビチニと
スビチ神　これもウビニルる
古事《ふること》や　多き少なき
ウスの名も　（ホツマ二アヤより）

ウビチニ・スビチニ二神のウはおおい（大い）であり、スはすくない（少ない）を表すが、上下隔てなくマツリを行うことを表していると考えられる。それはウビチニ・スビチニ神に含まれる二の文字に表されている。

ウビチニ神・スビチニ神とタカマ・モトアケ

クニトコタチ神は国民に教え導き国造りを行う。ウビチニ・スビチニの二神はこれを引継ぎ、モトアケのメヲ（陰陽）を充実させることによって、更に進んだマツリを行ったと考えられる。メヲを充実させるということは、コトバや理論だけでなく、これを政策として現実にトコヨ国全体に押しに広めていくことである。天の道が成っていく。

二神による一夫一婦制は、臣達や国民に広がり、この体制を元に国造りを行う。ウビチニ・スビチニ二神は、紀記など

の問題のためあまり取り上げられないが、大変偉大な神である。この思想、政策は第六代オモタル・カシコネ神に受け継がれ、第七代イサナギ・イサナミ二神にも受け継がれていく。そして更に充実されて、アマテル神に受け継がれ、イセ（イモとヲセ、メヲ、陰と陽）の道によって完成する。

そして、アマテル神のイセの道は今日まで我々の家族制に影響を与え続けているのである。アマテル神のイセの道も偉大であるが、その源はウビチニ・スビチニ二神による。これを象徴する行事が今も全国で行われる雛祭りであるが、これからは雛祭りの持つ深い意味、伝統も国民に知ってもらいたいものだ。

船の起源とニのヲシテ

いわゆる和船がなぜ古よりあるのか、その起源はホツマツタヘにしか記されていない。

ホツマ二七アヤ「御祖神・船魂のアヤ」より。

　　船は古へ
シマツヒコ　朽ち木に乗れる
鵜の鳥の　アヅミ川行く
筏乗り　竿差し覚ゑ
船と成す　子のオキツヒコ
鴨お見て　櫂《かい》お造れば
孫のシガ　帆ワニ成す七代
カナサキは　オカメお造る
その孫の　ハデ神の子の
トヨタマと　ミヅハメと船
造る神　六つ船魂ぞ

カナサキは住吉大神のことで、住吉大社、住吉神社の祭神であるべき神。貴重なカナサキの系統が記されている。そして後に第十一代天君となる山幸彦・ヒコホオデミをツクシに迎え入れたハデ神は住吉神の孫、トヨタマ姫は曾孫に当たる。また櫂で漕ぐ中速船の鴨船、帆による高速船のワニ船、低速であるが大型で頑丈な亀船が造られていく。これが和船の起源である。

本庄家ヲシテ文書には、この船がコトバの起源、役割と天神のマツリに例えられる。

　　筏とカモの
初めより　ヤマトコトハの
ミチ明きて　立つ中ツボの
チマトより　テニオハ・ニ付き
導きて　コトバ使ひも
この歌の　中の七音《ななね》お
元として

「中ツボ」はイサナギ・イサナミ二神のタガ（多賀）。「チマト」はとても神聖で重要な所という意味と思う。「中の七音」は二神の歌「あなにやし　うましおとめに　あひぬとき」、「わなにやし　うましをとこに　あひきとぞ」のそれぞれ「うましおとめに」「うましをとこに」の七音目の「に」のこと。このアヤは難解な箇所が多いアヤで、ここでは船の起源にヤマトコトバの起源、仕組みを例えて述べている。

流れ木・朽ち木を筏にして竿差し覚ゑ船とし、櫂にてカモ船に成す。同じように名詞などのコトバにテニオハなどの助詞、接続詞、活用語尾などを用いてヤマトコトバや文とし、生活、国造りに役立たせる。君や臣は数多くの国民をかみ（上）しも（下）隔てなく教え導き、国造りを行う。テニオハの「ニ」はこれを代表したコトバなのである。ニのコトバのように多くの役割を担う。数多くの国民を多くの名詞に例えれば「ニ」などの助けによって文が作られ物語が成っていく。マツリが行われていく。

ニを代表的なヲシテとするのは次によると考えられる。一つはニ（荷）の意味に於いてである。広辞苑によると荷の意味は「一、にもつ。二、負担。責任。任務。三、手数のかかるもの。厄介なもの」。この荷の持つ意味は次の様にも考えられる。国民の「にもつ（食料、生活資材）」を造る。国民に初穂などの公平で適正な「負担。責任。任務。」を求める、そしてその初穂をマツリによって国民に帰す。国民は「手数のかかるもの」であるが、それを柔し裁く。また国民の負担になる「厄介なもの」はマツリによって取り除く。

二つ目は助詞（格助詞）の「ニ」で、広辞苑によるとその意味は、動作・作用・存在を表す語に続いて使われ、「一　動作・作用のある時を指定する。二　動作・作用のある所・方角を指定する。三　動作・作用のある状況・背景を示す。四　動作・作用の及ぶ所・方角を指示する。五　動作の及ぶ時点を示す。六　変化の結果を示す。七　動作・作用の目的を指定する。八　対象を指定する。九　動作・作用のあり方を示す。一〇　受身・使役の相手を示す。一一　原因・機縁などを示す。一二　材料・手段を示す。一三　本質・内容・資格・状態を示す一四　比較・対照・組合せ・割合などの基準を示す。一五（同じ動詞を重ねる間に用いて）動詞の意味を強める。一六　累増・添加を示す」。このような多様な意味を待つ。

そして助詞「に」が付くコトバを国民として当てはめてみると、国民の「四　動作・作用の及ぶ所・方角を指示する。」「六　変化の結果を示す。」「七　動作・作用の目的を指定する。」「八　対象を指定する。」「九　動作・作用のあり方を示す。」などの多くの君の役割との共通性が存在する。これらにより「ニ」がヲシテ文書の中でテニオハの代表として扱われていると考えられる。

このことは神代ではハッキリ意識されていた。それは「ウスのニ心」「ニ心」「ニの道」「ニフの神」などのコトバが使用されているため。国民へのニ心やニの道が重要視されているのである。ウビチニ・スビチニのニはそれを表している。天神の名に敢えてニが用いられていることは、いかにニ心が大切にされているか窺われる。後の世のニニキネ御子にはニが二つ使用されている。また、ニハリにニが含まれ、ニハリの宮のニガマダラはニとガとマダラを見分けることと思われる。ニガマダラにはニが多く使用されている。「ニの宝」、「ニの祝ひ」、「ニの宮戸」など。

なお「ニフの神」とはアマテル神の妹神・ヒルコ姫・ワカ姫・ワカヒルメのことである。「ニフの神」の「ニフ」の一つの意味はニの大切さを伝え続ける神ということと思う。またニはチタマ（地球）を覆う地面のことで、従ってニフにはメッキをするという意味がある。丹生都（にぶつ）比女神社の祭神・丹生都比売大神は、天照星大神の妹神・椎日女命（わかひるめのみこと）とされているので、ヲシテ文書通りである。ここにもニフが使用されている。

ウビチニ・スビチニ二神とカミシモ（上下）・カモ

神代の神や国神がウビチニ・スビチニ二神のカミシモ（上下）を伝えている場面がある。それはホツマ二五アヤの中で、後に天君となるウツキネ・ヒコホオデミがハデスミ神の姫御子トヨタマ姫を御后とする場面、

　マクバヒ後の
三日の日の　川水浴びて
ウビチニの　カミ（上・神）からシモ（下）え
花婿に水　参らせふ　参らせふ

ウビチニ・ウビチニ神はカミ（上）からシモ（下）に幸いをもたらしたことは当時の神々には広く知られていて、常識であったようだ。カミ（上）からシモ（下）がカモとなる。ウビチニ・ウビチニ神の婚礼に因み、カモには夫婦《めをと》や夫婦になるという意味にも使用される。

カモと天君、タケスミ、カモの付く神社など

一夫一婦制という、ウビチニ神・スビチニ神の大改革（天成る道が備わること）は、後の皇室や国民に多大な影響を与え、それはカモの付く地名や名などにも伝わっている。

○第五代以降

ウビチニ・スビチニ以降は代々メヲの神として継いでいく。天神第四代はウビチニ神で后はスビチニ神。第五代はオオトノチ神とオオトマエ神。第六代はオモタル神とカシコネ神。

○第七代イサナギ神とイサナミ神の二神

一夫一婦制は利点は多いが、跡継ぎができないという問題も起こる。第六代オモタル天神とカシコネ神の御世には継ぎ子ができず国内が大いに乱れてしまう。その混乱の中ではイサナギ・イサナミの二神は前代までの制度を踏襲することになる。そして水田開発による食糧増産と共に、アワの歌による陰陽思想という形でメヲ（陰陽・夫婦）の考えは実践されていく。

現代も一夫一婦制による皇室の行く末が案じられている。しかし、この問題は今に始まったことではなく、既に約三千

四百年前の第六代オモタル天神とカシコネ神の御世に、既に国内を揺るがす大問題であった。それにいかに対処したか、ホツマツタヘには詳しく記されている。これもホツマが「代々の掟となる文」の理由の一つである。

○第八代アマテル神

二三アヤ「御衣定め剣名のアヤ」にはアマテル神のマツリにもカミシモが使用されている。

撚りてユフ織り
着るときは　カミシモ（上下）世々の
居も安く

また、アマテル神の時代には一夫一婦制の弊害を避けると共に、二神の方針をさらに押し進め完成する。それはメヲ（陰陽・夫婦）に基づくイセの道の導入と、長期に亘る実践である。今は当たり前で意識はしないが、多くの国民が享受する夫婦の家庭生活を中心とした社会制度、はアマテル神が完成し、今日に至る。ウビチニ・スビチニ神によるウスのニ心の道がイセの道に発展したと捉えることができる。

○第十代ワケイカツチの天神

第二三代イクメイリヒコ天君の御世、ホツマツタヘへの作者であるミワのオオタタネコのワカの歌。

ヒトクサの　ワケイカツチの
守る故　御世は治まる
カモのカン風

（ホツマ三七アヤより）

カモのコトバが使用されている。また次の一節は第二四代ヲシロワケ天君のツクシでの詔。

ココガタの　ニモノに御幸
東（き）を望み　昔おぼして
のたまふは　御祖天君
高千穂の　峰に登りて
日の山の　朝日にいなみ
妻向かひ　カミシモ恵む
神となる　国の名もこれ
カは上お　普く照らす
モは下の　アオヒトクサお
恵まんと　なる（「成る」と「鳴る」）かみ（「神」と「上」）
のあめ（「天」と「雨」）
良き程に　分けてミソロの
潤ひに　民賑はせる
いさおしは　カモワケツチの
神心

（ホツマ三八アヤより）

この場合の御祖天君はワケイカツチの天君。ニニキネ御子の名の中にニのヲシテが二つ含まれ、ニハリやニハリの宮のニ・ガ・マダラにはニが使用される。これはニニキネはニの心、ニの道を体現していると捉えられる。これらによりワケイカツチの天君にはカモワケツチの神とカモが付いていると思われる。カモワケイカツチはカモワケイカツチであるが、五ネ七ミチに合わせてカモワケツチとなる。

残念ながら、現代までニニキネ御子が賀茂別雷神のことであると伝わらなかった。そのため賀茂別雷神がいかなる神か伝わっていない。そしてワケイカツチの天君の名は第八代天神・アマテラシマスヲヲン神より賜ったヲシテなのである。

葵葉と　　桂にイセの
詔　　アメ（天と雨）は降り照り
全きは　　イカツチ分けて
神お産む　　これトコタチの
更のイツ　　ワケイカツチの
天君と　　ヲシテ給はる　　（ホツマ二四アヤより）

そして第二四代ヲシロワケ天君の世までには「カミシモ恵む神」として「カモワケイカツチ神」と呼ばれていた。どんな書物にも書かれず伝わらないが、ホツマツタヘには記され、その通りに「賀茂別雷神社」「賀茂別雷命」として実在している。

○第十一代ヒコホオデミの天君・ミヲヤニツカフ天君

イミ名ウツキネ・ヒコホオデミ御子は山幸海幸物語で親しまれている山幸彦に当たる。トヨタマ姫は、ホオデミ御子と当時の産後の風習の行き違いにより、都に上らずにキフネ（貴船）に逗留することになる。そしてワケイカツチ天君による諭しが功を奏し、再び都に上る時の、后トヨタマ姫から君へのワカの歌。

沖ツ鳥　　カモお治むる
君ならで　　世の事々お
えやは防がん　　（ホツマ二六アヤより）

ここのカモは、政治組織全体と臣から民までのことで、つまり国全体のことと思われる。因みにこの間の物語が現代も行われている京都葵祭りの起源である。

また二七アヤに「オニフ（遠敷）に祭る　カモの神」とある。簡潔で難解であるが、前後の文章の流れからしてカモの神は第十一代ヒコホオデミ天君と后トヨタマ姫であろうと思う。遠敷郡には若狭彦神社カミ社と若狭彦神社シモ社があり、それぞれ若狭彦大神と若狭姫大神を祭っている。若狭彦神社上社（福井県若狭国遠敷郡遠敷村龍前）の社頭掲示板に「彦火火出見尊を若狭彦大神とたたえて奉祀する」、また若狭彦神社下社（福井県若狭国遠敷郡遠敷村遠敷）の社頭掲示板には「豊玉姫命を若狭姫大神とたたえて奉祀する」とある。この記事は紀記に全くない。しかしホツマツタヘに記されている通りに遠敷にカモ神が祭られている。またオニフは第十二代ミヲヤ天君が、天神になるまで居た所でもある。

○カモタケスミ

賀茂建角身命がいかなる人物なのかは全く伝わらなかったと言って良いだろう。これは紀記の責任である。タケスミはツクシのハデ神の御子であり、ヒコホオデミの后・トヨタマ姫の兄弟である。トヨタマ姫は都に上らずにキフネ（貴船）

に逗留し続ける。そのためにイカツチの天君により、トヨタマ姫を治すようにと川合ひの国を賜る。

ヲヲキミ笑みて
タケスミに　トヨタマ治せと
カワアヒの　国給はりて　（ホツマ二六アヤより）

タケスミはワケイカツチの天君がタカチホの峰に入り、神となった後にイカツチ神を祭り、そこが現在の神山や賀茂別雷神社であると思われる。そしてその場所は生前にワケツチ神が開拓したり、トヨタマ姫を説得の折に逗留した場所に因んだ所であろう。そのためにその地域一帯の地名はカモと言われていた。イカツチ神が神上がりした後、カモの地に住みカモ神を祀ったために、タケスミはカモタケスミと呼ばれる。カモタケスミは第三代大物主コモリ神の姫イソヨリ姫を娶り、川合の舘にてタマヨリ姫を産む。その後、タケスミとイソヨリ姫は神となりカアヒの神として祭られる。

カモタケスミと
イソヨリと　十三ススまでも
子無き故　ワケツチ神に
祈る夜の　夢に賜る
タマの名の　タマヨリ姫お
産みて後　養《ひた》して齢ひ
十四ススに　タラチネ共に
神となる　カアヒの神ぞ　（ホツマ二七アヤより）

従って、本来河合神社の祭神はタケスミとイソヨリ姫であると考えられる。そして、ここで生まれたタマヨリ姫は第十二代御祖天君の后となり、神上がりした後に、ツクシで神上がりした御祖天君と共に河合の地に祭られる。それが賀茂御祖神社であり、そのために社名に御祖が付く。

後にタマヨリ
神となる　カアヒに合わせ
ミヲヤ神　メヲの神とて
いちじるきかな　（ホツマ二七アヤより）

従って、賀茂御祖神社の本来の御祭神は御祖天君と玉依媛であると考えられる。河合神社がタケスミとイソヨリ姫。しかし、今挙げているホツマの記事は紀記や旧事紀などに全く載らない。そのため長い間のうちに混同され伝えられてしまったのではなかろうか。しかし、カアヒ、カモ、タケスミ、タマヨリ、ワケツチなどの地名や人名はホツマ通りにこの地に伝わっている。

また国の名について、イカツチ神存命中はタケスミに賜るカワアヒの国の名が記され、第十三代カンヤマトイワワレヒコ天君の時代のホツマ三〇アヤには「アタネ神　カモのアガタシ」とある。第二三代イクメイリヒコ天君の時代に、ホツマツタへの作者・ミワのオオタタネコは「ミヲヤの神（賀茂御祖神社）」「キフネ（貴船神社）」「カモ（賀茂別雷神社）」に行っている。カモ社を新たに造営した後に、イクメイリヒコ天君も「カアヒ（河合神社または河合の地）」「ミヲヤ神」「キフネ」「カモ」に御幸している。この頃までには既に現代の賀茂御祖神社、河合神社、貴船神社、賀茂別雷神社の形式は整っているのが分かる。

○第十二代ミヲヤ天君　イミ名カモヒト

第十一代天君となる前のヒコホオデミ御子はカモ船にてツクシ（九州）に行く。そしてツクシを普く開拓し治めて後に、第十一代天君に位するために先にミヅホに向かい、后のトヨタマ姫は後に続く。しかしトヨタマ姫の乗るカモ船が割れ、磯に着き産む子のイミ名にカモヒトと名付ける。

カモヒトはオニフ（遠敷）より召され第十三代天君になり、アマテル神よりミヲヤ天君のヲシテを給う。賀茂御祖神社の社名のカモもそうであるが、御祖（ミヲヤ）が付くのはミヲヤ天君の名による。ミヲヤ天君もイカツチ天君、ヒコホオデミの天君と同じくツクシに行き、主に南九州を巡り治め、ミヤサキ宮にてミヤサキ山の洞に入り神上がりする。

後に后のタマヨリ姫が神となり、由緒あるカアヒ（河合）に御祖神と共にメヲ（陰陽・夫婦）の神として祭られる。そのために河合神社と共に賀茂御祖神社の社名が残るのである。しかし、ホツマに記されるこれらの記事が、紀記や旧事紀などに載らないためであろう、祭神としては御祖天君が祭られていない。

○高鴨神社と高鴨阿治須岐託彦根命のカモ

古事記に阿遅鉏高日子根神は迦毛之大御神とあるが、なぜ迦毛なのかは書かれていない。また延喜式神名帳には高鴨神社は高鴨阿治須岐託彦根命神社とカモ（鴨）の文字が使用されている。紀記とも一〇アヤ「カシマたち釣り鯛のアヤ」はそこそこ漢訳しているが、肝心の次の箇所がない。

この歌は　後のゑにし（縁）の
合ふウスの　カモ糸結ぶ
ヒナふりはこれ

「この歌」とはカナヤマヒコの孫娘・シタテルオグラ姫がアチスキタカヒコネに諭した歌のことで、これが縁でオグラ姫とタカヒコネが結ばれ夫婦となる。タカヒコネは初代大物主・オホナムチの子でタカテル姫・タカコと兄弟（系図二参照）。オグラ姫はアメワカヒコと兄弟で、タカテル姫と共にアマテル神の妹シタテル姫・ワカ姫より琴を習い、クモクシ文を授かる。つまりタカヒコネの兄弟タカテル姫とオグラ姫はワカ姫の兄弟弟子という関係。

「後のゑにし（縁）」は、この後タカヒコネとシタテルオグラ姫が夫婦となるその縁のこと。「ウス」は夫婦になったウビチニ・スビチニ神のウスの故事のこと。「多き少なきウス」、「ウスの二心」のウ（大袖）とス（小・少袖）のウスのことでもある。「カモ」はウビチニ・スビチニを見習い、カミからシモまで妻を定めたように夫婦となること、または夫婦。タカヒコネとオグラ姫は歌の糸による縁で夫婦になる。

「ヒナ」は一人前になる前の状態のことで、「ヒナふり」はこういう習わしの初めということ。「カモ糸結ぶ」には上から下まで良く結び治めるという意味も含まれている。そのため夫婦になったタカヒコネとシタテルオグラ姫は、大和国葛上郡を本拠に善政を行ったと考えられる。

このようにウビチニ・スビチニ二神のウスの二心の上にタカヒコネとシタテルオグラ姫の出来事があって、カモ（鴨）というコトバが残っていると考えられる。これらはホツマのみに記される。

夫婦になって後の本拠が大和国葛上郡（かつじょうぐん）鎮座の高鴨神社（延喜式神名帳　高鴨阿治須岐託彦根命神社）である。御祭神は阿治須岐高彦根神と下照比売命で、亡くなった天稚彦命も祭っている。阿治須岐高彦根神と下照比売命は夫婦の神であるのでカモは相応しい。大和国葛上郡に伝わるカモのコトバはこれに基づくのであるが、紀記ともにこの箇所を載せなかった。しかし、ホツマツタへにはその経過が載り、その通りにカモ（鴨）が葛上郡に伝わり、神社や祭神も実在する。

従って葛城国のカモ氏は山シロ（京都）のカモ氏とは別系統である。しかし、ワケイカツチの天君と同じくタカヒコネ神の先祖はイサナギ・イサナミの天二神である。

因みに、オクラ姫がワカ姫よりクモクシ文とシタテルの名を受け継ぐ。ホツマ九アヤ「八クモ討ち琴作るアヤ」より

後にワカ姫
ヒタル時　八雲イスキ
カダカキお　譲る琴のね
タカ姫お　タカテルと為し
ワカ歌の　クモクシ文は
オクラ姫　授けて尚も
シタテルと　為してワカ国
玉津島　年ノリ神と
称えます

高鴨神社の近くに式内社の大倉姫神社（古瀬）が鎮座する。祭神は大倉比売命（オクラ姫）で、大倉姫神社は雲櫛社とも言われている。「雲櫛」とはアマテル神の妹神・ワカ姫から授かった「クモクシ文」のことである。ホツマツへ通りに「タカヒコネ」「シタテル姫」「オクラ姫」「クモクシ」などが伝わる。これらもホツマツタへの真書を証明する尊い名である。

ホツマに記されているヲシテ時代の中でも、カモにまつわる地域は大変な歴史の積み重ねがある。そしていままで見てきたように、カモには深く尊い意味が込められている。しかしこれらは紀記には全くと言っていいほど書かれていない。そしてほぼホツマツタへに記されている通りに、カモや葛上郡の地に複数の地名、社名、祭神名が今に伝わっているのである。

アスス二七三四年（平成二九年）ミナ月

・・・・・・・・・・・・・・・・・・・・・・・・・・・・・・

補説一四　「ホツマ」とニニキネ御子の歌

ホツマ愛好家、研究者でも解りづらいホツマの意味を辿る。またホツマはニニキネ御子と関係が深いので、ニニキネのマツリの中心と考えられる二一アヤの「労りお　知らねば神は～」の歌などを取り上げる。

ホツマとは

「ほつま」は広辞苑に「神代文字の一つ。国学者、落合直澄の認めたもので、イロハニホヘトの順に配列した四八の表音文字」。また「ほつま国」としては「すぐれていて、整い具わっている国。日本国の美称。〈神武紀訓注〉」とある。

「ほつま」の意味は誤り。「ほつま国」の「日本国の美称」もほとんど誤りに近い。「すぐれていて、整い具わっている国」はその通りだが、なぜそうなのか、どこの国なのかは解らず、漠然としている。国の名ではあるが、日の本全体の名ではない。

これがホツマに対する現代の認識を表している。ホツマツタヘに記されているホツマの限りない深さの内容に比べると、あまりに浅くあやふやである。しかしこれは、日本書紀の神武紀に載るのみであるから止むをえない。多く載るホツマを漢訳してそのまま伝えなかった紀記などに問題がある。

実はホツマの意味はホツマ愛好家や研究者でも難解なコトバに属し未だ定説はない（平成二九年フミ月現在）。まず文の名がホツマツタヘである。同時に著されたミカサ文は、ミカサ臣のオオカシマ神が著したのでミカサ文。ホツマツタヘはミワの臣のオオタタネコ神が著したのであるからミワの文と思いきやホツマ伝へである。

また天成る道、トの教ゑ・トの道、イセの教ゑ・イセの道などや多くの重要語が存在するが、文名にホツマを使用している。そして奉呈文の二つのワカにホツマが歌われれている。

シハカミの　心ホツマと
なる時は　花咲く御世の
春や来ぬらん
磯のワの　真砂は読みて
尽くるとも　ホツマの道は
幾代尽きせじ

これらによりホツマを伝えるというオオタタネコ神の意図がハッキリ込められていることが解る。いかに重要なコトバであるかが窺われる。

ホツマは重要なコトバで色々に使われている。主に次のように分かれていると思う。

一、文名の中で使用されている。ホツマツタヘやホツマ文。
二、国の名として。ホツマ、ホツマの国、シハカミホツマなど。
三、～の道として。ホツマの道。ホツマヂ。
四、国を全く治めるための最良の心構えと法。
五、天な成る道に則り、トの教ゑやイセの道に叶う真の御心で国土開拓を行い、国民を豊かに居安《ゐやす》くし、更に国を良く治め栄えさせ続けようとすること。またその国の名のこと。

六、人心が安定し国が豊かで良く治まり全く機能している状態。稲作を基盤とした理想的な国家経営。完全なこと。

一について。ホツマツタへの中で使用されている。またホツマ文はミカサ文の序文で使用されている。

二については。「補説一五　ホツマの国」を参照してもらいたい。ホツマ国とは、ヤマト国の州の一つで、ハラミ山（フヂの山）を中心に、今の関東地方全域（東京・神奈川・埼玉・群馬・栃木・茨城・千葉）と中部地方の一部（山梨・長野・静岡・愛知・岐阜）に及ぶ地域である。

ホツマ国は由緒あるトシタ国に代わる名である。ミナカヌシの八御子の内のトのミコトのトシタ国をクニトコタチの八御子の一人がホツマ国として治める。これは記されていないので推測であるが、ヒタカミはヒのミコトとも思える。そうするとホツマ国の「ホ」はホのミコトと関係あるかもしれない。またホツマ国はハラミ山を初め火山が多いのでホ（火）も考えられる。周辺には箱根山、伊豆東部火山群、草津白根山、榛名山、浅間山などの活火山がある。

「ツ」はツヅける（続ける）の意味とツく（付く）の意味がある。ツくで前後の「ホ」と「マ」を強く結びツける。

「マ」の一つの意味はマコト（真）の真の意であろう。そしてマメ（真眼・真じ眼のこと）のマでもある。今上天皇陛下は平成二八年八月八日の「象徴としてのお務めについての天皇陛下のおことば」のなかで、「全身全霊をもって象徴の務めを果たしていくこと」と、全身全霊と云うコトバを使われている。また天皇陛下の退位を実現する特例法に基づき即位する皇太子様は、「全身全霊で取り組んでまいりたい」と述べられている。マメは天皇家の伝統であろう。そしてこれは情けない日の本の政治を司る人たちへの叱咤激励、戒めとも取れる。他にも、「まつ（祭）る」、「アマ」、「タカマ」、「マゴ（孫）」、「マテ（両手）」、「まる（丸）」、「まり（椀）」などのマや、活用語尾が付くが、「播《ま》く」、「巻《ま》く」、「舞《ま》ふ」、「待《ま》つ」、「増《ま》す」などに使われている。

「ホ」には穂の意味もある。クニトコタチ時代の主食は木の実であったようだが、他の穀物も研究していたと思われる。御子のトシノリノタマメ神は暦に関わるので、穀物の栽培は始まっていた。トの御子とトシノリノタマメ神は兄弟。ホツマ国はコヱ国とも云い、桑と蚕による織物の利用や桑の実などを食べていたが、穀物の生産も行っていたと思われる。本格的な稲作はまだだが、粟、稗、黍、大麦、小麦など。これらが豊作になれば国民の生活も安定する。生活の三要素、衣と食と住が備わる。

三、～の道として。ホツマの道。ホツマヂ。

クニサツチの御子と臣達は、真っ直ぐな御心で理想的な国造りを行い、ホツマの国を創り上げた。さらに御孫がシハカミホツマ国を表すことにより、更に進化しこの意味は重みを増していくことになる。この御孫のホツマ国、シハカミホツマ国のように、目標を定め行い理想的な国造るに到る道を、「ホツマの道」、「ホツマヂ」と云う。

四、国を全く治めるための最良の心構えと法。この意味はホツマ二一アヤ「ニハリ宮ノリ定アヤ」のキヨヒト御子の次の歌による。この歌は後でも取り挙げる。

労りお　知らねば神も
トリキヌぞ　ホツマおナメて
トリヰなりける　（ホツマ二一アヤより）

次の箇所もほぼ同じと思われる。

　恵みになづけ
ホツマ為し　カタマシ者お
神つ世に　服ろはせよと
授けます　（ホツマ三九アヤより）

「カタマシ者」は片・増し者で、片寄って発達した者達。従って天なる道に従わず、敵対者、悪者となる。

五、天成る道に則り、トの教ゑやイセの道に叶う真の御心で国土開拓を行い、国民を豊かに居やすくし、更に国を良く治め栄えさせ続けようとすること。またその国の名のこと。次による。

亀占は　水湧く湧かぬ
御心お　尽くす御孫の
ホツマなるかな　（ホツマ二四アヤより）

このホツマはすこぶる奥が深い。というのはキヨヒト御子が、ホツマ二一アヤの「我も事　立てんと　まず建てつる名もニハリ宮」より始まり、遂にシハカミホツマ国が成るまでの、長大な二四アヤのこの最後の箇所に到るまでの経過が全て含まれるからである。

キヨヒト御子は第九代オシホミミ天神と后のチチ姫の御子として、ヒタカミに生まれたと考えられる。兄はホノアカリ。兄宮はヒタカミに留まったが、キヨヒトはある時期にイセの国・イサワの宮のアマテル神の元に移ったようだ。そして、イセの道を学ぶ。その後ツクバ山に行き、ここを本拠として近くにニハリ宮を建て国造りに励む。しかし、民の増えるほどには田が増さないので、農業の新技術を開発する。その技術を持ってイセの国に行き、そこから各地を開拓しながらハラ宮に着き、ここで大成功を収める。

この「御心お尽くす」経過全てがホツマと云うことで、それによって成った国がシハカミホツマ国である。ホツマ国にはトのミコトやクニサツチチ以降の長い伝統も込められている。

六、人心が安定し国が豊かで良く治まり全く機能している状態。次の箇所による。

　またスベ孫に
ミコトノリ　汝らマツリ

怠らず　ホツマ成る時
ヤタ安フらん　（ホツマ二三アヤより）

また次の初めのホツマが該当すると思う。二つ目のホツマは更に重いが、ほぼ同じと思われる。

ホツマ成る時
自づから　三クサの宝
集まりて　御祖となすが
ホツマぞと　（ホツマ二七アヤより）

御孫はアマテル神のもとでイセの道を学ぶ。タカマにはきら星の如き重臣たちが集まっている。その臣達からも学ぶこともできるし、アマテル神から直接教ゑを受けているのはホツマ一八アヤ「オノコロとまじなふのアヤ」に記されている。一八アヤ全てが天御孫の問いに対するアマテル神の教ゑである。

アマテル神の教ゑであるイセの道は、トの教ゑは勿論、二神のトホコの教ゑなどを集大成し、かつその上に多くの経験が加わり、アマテル神が創造した当時、最先端の教ゑである。御孫はそれらを若くして全て身につけ、さらに独自の国造りを自ら体験しながら完成する。つまりホツマの道の奥はそれまでの教ゑを元に、更に御孫が内容を一段と進化させた。そして第十代ワケイカツチの天君となり、臣達や自らも日の本中の開拓を行い、「今スベラギの　天君は　皆ニニキネの　イツによる」如くになる。

おそらくホツマツタへの前半部分の二九アヤまでを表したクシミカタマ神も同じと思うが、ホツマツタへを表したオオタタネコ神が、なぜホツマを文の名にしたのかはこのことによる。更にオオタタネコは、後にその由緒ある伝統のホツマ国をなぜ討つことになってしまったのか、その経過も詳しく描き切り、それをもって後世、永遠の鏡、戒めとしていると思われる。かつて伝統のヤマトも討つことになり、ヒタカミもあわや討たれるところであった。その経過も詳しく描かれ記される。

次にこの偉大なる御孫のマツリの要諦として、ホツマのコトバを入れて記されている箇所があるので、それらを取り上げる。

キヨヒト御子のマツリの要諦・ホツマ

御孫がイセの道に精通するのは既に述べた。イセの道には先祖代々の歴史も入る。御孫の御ユキ先が、皇族に由緒あるヲ海、ネの国、ツクバ山、ハラミ山などなのはそれによる。

イセの道はアマテル神が全てを学び、体験した上で創り上げた尊い道である。あらゆることを含む。しかし、イセの道も時代の変化に対応していかなければならない。国民の人口の増加である。御孫の志、「我も事　立てんと」の一つの理由はこれに対応するためであると思う。

御孫は二神の由緒あるツクバ、ニハリにて国造りに励み、遂に当時としては大規模な農業土木技術による稲作造りに成功する。そして国造りの一つの柱である食料生産と経済的な基盤は備わったが、それをいかに運営するか。これも御孫は自ら指揮をとり実践していく。

人口が増え国が増えて行くにつれ、村の長、国神、臣の子などにその地域のマツリを任せることになる。いかにその地域を治めていくか、これがもう一つの柱で、これは古来からの大問題であった。

クニトコタチの子のトシノリタマメ神が日読み神として農作物に貢献するが、マツリが良く行われるように村人たちの生活も見守っていたようだ。日読みは暦のことでもあるが、同時に国民の日々の生活を見守ることでもある。二神はこれに更に八マサ神の神職を設け生産、管理、配分などを司らせる。更にアマテル神はツウジ、ヨコベ、目付、物部などの制度を設ける。食料大増産に対応すべく、御孫は伝統に立ちながらも、更に創意工夫をして対応していく。

まず御祖クニトコタチと同じように、法を定めてニハリ宮を造る。そして第四代ウビチニ神とスビチニ二神のニの道を行うことを内外に宣言し、実行する。ニ・ガ・マダラはこれに基づくと思う。ニガマダラはニについて多く記されている。「ニの宝」、「ニの祝ひ」、「ニの宮戸」など。またニニキネの名にニが二つ使われている。

また民のため高屋を築き、二神以来の八マサ神を置き更に進化発展させる。民の声を伝える鳥を飼い、これをワカクシマドとトヨマドが二四時間、民のカラ枯れがなきように、常に守り見張る。トリヰのそばにワカクシマドとトヨマドの詰め所。八マサ神の神象または役所と鶏小屋。内外に目立つトリヰが更に格段にものものしく厳つくなる。ニガマダラと共に、絶対に司や国神、村長などの驕り、我が儘は取り締まるという御孫の強い意志を内外に示す。

実際にはワカクシマドとトヨマドの二人を直属の長官に任命し、徹底して国や村々の実状を見、情報を集め、的確に指導を行う。必要なら司も改め変える。常に人里近くにいるカラスのように、専属の係りの者が村長や司を見張り、村人を見守る。カラスの元々の習性は人の暮らしに合い、雀やツバメなどのように常に人や人里の近くにいる。後のヤタカラスは皇室に近い同じような職制であると思う。更に御孫の臣や国神などの御子たちへの教育にも力を入れる。

　　　鳥より先に
知る神の　シマはトリヰぞ
これ神の　御子に教ゑて
労りお　知らねば神も
トリヰヌぞ　ホツマおナメて
トリヰなりける

歌の「トリヰヌ」は、「摂り」+ゐる（居る）の未然形「ゐ」+打ち消しの助動詞「ず」の連体形「ぬ」。それと「鳥」と「犬」の掛詞と思う。「ホツマ」の意味は、「四、国を全く治めるための最良の心構えと法」。「ナメて」は、「身を以て体験すること」。従ってこの歌の意は、国民への労りのない強制労働や初穂などの取り立てなどの搾取は、マツリを執る神と言えども、そこにいてもマツリを執って居ることにはならず、状況を知らせる鳥は居ないことと同じで怠慢で、猛禽や飢えた犬が獲物に襲いかかるのと同じであり、神でも何でもない。そして国を全く治めるための最良の心構えと法をよく理解し体験して身と心にしみ込ませ、体現してこそのトリヰ（鳥居）なのである。トリヰを整備するが、司る者の姿勢、心のことにも言及していると思う。「神の御子」達はその後ヤマトの各地でニニキネ御子の教ゑを守り、良く治め繁栄していく。

後に御孫はハラミ山、ヲウミ国、ヤマシロ、ナカ国、ツクシなどを開拓する。そして共神やこの教ゑを受けた国神達や子孫がこの手法を日の本中に広める。村や国も増え、人口も急激に増えながらも良く機能していったのは、ニハリ宮における御孫のこの指導による所が大きいと思う。国家の衣食住の充実とホツマのマツリが備わるので、国々が良く治まり更に発展する。御孫のホツマが込められたこの歌は神の御子への教ゑであるが、現代にも未来にも通じる大切な教ゑでもある。自然と調和した経済的な発展も必要であるが、合わせて真の政治も更に必要なのである。

そして、現在日の本中至る所に田はあるが、その源はワケイカツチ天君で、その伝統を今に伝える。イカツチ神以降は時代毎に各地で開拓され、更に日の本中に広まり現代に到るわけである。京都市の嵯峨広沢町の広沢池はイカツチ神により、第四代大物主コモリ神の一二男オオタ神が造った池で、ホツマツタへ通りに地名と共に今に伝わる。

ワケイカツチの
天君と　ヲシテ賜はる
ヒロサワお　オオタに掘らせ
国となす　　　　（ホツマ二四アヤより）

約三千年前である。日の本のあらゆる歴史は今言われているより遥かに長い。

アスス二七三四年（平成二九年）フミ月

・・・・・・・・・・・・・・・・・・・・・・・・

補説一五　ホツマの国

ホツマ国とはいかなる国で、どの地域か、これから考察していくが、かなり複雑で解りづらい。そこで結論を先に述べておこう。ホツマ国とは、ヤマト国の州の一つで、ハラミ山（フヂの山）を中心に、今の関東地方全域（東京・神奈川・埼玉・群馬・栃木・茨城・千葉）と中部地方の一部（山梨・長野・静岡・愛知・岐阜）に及ぶ地域である。

大変長い歴史のある国で、ヲシテ文書上はアメノミナカヌシの時代まで遡る。今から約一万年前である。どの国も盛衰もあろうが、ホツマ国はそれが甚だしい。というのはフヂ山という活火山のためである。太古よりは噴火、大噴火をくり返し、ホツマ国に大きな影響を与えてきたと考えられるからである。

それでは時代順に見ていこう。

トシタ国

ミナカヌシの八御子ヱヒタトホカミのト御子が住み、治めた国がトシタ国である。ホツマ国以前にはトシタ国と呼ばれていた。「ミカサ文・タカマ成るアヤ」より。

ミナカヌシ　国球八方《くにたまやも》に
万子《よろこ》産み　初にヲ海の
ヱトの子の　ヱ御子天《あ》に継ぎ
ヲ海治す　弟《おと》御子の住む
トシタ国　これ今ハラの
宮の名も　トシタと言いて
代々の名の　百々ハカリ後
トのミコト　ヱに受け治む

おそらく、アメノミナカヌシの本拠はヲ海であったようだ。

そこでヱヒタメトホカミのヱの御子が受け継ぎ治める。それを弟で、トシタ国のハラミ山の裾野・ハラ宮に住むトのミコトが受け継ぐ。つまりハラ宮はトコヨ国の首都であったのだ。

ハラミ山（フヂ山のこと）は、約一万年前に様相が急変し、千年間に亘り噴火活動が盛んに繰り返され、現在見られるフヂ山の原形がほぼできある。その後約四千年間も静穏な時代が続く。トのミコトの活躍した時代はこの頃に当たる。

コヱ国

トのミコトはヱのミコトを継ぐという大変優れた神であった。国造りには火山灰地に適した桑の木を栽培し、実を食料に、蚕から絹織物を作り、これを広く国民に教え広めたようだ。衣食の充実である。「ミカサ文・コヱ十二の后立つアヤ」より。

トシタ天宮
コヱの道　ミ（身と実）を全して
永らへり　蚕飼《こか》ひも同じ
桑の木は　四方に栄えて
枝も根も　三又なりて
十二《そふ》ホ末

桑の木を栽培するということは、栗の木などの木の実や、稗、粟などの穀物の栽培も行うことができる。また優れて高価な絹織物は食料や生活必需などにも交換できる。国民は豊かになり、国も豊かになる。従ってコヱ国のコは蚕のことであり、肥《こ》える（豊かになる）ことでもあろう。

そしてトのミコトの国は何千年も続き、コヱの道となる。トのミコトとして代々継いでいったのであろう。大変優れた国であったため、後にトシタ国はコヱ国とも呼ばれ、後世に影響を与えることになる。

しかし、今から五千年前に、古フヂ火山の山頂にほど近い所で噴火活動が再開され、現在、フヂ山とよばれている新フヂ火山が誕生する。この一連の活動によってトシタ国は大きな影響を受けたのは想像できる。

後にトシタ国、コヱ国は大きな影響を与えた例を二つ。アマテル神はハラミ山の麓、又はハラミ山を望む地に宮を造った。その宮を「コヱ・ヤスクニの宮」「トシタの天の宮」と称する。その後にイサワの宮に移る。またホツマ二四アヤの題名は「コヱ国・ハラミ山のアヤ」である。

ホツマ国

ホツマ国がヲシテ文書中で初めて登場するのは、次のクニトコタチ神の八御子・トホカミヱヒタメのクニサツチ神からである。

現在の新フヂ火山が出来たのが五千年前頃なので、八御子はこのフヂ山をカグ山として、ヒタカミ国とともに栄える。ホツマ四アヤ「日の神のミヅ御名のアヤ」より。

昔この　クニトコタチの
八下り子　木草をツトの
ホツマ国　東遥かに
波高く　立ち上る日の
ヒタカミや　タカミムスビと
国統べて　トコヨの花お
ハラミ山　カグ山となす

「ハラミ山　カグ山となす」ことによりホツマ国は東トコヨ国の中心地であったことが解る。ホツマ国はトシタ国・コヱ国と共に偉大な国であった。そして後にニニキネ御子によってシハカミ・ホツマ国としてかつての栄光が取り戻されている。

ヤマト

ホツマ国も大変優れ長く続いた国であったが、フヂ山の火山活動の影響であろうか、その後国名をヤマト国と呼ばれたようだ。ホツマ二アヤ「天七代床御酒《とこみき》のアヤ」より。

六代の継ぎ　オモタルノ神
カシコネと　八方を巡りて
民お治す　ヲ海・アツミの
中柱　東はヤマト
ヒタカミも　西はツキスミ
葦原も　南アワ・ソサ
北はネの　ヤマト・ホソホコ
チタル国

この中で「東はヤマト　ヒタカミも」のヤマトがホツマ国のことと思われる。ヲ海が中心でそこから東にヤマト国、ヒタカミ国という順番になるため。

そして、先ほども述べたように、イサナギ神、アマテル神の時代には、トシタ国、コヱ国とも称されている。

ヱナガタケ　シナノ国

アマテル神はハラ山の麓で生まれたのであるが、その時にアマテル神のヱナ（胞衣）を、シナノ国の四峰に納めた所、国が良く治まった。ホツマ二八アヤ「君臣遺しノリのアヤ」より。

イミ名ワカヒト
ウブ宮は　ハラミ・サカオリ
ヲの胞衣《えな》お　ネに納むれば
良く守り　災いあるも
シナかえて　防ぎ払へば
和らぎて　タマノヲ永く
これにより　オオヤマスミが
巡り見て　ヨメヂ行くネの
ヲに治む　ヱナガタケなる
シナノ国

この先例のため、ニニキネ御子の三御子が生まれる時も四シナ県《あがた》の主が来る。ホ同じくツマ二八アヤより。

先に御子　三人《みたり》産む時
シナノより　四シナ県の
主来たり　アマテル神の
例しあり　ヱナ請ふ時に
ミコトノリ　ハニシナ主は
ヱナガタケ　ハヱシナ及び
サラシナと　ツマシナ主ら
この三ヱナ　そのヲに納め
守るべし

現代、長野県や長野県境近くに、恵那山（長野と岐阜にまたがる）、恵奈神社（恵那山の麓）、更級山、佐良志奈神社、埴科郡などの神社や山、地名が残る。中でも恵奈神社の御由緒に、「恵那山は恵那郡第一の高峯にして（二一九〇m）神代の世、天照皇大神の御胞衣を此の山頂に納めし故恵那山と謂い恵那神社の鎮座せられたるも神代の時なり」とホツマの記述通り伝わっている。

これについては、紀記や旧事紀など、どんな漢字文献にも書かれていない。しかし、ホツマツタヘにはこの神事が執り行われ、その通りの由緒が現代まで伝わり、その地に恵那山、恵奈神社が実在するのである。

これらによりシナノ国はホツマ国の一部であったと思われる。

ナコソ　ホツマ国とヒタカミ国の州境

ホツマ国の州境がハッキリしている地がある。それはナコソ（勿来）である。ホツマ十一アヤ「三クサ譲り御受けのアヤ」より。

かねてホツマと
ヒタカミの　境に出待つ
フツヌシが　サカ（酒・境・坂）迎ひして
初《うゐ》まみゐ

第九代オシホミミ天神の時代なので、今から約三千百年前頃である。既にその頃には境界があったが、地名の名前がなかった。そこでナコソという名をつけた。名付け親はアマノコヤネ神とフツヌシ神である。

福島県いわき市勿来の勿来海水浴場の近くに、勿来関公園が整備され、勿来関跡がある。公園内に国境の標識と御宮もある。勿来関跡周辺の地形もホツマに記されている地形に似ている。ナコソという地名も伝わっている。

因みにナコソの意味は「名こそもがな」から出た地名で、この意味は「名前こそあったならばなあ」ということ。州境なのに地名の名前が付けられていなかったのである。これがそのまま地名になる。従ってナコソは「名こそ」で、「名（名詞）」＋「こそ（助詞）」である。

シハカミホツマ国

クニサツチ神による東トコヨ国の中心地ホツマ国も、おそらくハラミ山の火山活動によって、衰えてしまった。

このホツマ国を更に輝かしく再興したのが後に第十代天神となるニニキネ御子である。国の名はかつての輝かしいホツマ国にちなみシハカミホツマ国と名付けられた。ホツマ二四アヤ「コヱ国ハラミ山のアヤ」より。

二万八千《ふよろやち》経て
三十ススの　暦なす頃
国の名も　シハカミホツマ
普くに　移り楽しむ
代々豊か

そのため、ホツマ国とシハカミホツマ国とは年代が違うのであるが、名が長いこともあろう、シハカミホツマ国もホツマ・ホツマ国と呼ぶ。州都はハラミ山の麓、アサマ神社である。今日の富士山本宮浅間大社に当たる。範囲はホツマ国とほぼ同じであろうが、シハカミホツマ国は極めて栄えたために、西は今の岐阜県、愛知県まで及んでいたと思われる。

因みに「シハカミ」について。「シハ」は「シハ」か「シワ」か、意見の分かれるところであるが私は「シハす」の「シハ」ではなかろうかと思う。ただ「ハ」と「ワ」に似ている所もある。「シハす」はホツマ一六アヤ「父のカリナミ　タマシマえ　シハする時に　チナミ合ひ」とトシウチニナスコトノアヤ「一《ひ》とヲ伏せても　天は雪　トの神おして　ウイナメヱ　シハすればやや　土に満ち」に載る。またシハス月も同じと思う。シもハも活動的なコトバ（注）。意味は、ほとばしり出たり疾走するように、大変活力に満ちて活動的な様を云う。また「カミ」は「上」と「神」。そしてホツマはクニサツチの伝統をそのまま受け継ぐ。

つまりキヨヒト御子を中心として成ったシハカミホツマ国は、トのミコト、クニトコタチ、クニサツチ、二神、アマテル神たちの伝統を受け継ぐ深い由緒を含む国の名なのである。そしてワケイカツチ神の国造りは日の本中に広まり続けていく。

（注）「シ」は発音からして語調が強く活発で動きがありそうな音である。動作などが起こる動詞「す」の連用形として用いられている。「ハす」は「馳す」で、激しい動き、力強さを表す。また地球・ワ（地）の端の部分がハ（端）であるので、ワとハには似通っている部分がある。

アヅマの国

ニニキネ御子によるホツマ国の名は第二十三代ヲシロワケ天君まで続く。約千年以上である。ホツマ国がアヅマ国、アヅマ地方となったのはヤマトタケによる。ホツマ三九アヤ「ホツマ討ちツヅ歌のアヤ」より。

サネサネシ　サガムのオノに
燃ゆる火《ひ》の　火中《ほなか》に立ちて
問ひし君はも
これ三度　アヅマ・アワヤと
嘆きます　アヅマの元や

シハカミホツマ国は大いに栄えたので、人口も開拓地も増え、分国化していった。しかし千年も経過すると、かつてのニニキネ御子の教ゑも衰えてしまう。そのためにヤマトタケによる「ホツマ討ち」ということにもなるのである。

ヤマトタケの東征をきっかけに、新しい国造り、体制が始まるのであるが、その新しい州名がアヅマの国である。

アヅマの国の範囲はウスヰ峠より東で、ナコソまで。ほぼ今の関東と同じ思う。その後、アヅマ国が板東や関東になっていく。

冬場は八王子市から、場所によっては、ハラミ山（フヂの山）がよく見える。そしてここはかつてのホツマの国である。筆者はホツマ国で、ハラミ山を眺めつつ、この一文を書いているということになる。

著者紹介　加部《かべ》　節男《せつお》

昭和六二年頃、松本善之助氏の『秘められた日本古代史　ホツマツタヘ』を読み、昭和六三年、文字通り東京南雪が谷の松本宅の門を直接たたき入門。その後数年間、松本師に他の人と共に直接師事する。入門後、程もなくホツマツタヘ全用事例集の必要を痛感し作成にとりかかる。途中一時、間もあいたが、平成二五年に「ホツマツタヘ・ミカサフミ全用事例集」がひとまず完成。本書はこれを大いに参考にした。東京都八王子市在住。

よみがえる　天成《あめな》る道《みち》　神道《しんとう》の体系《たいけい》と教義《きょうぎ》

平成三十年九月一日　印刷
平成三十年九月十日　発行

著　者　加部《かべ》　節男《せつお》
発　行　揺籃社
〒一九二―〇〇五六
東京都八王子市追分町一〇―四―一〇一
ＴＥＬ　〇四二―六二〇―二六一五
ＦＡＸ　〇四二―六二〇―二六一六

印刷・製本　㈱清水工房

ISBN978-4-89708-406-0 C0014　乱丁本はお取替えします。